Uwe W. Gehring · Cornelia Weins

Grundkurs Statistik für Politologen

Uwe W. Gehring · Cornelia Weins

Grundkurs Statistik für Politologen

4., überarbeitete Auflage

VS VERLAG FÜR SOZIALWISSENSCHAFTEN

VS VERLAG FÜR SOZIALWISSENSCHAFTEN

VS Verlag für Sozialwissenschaften
Entstanden mit Beginn des Jahres 2004 aus den beiden Häusern
Leske+Budrich und Westdeutscher Verlag.
Die breite Basis für sozialwissenschaftliches Publizieren

Bibliografische Information Der Deutschen Bibliothek
Die Deutsche Bibliothek verzeichnet diese Publikation in der Deutschen Nationalbibliografie;
detaillierte bibliografische Daten sind im Internet über <http://dnb.ddb.de> abrufbar.

1. Auflage 1998
2., überarbeitete Auflage 2000
3., überarbeitete Auflage 2002
4., überarbeitete Auflage März 2004

Lektorat: Frank Schindler

Der VS Verlag für Sozialwissenschaften ist ein Unternehmen von Springer Science+Business Media.
www.vs-verlag.de

Umschlaggestaltung: KünkelLopka Medienentwicklung, Heidelberg
Druck und buchbinderische Verarbeitung: MercedesDruck, Berlin
Gedruckt auf säurefreiem und chlorfrei gebleichtem Papier
Printed in Germany

ISBN 3-531-53193-X

Für Willy H. Eirmbter

Vorwort zur 4. Auflage

Die heute stark empirisch ausgerichteten Sozialwissenschaften verlangen von ihren Absolventen einen sicheren Umgang mit den Methoden der Datenerhebung und Datenanalyse. Auch im Studium der *Politikwissenschaft* spielt die Beschäftigung mit den Techniken der empirischen Sozialforschung und der Statistik eine wichtige Rolle. Die Anwendung statistischer Methoden wurde sicher nicht zuletzt durch die rasante Entwicklung leistungsfähiger Personalcomputer und einfach bedienbarer Statistikprogramme begünstigt. Statistische Analysen sind daher heute viel leichter durchzuführen als noch in den achtziger Jahren. Grundlegende Statistikkenntnisse sind jedoch nicht nur bei eigenen Analysen unabdingbar; ein erheblicher Teil der politikwissenschaftlich relevanten Literatur kann ohne diese Kenntnisse nicht mehr nachvollzogen werden, wie man, um nur zwei Beispiele zu nennen, an den Artikeln in der *American Political Science Review* und der *Politischen Vierteljahresschrift* nachvollziehen kann. Nicht zuletzt stellen Statistikkenntnisse – und die Beherrschung entsprechender Software – eine Schlüsselqualifikation für den Arbeitsmarkt dar.

Leider gibt es – insbesondere im Bereich der Statistik – nur wenige Lehrbücher, die speziell auf politikwissenschaftliche Bedürfnisse zugeschnitten sind. Dies birgt für Studierende der Politikwissenschaft den Nachteil, daß der Anwendungsbezug für das eigene Fach nicht immer sichtbar ist und so ein Teil der Motivation auf der Strecke bleibt. Aus diesem Grund hatten wir für unsere Lehrveranstaltungen ein Skript verfaßt, aus dem das vorliegende Buch hervorgegangen ist.

Das Buch ist von Umfang und Inhalt für einen Grundkurs von vier Semesterwochenstunden konzipiert. Es gliedert sich in die Teile *Methodenlehre* (Kapitel 1 – 4), *Deskriptive Statistik* (Kapitel 5 – 8) und *Inferenzstatistik* (Kapitel 9 – 12).

Methodenlehre

In Kapitel 1 werden die *wissenschaftstheoretischen Grundlagen* erläutert, auf die sich die meisten empirischen Sozialforscher beziehen. Die Wahl eines geeigneten *Forschungsdesigns*, Kapitel 2, steht am Beginn einer Untersuchung. In Kapitel 3, *Messen*, geht es um die Frage, was unter einer Messung verstanden wird und wie man mehrere Messungen zu einem neuen Meßinstrument zusammenfaßen kann, was bei der Messung theoretischer Konstrukte (wie z. B. Antisemitismus) von besonderer Bedeutung ist. Die Messung ist bereits von der Art und Weise, in der die Informationen über die soziale Realität gewonnen werden sollen, abhängig. In der Politikwissenschaft dominiert hier die Befragung, der aus diesem Grunde der zentrale Platz im Kapitel 4, *Erhebungsmethoden*, eingeräumt wurde.

Statistik

Die Statistik läßt sich allgemein in einen *deskriptiven* und einen *inferenzstatistischen* Teil gliedern. Ersterer dient der Beschreibung von Daten, während letzterer die Verallgemeinerung von Stichprobenergebnissen ermöglicht.

Den *deskriptiven* Teil beginnen wir mit einem Kapitel zu *Tabellen und Graphiken* (Kapitel 5). Mit *Mittel- und Streuungswerten* (Kapitel 6) werden Verteilungen von Merkmalen charakterisiert. Die Stärke der Beziehung zwischen zwei Merkmalen kann mit *Zusammenhangsmaßen* (Kapitel 7) ausgedrückt werden, während die *lineare Einfachregression* (Kapitel 8) es ermöglicht, die Größe des (linearen) Einflusses eines Merkmals auf ein anderes zu berechnen.

Den Auftakt zum *inferenzstatistischen* Teil bildet Kapitel 9, in dem wir Möglichkeiten darstellen, per *Auswahlverfahren* Stichproben zu ziehen, die Aussagen über eine Grundgesamtheit erlauben. Grundlage solcher Schlüsse sind *Wahrscheinlichkeitsverteilungen* (Kapitel 10). In den Kapiteln 11 und 12 werden dann die Techniken, mit denen schließende Aussagen gemacht werden können, nämlich *Konfidenzintervalle* und *Testverfahren*, vorgestellt und erläutert.

In *Anhang A* finden sich die für die Inferenzstatistik notwendigen z-, t- und χ^2-Tabellen. In *Anhang B* bieten wir die Lösungen zu den Übungsaufgaben, die sich am Ende jedes Kapitels befinden. Diese Aufgaben sind dazu gedacht, sich über die wichtigsten Punkte jedes Kapitels nochmals Klarheit zu verschaffen. Ein *Register* soll helfen, schnelle Antworten auf konkrete Fragen zu bekommen. Schließlich bieten wir mit der *Online-Unterstützung* zahlreiche weitere Informationen an, die von den auf Seite x genannten *WWW*-Servern bezogen werden können.

Das Buch ist so aufgebaut, daß alle Berechnungen von Hand bzw. mit einem Taschenrechner nachvollzogen werden können. Unsere Erfahrung mit Statistikkursen und Einführungen in SPSS und STATA zeigt, daß Probleme weniger in der Bedienung der Software (vgl. zu SPSS: Brosius

2002; zu STATA: Kohler und Kreuter 2001; zu SAS: Batz 1995) als vielmehr im Verständnis der statistischen Verfahren bestehen.

Das Buch wurde mit dem Textsatzsystem LATEX 2_ε gesetzt, die Graphiken wurden weitgehend mit dem Programm TDA von Götz Rohwer und Ulrich Pötter – eigentlich ein Programm zur Ereignisdatenanalyse – erzeugt. Außerdem haben wir die Statistik-Lernprogramme GSTAT und GSTAT2 von Fred Böker verwandt, mit denen die Grundlagen der Inferenzstatistik auf einfache Art und Weise nachvollzogen werden können. Alle gennanten Programme sind frei erhältliche Software: LATEX 2_ε ist u. a. auf der Seite http://www.dante.de erhältlich, TDA wird unter http://www.stat.ruhr-uni-bochum.de/tda.html zur Verfügung gestellt. GSTAT und GSTAT2 finden sich im Internet unter http://www.statoek.wiso.uni-goettingen.de/user/fred/; die dazugehörige Literatur kann preisgünstig über den Buchhandel bezogen werden (vgl. Böker 1993, 1998).

Hilfreiche Anregungen kamen von den Kolleginnen und Kollegen am Institut für Politikwissenschaft der Universität Mainz und den Teilnehmerinnen und Teilnehmern unserer Kurse in den Semestern 1995-1997. Jörg Knappen leistete bei allen LATEX 2_ε-Problemen unschätzbare Hilfe und Matthias Pflume versöhnte das ursprüngliche Manuskript mit den Tücken der deutschen Rechtschreibung.

In die zweite Auflage sind Anregungen von Studierenden, Kolleginnen und Kollegen der Universitäten Trier, Jena und Mainz eingeflossen. Eine Fehlerliste zum Buch von Hans-Jürgen Andreß, Universität Bielefeld, enthielt wichtige Hinweise. Nicole Zillien, die alle Kapitel sorgfältig gelesen hat, gab wertvolle Tips; Matthias Heck und Ulrich Teusch haben weite Teile der letzten Fassung auf die Einhaltung der alten Rechtschreiberegeln kontrolliert.

Nicole Zillien, Claudio Caballero und Matthias Heck danken wir für Hinweise zur zweiten Auflage; Nicole Zillien und Thomas Lenz für die Unterstützung bei der aktuellen Überarbeitung.

Trier, Januar 2004

Cornelia Weins   Uwe W. Gehring

Online-Unterstützung

Auf den unten genannten *WWW*-Seiten bieten wir Materialien und ergänzende Informationen an. Unter anderem findet sich dort eine Formelsammlung inklusive der Tabellen aus Anhang A. Die Tabellen, Abbildungen und Formeln dieses Buches können in stark vergrößerter Form (zum Beispiel für Folien) kopiert werden. Für diejenigen, die die Beispiele mit Hilfe von SPSS, SAS oder STATA nachrechnen wollen, stehen Datensätze bereit. Schließlich verweisen „Links" auf weitere Informationen im Netz.

http://www.grundkurs-statistik.de
http://www.uni-trier.de/~weins/SBuch/

Inhalt

Tabellenverzeichnis

Abbildungsverzeichnis

1 Wissenschaftstheoretische Grundlagen

1.1 Wissenschaftstheorien

Es mag vielleicht verwundern, daß ein Buch zur empirischen Sozialforschung und Statistik mit einem Kapitel zur Wissenschaftstheorie beginnt. Da die Vorgehensweise einer Untersuchung (nicht deren statistische Auswertung) jedoch vom wissenschaftstheoretischen Blickwinkel geprägt wird, werden wir dieses Kapitel vor allem dazu nutzen, eine sehr bekannte wissenschaftstheoretische Position, den Kritischen Rationalismus, zu skizzieren. Als weitergehende Einführung in Wissenschaftstheorien sei Interessierten die „Wege der Wissenschaft" von Alan F. Chalmers (2001) empfohlen. Zunächst nun aber dazu, was Wissenschaft überhaupt ist.

Mit Hilfe von Wissenschaft versuchen Menschen, ihre Erkenntnis über die Realität zu erweitern[1]. Was passiert bei der Photosynthese, wie entstehen Sterne, welches sind die Ursachen gesellschaftlicher Ungleichheit und welche Gründe sind ausschlaggebend für die Wahl einer bestimmten Partei? Wissenschaftliche Erkenntnisgewinnung unterscheidet sich dabei nicht prinzipiell davon, wie man im Alltagsleben Wissen erwirbt. Folgert man aus der Beobachtung, daß das morgendliche Frühstücksei immer dann hart wird, wenn man es zehn Minuten lang kocht, daß alle Eier nach einem zehnminütigen Kochvorgang hart sind, so hat man sein Wissen auf die gleiche Art und Weise (nämlich durch Verallgemeinerung) erweitert wie der Wissenschaftler, der mehrmals nach Zugabe einer Substanz zu einer anderen die gleiche chemische Reaktion beobachtet und daraus ableitet, daß diese Reaktion immer stattfindet. Im Gegensatz zum Alltagswissen zeichnet sich Wissenschaft jedoch durch einen höheren Abstraktionsgrad, ein systematischeres Vorgehen und vor allem die kritische Überprüfung der gewonnenen Erkenntnisse aus. Leider ist es jedoch – wie wir später noch sehen werden – auch mit Hilfe von Wissenschaft nicht möglich zu überprüfen, ob die gewonnenen Erkenntnisse wahr sind.

---

1 Eine präzisere Definition findet sich bei Patzelt (1997, S. 49 f.).

Wissenschaftstheorien (der Plural zeigt schon an, daß es mehrere gibt) sind nun *Aussagenbündel darüber, was Wissenschaft ist* und wie diese vorzugehen hat. Sie sind also noch keine Theorien über einen Ausschnitt der Realität (also z. B. die Sternentstehung oder das Wahlverhalten), sondern *Theorien über Theorien,* die auch als *Metatheorien* bezeichnet werden. Wissenschaftstheorien bestimmen also, wie die eigentlich interessierende Theorie über die Realität auszusehen hat. Sie beschäftigen sich mit Fragen wie: Welche Aussagen sind in Theorien zulässig? Welche Methoden werden angewendet? Welche Ziele verfolgt Wissenschaft? Sind normative (wertende) Aussagen in der Wissenschaft erlaubt oder nicht? Theorien treffen dagegen Aussagen über einen Ausschnitt der Realität, eine Theorie des Wählerverhaltens also über das Wahlverhalten, wie es in Abbildung 1.1 zum Ausdruck kommt.

Abbildung 1.1: Der Status von Theorien

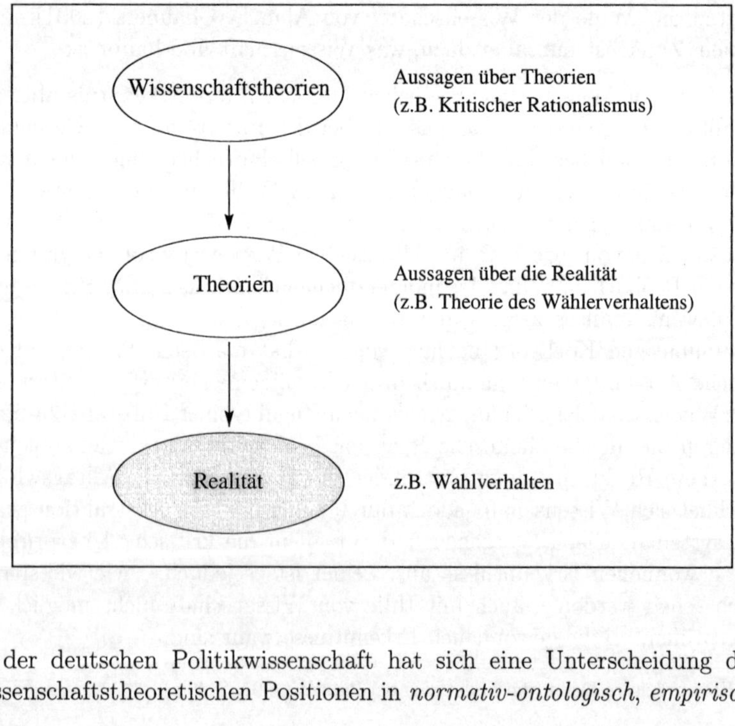

In der deutschen Politikwissenschaft hat sich eine Unterscheidung der wissenschaftstheoretischen Positionen in *normativ-ontologisch, empirisch-*

analytisch und *kritisch-dialektisch* eingebürgert (vgl. zur Einführung Druwe 1994, S. 57–74). Diese Ansätze unterscheiden sich vor allem in bezug auf den Erkenntnisgegenstand (Was soll erkannt und erklärt werden?) und die Erkenntnisquelle (Empirie oder Vernunft?).

Die *normativ-ontologische Wissenschaft* versucht, das *Wesen* ihres Gegenstandes, also z. B. des Staates oder der Gesellschaft, zu erfassen. Ziel der Ontologie ist es, das Wesen (= Ontologie), d. h. den Idealzustand eines Gegenstandes, zu erkennen und daraus Handlungsanleitungen abzuleiten. Normative Politologen treffen und begründen normative Aussagen. Im Vordergrund der Methoden steht das Nachdenken über Politik mittels philosophischer Reflexionen, wozu vor allem die Hermeneutik und die Phänomenologie dienen.

Die *kritisch-dialektische Wissenschaft* stellt dagegen die *Totalität der Gesellschaft* und die *Emanzipation des Menschen* aus Abhängigkeiten in den Vordergrund. Ziel ist es, mittels dialektischer, aber auch hermeneutischer und empirischer Methoden, Herrschaftsverhältnisse offenzulegen und Gesellschaftskritik zu üben.

Die *empirisch-analytische Wissenschaft* versucht demgegenüber, aufgrund von beobachtbarer (= empirischer) Realität *Gesetzmäßigkeiten sozialen Handelns* zu erkennen. Ihr Ziel ist die Beschreibung, Erklärung und Prognose sozialer Tatbestände mit den Techniken der empirischen Sozialforschung. Unter diesem Ansatz werden z. B. der *Positivismus* und der *Kritische Rationalismus* (siehe Kapitel 1.2) gefaßt.

Diese in der deutschen Politikwissenschaft verbreitete Einteilung wissenschaftstheoretischer Ansätze sollte allerdings lediglich als grobes Raster angesehen werden. Die Klassifikation der Ansätze ist schon deshalb problematisch, weil ihre Einteilung nach Kriterien erfolgt, die auf unterschiedlichen Ebenen angesiedelt sind. Ontologische und kritisch-dialektische Ansätze werden nach dem Ziel von Wissenschaft definiert, empirisch-analytische nach der Methode. Wo soll z. B. ein mit Hilfe empirischer Methoden arbeitender Vertreter der kritisch-dialektischen Schule verortet werden? Zudem unterscheiden sich die Positionen innerhalb der einzelnen Ansätze erheblich.

1.2 Das Forschungsprogramm des Kritischen Rationalismus

Der Kritische Rationalismus ist ein von Karl Raimund Popper begründetes Forschungsprogramm (vgl. Popper 1994), das innerhalb der oben skizzierten Trias der Wissenschaftstheorien zu den empirisch-analytischen Ansätzen gezählt und von vielen Sozialwissenschaftlern geteilt wird. Der wesentliche Fortschritt des Kritischen Rationalismus besteht in der Aufgabe des *Rechtfertigungsgedankens* von Theorien *zugunsten des Falsifikationsprinzips*.

Mit Rechtfertigungsgedanke ist nichts anderes als der Versuch gemeint, Theorien durch ihren Wahrheitsgehalt zu rechtfertigen. „*Wahrheit*" bedeutet nun nichts anderes als die *Übereinstimmung mit der Realität*. Eine Theorie oder Hypothese ist also dann wahr, wenn die in ihr enthaltenen Aussagen den erfahrbaren Tatsachen entsprechen.

Dieses zunächst relativ einfach anmutende Kriterium für Wahrheit wirft bei genauerer Betrachtung allerdings einige Probleme auf. Können wir überhaupt die Übereinstimmung der in einer Theorie verwendeten Aussagen mit der Realität messen? Um diese Frage zu beantworten, muß man sich zunächst verdeutlichen, welche Formen von Aussagen in einer Theorie verwandt werden.

1.2.1 Struktur wissenschaftlicher Erklärungen

Theorien dienen vor allem dazu, Realität zu erklären. Dies geschieht mit Hilfe von Gesetzen und All-Aussagen.[2] Das klassische Beispiel für eine All-Aussage ist „Alle Schwäne sind weiß". Die Erklärung dafür, daß ein konkret beobachteter Schwan ein weißes Gefieder hat, besteht einfach darin, daß alle Schwäne weiß sind. Die Erklärung erfolgt durch Deduktion, was im folgenden Abschnitt näher verdeutlicht werden soll.

Wissenschaftliche Erklärungen besitzen eine bestimmte Struktur, die als *deduktiv-nomologische* Erklärung oder auch – nach den Namen ihrer Begründer Hempel und Oppenheim (Hempel und Oppenheim 1948) – als *H-O-Schema* bezeichnet wird (vgl. Opp 1999, 45–50). Deduktiv ist die

---

2 Im Gegensatz zu Gesetzen, die einen kausalen Zusammenhang herstellen, behaupten All-Aussagen lediglich eine bestimmte Eigenschaft für eine Klasse von Objekten.

Erklärung, weil durch logische Ableitung vom Allgemeinen auf das Besondere geschlossen wird: Aus einem Gesetz oder einer All-Aussage und einer Randbedingung wird eine Aussage über eine Beobachtung abgeleitet.

Eine deduktiv-nomologische Erklärung besteht also aus einem *Gesetz* (All-Aussage), einer *Randbedingung* und der *Beobachtung*. All-Aussage und Randbedingung werden auch als Explanans oder Prämissen bezeichnet, der zu erklärende Sachverhalt als Explanandum oder Konklusion. Das Schema beruht darauf, daß aus wahren Prämissen nur wahre Schlußfolgerungen gezogen werden können. Anhand der beiden Beispiele in der folgenden Tafel kann das Prinzip verdeutlicht werden.

Gesetz/All-Aussage	Randbedingung	Zu erklärende Beobachtung
Alle Rotdrosseln wandern	Vogel X ist eine Rotdrossel	Vogel X wandert
Alle Arbeiter wählen SPD	Person Y ist Arbeiter	Person Y wählt die SPD

Explanans
Prämissen   Explanandum
Konklusion

Im ersten Beispiel möchten wir erklären, warum ein bestimmter Vogel im Winter die südlichen Gefilde bevorzugt. Beispielsweise könnten wir den Vogel in unserem Garten als Rotdrossel identifizieren und uns noch dunkel aus dem Biologieunterricht daran erinnern, daß alle Rotdrosseln Zugvögel sind. Der beobachtete Vogel fliegt also im Winter in den Süden, weil er eine Rotdrossel ist.

Auf eine Gefahr bei Anwendung dieses Schemas muß allerdings hingewiesen werden. Aus der Tatsache, daß die Schlußfolgerung empirisch richtig ist, kann nicht gefolgert werden, daß beide Prämissen richtig sind. Anders ausgedrückt: Aus falschen Prämissen können wahre Schlußfolgerungen resultieren. Beispielsweise dann, wenn der beobachtete Vogel zwar wandert, aber nicht deshalb, weil er eine Rotdrossel ist, sondern weil er zu einer anderen Sorte Zugvögel zählt. Das herangezogene Gesetz wäre in diesem Fall also nicht die richtige Erklärung für das Zugverhalten des Vogels.

Das Schema läßt sich auf sozialwissenschaftliche Fragestellungen übertragen: Da sozialdemokratische Parteien vorwiegend Arbeiterinteressen vertreten, kann man die Hypothese formulieren, daß alle Arbeiter bei Wahlen für die SPD stimmen. Wenn alle Arbeiter SPD wählen und Person Y ein Arbeiter ist, dann folgt daraus, daß Person Y die SPD wählt.

Leider läßt sich die *Wahrheit einer All-Aussage und damit auch einer Theorie nie feststellen.* Wir sind nicht in der Lage, zu beweisen, daß tatsächlich alle Rotdrosseln wandern. Auch wenn alle bisherigen Beobachtungen auf diesen Zusammenhang hindeuten, können wir es nicht mit Sicherheit wissen. Schließlich ist es möglich, daß es in der Vergangenheit bzw. in der Gegenwart nicht wandernde Rotdrosseln gab und gibt und wir diese nur nicht beobachtet haben. Außerdem können wir nicht ausschließen, daß es in Zukunft Rotdrosseln gibt, die im Winter nicht in den Süden ziehen.

Das heißt natürlich nicht, daß eine All-Aussage und damit auch eine Theorie nicht wahr sein kann; die Wahrheit ist jedoch nicht feststellbar.

1.2.2 Das Falsifikationsprinzip

An dieser Stelle könnten wir die Suche nach der „Wahrheit" wegen Aussichtslosigkeit aufgeben und resignieren. Der Kritische Rationalismus zeigt mit dem Falsifikationsprinzip eine Alternative auf. Eine Theorie läßt sich zwar niemals bewahrheiten (*verifizieren*), jedoch kann eine Theorie widerlegt (*falsifiziert*) werden.

Als Möglichkeit der Falsifikation bzw. Kritik von Theorien kann das *H-O-Schema* verwendet werden: Sobald wir eine einzige Rotdrossel entdecken, die im Winter hier bleibt, *wissen* wir, daß eine der beiden Prämissen falsch ist. Entweder ist der beobachtete Vogel keine Rotdrossel oder nicht alle Rotdrosseln sind Zugvögel. Handelt es sich jedoch um eine Rotdrossel, dann ist an dem Gesetz, wonach alle Rotdrosseln zu den Zugvögeln zählen, etwas faul. Und auf das zweite Beispiel angewendet: Wählt ein Arbeiter nicht die SPD, dann ist die Hypothese, derzufolge alle Arbeiter die SPD wählen, schon widerlegt.

Wir gehen nun so lange von der Gültigkeit der Theorie aus, bis diese sich als falsch erwiesen hat. Solange wir keine Rotdrossel beobachtet haben, die im Winter nicht in den Süden fliegt, gehen wir also davon aus, daß die All-Aussage „Alle Rotdrosseln wandern" stimmt. Gleichzeitig versuchen wir, unsere Theorie wiederholt an der Realität zu prüfen. Eine Theorie hat sich bewährt, wenn sie mehreren Prüfungen standgehalten hat. Hält eine Theorie einer Prüfung nicht stand, so muß sie verworfen und durch eine neue Theorie ersetzt werden.

Aus dem Falsifikationsprinzip resultiert die Forderung, daß *nur solche Aussagen in einer Theorie zulässig sind, die prinzipiell an der Erfahrung scheitern können* (vgl. Popper 1994, S. 14 ff.). Dies beinhaltet zwei wesentliche Dinge: Es sind nur Aussagen zulässig, die auf Erfahrung beruhen und diese auf Erfahrung beruhenden Aussagen müssen auch widerlegbar sein. Die Aussage „Wer Böses tut, landet in der Hölle" beruht aus leicht einsichtigen Gründen nicht auf Erfahrung. Solche vor allem aus dem Bereich der *Metaphysik* stammenden Aussagen können allesamt nicht widerlegt werden. An der Realität können ebensowenig Aussagen scheitern, die immer wahr sind. Solche Aussagen werden als *Tautologien* bezeichnet. Ein Beispiel für eine Tautologie wäre: „Nach dem Lesen des Kapitels zur Wissenschaftstheorie verstehen Sie das Falsifikationsprinzip oder Sie verstehen es nicht." Dieser Satz ist immer wahr, denn die Folgerung beinhaltet alle möglichen Fälle. In diesem trivialen Beispiel ist die Tautologie natürlich leicht zu entdecken. In sozialwissenschaftlichen Theorien kann das schon schwieriger sein (vgl. Diekmann 1995, S. 129–147). Nicht falsifizierbar sind zudem *Existenzaussagen*, d. h. Aussagen über das Vorhandensein eines Gegenstandes oder mehrerer Gegenstände. Eine mögliche Existenzaussage lautet etwa: „Es gibt lila Kühe." Wollten wir diese Aussage widerlegen, so müßten wir die Farben aller Kühe in Vergangenheit, Gegenwart und Zukunft kennen. Da wir diese jedoch nicht kennen, kann die Aussage nicht falsifiziert werden. Aus diesem Grunde sind Existenzaussagen nicht zulässig. Umgekehrt reicht bereits ein einziger Fall zur Bewahrheitung einer Existenzaussage aus. Sehen wir eine lila Kuh, dann ist die Aussage verifiziert.

An diesem Beispiel läßt sich auch die *Asymmetrie zwischen Falsifikation und Verifikation* bei All-Aussagen und Existenzaussagen festmachen. Bei einer Existenzaussage genügt ein Fall zu Verifikation, während diese nicht widerlegt werden kann. Genau umgekehrt verhält es sich mit All-Aussagen: Hier genügt bereits ein Fall, um die Aussage zu falsifizieren, während die Aussage nicht verifiziert werden kann. Die All-Aussage „Alle Kühe sind lila" ist falsifiziert, sobald wir eine andersfarbige Kuh entdecken.

1.2.3 Probleme des Falsifikationsprinzips

Das Falsifikationsprinzip ist zwar eine feine Sache, funktioniert jedoch nur bei All-Aussagen und bei Gesetzen. *In den Sozialwissenschaften gibt es aber bisher keine einzige Aussage, die die Form einer All-Aussage oder ei-*

nes Gesetzes für sich in Anspruch nehmen könnte. Sozialwissenschaftliche
Theorien und Hypothesen werden daher als „Gesetze mit Randbedingungen" oder als „Wahrscheinlichkeitsaussagen" formuliert.

So behauptet eine Theorie von Ronald Inglehart (Inglehart 1977), daß in
westlichen Gesellschaften ein Wandel von materiellen hin zu postmateriel-
len Werten stattfindet. Die Randbedingung wäre hier also „westliche Gesellschaften" (was darunter verstanden wird, ist nur eine Definitionsfrage).
Über den Wertewandel in nicht-westlichen Gesellschaften wird also keine
Aussage getroffen. Die Gefahr ist nun groß, daß eine Theorie durch die
Verknüpfung mit immer weiteren Randbedingungen nicht mehr falsifiziert
werden kann, weil man keine Chance hat, dieselben Randbedingungen
aufzufinden bzw. herzustellen. Die Theorie ist damit gegenüber Kritik *im-
munisiert.*

Eine andere Möglichkeit besteht in der Formulierung von Wahrscheinlichkeitsaussagen. Wir behaupten also nicht mehr, daß alle Arbeiter die
SPD wählen, sondern lediglich, daß Arbeiter mit einer bestimmten Wahrscheinlichkeit für die SPD stimmen, z. B. in der Form „Arbeiter stimmen
häufiger für die SPD als für jede einzelne andere Partei." Nach dieser Aussage müßte die SPD bei den Arbeitern die stärkste Partei sein. Mit dieser
Einschränkung können wir nun nicht mehr deterministisch auf das Wahlverhalten eines Arbeiters schließen. Ist eine Person Arbeiter, dann ist die
Wahrscheinlichkeit, daß sie sich für die SPD entscheidet (bei Gültigkeit
der Hypothese) zwar hoch, beträgt aber nicht 100%. Die Hypothese kann
also auch nicht mehr durch einen einzigen Fall falsifiziert werden. Die Tatsache, daß ein Arbeiter nicht die SPD wählt, sagt also noch nichts über
das Wahlverhalten der Arbeiter insgesamt und damit über unsere Hypothese aus. Die Hypothese wäre jedoch dann falsifiziert, wenn wir bei einer
größeren Anzahl von Arbeitern einen höheren Prozentsatz an CDU- als
an SPD-Wählern feststellen würden.

Es gibt aber noch ein weiteres Problem, das als *Basissatzproblem* bekannt
geworden ist. Wir haben gesagt, daß eine Theorie dann falsifiziert ist,
wenn sie einer Prüfung nicht standhält. Wie kann nun die Korrektheit
der Prüfung gewährleistet werden? Denn die Aussage bzw. Theorie kann
ja nicht direkt mit der Realität konfrontiert werden, sondern nur anhand
einer in Aussagen gefaßten Beobachtung der Realität. Diese „Beobach-
tungsaussage" – auch *Protokollsatz* oder *Basissatz* genannt – kann aber
fehlerhaft sein, z. B. weil das Meßinstrument untauglich war. Mit anderen

Worten: *Die Wahrheit des Basissatzes kann ebensowenig bewiesen werden, wie die Theorie selbst.* Damit kann aber eine Theorie nie endgültig falsifiziert werden. Aus diesem Dilemma befreit sich die Wissenschaft, indem sie stillschweigend vereinbart, daß der Forscher bei der Überprüfung einer Theorie den höchstmöglichen methodischen Standard einhält und seine Vorgehensweise nachprüfbar und damit der Kritik zugänglich ist.

1.3 Der Ablauf des Forschungsprozesses

1.3.1 „Der Kreis der Wissenschaft"

Den Ablauf des Forschungsprozesses kann man sich wie in der folgenden Abbildung als Kreislauf vorstellen (vgl. Wallace 1971, S. 18). Wissenschaft ist demnach nichts anderes als eine Verzahnung von *Theoriegewinnung* und *Theorieprüfung* mittels Induktion und Deduktion (vgl. auch Babbie 1997, S. 59).

Abbildung 1.2: Theoriegewinnung und Theorieprüfung

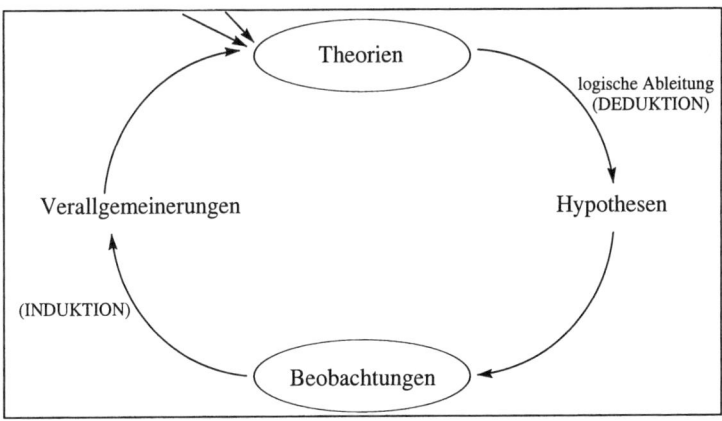

Der eigentlich kreative Teil besteht in der Entwicklung von Theorien. Wie die verschiedenen Pfeile in der Graphik andeuten sollen, kann man auf die unterschiedlichsten Arten zu Theorien gelangen (z. B. durch Nachdenken). Die gebräuchlichste Methode besteht jedoch in der Verallgemeinerung einzelner Beobachtungen. Der Schluß von Einzelfällen auf die Gesamtheit von Fällen nennt man *Induktion*. Wir könnten z. B. eine Vielzahl von Rotdrosseln in unserem Garten beobachten. Aus der Tatsache, daß alle von uns beobachteten Rotdrosseln im Winter gen Süden fliegen, gelangen wir zu dem Schluß, daß „alle Rotdrosseln wandern". Dieser Schluß ist gehaltserweiternd, weil wir vom Verhalten eines Teiles der Rotdrosseln (den beobachteten) auf das Verhalten aller Rotdrosseln schließen. Je mehr Rotdrosseln wir beobachtet haben, um so sicherer wird der Schluß. Über die Verallgemeinerung von Einzelfällen sind wir also zur Theorie gelangt.

Wir können noch so viele Rotdrosseln beobachten, die im Winter in den Süden fliegen; ein Beweis für die Wahrheit der Theorie ist es nicht. Um den Beweis zu führen, müßten wir nämlich – wie schon erwähnt – alle Rotdrosseln der Vergangenheit, Gegenwart und Zukunft beobachten, und dies ist nicht möglich.

Aus diesem Grunde scheidet das Induktionsprinzip zur *Prüfung* einer Theorie aus. Als Möglichkeit der Kritik von Theorien wurde von Popper deshalb das bereits oben diskutierte Falsifikationsprinzip vorgeschlagen, das mit Hilfe von Deduktion funktioniert. Wir leiten aus unserer Theorie Folgerungen für den Einzelfall ab und schauen, ob diese Folgerung mit der Beobachtung in Einklang steht oder nicht. Würden wir eine Rotdrossel beobachten, die den Winter in unserem Garten zubringt, so hätten wir die „Theorie" widerlegt.

Damit beginnt der Kreislauf von Neuem. Die Theorie könnte durch Beobachtungen verfeinert werden und schließlich wieder an der Realität geprüft werden usw.

1.3.2 Der Ablauf einer empirischen Untersuchung

Um den Ablauf einer wissenschaftlichen Untersuchung – innerhalb des hier skizzierten Ansatzes – zu charakterisieren, bietet sich eine Unterteilung in drei Schritte des Forschungsprozesses an:

Zunächst werden aus einer Theorie über das interessierende soziale Phänomen auf deduktivem Weg Hypothesen abgeleitet. Da es in den Sozialwissenschaften bisher kaum Theorien gibt, liegen den meisten Untersuchungen *Hypothesen*, d. h. Vermutungen über einen Zusammenhang zwischen zwei oder mehr Sachverhalten, zugrunde. In einem zweiten Schritt, der *Operationalisierung*, werden dann die theoretischen Begriffe in meßbare

Begriffe umgesetzt. Wenn dies geschehen ist, kann die *Prüfung der Theorie* durch die Konfrontation mit der Realität stattfinden. Als Ergebnis der Prüfung wird die Theorie entweder vorläufig bestätigt oder aber falsifiziert.

Theorien und Hypothesen

Ausgangspunkt einer Untersuchung ist im Idealfall also eine *Theorie*, d. h. ein „*System logisch widerspruchsfreier Aussagen* (Sätze, Hypothesen) über den jeweiligen Untersuchungsgegenstand *mit den zugehörigen Definitionen* der verwendeten Begriffe" (Kromrey 1998, S. 48).

Ein Theorie muß logisch konsistent sein, und die in ihr enthaltenen *Begriffe* müssen präzise definiert werden. Begriffe sind Mittel, mit deren Hilfe wir das Chaos von Eindrücken sprachlich ordnen. Oder anders ausgedrückt: Es sind Regeln zur Strukturierung von Wahrnehmungen. Sie sind dabei niemals identisch mit der Realität, sondern bezeichnen unser Modell von der Realität. Die Bildung von Begriffen erfordert daher immer ein gewisses Maß an Abstraktion, d. h. eine Theorie darüber, was die gemeinsamen und wesentlichen Merkmale des mit dem Begriff bezeichneten Gegenstandes sind.

Begriffe haben unterschiedliche Funktionen: sie ermöglichen die Kommunikation über Gegenstände und dienen der Klassifikation (vgl. ausführlicher Mayntz et al. 1978, S. 9–22). Diese Aufgaben von Begriffen sind nicht trivial: Ohne einen Begriff „Rechtsextremismus" ist eine Verständigung über dieses Phänomen nicht möglich. Begriffe, die mehrdeutig oder unbestimmt sind, erfüllen ihre Funktion nicht mehr. Mehrdeutig ist ein Begriff, wenn verschiedene Inhalte mit demselben Begriff bezeichnet werden, z. B. kann mit „Hahn" das Tier oder ein Wasserhahn gemeint sein. Unbestimmt ist ein Begriff, wenn er nicht präzise genug gefaßt ist.

Aus diesem Grunde wird die Bedeutung von Begriffen mit Hilfe von *Definitionen* (vgl. Opp 1999, 102–127) festgelegt. Eine *Realdefinition* trifft eine *Behauptung über die Realität*. Sie versucht, das Wesen eines Gegenstandes zu erfassen. Aus diesem Grund kann eine Realdefinition nur wahr oder falsch sein. Die Form der Definition entspricht normalerweise einer *Ist*-Aussage. Beispiele: „Politik *ist* die Vermittlung von Werten" oder „Demokratie *ist* die Herrschaft aller über alle". Es können durchaus Zweifel am Wahrheitsgehalt der beiden Beispiele angebracht sein, denn ob das

Wesen der Politik oder der Demokratie bereits durch diese Definitionen erfaßt werden kann, ist zu bezweifeln.

Eine *Nominaldefinition* ist nur eine *Vereinbarung über die Bedeutung eines Begriffes*. Sie ist im Prinzip beliebig und kann daher nur zweckmäßig oder unzweckmäßig sein. Die Form der Aussage trägt dem Rechnung, indem nur eine Vereinbarung getroffen wird. Beispiele: „Unter Politik *soll* die Vermittlung von Werten *verstanden werden*" oder „Die Herrschaft aller über alle *soll* Demokratie *heißen*". Diese Definitionen können nicht mehr wahr oder falsch sein. Für ein gegebenes Untersuchungsinteresse kann sich eine solche Definition als nützlich erweisen, für ein anderes Untersuchungsinteresse möglicherweise nicht.

In der empirischen Sozialforschung werden normalerweise Nominaldefinitionen verwendet, da es nicht darauf ankommt (und nach dieser Auffassung auch nicht möglich ist), den Sinn oder das Wesen eines Gegenstandes zu erfassen, sondern die wissenschaftliche Diskussion zu vereinfachen.

Operationalisierung

Wie aus der oben stehenden Definition hervorgeht, sind Begriffe wesentliche Bestandteile von Theorien. Zur Prüfung von Theorien müssen Anweisungen zur Messung der verwendeten (theoretischen) Begriffe gegeben werden. Diesen Vorgang bezeichnet man als *Operationalisierung*. Eine Operationalisierung muß angeben, wie sich ein theoretischer Begriff empirisch feststellen läßt. Eine Operationalisierung von Nationalgefühl könnte etwa sein: »Starkes Nationalgefühl liegt vor, wenn Personen auf die Frage: „Sind Sie stolz, Deutsche(r) zu sein?" mit „Ja" antworten«. Diese Operationalisierung zielt auf eine *Befragung* von Personen ab. Man könnte sich aber sicher noch andere Operationalisierungen von Nationalstolz vorstellen, etwa durch eine *Beobachtung* tatsächlichen Verhaltens oder durch eine *Inhaltsanalyse* von Zeitungsberichten etc. Es gibt für jeden theoretischen Begriff verschiedene denkbare Operationalisierungen, und manche können den Begriff vielleicht besser empirisch erfassen als andere. Die entscheidende Frage ist, wie man dem tatsächlich zu erfassenden Konstrukt mit vertretbarem Aufwand am nächsten kommt, ohne dabei allzu großen „Realitätsverlust" in Kauf zu nehmen. Gegen die oben gewählte Operationalisierung von Nationalstolz läßt sich z. B. einwenden, daß diese Einstellungen und nicht Verhalten mißt.

Eine gegebene Operationalisierung kann sich im Verlauf des Forschungsprozesses genauso als falsch oder unangemessen erweisen wie eine Theorie oder eine Hypothese. Sie muß daher genauso zur Disposition stehen und verworfen werden können.

Beobachtung

Der letzte und für die Prüfung der Theorie entscheidende Schritt besteht in der Sammlung von Daten durch Beobachtung im weiteren Sinne. Je nach Operationalisierung kann diese Beobachtung durch eine Umfrage, eine Inhaltsanalyse oder eine Beobachtung im engeren Sinne stattfinden. Die oben dargestellte Operationalisierung des Nationalstolzes zielt auf eine Umfrage ab. Wären die Antwortkategorien „Ja" und „Nein", müßten wir durch eine Auszählung der Antworten beobachten, wie viele Personen mit „Ja" und „Nein" antworten. Wir wissen dann, wie viele Personen Stolz auf die Nation äußern und wie viele nicht.

Vor allem dieser letzte Schritt ist Gegenstand der weiteren Kapitel dieses Buches.

2 Forschungsdesigns

Bei der Wahl des Forschungsdesigns müssen verschiedene Aspekte beachtet werden: Sollen die Daten selbst erhoben werden oder kann auf bereits vorhandene Daten zurückgegriffen werden? Auf welche Untersuchungsebene zielt die Fragestellung? Welchen Zeitraum sollen die Daten abdecken? Wird ein Experiment oder z. B. eine Umfrage durchgeführt? Da das Forschungsdesign im nachhinein nicht mehr veränderbar ist, ist es wichtig, eine Untersuchung genau zu planen, um nicht später auf unbrauchbaren „Datenfriedhöfen" zu sitzen oder Einschränkungen hinsichtlich der Gültigkeit der erzielten Ergebnisse hinnehmen zu müssen.

Daten können als „beobachtete Merkmalsausprägungen auf Merkmalsdimensionen von Untersuchungseinheiten" (Mayntz et al. 1978, 35) gekennzeichnet werden. Als *Untersuchungseinheiten* (auch: Merkmalsträger) werden die Einheiten bezeichnet, an denen die Beobachtungen vorgenommen werden. Untersuchungseinheiten sind häufig Personen, es kann sich aber auch um Familien, Staaten oder andere Einheiten handeln. Merkmalsdimensionen, wir werden im weiteren den Begriff *Merkmale* verwenden, wären bei Personen z. B. das Geschlecht, das Alter oder das politische Interesse. Die möglichen Kategorien der Merkmale werden als *Merkmalsausprägungen* bezeichnet. Das Merkmal „Politisches Interesse" könnte die Ausprägungen „stark", „mittel" und schwach" annehmen. *Variablen* sind Merkmale von Untersuchungseinheiten, die mindestens zwei Ausprägungen annehmen können. Sind den Ausprägungen bereits Zahlen zugeordnet worden, etwa 1 für „starkes", 2 für „mittleres" und 3 für „schwaches" politisches Interesse (siehe Kapitel 3), dann werden diese auch *Werte* genannt.

2.1 Datenerhebung

Eine der wichtigsten Entscheidungen, die bei der Planung einer Untersuchung getroffen werden muß, betrifft die Frage, *wer* die zu analysierenden Daten erhebt. Man unterscheidet zwischen:

- Primäranalyse
- Sekundäranalyse

Im ersten Fall werden die benötigten Daten selbst erhoben und von demjenigen, der die Daten erhoben hat, auch zuerst ausgewertet – deshalb *Primäranalyse*. Im zweiten Fall wertet man von anderen erhobene und in der Regel bereits ausgewertete Daten ein weiteres Mal aus – deshalb *Sekundäranalyse*. Bei der Sekundäranalyse können die Daten ursprünglich zu einem völlig anderen Zweck erhoben worden sein. Wichtig ist nur, daß sie dem Untersuchungszweck der erneuten Analyse dienlich sind.

Eine Primärerhebung bietet den entscheidenden Vorteil, daß genau die Merkmalsausprägungen erhoben werden können, die benötigt werden. Der Nachteil besteht darin, daß dies mit hohen (manchmal zu hohen) Kosten verbunden sein kann. Bei Sekundäranalysen stehen möglicherweise nicht alle gewünschten Informationen zur Verfügung – dafür hat man nur sehr geringe (oft sogar gar keine) Kosten zu tragen.

Besonders groß ist der Preisunterschied zwischen Primär- und Sekundäranalysen bei Umfragen. Allein die in einer mündlichen Umfrage anfallenden Kosten zur Bezahlung der Interviewer bzw. Portokosten zur Versendung der Fragebögen können erheblich sein. So hätte 1996 eine ca. einstündige bevölkerungsweite Befragung mit dem vom Zentrum für Umfragen, Methoden und Analysen (ZUMA) in Mannheim und der Gesellschaft für Marketing-, Kommunikations- und Sozialforschung mbH (GFM-GETAS, heute: IPSOS) in Hamburg gemeinsam durchgeführten SOZIALWISSENSCHAFTENBUS 424.350,- DM gekostet.[1] Die Kosten einer Sekundäranalyse eines vergleichbaren Datensatzes, nämlich des von uns auch in diesem Lehrbuch immer wieder verwendeten ALLBUS 1994, beliefen sich dagegen nur auf 175,- DM (inklusive Codebuch). Die Sekundäranalyse stellt deshalb in der empirischen Sozialforschung eher die Regel als die Ausnahme dar.

In Deutschland werden Sekundärdaten vom *Zentralarchiv für empirische Sozialforschung* (ZA) in Köln archiviert und gegen Entgelt für Sekundäranalysen bereitgestellt. Der *Datenbestandskatalog* listet über 3.000 für die wissenschaftliche Öffentlichkeit verfügbare Studien auf. Eine Recher-

---

1 Der SozialwissenschaftenBus wurde zwischen 1985 und 1998 einmal jährlich durchgeführt.

che im Datenbestandskatalog ist über die Internetseite des Zentralarchivs (http://www.gesis.org/ZA/) möglich.

Neben dem Zentralarchiv in Köln sind die Statistischen Landesämter und das Statistische Bundesamt in Wiesbaden eine wichtige Quelle für Sekundärdaten. Dort kann man u. a. Wahl- und Volkszählungsdaten auf unterschiedlichen regionalen Ebenen (z. B. Verwaltungseinheiten wie Gemeinden und Kreise, aber auch für Landtagswahlkreise etc.) erhalten, gegen Entgelt meist auch in maschinenlesbarer Form. Auch das Statistische Bundesamt bietet viele Informationen über das Internet an (http://www.destatis.de/).

2.2 Ebene der Untersuchungseinheit

Nach der *Ebene*, auf der die Untersuchungseinheiten angesiedelt sind, werden häufig nur zwei Datentypen unterschieden:

- Individualdaten
- Aggregatdaten

Unter **Individualdaten** werden hier Daten verstanden, die *Personen* zugerechnet werden können. Beispiele wären etwa Angaben zur Wahlabsicht oder dem Alter von Befragten. **Aggregatdaten** beinhalten Informationen über Gruppen bzw. Kollektive, die auf der Zusammenfassung (Aggregation) von Meßwerten der Mitglieder dieser Kollektive beruhen, weshalb es sich bei Aggregatdaten immer um „abgeleitete Daten" (Pappi 1977, 81) handelt. Aggregatdaten lassen sich also nicht an den Kollektiven selbst gewinnen, sondern nur an den Mitgliedern dieser Kollektive. Die Mitglieder der Kollektive können, müssen aber keine Individuen sein. Die Stimmenanteile von Parteien oder das Durchschnittsalter der Bundesdeutschen sind Aggregatdaten, die aus den Individualdaten Wahlabsicht und Alter gebildet wurden. Daten, die *räumlich* aggregiert wurden (z. B. auf der Ebene von Gemeinden, Wahlkreisen oder Staaten), nennt man auch *ökologische Daten*. Individualdaten stammen zumeist aus Umfragen, Aggregatdaten werden häufig von der amtlichen Statistik bereitgestellt.

Gelegentlich werden auch solche Daten von Kollektiven als Aggregatdaten bezeichnet, die nicht auf Aggregation beruhen, wie z. B. ein Index zur Messung von Bürgerrechten in Staaten (vgl. Widmaier 1997, S. 104). Nach der Unterscheidung von Lazarsfeld und Menzel (1972, S. 228 f.) handelt es sich hierbei um ein sogenanntes globales Merkmal (*global property*) des Kollektivs. Ein anderes Beispiel für ein globales Merkmal wäre das Regierungssystem eines Staates. Globale Merkmale werden direkt am Kollektiv gemessen und besitzen keine Entsprechung auf der Ebene der Mitglieder des Kollektivs. Es können demnach Merkmale von Individuen und Merkmale von Kollektiven unterschieden werden, wobei Aggregatmerkmale eine Untergruppe der Kollektivmerkmale darstellen (vgl. dazu Pappi 1977, S. 80 f.).

Ob Analysen von Individuen oder Kollektiven angemessen sind, wird durch die Forschungsfrage bestimmt. Geht es um Motive der Wahlentscheidung, so werden sich die Hypothesen auf Eigenschaften einzelner Wähler wie deren Kanzlerpräferenz oder Parteiidentifikation richten. Anders verhält es sich dagegen, wenn der Einfluß des Katholikenanteils auf den Stimmenanteil der Christdemokraten in Wahlkreisen untersucht wird (vgl. Kapitel 8). Insbesondere in der Vergleichenden Politikwissenschaft und der Internationalen Politik (vgl. Widmaier 1997) beziehen sich die Hypothesen häufig auf Kollektive. So beinhaltet beispielsweise das viel diskutierte Theorem vom „Demokratischen Frieden", daß demokratische Staaten keine Kriege gegeneinander führen (vgl. Teusch und Kahl 2001; Chan 1997). Natürlich können sich Theorien oder Hypothesen auch auf verschiedene Ebenen, z. B. Individuen und Kollektive, beziehen. In diesem Fall sind Mehrebenenanalysen (vgl. Ditton 1998; Snijders und Bosker 1999) angemessen, die die simultane Analyse hierarchischer Daten ermöglichen.

Aggregatdaten können auf einem unterschiedlichen *Aggregationsniveau* vorliegen; Bundestagswahlergebnisse beispielsweise auf Ebene der Bundestagswahlkreise, auf Ebene der Bundesländer oder auf Bundesebene. **Aggregation** bedeutet, Daten auf einer höheren Ebene (einem höheren Aggregationsniveau) zusammenzufassen. Von den Statistischen Ämtern werden z. B. die ursprünglich als Individualdaten vorliegenden Volkszählungsdaten (Geschlecht, Religionszugehörigkeit, Berufszugehörigkeit, Schulabschluß usw.) auf verschiedenen Ebenen (Gemeinden, Kreise usw.) aggregiert und auch nur in aggregierter Form weitergegeben. Aus naheliegenden Gründen werden auch Wahldaten nur als Aggregatdaten zur Verfügung gestellt. Mit der Aggregation ist ein Informationsverlust verbunden. Bezogen auf das Volkszählungsbeispiel: die aggregierten Volkszählungsdaten geben lediglich Auskunft über die Anzahl der Männer, der Frauen, der Menschen mit einem bestimmten Schulabschluß usw. in einem bestimmten Gebiet. Wie viele Frauen und wie viele Männer welchen Schulabschluß

haben, läßt sich den aggregierten Volkszählungsdaten nicht mehr entnehmen. Mit den aggregierten Daten kann damit auch nicht geprüft werden,
ob Frauen eine niedrigere formale Bildung haben als Männer. Anhand der
Aggregatdaten kann lediglich festgestellt werden, ob die Höhe des Frau-
enanteils mit einem hohen Anteil bestimmter Schulabschlüsse in einem
bestimmten Gebiet einhergeht. Aus den aggregierten Volkszählungsdaten
lassen sich die ursprünglichen Individualdaten nicht mehr herstellen, eine
Disaggregation der Daten ist nicht möglich.

Wie das Beispiel der Volkszählungsdaten zeigt, die nur als Aggregatdaten
zugänglich gemacht werden, kann man sich nicht immer aussuchen, ob
man mit Individual- oder Aggregatdaten arbeitet. So ist die gesamte hi-
storische Wahlforschung auf die Analyse von Aggregatdaten angewiesen,
da bis in die 50er Jahre des 20. Jahrhunderts Umfragedaten sehr rar sind.
Für Analysen der Wahlen des Deutschen Reichs ist man daher im wesentlichen auf Volkszählungs- und Wahldaten angewiesen, die in der *Statistik
des Deutschen Reichs* veröffentlicht wurden (vgl. exemplarisch Winkler
1995; Falter 1991). Es kann also passieren, daß man Aussagen über Individuen treffen möchte, tatsächlich aber nur Aggregatdaten zur Verfügung
stehen.

In diesem Zusammenhang muß man darauf achten, keinen *Fehlschluß*
zu begehen. *Fehlschlüsse entstehen immer dann, wenn Aussageeinheit
und Untersuchungseinheit auf unterschiedlichen Ebenen angesiedelt sind.*
Schließt man von Beziehungen auf der Aggregatebene auf Beziehungen der
Individualebene (bzw. allgemein: einer niedrigeren Ebene), begeht man
einen *ökologischen Fehlschluß*. Schließt man im umgekehrten Fall von Beziehungen auf der Individualebene auf Beziehungen der Aggregatebene,
liegt ein *individualistischer Fehlschluß* vor.

Für die Sozialwissenschaften ist vor allem der **ökologische Fehlschluß**
(vgl. Robinson 1950) von Bedeutung, da die Daten häufig in stärker aggregierter Form vorliegen, als man sie für die beabsichtigten Aussagen bräuch-
te. So schlossen einige Historiker (vgl. die Literaturhinweise bei Falter
et al. 1983, S. 528) aus dem bei den Reichstagswahlen zwischen 1930 und
1932 zeitgleich erfolgten Anstieg der Arbeitslosenquote und dem NSDAP-
Stimmenanteil auf der *Reichsebene*, daß Arbeitslose in hohem Umfang
die Nationalsozialisten gewählt hätten und die Massenarbeitslosigkeit damit direkt zum Aufstieg der NSDAP beigetragen habe. Aufgrund von
Zusammenhängen auf der Reichsebene (Arbeitslosen*quote* und NSDAP-

Stimmen*anteil*) wurden Aussagen über Zusammenhänge auf der individuellen Ebene (Arbeitslosig*keit* und NSDAP-Stimm*abgabe*) getroffen. Dieser Schluß ist jedoch nicht zulässig und kann sich auch inhaltlich als falsch erweisen, nämlich dann, wenn die Stimmen für die NSDAP nicht von den Arbeitslosen, sondern von anderen Wählern kamen (vgl. auch Frey und Weck 1981, S. 6 und 25).

Auf der Individualebene läßt sich der Zusammenhang leider nicht mehr untersuchen. Allerdings kann man den Zusammenhang auf einem niedrigeren Aggregationsniveau prüfen. So stellten Falter et al. (1983) fest, daß die NSDAP in *Kreisen* mit einem hohen Anteil erwerbsloser Angestellter/Arbeiter durchschnittlich keine höheren Stimmenanteile erzielte. Im Gegenteil: In Kreisen mit einem hohen Erwerbslosenanteil schnitt die NSDAP durchschnittlich sogar schlechter ab (vgl. Falter et al. 1983, S. 532). Die Ergebnisse von Falter et al. sprechen gegen den auf Reichs- und Bezirksebene (vgl. Frey und Weck 1981) festgestellten positiven Einfluss der Erwerbslosigkeit auf den Stimmenzuwachs der NSDAP zwischen 1930 und 1932, da die Erklärungskraft auf Kreisebene höher ist als auf der Ebene der Bezirke bzw. des gesamten Reiches (vgl. Falter et al. 1983, S. 202 f.). Dennoch kann man auch von den weniger stark aggregierten Kreisdaten nicht einfach auf das Wahlverhalten von Arbeitslosen schließen.

An einem weiteren gern verwendeten Beispiel (vgl. Bürklin und Klein 1998, S. 35 f.) läßt sich die Problematik des ökologischen Fehlschlusses besonders gut verdeutlichen: Bei Bundestagswahlen besteht auf Wahlkreisebene ein positiver Zusammenhang zwischen dem Anteil der Ausländer und dem Stimmenanteil der GRÜNEN. Dennoch würde niemand aus diesem Ergebnis folgern, daß Ausländer in hohem Umfang die GRÜNEN wählen, da Ausländer auf Bundesebene kein Wahlrecht besitzen. Die Aussage „Je höher der Ausländeranteil in einem Wahlkreis, umso besser schneiden die GRÜNEN ab" ist richtig; die Aussage „Ausländer wählen überproportional häufig die GRÜNEN" dagegen offenkundig falsch.

Zwar ist das Problem des ökologischen Fehlschlusses nicht lösbar; es sind jedoch statistische Verfahren entwickelt worden (*Ökologische Regression*), mit deren Hilfe Zusammenhänge der individuellen Ebene auf der Basis zusätzlicher Annahmen *geschätzt* werden können (vgl. King 1997). Ohne Hinzuziehung solcher Verfahren sollten die Aussagen einer Untersuchung sich immer auf die Ebene der Untersuchungseinheit (Analyseebene) beziehen, nie auf eine andere Ebene.

2.3 Untersuchungsanordnung

Die Untersuchungsanordnung sagt etwas über die *Umgebungsbedingungen der Datenerhebung* aus. Generell kann man zwischen zwei Gruppen von Untersuchungsanordnungen unterscheiden:

- Experimente
- Ex-Post-Facto-Anordnungen

In **Experimenten** werden die Bedingungen der Untersuchung selbst hergestellt und unterliegen damit der Kontrolle und der Einflußnahme des Forschers (vgl. Sarris 1999). Experimentelle Anordnungen sehen bei zwei Gruppen so aus, daß einer Gruppe von Probanden (Ratten, Mäusen oder Menschen etc.) eine Behandlung zuteil wird (*Experimentalgruppe*), einer zweiten Gruppe, die sich ansonsten von der ersten Gruppe nicht unterscheidet, jedoch nicht (*Kontrollgruppe*). Wie die Behandlung (*treatment* oder *Stimulus*) wirkt, kann nach dem Versuch an möglichen Unterschieden zwischen Experimental- und Kontrollgruppe abgelesen werden. Der Stimulus stellt die unabhängige Variable dar; die Variable also, von der ein Einfluß auf das interessierende Merkmal (abhängige Variable) der Probanden vermutet wird.

Um die Gleichheit von Experimental- und Kontrollgruppe zu gewährleisten, werden die zur Verfügung stehenden Probanden nach einem Zufallsverfahren den Gruppen zugewiesen; dieses Verfahren nennt man *Randomisierung* oder Zufallsaufteilung. Durch die Randomisierung wird sichergestellt, daß mögliche Unterschiede zwischen Kontroll- und Experimentalgruppe *nach* dem Experiment tatsächlich auf den Stimulus zurückzuführen sind und nicht etwa aus der unterschiedlichen Zusammensetzung der beiden Gruppen resultieren. Die Ursache-Wirkungs-Beziehung (*Kausalität*) ist damit feststellbar. Zusätzlich zur Beobachtung nach dem Versuch kann eine Beobachtung vor dem Versuch stattfinden (*Vorher-Nacher-Messung*). Randomisierte Gruppen dürften sich in der Verteilung ihrer Eigenschaften, einmal abgesehen von Zufallsschwankungen, nicht unterscheiden.

Experimentelle Versuchsanordungen finden sich häufig in der der Psychologie und Medizin, in letzterer vor allem zum Testen der Wirksamkeit neuer Medikamente. Den Mitgliedern der Versuchsgruppe wird hierbei das Medikament verabreicht, während die Mitglieder der Kontrollgruppe lediglich ein Placebo erhalten. Von einem *Blindversuch* spricht man, wenn die

Probanden nicht wissen, ob sie zur Experimental- oder Kontrollgruppe gehören. Damit soll verhindert werden, daß die Versuchsteilnehmer aufgrund ihres Wissens um den Erhalt oder Nicht-Erhalt der Behandlung eine unterschiedliche Reaktion zeigen. *Doppelblindversuche* liegen vor, wenn weder die Probanden noch der Versuchsleiter wissen, wer zur Experimental- bzw. Kontrollgruppe gehört. Hiermit sollen unbewußte Beeinflussungen durch den Versuchsleiter ausgeschaltet werden. Stellt man bei den Mitgliedern der Experimentalgruppe eine Verbesserung des Gesundheitszustands fest, bei den Mitgliedern der Kontrollgruppe jedoch nicht, so kann dies bei randomisierten Gruppen auf die Wirkung des zuvor verabreichten Medikaments zurückgeführt werden.

Aufgrund von Randomisierung und zeitlicher Abfolge von Stimulus (unabhängiger Variable) und Wirkung (abhängige Variable) ermöglichen Experimente die Prüfung kausaler Hypothesen. Dies ist der entscheidende Vorteil im Vergleich zu den nachfolgend diskutierten Ex-Post-Facto-Andordnungen. Ein Nachteil experimenteller Untersuchungsformen besteht allerdings in der Schwierigkeit der Verallgemeinerung der Ergebnisse, vor allem, weil bei Experimenten meistens andere – einfachere – Bedingungen hergestellt werden, als sie in der sozialen Realität vorherrschen. Dies gilt in besonderem Umfang für Experimente in künstlichen Umgebungen (*Laborexperimente*).

In der Politikwissenschaft spielen Experimente praktisch keine Rolle, weil deren Hypothesen mit experimentellen Anordnungen normalerweise nicht geprüft werden können. Man denke z. B. an die Frage, ob Arbeitslosigkeit politische Apathie erzeugt. Hier lassen sich keine Gruppen bilden, deren Mitglieder nach dem Prinzip der Zufallsaufteilung Arbeitslosigkeit ausgesetzt werden (Experimentalgruppe) oder nicht (Kontrollgruppe), um anschließend politisches Verhalten zu messen. Einmal abgesehen von der Praktikabilität wäre dies ethisch auch nicht vertretbar.

Dagegen ist die **Ex-Post-Facto-Anordnung** (vgl. Schnell et al. 1999) die in den Sozialwissenschaften am häufigsten vorkommende Untersuchungsanordnung. Dabei kann es sich um eine Befragung, eine Beobachtung oder eine Inhaltsanalyse handeln (siehe Kapitel 4). Die Untersuchungseinheiten – meist sind es Teilnehmer einer Befragung – werden erst *im nachhinein* („ex post"), nämlich *bei der Datenauswertung*, in Experimental- und Kontrollgruppe unterteilt.

Untersucht man mit einer Umfrage, ob Arbeitslosigkeit die Wahl radikaler Parteien begünstigt, so würde man die Stichprobe bei der Auswertung in Arbeitslose und Nicht-Arbeitslose aufteilen und für beide Gruppen das Wahlverhalten (gemessen z. B. durch die Wahlsonntagsfrage) ermitteln. Zeigt sich, daß Arbeitslose in stärkerem Umfang radikale Parteien wählen als Nicht-Arbeitslose, so heißt dies allerdings noch nicht, daß Arbeitslosigkeit politisch radikales Wahlverhalten *verursacht*, also ein kausaler Zusammenhang vorliegt. Warum?

In Experimenten können beobachtete Unterschiede auf die unabhängige Variable (den Stimulus) zurückgeführt werden, weil es sich um randomisierte Gruppen handelt und die unabhängige Variable der abhängigen Variable zeitlich vorgelagert ist. Randomisierte Gruppen unterscheiden sich bei Experimenten in der unabhängigen Variable (dem Stimulus) und möglicherweise in der abhängigen Variable (der Wirkung); sie unterscheiden sich jedoch nicht im Hinblick auf andere „dritte" Variablen, da die Zufallsaufteilung der Probanden eine gleiche Verteilung der Eigenschaften in Experimental- und Kontrollgruppe sicherstellt. Da die Gruppen sich nur in der unabhängigen Variable (Stimulus) unterscheiden, scheiden andere Faktoren als Ursache der Unterschiede in der abhängigen Variable aus. Bei Ex-Post-Facto-Anordnungen ist das anders. Die Gruppen sind nicht randomisiert, weshalb auch nicht mit Sicherheit gesagt werden kann, ob die Wirkung (Wahl radikaler Parteien) auf die vermutetete Ursache (Arbeitslosigkeit) zurückzuführen ist, oder ob sich die „Experimentalgruppe" (Arbeitslose) in anderen Merkmalen (z. B. Schulbildung) von der „Kontrollgruppe" (Nicht-Arbeitslose) unterscheidet, die ebenfalls einen Einfluß auf die die abhängige Variable (Wahl radikaler Parteien) ausüben. Auch die zeitliche Reihenfolge der Variablen ist in Ex-Post-Facto-Anordnungen (zu Ausnahmen siehe Abschnitt 2.4) häufig unklar. Im Beispiel kann man davon ausgehen, daß Arbeitslosigkeit möglicherweise das Wahlverhalten beeinflußt, während die umgekehrte Wirkungsrichtung unplausibel ist.

Wird bei einem Ex-Post-Facto-Design ein Zusammenhang (*Korrelation*) zwischen zwei Merkmalen X und Y festgestellt, so muß deshalb kontrolliert werden, ob die Ausprägung von Y tatsächlich auf X zurückgeführt werden kann (d. h. ein kausaler Einfluß von X naheliegt) oder ob alternative Erklärungen für Y existieren. Der Einfluß „dritter" (alternativer) Merkmale Z muß also geprüft werden. Für dieses Verfahren hat sich der Begriff Drittfaktor- oder **Drittvariablenkontrolle** eingebürgert. Mit der Drittvariablenkontrolle soll also verhindert werden, daß wir eine korrelative Beziehung (einen statistischen Zusammenhang) für eine kausale Beziehung halten. Dabei muß man sich im klaren sein, daß Kausalität in Ex-Post-Facto-Designs nicht empirisch „bewiesen" werden kann. Dies ist auch dann nicht möglich, wenn die zeitliche Abfolge der Variablen und die Kontrolle von Drittvariablen eine kausale Interpretation eines statistischen Zusammenhangs nahelegen. Die Kontrolle von Drittvariablen setzt nämlich voraus, daß Hypothesen über den Einfluß dritter Merkmale vorhanden sind und auch entsprechende Daten zur Verfügung stehen. Letzteres stellt insbesondere bei Sekundärdatenanalysen ein Problem dar. Es kann also nicht ausgeschlossen werden, daß relevante Drittvariablen nicht kontrolliert wurden. Allerdings können kausale Hypothesen abgelehnt werden, etwa dann, wenn eine Korrelation bei Kontrolle einer Drittvariablen verschwindet.

Technisch wird die Drittvariablenkontrolle durchgeführt, in dem (bei einer Drittvariablen mit wenigen Ausprägungen) getrennt für jede Ausprägung der Drittvariablen Z der Zusammenhang zwischen X und Y ermittelt wird. So berichten Agresti und Finlay (1997, S. 369 f.) die Ergebnisse einer Studie über den Einfluß der Hautfarbe von Angeklagten in Mordprozessen (X) auf die Verhängung der Todesstrafe (Y) zwischen 1976 und 1987 in Florida. Festgestellt wurde, daß die weißen Angeklagten prozentual häufiger zum Tode verurteilt wurden als die schwarzen. Bei Kontrolle der Hautfarbe des Opfers als Drittvariable Z ändern sich allerdings die Zusammenhänge. Bei weißen Opfern wurden schwarze Täter prozentual deutlich häufiger mit dem Tod bestraft, bei schwarzen Opfern ist es umgekehrt: hier wurden weiße Täter prozentual häufiger zum Tode verurteilt.[2] Der Zusammenhang zwischen der Hautfarbe des Angeklagten und der Todesstrafe ist für die beiden Ausprägungen der Drittvariablen (Hautfarbe des Opfers) also gegenläufig. Die Berücksichtigung der Drittvariablen verändert in diesem Beispiel die Interpretation des ursprünglichen Zusammenhangs entscheidend. Hat eine Drittvariable keinen Einfluß, dann ist der Zusammenhang zwischen X und Y für jede Ausprägung der Variable Z gleich.

---

2 Insgesamt wurden 4,8% der weißen, aber nur 2,5% der schwarzen Mordverdächtigen zum Tode verurteilt. Bei weißen Opfern wurde bei 12,6% der schwarzen, aber nur bei 4,9% der weißen Angeklagten die Todesstrafe verhängt. Handelte es sich um schwarze Opfer, wurden 3,4% der weißen, aber nur 0,8% der schwarzen Tatverdächtigen zum Tode verurteilt (Agresti und Finlay 1997, S. 370).

In diesem Beispiel handelt es sich um eine sogenannte *Interaktion*, die immer dann vorliegt, wenn sich ein Zusammenhang (Hautfarbe des Angeklagten und Todesstrafe) in Abhängigkeit von der Ausprägung einer dritten Variablen (Hautfarbe des Opfers) ändert. Außer der Interaktion können weitere Effekte auftreten: Der ursprüngliche Zusammenhang zwischen zwei Variablen kann, wie erwähnt, verschwinden (*Scheinkorrelation*), es kann ein Zusammenhang erst bei Kontrolle einer Drittvariablen auftauchen (*scheinbare Nichtkorrelation*) oder die Drittvariable kann einen unabhängigen Einfluß auf die abhängige Variable (*Multikausalität*) ausüben. Einen guten Überblick über die statistische Kontrolle von Drittvariablen bieten Agresti und Finlay (1997, S. 357–373) und Benninghaus (1998, S. 274–303 und 368–381).

Neben der Untersuchung von Kausalität existiert in Ex-Post-Facto-Anordnungen ein weiteres Problem. Die Größe von „Experimental-" und „Kontrollgruppe" kann nicht so gezielt gesteuert werden, da im Gegensatz zu Experimenten die Gruppenaufteilung erst bei der Datenauswertung erfolgt. Aus diesem Grunde kommt es in Ex-Post-Facto-Anordnungen vor, daß Merkmalsausprägungen, die untersucht werden sollen, zu selten auftreten. Eine Untersuchung der Wähler der Republikaner mit dem ALLBUS 1998 scheitert schlicht daran, daß lediglich 53 der 3.432 Befragten eine Republikaner-Wahlabsicht angaben. Dieses Problem kann allerdings durch größere Stichproben oder geschichtete Auswahlverfahren (siehe Kapitel 9) gelöst werden.

2.4 Zeitdimension

Hinsichtlich der Zeitdimension lassen sich Forschungsdesigns danach unterscheiden, ob die Erhebung zu einem Zeitpunkt (*Querschnittdesign*) oder mehreren Zeitpunkten (*Längsschnittdesign*) stattfindet (vgl. Bijleveld und van der Kamp 1998). Zu den Längsschnittdesigns zählt das *Trenddesign* und das *Paneldesign*.

- Querschnittdesign
- Trenddesign
- Paneldesign

Bei einem **Querschnittdesign** erfolgt die Datenerhebung zu einem Zeitpunkt. Mit Querschnittdaten sind die in Kapitel 2.3 erwähnten Probleme der Überprüfung kausaler Hypothesen verbunden. Allerdings kann man auch mit einem Querschnittdesign Längsschnittdaten gewinnen; in Umfragen z. B. durch Fragen, die sich auf die Vergangenheit beziehen (*Retrospektivfragen* bzw. *Recall-Fragen*). Liegen beispielsweise Angaben zum aktuellen Wahlverhalten und dem Wahlverhalten bei der vorangegangenen Wahl vor, dann hat man vom Prinzip Paneldaten (siehe unten) erhoben, mit denen Wechselwahlverhalten untersucht werden kann. Allerdings stellen retrospektive Fragen hohe Ansprüche an die Erinnerungsfähigkeit des Befragten. Diese wird um so besser sein, je kürzer die Ereignisse zurückliegen und je wichtiger diese für den Befragten sind. Daten zur Biographie müßten beispielsweise relativ präsent sein und daher auch zuverlässig abgefragt werden können. Vergangene Einstellungen oder Meinungen korrekt zu erfassen, dürfte schwieriger werden. Zudem besteht die Gefahr, daß Befragte Widersprüche zwischen vergangenen und gegenwärtigen Einstellungen aufzulösen versuchen, in dem sie vergangene Einstellungen den aktuellen „anpassen". Auch bei Angaben zum Wahlverhalten bei einer früheren Wahl stellt sich also die Frage, ob diese korrekt sind. Methodisch kann die Qualität der Recall-Frage zum Wahlverhalten durch einen Vergleich mit den Ergebnissen einer Panel-Studie zum Wahlverhalten überprüft werden (vgl. dazu Schoen 2000).

Ein **Trenddesign** liegt vor, wenn *dieselben Merkmale* zu *verschiedenen Zeitpunkten* an *unterschiedlichen Stichproben* gemessen werden. Eine Trendstudie läßt sich damit als Abfolge von mehreren Querschnittstudien auffassen. Um einen Trend feststellen zu können, müssen die Stichproben repräsentativ für die gleiche Grundgesamtheit sein (vgl. Kapitel 9). Die ALLBUS-, Politbarometer- und Eurobarometerumfragen sind Trendstudien (siehe dazu S. 29). Ein Beispiel für eine Trendauswertung auf Basis der Politbarometerdaten ist in Abbildung 5.5 auf Seite 97 zu sehen. Dort ist der Anteil der Befragten, die auf die Frage, ob sie sich mit einer Partei identifizieren, mit „ja" geantwortet haben, getrennt für West- und Ostdeutsche zwischen 1991 und 1994 dargestellt. Man sieht, daß die Schwankungen des Anteils der Personen mit Parteiidentifikation im Osten der Republik deutlicher ausfallen als im Westen. Mit den Politbarometerdaten kann nicht untersucht werden, inwieweit die Parteiidentifikation *einzelner* Befragter über die Zeit stabil blieb, da die monatlichen Umfragen auf unterschiedlichen Stichproben beruhen. Auf der Basis von Trenddaten lassen sich also Veränderungen im Aggregat (hier West bzw. Ost), die sogenannten *Nettoveränderungen*, feststellen, nicht aber Veränderungen bei einzelnen

Untersuchungseinheiten im Zeitverlauf (*Bruttoveränderungen*) (vgl. Engel und Reinecke 1994, S. 6).

Unter einem **Paneldesign** versteht man eine Erhebung *derselben Merkmale* zu *verschiedenen Zeitpunkten* an *denselben Untersuchungseinheiten* (vgl. zur Panelanalyse Engel und Reinecke 1994). Die einzelnen Befragungszeitpunkte werden als Wellen bezeichnet. In der Regel handelt es sich nur um wenige Wellen; eine Ausnahme stellt das Sozio-ökonomische Panel dar, das bereits seit 1984 einmal jährlich durchgeführt wird (vgl. S. 29).

Die Ergebnisse in Tabelle 2.1 entstammen einer von Paul F. Lazarsfeld, Bernard Berelson und Hazel Gaudet durchgeführten Studie zur us-amerikanischen Präsidentschaftswahl 1940, die in Erie-County, einem Kreis in Ohio, durchgeführt wurde (vgl. Lazarsfeld et al. 1968). Für die Demokraten trat der Amtsinhaber Franklin D. Roosevelt an, der die Wahl gegen den republikanischen Herausforderer Wendell L. Willkie für sich entscheiden konnte. Zwischen Mai und November wurden die Teilnehmer des Panels in Erie-County monatlich einmal befragt, die letzte Befragung fand kurz nach der Wahl im November statt; es handelt sich also um ein siebenwelliges Panel. In Tabelle 2.1 wurde das in der Nachwahlbefragung angegebene Stimmverhalten mit der im Oktober angegebenen Wahlabsicht gekreuzt. (Wie man sieht, lagen die Republikaner in Erie-County vorne.)

Tabelle 2.1: Wahlabsicht und Stimmabgabe in Erie-County bei den Präsidentschaftswahlen in den USA, 1940

Stimmabgabe	Wahlabsicht (Oktober)				
(November)	Rep.	Dem.	N.w.	w.n.	Summe
Republikaner	*215*	7	6	4	232
Demokraten	4	*144*	0	12	160
Nichtwahl	10	16	*59*	6	91
Summe	229	167	65	22	483

Rep.=Republikaner, Dem.=Demokraten, N.w.=Nichtwahl, w.n.=weiß nicht
Quelle: Lazarsfeld et al. (1968, S. xxiii)

In der Summenpalte und Summenzeile lassen sich die Veränderungen im Aggregat, die Nettoveränderungen, beobachten: im November stimmten von allen 483 Personen 48% (232) für die Republikaner, während dies im Oktober 47% (229) beabsichtigt hatten. Durch die Veränderungen im Aggregat wird das Ausmaß des Wandels auf der individuellen Ebene unterschätzt: von den 483 Personen stimmen 418 Personen (215 + 144 + 59) genau so, wie sie es im Oktober beabsichtigten; dies entspricht 87%. 13% der Befragten änderten zwischen den beiden Zeitpunkten ihre Präferenz (vgl. Lazarsfeld et al. 1968, S. xxiii); diese individuellen Veränderungen werden auch *turnover* genannt. So gingen 10 Personen, die im Oktober die Wahl der Republikaner beabsichtigten, nicht zur Wahl. 11 Personen wechselten die Parteipräferenz: 7 von den Demokraten zu den Republikanern und 4 umgekehrt. Mit Paneldaten lassen sich also sowohl die Veränderungen auf der Aggregatebene (Nettoveränderungen) als auch die individuellen Veränderungen (Bruttoveränderungen) untersuchen.

Aufgrund der durch die unterschiedlichen Meßzeitpunkte klaren zeitlichen Abfolge der Variablen eignen sich Panelanalysen besser zur Überprüfung kausaler Zusammenhänge als Ex-Post-Facto-Designs. Auch hier ist es jedoch notwendig, alternative Erklärungen durch die Kontrolle von Drittvariablen auszuschließen.

Auch Panelstudien sind mit besonderen methodischen Problemen behaftet: der *Panelmortalität* und sogenannten *Paneleffekten*. Unter **Panelmortalität** wird die Tatsache verstanden, daß nicht alle Befragten der ersten Untersuchung auch bei den folgenden Untersuchungen wieder befragt werden können, sei es, weil sie umgezogen oder aus anderen Gründen nicht mehr erreichbar sind, die wiederholte Teilnahme verweigern oder zwischenzeitlich verstorben sind. Auf diese Weise verringert sich der Bestand eines Panels stetig. Üblicherweise kann man davon ausgehen, daß der Bestand mit jeder Folgeuntersuchung abnimmt, wobei die zweite Untersuchung normalerweise die höchsten Bestandsverluste aufweist. Dies kann dazu führen, daß Fragestellungen nicht mehr untersucht werden können, weil einfach zu wenige Personen eine interessierende Merkmalsausprägung aufweisen. Um der Panelmortalität entgegenzuwirken, können besondere Maßnahmen ergriffen werden, die als *Panelpflege* bezeichnet werden. Die Panelpflege dient dazu, die Befragten zur weiteren Teilnahme zu motivieren und den Kontakt zu Befragten, die den Wohnsitz wechseln, nicht zu verlieren. Die Teilnehmer des Sozio-ökonomischen Panels erhalten ein kleines Geschenk und nehmen an einer bundesweiten Lotterie teil (vgl. Haisken-De New und Frick 2001, S. 24).

Als **Paneleffekte** werden Auswirkungen der wiederholten Befragung auf die Meinungen und Einstellungen der Panelteilnehmer bezeichnet. Ein Problem tritt dann auf, wenn die Zeit zwischen den Befragungen sehr kurz ist und der Befragte sich an seine vergangenen Angaben erinnert. Dies kann zur Konsequenz haben, daß die Befragten versuchen, möglichst konsistent zu antworten. Die Stabilität der Antworten würde dann überschätzt werden. Wiederholte Interviews können auch dazu führen, daß den Befragten ihre eigenen Ansichten und Meinungen bewußter werden, oder sie sich mehr mit den Befragungsthemen beschäftigen, als sie es ohne Befragung getan hätten. Paneleffekte lassen sich kontrollieren, in dem zeitgleich zu einer Panelwelle eine Kontrollstichprobe mit denselben Meßinstumenten untersucht wird. Die Meinungen und Einstellungen der Panelteilnehmer können dann mit denen der Teilnehmer der Kontrollstichprobe verglichen werden.

In der Studie von Lazarsfeld et al. wurden im Mai 3.000 Personen befragt. Von diesen Befragten wurden 600 Personen für das Hauptpanel (HP) ausgewählt und zu sechs weiteren Zeitpunkten befragt (vgl. Tabelle 2.2). Zusätzlich wurden aus der Gesamtstichprobe drei weitere Stichproben à 600 Personen gezogen (Stichproben A, B und C). Diese Personen wurden zur Kontrolle von Paneleffekten außer im Mai noch zu je einem weiteren Zeitpunkt befragt – die Personen der Stichprobe A z. B. im Juli. Für Juli, August und Oktober existierten somit Ergebnisse einer Vergleichsstichprobe. Es zeigte sich, daß die Panelteilnehmer ihre Wahlentscheidung früher trafen als die Teilnehmer der Kontrollstichproben (vgl. Lazarsfeld et al. 1968, S. XV).

Tabelle 2.2: Forschungsdesign der Untersuchung „The People's Choice"

	Mai	Juni	Juli	Aug.	Sept.	Okt.	Nov.
Gesamt-befragung n=3000		Hauptpanel, n=600					
		HP	HP	HP	HP	HP	HP
		Kontrollstichproben					
			A	B		C	
			n=600	n=600		n=600	

Vgl. Lazarsfeld et al. (1968, S. 4)

Von Panelanalysen spricht man natürlich nur dann, wenn die Veränderungen der Merkmalsausprägungen von Untersuchungseinheiten im Zeit-

verlauf betrachtet werden. Berücksichtigt man lediglich Aggregatverän-
derungen, dann handelt es sich um eine Trendanalyse auf der Basis von
Paneldaten.

Forschungsdesigns einiger Untersuchungen

ALLBUS Die *Allgemeine Bevölkerungsumfrage der Sozialwissenschaften*
– ALLBUS – wird vom *Zentrum für Umfragen, Methoden und Analysen* (ZUMA) in Mannheim seit 1980 durchgeführt. In zweijährigen
Abständen werden ca. 3.000 Befragte zu sozialwissenschaftlich inter-
essanten Themen befragt. Es handelt sich hier um eine Querschnittbefragung, die sich für Trendstudien eignet, da ein Teil der Fragen bereits
mehrmals erhoben wurde. Eine Ausnahme vom Befragungsrhythmus
bildete die 1991 erhobene ALLBUS-Basisumfrage, wo erstmals Personen in Ostdeutschland mit in die Befragung aufgenommen wurden
(vgl. Alba et al. 2000; Braun und Mohler 1998, 1994).

Politbarometer Das Politbarometer wird im Auftrag des ZDF seit 1977
von der FORSCHUNGSGRUPPE WAHLEN (FGW) in Mannheim durchgeführt. Es handelt sich um eine monatliche Querschnittbefragung von
ca. 2.000 Personen (ca. 1.000 West und 1.000 Ost). Einzelne Ergebnisse werden einmal im Monat im ZDF verbreitet und sind auch über
Internet und Videotext abrufbar. Die erhobenen Daten werden an
das *Zentralarchiv für empirische Sozialforschung* (ZA) in Köln weitergegeben, wo sie aufbereitet und der Öffentlichkeit zur Verfügung
gestellt werden. Wegen des immer gleichen Designs und der Verwendung derselben Fragen eignet sich das Politbarometer ausgezeichnet
für Trendstudien.

Eurobarometer Das Eurobarometer ist eine im Auftrag der Kommis-
sion der Europäischen Union seit 1974 zweimal jährlich durchgeführte Befragung in den Ländern der Europäischen Union. Ebenso wie
beim Politbarometer und dem ALLBUS handelt es sich hier um Quer-
schnittbefragungen, die für Trendstudien verwendet werden können.
Das Eurobarometer eignet sich sehr gut für vergleichende Analysen,
da in jedem Land mit weitgehend demselben Fragebogen gearbeitet
wird. Mit Ausnahme Luxemburgs werden in jedem Land ca. 1.000
Personen befragt.

SOEP Das Sozio-ökonomische Panel (SOEP) ist die umfangreichste Pa-
nelstudie in der Bundesrepublik. Beginnend 1984, wurden ca. 12.000

Personen aus 6.000 Haushalten (Stichprobe A „Deutsche" und B „Ausländer") einmal jährlich befragt, seit 1990 auch in Ostdeutschland (Stichprobe C) mit zusätzlich ca. 4.500 Befragten aus ca. 2.000 Haushalten. Außerdem gibt es seit 1994/1995 eine Zuwandererstichprobe (Stichprobe D), in 1998 wurde eine Ergänzungsstichprobe gezogen (Stichprobe E). Seit 2000 existiert zudem die sogenannte Innovationsstichprobe (Stichprobe F), die eine bessere Analyse kleiner Bevölkerungsgruppen ermöglichen soll (in 2000: ca. 10.900 Personen in 6.000 Haushalten). Das SOEP beinhaltet überwiegend Fragen zu sozialen und wirtschaftlichen Themen (Einkommensentwicklung, Mobilität, Haushaltsentwicklung, Gesundheit, Steuern etc.), aber auch einige wenige Fragen von politikwissenschaftlichem Interesse. Mit der Durchführung ist eine Projektgruppe am Deutschen Institut für Wirtschaftsforschung (DIW) in Berlin beauftragt (vgl. Hanefeld 1987; Haisken-De New und Frick 2001).

Adressen der genannten Institutionen

ZUMA Zentrum für Umfragen, Methoden und Analysen: Hausanschrift: B 2,1, 68159 Mannheim; Postanschrift: Postfach 122155, 68072 Mannheim; Tel.: 0621/1246-0, Fax: -100.
Internet: http://www.gesis.org/zuma/

IPSOS (ehem. GFM-GETAS) IPSOS Deutschland GmbH. Marketing-, Medien- und Sozialforschung: Langelohstr. 134, 22549 Hamburg; Tel.: 040/80096-0, Fax: -100.
Internet: http://www.ipsos.de/

ZA Zentralarchiv für empirische Sozialforschung: Hausanschrift: Bachemer Str. 40, 50931 Köln; Postanschrift: Postfach 410960, 50869 Köln; Tel.: 0221/47694-0, Fax: -44.
Internet: http://www.gesis.org/ZA/

FGW Forschungsgruppe Wahlen: Hausanschrift: N 7, 13-15, 68161 Mannheim; Postanschrift: Postfach 101121, 68011 Mannheim; Tel.: 0621/1233-0, Fax: 0621/1233-199.
Internet: http://www.forschungsgruppewahlen.de/

DIW Deutsches Institut für Wirtschaftsforschung: Königin-Luise-Str. 5, 14195 Berlin; Tel.: 030/89789-0, Fax: 030/89789-200.
Internet: http://www.diw-berlin.de/

StBA Statistisches Bundesamt: Gustav-Stresemann-Ring 11, 65180 Wiesbaden; Tel.: 0611/75-1, Fax: 0611/724000.
Internet: http://www.destatis.de/

Aufgaben zu Forschungsdesigns

1. Charakterisieren Sie den Unterschied zwischen Individual- und Aggregatdaten!

2. Sie haben vom Statistischen Bundesamt in Wiesbaden die Wahlergebnisse der Bundestagswahl 1994 und die Arbeitslosenquote für die Bundestagswahlkreise erhalten. In Ihrer Untersuchung stellen Sie nun einen Zusammenhang zwischen der Höhe der Arbeitslosenquote und dem Anteil der Stimmen für die Republikaner fest. Welchen Fehlschluß können Sie bei Analyse der Daten begehen und warum?

3. Worin unterscheiden sich die behandelten Längsschnittanalysen und welche Vor- bzw. Nachteile haben diese?

4. Im ALLBUS 1982 und 1992 wurden die Einstellungen zu der Aussage *„Es ist für alle Beteiligten viel besser, wenn der Mann voll im Berufsleben steht und die Frau zu Hause bleibt und sich um den Haushalt und die Kinder kümmert"* erfaßt. In der folgenden Tabelle sind die Anteile der Befragten, die der Aussage zustimmten bzw. sie ablehnten (nur westdeutsche Befragte!), wiedergegeben:

„Besser, wenn Frau zu Hause bleibt"	*1982*	*1992*
stimme zu	70,3%	55,8%
stimme nicht zu	29,7%	44,2%
	100,0%	100,0%
Anzahl der Befragten	(2829)	(2250)

Beschreiben Sie die inhaltliche Aussage der Tabelle. Handelt es sich um Querschnitt- und/oder um Längsschnittdaten? Begründen Sie Ihre Antwort!

5. Mit welchem Untersuchungsdesign kann man kausale Zusammenhänge feststellen?

6. Zählen die Volkszählungsdaten zu den Individual- oder Aggregatdaten?

3 Messen

3.1 Messen in der empirischen Sozialforschung

Wie wir in Kapitel 1 erläutert haben, entscheidet über die Aufrechterhaltung oder das Verwerfen einer Theorie oder einer Hypothese die Konfrontation mit der Realität. Das Messen spielt daher eine (wenn nicht sogar *die*) zentrale Rolle innerhalb der empirischen Sozialforschung. Bevor soziale Phänomene gemessen werden können, sind jedoch eine Reihe von Vorüberlegungen notwendig.

Ausgangspunkt einer Untersuchung sind Theorien und die in ihnen enthaltenen Hypothesen. Zunächst müssen die in den Theorien bzw. Hypothesen enthaltenen Begriffe präzise definiert sein. Bevor also ein Begriff wie „Rechtsextremismus" gemessen werden kann, muß geklärt werden, was darunter verstanden wird und welche Dimension(en) der Begriff beinhaltet. Anschließend muß der Begriff operationalisiert werden. Unter **Operationalisierung** werden alle Forschungsvorgänge („Operationen") verstanden, die notwendig sind, um festzustellen, „ob und in welchem Ausmaß der mit dem Begriff bezeichnete Sachverhalt in der Realität vorliegt" (Kromrey 1998, S. 178). Wie operationalisiert wird, hängt unter anderem von der Erhebungsmethode ab: So kann die Bildung von Befragungspersonen durch den Schulabschluß operationalisiert werden oder durch die Anzahl von Jahren, die der Befragte im Bildungssystem verbracht hat. Genauso gut könnte man Bildung aber auch über einen Wissenstest abfragen. Soll die Bildung in einer Umfrage ermittelt werden, dann muß eine Frage und die Antwortvorgaben formuliert werden. In einer Inhaltsanalyse oder einer Beobachtung würde eine Kategorie entwickelt werden.

Im vorangegangenen Beispiel wurden verschiedene *Indikatoren* (Schulabschluß, Anzahl der (Hoch-)Schuljahre, Wissenstest) für Bildung benannt. Indikatoren sind direkt beobachtbare Sachverhalte (hier: Schulabschluß), die auf die Existenz eines nicht direkt beobachtbaren Sachverhalts (hier:

Bildung) deuten (vgl. Kromrey 1998, S. 166–171). Indikatoren werden zur Operationalisierung von Begriffen benötigt, die keinen direkten empirischen Bezug aufweisen (vgl. Prim und Tilmann 1997, S. 47–52). Theoretische Konstrukte wie *Rechtsextremismus*, *Autoritarismus* oder *Ausländerfeindlichkeit* sind solche nicht direkt wahrnehmbaren Begriffe. Als Indikatoren für Rechtsextremismus könnten Einstellungen zur nationalsozialistischen Vergangenheit oder zum „Volk" herangezogen werden. Beinhaltet ein Begriff mehrere Dimensionen, dann muß für jede Dimension mindestens ein Indikator angegeben werden. Die Operationalisierung von Begriffen mit direktem empirischen Bezug kann ohne den Umweg über Indikatoren erfolgen. Allerdings sind die in sozialwissenschaftlichen Hypothesen verwendeten Begriffe meist nicht direkt beobachtbar.

Was wird nun in den Sozialwissenschaften unter „Messen" verstanden? Wir begnügen uns im folgenden mit einer „weichen" (und nicht ganz präzisen) Begriffsbestimmung des Messens, ohne auf die genauere Definition der *axiomatischen Meßtheorie* zurückzugreifen (vgl. Kromrey 1998; Orth 1974).

Beim Messen geht es – wie Stevens (1946) definiert hat – um die **Zuordnung von Zahlen zu Objekten nach bestimmten Regeln**. „Nach bestimmten Regeln" soll heißen, daß die Zuordnung so erfolgen muß, daß die Beziehungen zwischen den Zahlen die Beziehungen zwischen den Objekten **strukturtreu** widerspiegeln (nicht umgekehrt!). Die Beziehungen zwischen den Objekten werden *empirisches Relativ* genannt, die Beziehungen zwischen den Zahlen *numerisches Relativ* (Beziehungen = Relationen).

Zum Meßvorgang gehören damit drei Komponenten: Das **empirische Relativ**, das **numerische Relativ** und eine **Abbildungsvorschrift**, die eine korrekte (strukturtreue) Zuordnung der Zahlen zu den Eigenschaften von Objekten ermöglicht (vgl. Abbildung 3.1). Diese drei Komponenten bilden eine Skala.

Objekte haben in der Regel viele Eigenschaften, anhand derer sie in Beziehung gesetzt werden können. Bei Personen können dies z. B. das Geschlecht, die Bildung, das Einkommen, die Stärke des Politikinteresses oder die Wahlabsicht sein. Will man das Geschlecht messen, so könnte die Abbildungsvorschrift lauten: Ordne den Merkmalsausprägungen männlich und weiblich die Zahlen 1 und 2 zu, wobei die konkrete Zuordnung beliebig ist, männlich kann 1 sein und weiblich 2 oder umgekehrt. Die Zuordnung

Abbildung 3.1: Messen – Schematische Darstellung

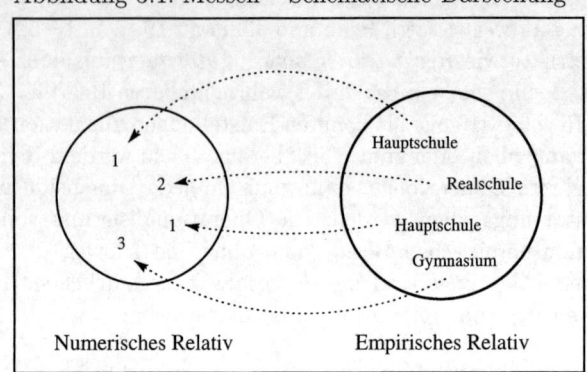

müß aber innerhalb einer Untersuchung konstant erfolgen. Über eine Ordnung macht die obige Abbildungsvorschrift keine Aussage, da im empirischen Relativ auch keine Ordnung vorliegt. Die Abbildungsvorschrift für das Politikinteresse würde dagegen lauten: Ordne die Zahlen so zu, daß die Rangfolge in der Stärke des Politikinteresses erhalten bleibt, also bei keinem Interesse 0, schwachem Interesse 1 und starkem Interesse 2. Hier ist eine Ordnung notwendig, um die Beziehungen im empirischen Relativ strukturtreu abzubilden. Das heißt: Die Abbildungsvorschrift ist **von der Art des Merkmals im empirischen Relativ abhängig** und bestimmt das Meßniveau bzw. *Skalenniveau*.

3.2 Skalenniveaus

In Anlehnung an Stevens (1946) werden in den Sozialwissenschaften vier Skalenniveaus unterschieden:

1. Nominalskala
2. Ordinalskala
3. Intervallskala
4. Ratioskala

Außerdem ist die Berücksichtigung einer weiteren Skala sinnvoll:

5. Absolutskala

Das niedrigste Meßniveau weist die Nominalskala auf, das höchste die Absolutskala. **Die höheren Skalen besitzen die Eigenschaften aller niedrigeren Skalen.** Nominal- und Ordinalskalen werden auch als *qualitative* oder *nicht-metrische* Skalen bezeichnet, Intervall-, Ratio- und Absolutskalen als *quantitative* oder *metrische* Skalen.

1. **Nominalskala**: Können die Ausprägungen von Merkmalen lediglich im Hinblick auf **Gleichheit** oder **Ungleichheit** unterschieden werden, dann liegt nominales Skalenniveau vor. Typische Beispiele hierfür sind das Geschlecht, die Parteipräferenz, die Haarfarbe oder die Religionszugehörigkeit. Welche Zahlen welcher Ausprägung zugeordnet werden, ist beliebig, solange für jede Merkmalsausprägung eine eigene Zahl verwendet wird. Ob Männer mit 1 und Frauen mit 2 oder erstere mit 20 und letztere mit 17 bezeichnet werden, ist vollkommen unerheblich. Allerdings darf nur die Ungleichheit zwischen den Zahlen interpretiert werden. Eine Aussage, daß Frauen „doppelt so gut" seien wie Männer, weil Frauen mit 2 und Männer „nur" mit 1 bezeichnet wurden, ist sinnlos, da die Zahlenzuordnung beliebig ist.

2. **Ordinalskala**: Von ordinalem Skalenniveau spricht man, wenn die Merkmalsausprägungen zusätzlich zur Gleichheit/Ungleichheit noch eine **Reihenfolge** aufweisen. Bekannt ist *nur* die Reihenfolge; man weiß aber nicht, wie groß die Abstände zwischen den einzelnen Merkmalsausprägungen sind. Es wurde bereits die Stärke des Politikinteresses genannt, andere Beispiele für ordinalskalierte Merkmale sind die Schulbildung und die Schulnoten. Die Reihenfolge der Merkmalsausprägungen muß sich in der Reihenfolge der Zahlen wiederspiegeln. Die Zahlen müssen aber nicht unmittelbar aufeinanderfolgen, obwohl dies in der Regel – wie z. B. bei den Schulnoten – der Fall ist.

3. **Intervallskala**: Merkmale sind intervallskaliert, wenn deren Ausprägungen nicht nur eine Rangfolge (und damit auch Unterschiedlichkeit) aufweisen, sondern auch **gleiche Abstände**. Typische Beispiele sind die Temperaturmessung in Celsius oder Fahrenheit und die Kalenderzeitrechnung. Der Altersunterschied zwischen einer Person, die 1930 geboren wurde und einer Person, die 1929 zur Welt kam, ist genauso groß wie die zwischen dem Geburtsjahrgang 1951 und 1950. Intervallskalen besitzen im Gegensatz zu den nachfolgend beschriebenen Ratioskalen aber keinen natürlichen Nullpunkt. Aus diesem Grund sind Verhältnisse zwischen den Zahlen auch nicht interpretierbar. Besonders deutlich wird dies an der Zeitrechnung: Als wir nach christlicher Zeit-

rechnung den Jahreswechsel 1996/97 begangen haben, befanden wir uns nach jüdischer Zeitrechnung mitten im Jahr 5757 und nach mohammedanischem Kalender im Jahr 1417.[1] Das Jahr 0 existiert zwar bei allen drei Zeitrechnungen, es sind jedoch rein definitorische Festlegungen und keine „echten" Nullpunkte (z. B. im christlichen Kalender die Geburt Christi). Künstliche Nullpunkte sind leicht daran zu erkennen, daß das jeweilige Merkmal negative Ausprägungen besitzen kann, wie z. B. 1000 *vor* Christus.

4. **Ratioskala**: Das einfachste Erkennungszeichen ratioskalierter Merkmale ist die Existenz eines **natürlichen (echten) Nullpunktes**, der erst den **Vergleich von Verhältnissen** zwischen Skalenwerten ermöglicht. Das Alter (nicht Geburtsjahr!), das Einkommen und die Temperaturmessung in Kelvin (nicht Celsius oder Fahrenheit!) sind Eigenschaften auf Ratioskalenniveau. Hier können Verhältnisse interpretiert werden: Ein 50jähriger ist doppelt so alt wie ein 25jähriger. Die Temperaturmessung nach Kelvin ist im Gegensatz zu Celsius und Fahrenheit eine Ratioskala, da diese einen natürlichen Nullpunkt hat (bei -273,15 °C). Null Kelvin heißt: Abwesenheit von Temperatur bzw. Molekularbewegung, während 0 °Celsius eine definitorische Festlegung durch den Gefrierpunkt des Wassers ist. Bei 300 Kelvin ist es also tatsächlich doppelt so warm wie bei 150 Kelvin. Ratioskalierte Merkmale können keine negativen Werte annehmen. Es gibt weder ein negatives Einkommen noch ein negatives Alter und auch keine negative Temperatur in Kelvin.

Ratioskalierte Merkmale besitzen „künstliche" Skaleneinheiten, was sich am Beispiel des Einkommens gut verdeutlichen läßt, das bis vor kurzem in DM und Pfennig, neuerdings aber in EURO und Cent gemessen wird. Dies unterscheidet Ratioskalen von Absolutskalen.

5. **Absolutskala**: Absolutskalen besitzen zusätzlich zu den bisher diskutierten Eigenschaften der anderen Skalen eine **natürliche Skaleneinheit**. Die Zuordnung der Zahlen ist durch die Beziehungen im empirischen Relativ eindeutig festgelegt. Absolutskalierte Merkmalsausprägungen besitzen z. B. alle Zählvariablen, wie die Semesterzahl, die Zahl der Bürgerkriege seit dem 2. Weltkrieg usw.

---

1 Das mohammedanische Jahr 1417 begann am 19. Mai 1996 (nach christlicher Zeitrechnung), das jüdische Jahr 5757 am 14. September 1996.

Bei nominal- oder ordinalskalierten Merkmalen handelt es sich immer um diskrete Merkmale, während metrische Merkmale diskret oder kontinuierlich sein können. Von einem *diskreten Merkmal* spricht man, wenn dieses abzählbar viele Werte annehmen kann. Als *kontinuierliche Merkmale* werden Merkmale bezeichnet, die in jedem beliebig kleinen Intervall unendlich (überabzählbar) viele Werte annehmen können. Die Semesterzahl ist beispielsweise ein diskretes, metrisches Merkmal; das Alter ein kontinuierliches, metrisches Merkmal. Kontinuierlich heißt zwar, daß das Merkmal unendlich viele Werte annehmen *kann*, nicht aber daß diese auch gemessen werden können. So werden nur bestimmte Werte des Alters, z. B. ganze Jahre, gemessen; zwischen diesen gemessenen Werten existeren aber unendlich viele andere Werte. Statt von diskreten Merkmalen spricht man auch von *diskontinuierlichen* Merkmalen. Als *dichotom* werden Merkmale bezeichnet, die nur zwei Ausprägungen annehmen können, wie das Geschlecht. Merkmale mit mehr als zwei Ausprägungen werden häufig auch *polytom* genannt.

Die Einteilung in Skalenniveaus ist von besonderer Bedeutung für die statistische Auswertung der Daten. **Je höher das Skalenniveau, umso mehr statistische Verfahren sind zulässig.** So ist die Berechnung eines arithmetischen Mittels bei Nominalskalen und Ordinalskalen nicht erlaubt, da die Abstände zwischen den vergebenen Zahlen keine Bedeutung haben, die über die Kenntlichmachung der Unterschiedlichkeit bzw. der Ordnung hinausgeht. Von diesem Standpunkt ließe sich auch die Berechnung einer Durchschnittsnote wie bei der Berechnung des Numerus Clausus kritisieren, da Schulnoten nur Ordinalskalenniveau aufweisen. Sie sagen ja nur etwas über eine Ordnung aus, nicht aber über die Abstände in dieser Ordnung. Bei der Datenanalyse werden ordinalskalierte Merkmale allerdings häufig wie intervallskalierte Merkmale behandelt, um bestimmte statistische Verfahren anwenden zu können (vgl. dazu Allerbeck 1978). Man unterstellt dann, daß die Abstände der einzelnen Ausprägungen auf der Ordinalskala gleich sind. Insbesondere multivariate Analyseverfahren (vereinfacht ausgedrückt: Verfahren, mit deren Hilfe gleichzeitig mehr als zwei Merkmale analysiert werden können) setzen häufig mindestens intervallskalierte Daten voraus – erwähnt seien hier stellvertretend die Regressions-, die Faktoren- und die Clusteranalyse (vgl. Backhaus et al. 2000; Hair et al. 1998). Inzwischen wurden aber auch eine Reihe multivariater Verfahren zur Analyse nominaler und ordinaler Daten entwickelt (vgl. Andreß et al. 1997; Agresti 1996).

Welches Skalenniveau eine Variable annimmt, hängt neben den beobachtbaren Beziehungen zwischen den Objekten von der gewählten Operationalisierung ab. Mißt man das Alter der in Mainz lehrenden Professoren in
Jahren, dann erhält man ein ratioskaliertes Merkmal. Genausogut könnte
man dem ältesten Professor die höchste Zahl aus einer beliebigen Reihe
von Zahlen zuweisen, dem zweitältesten die zweithöchste usw. In diesem
Fall hat man Alter auf Ordinalskalenniveau gemessen. Schließlich könnte
man das Alter noch nominal messen, indem man nur zwischen Professoren, die in der Zeit des Nationalsozialismus geboren wurden, und anderen
unterscheidet und den ersteren z. B. eine 1, den letzteren eine 2 zuweist.

Generell ist es sinnvoll auf dem höchstmöglichen Skalenniveau zu messen,
da höhere Skalenniveaus immer mehr Informationen enthalten als niedrigere. Hat man das Alter der Professoren in Jahren gemessen, so kann man
exakt angeben, um wieviele Jahre Professor X älter als Professor Y ist,
während dies bei den anderen beiden Messungen nicht möglich ist. Zudem
ist eine Verminderung des Skalenniveaus im nachhinein immer möglich,
nicht aber eine Erhöhung. Wählt man ein niedrigeres Skalenniveau als
möglich, dann reduziert sich von vorneherein die Anzahl der zulässigen
statistischen Verfahren. Gelegentlich kann es durchaus sinnvoll sein, auf
einem niedrigeren Skalenniveau zu messen: Um die Antwortbereitschaft
zu erhöhen, fragt man in Umfragen häufig nicht nach dem exakten Einkommen (Ratioskala), sondern gibt Kategorien vor (weniger als 500 Euro,
500 bis 1.000 Euro, ..., 5.000 Euro und mehr; Ordinalskala). Solche Fälle
stellen jedoch die Ausnahme dar.

3.3 Skalierungsverfahren

Zur Messung komplexer Sachverhalte werden häufig mehrere Indikatoren
herangezogen. So wird es kaum möglich sein, Konstrukte wie „Rechtsextremismus" oder „Ausländerfeindlichkeit" über einen einzigen Indikator
angemessen zu erfassen. Die Verwendung mehrerer Indikatoren zur Messung einer interessierenden Dimension hat den Vorteil, daß die Messung
zuverlässiger wird. Stellt sich nach einer Untersuchung heraus, daß ein Indikator den zu messenden Sachverhalt nicht gut abbildet, dann ist das bei
Verwendung mehrerer Indikatoren kein so großes Problem. Vor allem ist
bei Verwendung mehrerer Indikatoren deren Zuverlässigeit und Gültigkeit
besser prüfbar (vgl. dazu Abschnitt 3.4).

Liegen mehrere Indikatoren vor, dann benötigen wir Verfahren zur Herstellung *eines* Meßinstrumentes. Skalierungsverfahren sind nichts anderes als Verfahren zur Herstellung einer **Skala** aus mehreren Indikatoren. Auch mit einem **Index** können mehrere Indikatoren zusammengefaßt werden. Indizes und Skalen stellen in diesem Sinne „*zusammengesetzte Messungen*" dar. Technisch gesprochen wird bei der Bildung eines Index/einer Skala aus mehreren Variablen eine neue Variable gebildet. Der Unterschied zwischen Skalen und Indizes besteht im wesentlichen darin, daß bei Skalierungsverfahren die Dimensionalität der in die Skala eingehenden Indikatoren geprüft wird (vgl. Mayntz et al. 1978, S. 47). Indikatoren bilden nur dann eine Skala, wenn sie eine einzige Dimension (also alle denselben Sachverhalt) messen und die Voraussetzungen des Skalierungsmodells (z. B. der Guttmann-Skala) erfüllen.

Bei einem **Index** werden Indikatoren nach einer bestimmten mathematischen Anweisung zusammengefaßt. Welche mathematische Operation zur Berechnung angewendet wird, hängt von der Fragestellung ab. Meistens werden additive Indizes verwendet, d. h. die Werte der einzelnen Variablen werden zur Bildung des Index einfach summiert. Indizes werden häufig verwendet, wenn mehrere Indikatoren, die unterschiedliche Dimensionen messen, zu einem neuen Instrument zusammengefaßt werden. So könnte der *sozioökonomische Status* aus Indikatoren für die drei Dimensionen Bildung, Einkommen und Berufsprestige berechnet werden (vgl. zur Bildung verschiedener Indizes Schnell et al. 1999, Kapitel 4.4.1).

Bestandteile einer Skala (bzw. ganz generell Bestandteile eines Fragebogens) werden als **Items** bezeichnet. Dabei kann es sich um Statements oder Fragen handeln. Die verschiedenen Skalierungsverfahren unterscheiden sich vor allem danach, welche Anforderungen die Items erfüllen müssen, und wie diese zu einem einzigen Skalenwert verarbeitet werden. Außerdem können Skalierungsverfahren danach unterschieden werden, ob Personen und/oder Variablen skaliert werden.

An dieser Stelle wollen wir uns auf die Darstellung von zwei Skalen – der Likert- und der Guttman-Skala – beschränken. In älteren Studien findet man manchmal die *Thurstone-Skala*, die aber kaum Verwendung findet. Eine gute Darstellung dieser Skalierungsverfahren findet sich bei McIver und Carmines (1982).

3.3.1 Likert-Skala

Die **Likert-Skala** stellt ein gebräuchliches Skalierungsverfahren dar. Nicht zuletzt ist dies wohl auf die einfache Konstruktionsweise zurückzuführen, die im folgenden schrittweise erläutert wird. Beispiele für Likert-Skalen sind die Faschismus-, Antisemitismus- und Ethnozentrismus-Skala, die in der Untersuchung zum „Autoritären Charakter" von Adorno, Frenkel-Brunswik, Levinson und Sanford verwandt wurden (vgl. Adorno et al. 1950).

Nehmen wir an, wir wollten eine Likert-Skala konstruieren, die „Ausländerfeindlichkeit" mißt. Zunächst müssen nun Indikatoren gefunden werden. Üblicherweise geschieht dies durch die Formulierung von Statements. **Jedes einzelne Item soll dabei dieselbe Dimension messen**, hier also negative Einstellungen zu Ausländern **und möglichst nichts anderes**. Die Eindimensionalität wird später mit der Item-Analyse geprüft. Entwickelt man eine neue Skala, dann ist es sinnvoll, deutlich mehr Statements als im Beispiel zu verwenden.

Zur Messung von „Ausländerfeindlichkeit" könnte man – wie im ALLBUS 1994 – die folgenden Items heranziehen:

- „Die in Deutschland lebenden Ausländer sollten ihren Lebensstil ein bißchen besser an den der Deutschen anpassen."
- „Wenn Arbeitsplätze knapp werden, sollte man die in Deutschland lebenden Ausländer wieder in ihre Heimat zurückschicken."
- „Man sollte den in Deutschland lebenden Ausländern jede politische Betätigung in Deutschland untersagen."
- „Die in Deutschland lebenden Ausländer sollten sich ihre Ehepartner unter ihren eigenen Landsleuten auswählen."

Diese Aussagen werden nun den Befragten vorgelegt. Typisch für die Likert-Skalierung ist, daß den Befragten die Möglichkeit eingeräumt wird, die Zustimmung bzw. Ablehnung der Statements in **abgestufter Form** vorzunehmen. Im oben genannten Beispiel reicht das Spektrum über sieben Stufen, von „Stimme überhaupt nicht zu" bis „Stimme voll und ganz zu". In der Regel werden bei einer Likert-Skala fünf **Antwortalternativen** vorgegeben: lehne stark ab, lehne ab, teils/teils, stimme zu, stimme stark zu. Je negativer ein Befragter zu Ausländern eingestellt ist, um so eher wird jedes der oben formulierten Statements befürworten.

Die **Zahlenzuordnung zu den Antwortalternativen** erfolgt sinnvollerweise so, daß eine starke Ausprägung auf der zu messenden Einstellung einen hohen Zahlenwert erhält und umgekehrt. Bei Ausländerfeindlichkeit werden also hohe Zahlenwerte zugeordnet, bei der Abwesenheit von Ausländerfeindlichkeit niedrige. Die Antwort „stimme voll und ganz zu" gibt bei den Beispielitems immer eine ausländerfeindliche Einstellung wieder, d. h. die Fragen sind alle in die gleiche Einstellungsrichtung „gepolt". Der Antwort „stimme voll und ganz zu" wird dementsprechend bei allen Aussagen die Zahl 7, der Antwort „stimme überhaupt nicht zu" die Zahl 1 und den dazwischenliegenden Abstufungen die Zahlen 2 bis 6 zugeordnet.

Im genannten Beispiel wurden nur negative Aussagen vorgegeben, d. h. zustimmende Äußerungen bedeuteten immer negative Einstellungen gegenüber Ausländern. Normalerweise ist es jedoch sinnvoll, positive und negative Statements zu formulieren, um Zustimmungstendenzen kontrollieren zu können. Unter Zustimmungstendenzen wird die Neigung von Befragten verstanden, Aussagen ohne Berücksichtigung ihres Inhalts zuzustimmen (vgl. auch Kapitel 4.1). Zustimmungstendenzen lassen sich daran erkennen, daß ein Befragter positiv wie negativ formulierten Aussagen zustimmt, was inhaltlich nicht plausibel ist. Man spricht dann auch von inkonsistenten bzw. widersprüchlichen Angaben. Ein positives Statement zu Ausländern wäre ein zusätzlichen Item wie „Die politischen Einflußmöglichkeiten der in Deutschland lebenden Ausländer sollten gestärkt werden". Zustimmung bedeutet hier gerade die Abwesenheit von negativen Einstellungen zu Ausländern. Die Antwort „Stimme voll und ganz zu" würde daher bei dieser Frage den Wert 1, die Aussage „Stimme überhaupt nicht zu" den Wert 7 erhalten usw.

Für jede befragte Person existiert nun zu jedem Item ein Wert. Im obigen Beispiel (ohne das zusätzliche Item) liegen für jede Person vier Werte vor. Bei der Likert-Skala wird der Skalenwert aus der Summe aller Items berechnet. Gehen die vier Items in die Skala ein, dann ist der niedrigstmögliche Summenwert 4 und der höchstmögliche 28. Die Addition ist jedoch nur dann gerechtfertigt, wenn die Items eine einzige Dimension messen. Anhand der **Item-Analyse** wird entschieden, welche der Items eine Dimension messen und damit in die endgültige Skala eingehen.

Die Eindimensionalität kann durch unterschiedliche Verfahren geprüft werden. Messen die Items dieselbe Dimension, dann sollten die Antworten der Befragten zu den einzelnen Statements konsistent sein und sich unterschiedliche Einstellungen auf der zu messenden Dimension auch in unterschiedlichen Antworten niederschlagen. Diese beiden Kriterien liegen den diskutierten Verfahren zugrunde:

1. Bei der Formulierung der Items wurde angenommen, daß alle den zu erfassenden Sachverhalt – negative Einstellungen gegenüber Ausländern – messen. Ist dies der Fall, kann man erwarten, daß die Antworten eines Befragten zu den verschiedenen Items ziemlich ähnlich ausfallen. Ein Befragter, der der Aussage „Die in Deutschland lebenden Ausländer sollten ihren Lebensstil ein bißchen besser an den der Deutschen anpassen" stark zustimmt, müßte auch das Statement „Man sollte den in Deutschland lebenden Ausländern jede politische Betätigung in Deutschland untersagen" befürworten usw. Unplausibel wäre es, wenn eine Person dem ersten Statement stark zustimmt, das zweite jedoch ablehnt. Treten solche inkonsistenten Antwortmuster häufiger auf, muß man vermuten, daß die Statements Unterschiedliches messen. Bei konsistenten Antwortmustern ist der Zusammenhang zwischen der Beantwortung eines Items und allen anderen Items dagegen sehr stark. Um dies zu überprüfen, berechnet man einfach die Stärke des Zusammenhangs (vgl. Kapitel 7.4) zwischen jedem einzelnen Item und der Summe aller Items. Dieses Maß wird auch als **Trennschärfekoeffizient** bezeichnet. Statements, die nur schwach mit den anderen Statements zusammenhängen, sind für die Skala untauglich und werden in der endgültigen Skala nicht verwendet.

2. Die zweite Methode der Item-Analyse besteht darin, daß man überprüft, inwieweit unterschiedliche Einstellungen sich auch in unterschiedlichen Antworten zu den einzelnen Items niederschlagen. Dazu teilt man die Befragten in **Extremgruppen** auf: Zunächst berechnet man für jede Person die Summe der Werte für alle Items, im Beispiel wäre der niedrigste Summenwert 4 (wenn bei allen vier Items der niedrigste Wert 1 erreicht wird), der höchste 28 (wenn bei allen vier Items der höchste Wert 7 erreicht wird). Man wählt dann diejenigen 25% der Befragten aus, die die niedrigsten Summenwerte aufweisen und diejenigen 25% der Befragten mit den höchsten Summenwerten. Im Beispiel hätten ausländerfeindliche Befragte die höchsten Summenwerte, ausländerfreundliche die niedrigsten. Danach vergleicht man die Antworten der beiden Extremgruppen *zu jedem einzelnen Item.* Brauchbar sind diejenigen Items, bei denen sich die Antworten zwischen den bei-

den Extremgruppen unterscheiden. Geprüft wird dies für jedes Item mit einem t-Test für unabhängige Stichproben (vgl. Kapitel 12.3.1).

Beide Verfahren können zu unterschiedlichen Ergebnissen führen, da in einem Fall „nur" die Extremgruppen, im anderen Fall alle Befragte in die Berechnung einfließen. Angewendet wird meist das erste Verfahren.

Nachdem die Items für die endgültige Skala ausgewählt sind, kann der **Skalenwert für jede Person berechnet** werden. Dies geschieht bei der Likert-Skala durch Addition der Skalenwerte der ausgewählten Items. Wenn alle Items unserer Beispielskala ausgewählt würden, ist der niedrigste mögliche Wert 4, der inhaltlich der Abwesenheit von negativen Einstellungen zu Ausländern entspricht, und der höchste Wert 28, der die höchstmögliche Ausprägung negativer Einstellungen zu Ausländern wiedergibt. Damit ist die Likert-Skala konstruiert und das Meßinstrument ist fertig.

So einfach die Berechnungsanweisung ist, so schwierig ist die **Interpretation** der Skalenwerte – zumindest im mittleren Bereich der Skala. Die Position eines Befragten muß außerdem relativ zu allen anderen interpretiert werden. Bei einem durchschnittlichen Skalenwert aller Befragten von 18 wäre 10 ein niedriger Skalenwert. Bei einem Durchschnittswert von 12 ist ein Skalenwert von 10 dagegen relativ „normal". Zudem muß berücksichtigt werden, ob das Antwortverhalten einer Gruppe eher homogen oder heterogen ist.[2]

Auf einen Punkt ist besonders hinzuweisen: Bei der Vorgabe der Antwortalternativen geht man davon aus, daß die Abstände zwischen den einzelnen Abstufungen gleich sind und damit z. B. die Extremantworten („Stimme überhaupt nicht zu", „Stimme voll und ganz zu") gleich weit von der Mitte entfernt sind. Wir nehmen also an, daß die einzelnen Items (und damit die Likert-Skala) mindestens intervallskaliert sind. Ohne diese Annahme dürften wir die Werte der einzelnen Items nicht zu einem Skalenwert aufaddieren.

In der empirischen Sozialforschung werden häufig eine Reihe von Items als Likert-Skalen bezeichnet, weil sie fünfstufige Antwortalternativen ha-

---

2 Man kann die Skalenwerte standardisieren, indem man eine z-Transformation (vgl. Gleichung 10.6, S. 201) durchführt. Die z-Werte geben die Abweichung des Skalenwertes eines Befragten vom durchschnittlichen Skalenwert in Abhängigkeit von der Streuung der Skalenwerte wieder.

ben. Auch Summenindizes werden manchmal Likert-Skalen genannt. Um Likert-Skalen handelt es sich jedoch nur dann, wenn vor Addition der Werte geprüft wurde, ob die Skala eindimensional ist.

3.3.2 Guttman-Skala

Die **Guttman-Skala** unterscheidet sich in der Konstruktion deutlich von der Likert-Skala. Ein Vorteil gegenüber der Likert-Skala besteht darin, daß gleichzeitig Personen und Aussagen hinsichtlich der zu messenden Dimension in eine Rangfolge gebracht werden können. Die Skalen für konventionelle und unkonventionelle Partizipation der *Political Action Studie* (vgl. Barnes et al. 1979) sind Beispiele für Guttman-Skalen.

Einer Guttman-Skala liegen **Items** zugrunde, die **hinsichtlich der zu messenden Dimension immer extremer** werden, d. h. die Dimension in einer unterschiedlichen Intensität messen. Als Beispiel werden Fragen zur politischen Partizipation aus dem ALLBUS 1998 herangezogen. Unter anderem wurde die *Bereitschaft zu unkonventioneller politischer Partizipation*[3] gemessen. Aus den vorgegebenen Items haben wir für das Beispiel die folgenden Indikatoren ausgewählt:

- „Teilnahme an einer nicht genehmigten Demonstration"
- „Mitarbeit in einer Bürgerinitiative"
- „Hausbesetzung, Besetzung von Fabriken, Ämtern"

Extrem („schwierig") ist ein Item dann, wenn ihm wenige Befragte zustimmen und umgekehrt. Nach dem Schwierigkeitsgrad werden die Items in eine Reihenfolge gebracht. Zur Erläuterung der Logik des Verfahrens nehmen wir vorerst an, daß die Items von Bürgerinitiativen über ungenehmigte Demonstrationen zu Hausbesetzungen immer extremer werden. Durch die Befürwortung von Hausbesetzungen wird also eine größere Bereitschaft zu unkonventioneller Beteiligung ausgedrückt als durch die Befürwortung ungenehmigter Demonstrationen, und durch die Befürwortung ungenehmigter Demonstrationen eine größere als durch Bürgerinitiativen.

---

3 Die Frage lautete: „Wenn Sie politisch in einer Sache, die Ihnen wichtig ist, Einfluß nehmen, Ihren Standpunkt zur Geltung bringen wollten: Welche der Möglichkeiten auf diesen Karten würden Sie dann nutzen, was davon käme für Sie in Frage?" Auf den Karten waren eine Reihe konventioneller (Wählen, Mitarbeit in einer Partei usw.) und unkonventioneller Partizipationsformen angegeben (vgl. Zentralarchiv für empirische Sozialforschung 1999, S. 60–68).

Die **Antwortvorgaben** bei den Items einer Guttman-Skala sind **dichotom**, d. h. es werden nur zwei Antwortmöglichkeiten – Zustimmung oder Ablehnung – vorgegeben. Angenommen wird, daß bis zu einem gewissen Schwellenwert der zu messenden Eigenschaft (hier: Befürwortung unkonventioneller politischer Partizipation) ein Item abgelehnt wird. Überschreitet die zu messende Einstellung diesen Schwellenwert, dann wird das Item befürwortet. Bis zu einem bestimmten Ausmaß der Befürwortung unkonventioneller politischer Partizipation wird z. B. die Beteiligung an einer Bürgerinitiative abgelehnt. Erst wenn unkonventionelle Beteiligungsformen in einem bestimmten Ausmaß befürwortet werden, wird die Beteiligung an einer Bürgerinitiative bejaht. Die Items einer Guttman-Skala sollen also einen monotonen Charakter aufweisen, d. h. bis zu einem bestimmten Schwellenwert der zu messenden Eigenschaft ist die Wahrscheinlichkeit der Befürwortung eines Items null, ab diesem Schwellenwert ist die Wahrscheinlichkeit eins. Die Wahrscheinlichkeit der Befürwortung steigt also bei einer bestimmten Ausprägung der zu messenden Eigenschaft „monoton" (von null auf eins) an.

Messen die Items eine einzige Dimension in unterschiedlicher Intensität, dann kann angenommen werden, daß eine Person, die ein bestimmtes Item bejaht, alle weniger extremen Items ebenfalls bejaht. Stimmt die oben angenommene Reihenfolge, dann ist anzunehmen, daß ein Befragter, der an Hausbesetzungen teilnehmen würde, ebenfalls die Teilnahme an ungenehmigten Demonstrationen und an Bürgerinitiativen in Betracht zieht. Andererseits dürfte eine Person, die sich nicht an Bürgerinitiativen beteiligen möchte, keine ungenehmigten Demonstrationen und erst recht keine Hausbesetzungen erwägen. Die Items sollten also eine kumulative Ordnung aufweisen. Bei einer idealen Guttman-Skala kann aus der Summe der bejahten Items nicht nur geschlossen werden, wie viele, sondern auch welchen Items der Befragte zugestimmt hat: bei einem bejahten Item dem schwächsten Item, bei zwei bejahten Items den beiden schwächsten Items usw. Aus der Anzahl bejahter Items kann dann das Antwortmuster genau reproduziert werden. Ideal soll heißen, daß nur modellkonforme Antwortmuster auftreten.

Bei drei Items – wie in unserem Beispiel – existieren vier *zulässige* bzw. *modellkonforme* Antwortmuster. Diese sind in Tabelle 3.1 auf der folgenden Seite dargestellt. + bedeutet die Zustimmung zu einer Aussage, − deren Ablehnung; Item 1 kennzeichnet das schwächste, Item 2 das mittlere und Item 3 das extremste Item. Das erste Antwortmuster ($-$ $-$ $-$) kennzeich-

net die Ablehnung aller Items. Das zweite Antwortmuster $(+ - -)$ gibt
an, daß dem schwächsten Item (Item 1) zugestimmt, die beiden extremeren Items (Item 2 und Item 3) dagegen ablehnt wurden. Der Skalenwert
entspricht der Zahl des „extremsten" Items, das bejaht wurde. Im dritten
Antwortmuster ist dies das zweite Item; für dieses Antwortmuster wird
also der Skalenwert „2" vergeben.

Tabelle 3.1: Modellkonforme Antwortmuster bei der Guttman-Skala

Item 1	Item 2	Item 3	Skalenwert
−	−	−	0
+	−	−	1
+	+	−	2
+	+	+	3

Ob die Items nun eine Guttman-Skala bilden, läßt sich daran ablesen, wie
gut die Antwortmuster aus der Anzahl bejahter Items reproduziert werden kann. Die in Tabelle 3.2 auf der gegenüberliegenden Seite dargestellten Antwortmuster entsprechen nicht den Anforderungen der Guttmann-
Skala. Bei diesen Antwortmustern läßt sich nun aus der Anzahl bejahter
Items nicht mehr ablesen, welche Items bejaht wurden. Bei nur einem bejahten Item muß man nach der Logik der Guttmann-Skala eigentlich davon ausgehen, daß Item 1 (das am wenigsten extreme Item) bejaht und die
beiden extremeren Items verneint wurden (Antwortmuster: $+ - -$). Tatsächlich wurde im ersten Antwortmuster jedoch nur das zweite Item bejaht
(Antwortmuster: $- + -$). Wenn man aus der Anzahl bejahter Items das
Antwortmuster ableitet, begeht man also zwei Fehler: Die Beantwortung
des ersten Items ($-$ statt $+$) und des zweiten Items ($+$ statt $-$) werden
falsch eingeschätzt.[4] Messen die Items eine Dimension in unterschiedlicher
Intensität, dann kann es eigentlich nicht sein, daß dem extremsten Item
zugestimmt wird, die beiden weniger extremen Items jedoch abgelehnt
werden ($- - +$).

Mit der **Skalogramm-Analyse** wird anhand der Antwortmuster geprüft,
ob die Items zur Bildung einer Guttman-Skala geeignet sind. Je höher der

---

4 Zur Berechnung der Fehler existieren mehrere Verfahren. Hier werden die Fehler
   als Abweichung vom idealen Muster berechnet (Methode von Goodenough und
   Edwards, vgl. McIver und Carmines 1982, S. 42).

Tabelle 3.2: Nicht modellkonforme Antwortmuster bei der Guttman-Skala

Item 1	Item 2	Item 3	Wert	Fehler
−	+	−	1	2
−	−	+	1	2
−	+	+	2	2
+	−	+	2	2

Wert = Anzahl bejahter Items

Anteil unzulässiger Antwortmuster, um so ungeeigneter sind die Items. Das Verfahren soll an den ausgewählten Items zur politischen Beteiligung demonstriert werden.

Zunächst müssen wir feststellen, welche Items extremer und welche weniger extrem sind. Diese Entscheidung fällt nicht aufgrund vorheriger Überlegungen (auch wenn man sich schon bei der Formulierung der Fragen Gedanken über deren Intensität macht), sondern aufgrund der Antworten der Befragten. **Die Reihenfolge der Statements ist also eine empirische Frage.** Die Items werden also zunächst nach der **Häufigkeit der Zustimmungen geordnet.** Von den 2.117 westdeutschen Befragten im ALLBUS 1998 gaben ca. 30% (646) an, daß sie gegebenenfalls an einer Bürgerinitiative mitarbeiten würden, knapp 10% (202) zogen die Beteiligung an einer ungenehmigten Demonstration in Betracht, während lediglich 3% (76) der Befragten zur Besetzung von Häusern bereit wären. Die Reihenfolge der Items ist also: Bürgerinitiative, ungenehmigte Demonstration, Hausbesetzung.

Nun muß ermittelt werden, wie viele der Antworten nicht dem idealen Muster entsprechen. In der ersten Spalte von Tabelle 3.3 sind, im oberen Teil, die modellkonformen und, im unteren Teil, die nicht-modellkonformen Antwortmuster angegeben. Im Kopf der ersten Spalte finden sich die drei Items, geordnet nach deren Schwierigkeit, die durch die prozentuale Zustimmung ermittelt wurde. In der zweiten Spalte ist die Zahl der bejahten Items, in der dritten die Zahl der Fehler pro Antwortmuster wiedergegeben. Die Frage ist nun, wie viele der Befragten modellkonform antworteten und wie viele nicht. Wie man in der vierten Spalte sehen kann, antworteten 2.025 Befragte (1.389 + 505 + 90 + 41) modellkonform; 92 (57 + 11 + 14 + 10) Befragte antworteten nicht im Sinne des Modells. Insgesamt (vgl. die letzte Spalte der Tabelle) werden bei der Vorhersage des Antwortmusters aus der Zahl bejahter Items 184 Fehler gemacht.

Tabelle 3.3: Guttman Skala – Politische Beteiligung 1998

BI	UD	HB	Wert	Fehler	Befragte	Summe der Fehler
Zustimmung						
30%	10%	3%				
−	−	−	0	0	1389	
+	−	−	1	0	505	
+	+	−	2	0	90	
+	+	+	3	0	41	
−	+	−	1	2	57	57×2
−	−	+	1	2	11	$+11 \times 2$
−	+	+	2	2	14	$+14 \times 2$
+	−	+	2	2	10	$+10 \times 2$
						$= 184$

BI: Bürgerinitiative; UD: ungenehmigte Demonstration; HB: Hausbesetzung, Besetzung von Fabriken und Ämtern
Quelle: ALLBUS 1998, westdeutsche Befragte

Bei einer idealen Guttman-Skala würden keine Fehler auftreten und unsere Vorhersagegenauigkeit betrüge 100%. Der Anteil modellkonformer Antworten (= die zulässigen Antwortmuster) an allen Antworten wird als *Reproduzierbarkeitskoeffizient* bezeichnet.

$$\text{Rep.} = 1 - \frac{\text{Anzahl der Fehler}}{\text{alle Antworten}}$$

$$\text{Rep.} = 1 - \frac{\text{Anzahl der Fehler}}{\text{Anzahl der Befragten} \times \text{Anzahl der Items}}$$

Der Reproduzierbarkeitskoeffizient ist also ein Maß für die Güte der Skala. Ein objektives Kriterium für die notwendige Größe dieses Koeffizienten existiert nicht. Als Faustregel hat sich ein Wert von 0,9 – also eine Vorhersagegenauigkeit von mindestens 90% – eingebürgert.

In unserem Beispiel ergibt sich:

$$\text{Rep.} = 1 - \frac{184}{2117 \times 3} = 0,97$$

Oder anders ausgedrückt: Im Beispiel lassen sich 97% der Antworten aufgrund der Skalenwerte richtig vorhersagen. Die drei verwendeten Items sind nach diesem Maß zur Bildung einer Guttman-Skala geeignet.

Sind die Items geeignet, dann wird für jeden Befragten der **Skalenwert** berechnet. Beim hier gewählten Verfahren (McIver und Carmines 1982, S. 51 f.) ergibt sich der Skalenwert aus der Anzahl bejahter Items. Wir erhalten eine stark schiefe Verteilung der Skalenwerte, da ein erheblicher Prozentsatz der Befragten überhaupt keine der vorgegebenen unkonventionellen Beteiligungsformen in Betracht zieht. Zur Messung sollten mehr Indikatoren als im Beispiel herangezogen werden.

Im Gegensatz zur Likert-Skala mißt die Guttmann-Skala auf **ordinalem Niveau**, da keine Annahme über die Skalenabstände gemacht werden. Beachtet werden muß, daß die Skalierbarkeit eine empirische Frage ist und damit von der jeweiligen Datenbasis abhängt. Es ist also durchaus möglich, daß dieselben Items in einer bestimmten Umfrage eine Guttman-Skala bilden, während sie in einer anderen Umfrage die Skalenvoraussetzungen nicht erfüllen.

3.4 Gütekriterien einer Messung

Als Anhaltspunkte für die Qualität einer Messung werden zwei Kriterien, die Reliabilität und die Validität, herangezogen (vgl. Carmines und Zeller 1979). Unter **Reliabilität** wird die *Zuverlässigkeit* einer Messung verstanden. Ein Meßinstrument ist um so zuverlässiger, je stabiler dessen Ergebnisse sind. Mit **Validität** bezeichnet man die *Gültigkeit* einer Messung. Hier geht es darum, ob tatsächlich das gemessen wurde, was gemessen werden sollte, und nicht irgend etwas anderes.

3.4.1 Reliabilität (Zuverlässigkeit) einer Messung

Was Reliabilität eines Meßinstrumentes bedeutet, kann man sich an folgendem Beispiel deutlich machen: Nehmen wir an, wir wollen die Tempe-

ratur messen. Wenn wir zwei Meßinstrumente haben, die die Temperatur
messen – z. B. ein Thermometer und ein Bimetall, das sich bei Wärme
ausdehnt und bei Kälte zusammenzieht –, sollten Messungen mit diesen
Instrumenten zu demselben Ergebnis kommen. Mit dem Thermometer
messen wir eine Temperatur von 24 °C. Eine parallel durchgeführte Messung mit dem Bimetall ergibt eine Temperatur von 21 °C. Wenn sichergestellt ist, daß die unterschiedlichen Meßergebnisse nicht andere Gründe
haben (Sonneneinstrahlung, Wind etc.), dann muß man davon ausgehen,
daß eine der Messungen bzw. eines der Meßinstrumente nicht besonders
zuverlässig die Temperatur mißt, eventuell sogar beide. *Die Meßinstrumente weisen keine hohe Reliabilität auf.*

Wir könnten auch nur mit einem Instrument, z. B. einem Thermometer,
arbeiten, und kurz nach unserer ersten Messung eine zweite durchführen.
Wenn die Temperatur sich zwischen den beiden Zeitpunkten nicht geändert hat, z. B. weil der zeitliche Abstand zwischen den Messungen sehr gering ist, das Thermometer aber trotzdem unterschiedliche Werte anzeigt,
kann man auch hier davon ausgehen, daß das Instrument nicht reliabel
ist. Mit diesem Thermometer erhält man keine zuverlässigen Meßwerte.

Beide Überprüfungsmethoden werden auch im sozialwissenschaftlichen
Bereich angewendet. Im ersten Fall handelt es sich um das *Paralleltestverfahren*, im zweiten Fall um die *Test-Retest-Methode*.

- Beim **Paralleltestverfahren**, also der Überprüfung der Zuverlässigkeit durch zwei verschiedene Meßinstrumente, besteht das Problem
  darin, vergleichbare (= parallele) Meßinstrumente zu finden. Ein Thermometer kann andere Meßergebnisse produzieren als ein Bimetall, zumindest genauere. Bei sozialwissenschaftlichen Fragestellungen stellt
  sich dieses Problem noch viel gravierender. So kann zum Beispiel
  ein Meßinstrument für „Nationalstolz" die Frage sein: „Sind Sie stolz,
  Deutscher zu sein?" Ein anderes Instrument könnte die Frage sein:
  „Sind Sie stolz auf Deutschland?". Die unterschiedlichen Meßinstrumente könnten Grund für unterschiedliche Ergebnisse sein, selbst wenn
  man davon ausgeht, daß beide Fragen irgendwie „Nationalstolz" messen. Wenn die Ergebnisse stark voneinander abweichen, sind die Meßinstrumente nicht reliabel.

- Unter dem **Test-Retest-Verfahren** wird die mehrmalige Anwendung
  eines Meßinstruments verstanden. Führen zwei Messungen zu unterschiedlichen Ergebnissen, dann mißt das Meßinstrument nicht zuver-

lässig. Allerdings muß man von der *Stabilität des wahren Wertes* (im obigen Beispiel die Temperatur) zwischen den zwei Meßzeitpunkten ausgehen, um unterschiedliche Meßergebnisse auf die mangelnde Reliabilität des Instrumentes zurückführen zu können. Auf das Beispiel der Messung von „Nationalstolz" angewendet, hieße dies, daß die Frage „Sind Sie stolz, Deutscher zu sein?" reliabel mißt, wenn die Antworten zu unterschiedlichen Zeitpunkten bei denselben Befragten identisch ausfallen. Vorausgesetzt, der Nationalstolz hat sich zwischen beiden Zeitpunkten nicht verändert. Um dies zu gewährleisten, kann man die beiden Messungen möglichst zeitnah durchführen. Erinnern sich die Befragten an ihre erste Antwort und versuchen sie, möglichst übereinstimmend zu antworten, dann wird die Reliabilität des Instruments allerdings überschätzt.

- Am besten läßt sich die Reliabilität überprüfen, wenn *eine Dimension* durch *mehrere* unabhängige *Meßinstrumente* gemessen wurde, wie dies z. B. bei Likert-Skalen der Fall ist. Liegen mehrere Messungen vor, dann kann nämlich die **interne Konsistenz** der einzelnen Meßinstrumente überprüft werden. Sind die Messungen reliabel, dann müssen die Ergebnisse der verschiedenen Meßinstrumente übereinstimmen. Zur Überprüfung der internen Konsistenz wird meistens Cronbachs α (vgl. Bortz 1999, S. 543) berechnet. Dessen Größe ist von der mittleren Interkorrelation der Items und der Zahl der Items abhängig. Cronbachs α sollte höher als 0,8, besser jedoch größer als 0,9 sein (vgl. Bortz und Döring 1995, S. 184). Voraussetzung für die Berechnung von Cronbachs α sind allerdings metrisch skalierte Items.

Festzuhalten bleibt, daß die Überprüfung der Reliabilität nicht einfach ist. Beim Paralleltestverfahren müssen vergleichbare Meßinstrumente verwendet werden, beim Test-Retest-Verfahren muß sichergestellt sein, daß der wahre Wert unverändert geblieben ist. Zur Überprüfung der internen Konsistenz benötigt man keine der beiden Annahmen. Dies ist einer der Hauptvorteile, die die Messung einer Dimension durch mehrere Indikatoren mit sich bringt.

3.4.2 Validität (Gültigkeit) einer Messung

Während sich Reliabilität auf den technischen Aspekt einer Messung bezieht, betrifft die Validität den inhaltlichen Aspekt.

Am Beispiel der Parteiidentifikation soll die Validität einer Messung verdeutlicht werden. Unter der Parteiidentifikation wird in der Wahlforschung eine langfristig stabile, psychologische Bindung an eine Partei verstanden (vgl. Campbell et al. 1980, S. 121). Die Parteiidentifikation wird in der Bundesrepublik durch folgende Frage gemessen: „Viele Leute neigen in der Bundesrepublik längere Zeit einer bestimmten Partei zu, obwohl sie auch ab und zu eine andere Partei wählen. Wie ist das bei Ihnen: Neigen Sie – ganz allgemein gesprochen – einer bestimmten Partei zu? Wenn ja, welcher?". Diese Frage soll langfristige Bindungen an eine Partei messen, nicht aber die Wahlabsicht, was in der Frage durch den Zusatz „obwohl sie auch ab und zu eine andere Partei wählen" verdeutlicht wird. Mißt die Frage valide langfristig stabile Parteibindungen, dann dürften Änderungen der Wahlabsicht bei der Beantwortung keine Rolle spielen. Tun Sie es doch, dann messen wir nicht mehr nur das, was wir messen wollten (langfristige Bindungen), sondern zusätzlich etwas anderes (kurzfristige Präferenzen). Nimmt beispielsweise der Anteil der Befragten mit Parteiidentifikation in Wahljahren deutlich zu, dann ist dies ein Indiz dafür, daß mit dieser Frage auch kurzfristige Präferenzen gemessen werden, da in Wahlkampfzeiten die politische Mobilisierung der Bürger steigt. Aus der Zunahme der Befragten, die eine Parteiidentifikation angeben, könnte dann nicht mehr auf eine Zunahme der langfristigen Bindungen geschlossen werden (Vgl. zur Validierung des Konzepts der Parteiidentifikation Falter 1977).

An diesem Beispiel läßt sich auch zeigen, **daß die Validität von der Reliabilität abhängt, nicht jedoch umgekehrt die Reliabilität von der Validität.** Unsere kombinierte Messung kann nämlich sehr zuverlässig sein, z. B. Schwankungen in der Änderung der Parteiidentifiation und der Wahlabsicht werden exakt registriert und angezeigt. Da es sich aber um ein Instrument zur Messung der Parteiidentifikation handelt, glauben wir, daß wir nur die Parteiidentifikation messen. Wir messen also sehr verläßlich etwas, das wir gar nicht messen wollen. Das heißt: Eine zuverlässige Messung muß nicht valide sein.

Ist ein Meßinstrument unreliabel, dann kann auch nicht angegeben werden, was gemessen wird. Das heißt: Eine unzuverlässige Messung kann nicht valide sein. Reliabilität ist also die notwendige (aber nicht hinreichende) Bedingung für Validität.

Es gibt drei Möglichkeiten, Validität festzustellen:

1. Inhaltsvalidität
2. Kriteriumsvalidität
3. Konstruktvalidität

1. Inhaltsvalidität

Die Prüfung der Validität erfolgt hier auf Basis inhaltlicher Überlegungen. Das Augenmerk wird vor allem darauf gerichtet, ob das Meßinstrument die zu messende Dimension eines Begriffs vollständig erfaßt. Handelt es sich um einen mehrdimensionalen Begriff (Status/Schicht), dann muß sichergestellt sein, daß jede Dimension (möglichst vollständig) erfaßt wird. Will man die Bereitschaft zu unkonventioneller politischer Beteiligung messen, dann ist die Frage nach der Beteiligung an genehmigten Demonstrationen sicher kein sehr valides Meßinstrument, da diese (in westlichen Demokratien) heute zum „normalen" Aktionsrepertoire zählen.[5] Will man die Qualität der Lehre messen, dann reicht es nicht aus, lediglich das Verhältnis von Lehrenden zu Studierenden zu erfassen. Ebenso ist die schiere Anzahl publizierter Artikel und Bücher alleine kein valider Indikator für die Qualität der Forschung.

2. Kriteriumsvalidität

Kriteriumsvalidität liegt dann vor, wenn das zu messende Konstrukt anhand eines externen Kriteriums überprüft werden kann. „Extern" bedeutet, daß das Kriterium nicht mit der Messung des Konstruktes im Zusammenhang stehen darf. Beispiel: Wir fragen nach der Wahlabsicht bei der nächsten Bundestagswahl und überprüfen unsere Messung anhand des tatsächlichen Wahlergebnisses. Das Problem besteht darin, daß das Kriterium nur selten so exakt bestimmt werden kann, wie in diesem Beispiel. Wenn es um die Messung solcher Tatbestände wie „Rechtsextremismus" oder „Ausländerfeindlichkeit" geht, ist es schwierig, ein externes Kriterium zu finden, anhand dessen die Messung überprüft werden kann.

Außerdem gibt es Probleme, wenn die Feststellung des Kriteriums nur auf einer einzigen Messung beruht. Es ist wenig aufschlußreich, eine in Zweifel stehende Messung anhand eines Kriteriums validieren zu wollen, dessen

---

5 Diese Beurteilung ist natürlich von der Definition des Begriffs abhängig.

Validität nicht erwiesen ist. Das obige Beispiel ist deshalb untypisch: Nicht immer hat man die Gelegenheit, eine zeitlich frühere Messung (Wahlabsicht bei der nächsten Bundestagswahl) anhand eines später sehr genau feststellbaren Kriteriums (Wahlergebnis) überprüfen zu können.

Bei der Kriteriumsvalidität werden oftmals *prädiktive* und *gleichzeitige* Validität unterschieden (*predictive* und *concurrent validity*). Beide unterscheiden sich lediglich darin, ob das externe Kriterium später erhoben wird, und sich die Validität dementsprechend in der Vorhersage erweist (*predictive*), oder ob das Kriterium gleichzeitig mit der Messung erhoben wird, und sich die Validität in einer Übereinstimmung zwischen diesen beiden zeigt (*concurrent*). Ein Beispiel für prädiktive Validität haben wir bereits oben angesprochen (Wahlabsicht → Wahlergebnis). Ein Beispiel für gleichzeitige Validität wäre etwa die Messung von „Sympathie für eine Partei" und die Feststellung, ob der Befragte in dieser Partei Mitglied ist. Wenn „Parteisympathie" valide gemessen wird, sollte sie bei Mitgliedern höher ausfallen als bei Nichtmitgliedern. Dieses Verfahren wird auch als „Methode der bekannten Gruppen" bezeichnet (vgl. Schnell et al. 1999, S. 150).

3. Konstruktvalidität

Der Überprüfung der Konstruktvalidität liegt der Gedanke zugrunde, daß sich aus den theoretisch begründbaren Beziehungen des zu messenden Konstrukts zu anderen Konstrukten Hypothesen ableiten lassen, die empirisch geprüft werden können. Wenn man gültig mißt, müßten sich die durch die Hypothesen behaupteten Zusammenhänge empirisch feststellen lassen.

Aus der Rechtsextremismusforschung wissen wir, daß Rechtsextremismus mit Ausländerfeindlichkeit und Nationalismus einhergeht. Ist die Messung von Rechtsextremismus valide, dann müßte sich ein positiver Zusammenhang zwischen Rechtsextremismus und Ausländerfeindlichkeit und Rechtsextremismus und Nationalismus zeigen. Zeigen sich die vermuteten Zusammenhänge, dann deutet dies darauf hin, daß die Messung valide ist. Zeigen sich die erwarteten Zusammenhänge allerdings nicht, so kann dies mehrere Ursachen haben; unter anderem die, daß eines der Konstrukte nicht valide gemessen wurde oder die Hypothesen falsch sind.

Das „Multitrait-Multimethod"-Verfahren (vgl. Eagly und Chaiken 1993, S. 69–71) stellt eine besondere Form der Konstruktvalidierung dar, die auf Campbell und Fiske (1959) zurückgeht. Das Verfahren setzt voraus, daß mehrere Konstrukte jeweils durch verschiedene Methoden (z. B. Befragung und Beobachtung) gemessen werden. Die Messungen sollen mit verschiedenen Methoden durchgeführt werden, da hohe Zusammenhänge zwischen verschiedenen Indikatoren eines Konstrukts nicht nur dann auftreten, wenn diese tatsächlich dieselbe Dimension messen, sondern auch durch die Methode bedingt sein können. In einer Umfrage können z. B. ähnliche Stimuli in der Frageformulierung, Zustimmungstendenzen (bei gleich gepolten Items) oder sozial erwünschtes Antwortverhalten für Zusammenhänge zwischen den Items verantwortlich sein (vgl. Kapitel 4.1). Die Verwendung verschiedener Konstrukte dient dem Nachweis, daß die zur Messung der verschiedenen Konstrukte herangezogenen Items tatsächlich Unterschiedliches messen. Unter *Konvergenzvalidität* wird die Stärke des Zusammenhangs zwischen den mit verschiedenen Methoden durchgeführten Messungen eines Konstrukts verstanden; unter *Diskriminanzvalidität* die Stärke des Zusammenhangs zwischen den mit denselben Methoden durchgeführten Messungen verschiedener Konstrukte. Liegt Konstruktvalidität vor, dann sollte die Konvergenzvalidität höher ausfallen als die Diskriminanzvalidität.

In der Praxis wird das „Multitrait-Multimethod"-Verfahren in dieser Form nur selten durchgeführt, weil in der Regel keine auf verschiedenen Methoden beruhenden Messungen vorliegen. Statt dessen kann man das Verfahren so abwandeln, daß zur Messung der Konstrukte verschiedene Indikatoren, die durch eine Methode erhoben wurden, herangezogen werden (vgl. Schnell et al. 1999, S. 154 f.).

Aufgaben zu Messen

1. Was bedeutet „Messen"?
2. Nennen Sie die verschiedenen Skalenniveaus und die Eigenschaften, durch die diese charakterisiert werden.
3. Im ALLBUS 1990 wurden unter anderem die unten angegebenen Merkmale (in Klammern: Merkmalsausprägungen) erfaßt. Bestimmen Sie bitte das Skalenniveau.
   - Geschlecht (männlich – weiblich)
   - Sind Gewerkschaften für unser Land ...? (hervorragend – sehr gut – gut – nicht besonders gut – überhaupt nicht gut)
   - Alter (in Jahren)
   - Einkommen (in DM)
   - Wahlabsicht (CDU – SPD – F.D.P. – Bündnis90/Die Grünen – etc.)
   - Einkommen (unter 2000 DM – 2001 bis 5000 DM – mehr als 5000 DM)
   - Politisches Interesse (sehr stark – stark – mittel – wenig – überhaupt nicht stark)
   - Religionszugehörigkeit (katholisch – evangelisch – andere)
   - Geburtsjahr
4. Welche der folgenden Antworten ist falsch? Warum?
   (a) Intervallskalen haben die Eigenschaften von Nominalskalen.
   (b) Ratioskalen haben die Eigenschaften von Ordinalskalen.
   (c) Ordinalskalen haben die Eigenschaften von Intervallskalen.
   (d) Ordinalskalen haben die Eigenschaften von Nominalskalen.
5. Beschreiben Sie mit eigenen Worten, was Skalierungsverfahren sind. Welche Vorteile haben Skalen im Vergleich zu einem Meßinstrument aus einem Indikator?
6. Beschreiben Sie die Konstruktion der behandelten Skalierungsverfahren, und nennen Sie die wesentlichen Vor- und Nachteile.
7. Was bedeuten die Begriffe *Reproduzierbarkeitskoeffizient* und *Item-Analyse*, und in welchem Zusammenhang werden diese gebraucht?
8. Auf welchem Niveau messen Likert- und Guttman-Skala?

9. Sie haben ein neues Meßinstrument zur Messung von Ausländerfeindlichkeit entwickelt. Dieses führt bei wiederholter Anwendung zu stabilen Ergebnissen. Zudem korreliert das neu entwickelte Meßinstrument
   stark mit einer – bereits bewährten – Skala zur Messung von Ausländerfeindlichkeit. Deuten diese Resultate darauf hin, daß Ihr Meßinstrument reliabel, valide oder beides ist? Begründen Sie Ihre Antwort.

4 Erhebungsmethoden

In diesem Kapitel geht es darum, auf welche Art und Weise man sich Informationen über einen Ausschnitt der sozialen Realität beschaffen kann. Wollen wir beispielsweise wissen, wie stark fremdenfeindliche Tendenzen in der Polizei vertreten sind, so könnten wir Polizisten nach ihren Einstellungen zu Ausländern fragen, wir könnten aber auch das Verhalten von Polizisten gegenüber Ausländern und Deutschen in verschiedenen Situationen (z. B. bei Demonstrationen) beobachten und daraus Rückschlüsse ziehen. Ebenso könnten Strafanzeigen oder Dienstaufsichtsbeschwerden gegen Polizisten auf ihre Ursache (z. B. Diskriminierung von Ausländern) untersuchen. Damit sind die drei zentralen Instrumente der Datengewinnung, die auch als *Erhebungstechniken* oder *Erhebungsmethoden* bezeichnet werden, bereits umrissen:

1. Befragung
2. Beobachtung
3. Inhaltsanalyse

Mit jedem der genannten Erhebungsinstrumente sind bestimmte Vor-, aber auch Nachteile verbunden. Bei einer Befragung von Polizisten zu ihren fremdenfeindlichen Einstellungen kann man nicht sicher sein, ob die Polizisten fremdenfeindliche Einstellungen auch zugeben oder ob sie diese z. B. aus Angst vor Sanktionen lieber verschweigen. Dieses Problem taucht bei einer Beobachtung des *Verhaltens* von Polizisten (z. B. bei Großeinsätzen) nicht auf. Allerdings steht hier der Beobachter vor der schwierigen Aufgabe, alle relevanten Ereignisse gleichzeitig erfassen und einordnen zu müssen.

Inbesondere Politikwissenschaftler und Soziologen stützen sich vorwiegend auf Umfragedaten, weshalb die Befragung im Mittelpunkt dieses Kapitels steht. Die Inhaltsanalyse ist immer noch eine Domäne der Publizistik, da sie sich besonders gut zur Analyse von Medien eignet, während die Beobachtung eher in der Psychologie zu finden ist.

4.1 Befragung

Weder für den Befragten noch für den Interviewer stellt die Befragung eine natürliche, alltägliche Situation dar. Von einem alltäglichen Gespräch unterscheidet sich ein Interview dadurch, daß eine Person (der Interviewer) nur fragt, während die andere Person – einmal abgesehen von Verständnisfragen – nur antwortet. Das „Gespräch" hat damit einen stark asymmetrischen Charakter. Zudem soll die Befragungsperson einem völlig fremden Menschen zum Teil sehr persönliche Dinge preisgeben. Die Antworten sind also keine an sich schon vorhandenen Informationen, sondern werden durch das Interview erst erzeugt. Aus diesem Grund wird die Befragungssituation auch als *Stimulus-Response-* oder *Reiz-Reaktions-Schema* bezeichnet: Die Frage ist der (künstliche) Reiz, die Antwort die (künstliche) Reaktion. Daher ist die Befragung auch ein reaktives Meßverfahren, d. h. die Daten werden durch das Meßinstrument – die Befragung – beeinflußt.

Aus der Befragungssituation ergeben sich vor allem zwei methodische Probleme: Die **Zustimmungstendenz** und die **Soziale Erwünschtheit**. Mit Zustimmungstendenz („acquiescence") oder „Ja-Sage-Tendenz" wird das Verhalten von Befragten beschrieben, einer Frage unabhängig von ihrem Inhalt einfach zuzustimmen. Soziale Erwünschtheit („social desirability") meint dagegen eine Beantwortung der Frage im Sinne der vermeintlich vom Interviewer bzw. der Gesellschaft „erwünschten" Antwort. Dies wäre z. B. der Fall, wenn ein Befragter vorhandene fremdenfeindliche Einstellungen nicht äußert, weil er weiß, daß solche Einstellungen politisch nicht erwünscht sind. Beide Probleme, Zustimmungstendenz und soziale Erwünschtheit, werfen natürlich Zweifel an der „Qualität" der Antworten des Befragten auf (vgl. Esser 1986). Diese Probleme können aber durch die Einhaltung der im nachfolgenden angesprochenen Regeln in ihrer Bedeutung verringert oder vermieden werden.

Man sollte sich jedoch immer vor Augen halten, daß man mit einer Befragung nicht Verhalten mißt, sondern nur Aussagen über Verhalten; nicht Einstellungen, sondern nur Aussagen über Einstellungen usw. Prinzipiell kann man davon ausgehen, daß die Aussagen zu Eigenschaften des Befragten (Geschlecht, Ausbildung, Mitglied in einer Partei etc.) korrekter sind als Aussagen zum Verhalten (Teilnahme an Demonstrationen etc.) und diese wiederum korrekter als Aussagen zu Einstellungen (Meinung zum Schwangerschaftsabbruch, Parteiidentifikation etc.), da Eigenschaften bzw. Fakten dem Befragten selbst eher bewußt und weniger flüchtig sind als Verhalten und vor allem Einstellungen.

Wenn wir von Befragung sprechen, meinen wir in der Regel die *standardisierte* bzw. *quantitative Befragung* (vgl. Noelle-Neumann und Petersen 1996). In ihr ist der Verlauf des Interviews durch die exakte Formulierung und genaue Abfolge der Fragen festgelegt. Abweichungen davon sind nicht zulässig. Sind die Fragen und/oder der Ablauf der Befragung nicht fixiert, dann spricht man von einer *nicht-standardisierten* bzw. *qualitativen Befragung* (vgl. Bortz und Döring 1995, 283–296). Die Grenzen zwischen beiden Formen sind fließend. Es kann sich bei einer nicht-standardisierten Befragung z. B. um ein sogenanntes *Leitfadengespräch* handeln, bei dem der Interviewer nur eine Liste von Themen hat, die er in beliebiger Reihenfolge abarbeiten kann. Im folgenden beschäftigen wir uns ausschließlich mit der standardisierten Befragung.

Eine Befragung kann mündlich, schriftlich, telefonisch und online erfolgen. Bei der *mündlichen Befragung* besucht ein Interviewer die Befragungsperson und führt mit dieser das Interview durch. Der Interviewer liest der Befragungsperson die Fragen aus dem Fragebogen vor und notiert die Antworten. Mit Ausnahme von Kärtchen und anderen visuellen Hilfen, die der Veranschaulichung dienen, bekommt die Befragungsperson selbst also nichts vorgelegt. Eine Vielzahl von Beispielen für visuelle Hilfen findet man bei Noelle-Neumann und Petersen (1996). Bei der *schriftlichen Befragung* wird der Befragungsperson ein Fragebogen zum Selbstausfüllen überreicht oder postalisch zugestellt. Üblicherweise soll die Befragungsperson diesen dann zurücksenden, in Ausnahmefällen wird der Bogen auch abgeholt. Die *telefonische Befragung* läuft ähnlich wie eine mündliche Befragung ab. Telefoninterviews haben aber den Nachteil, daß keine visuellen Hilfen gegeben werden können. Wegen der insgesamt einfacheren und vor allem schnelleren Durchführung von Telefonumfragen sind diese immer üblicher geworden (vgl. Frey et al. 1990; Fuchs 1994).

Zugenommen haben in den vergangenen Jahren vor allem *internetbasierte Umfragen* (vgl. Janetzko 1999; Batinic et al. 1999). Hier füllt der Befragte entweder direkt auf einer Internetseite einen Fragebogen aus („Online"-Befragung) oder bekommt diesen per E-Mail zugesandt. Für Bevölkerungsumfragen sind internetbasierte Umfragen nicht geeignet, weil der Anteil der Bevölkerung, die über einen Internetanschluß oder eine E-Mail-Adresse verfügt, trotz der exponentiellen Zunahme der Nutzung dieser Medien, noch zu gering ist. Zudem sind internetbasierte Umfragen mit

besonderen Problemen behaftet; insbesondere die Ziehung von Zufallsstichproben (vgl. Kapitel 9) und damit repräsentative Aussagen über die
jeweilige Zielgruppe (Internetnutzer, E-Mail-Nutzer) sind hier nicht möglich (vgl. Bandilla und Hauptmanns 1998).

Die Qualität einer Umfrage hängt im wesentlichen von der Qualität des
Fragebogens ab, d. h. davon, welche Fragen gestellt werden und wie diese
formuliert sind. Im schlimmsten Fall vergißt man eine Frage zu stellen,
die für den Untersuchungszweck relevant ist. Nachträglich kann ein solcher Fehler nicht mehr behoben werden. Man sollte sich deshalb vor der
Entwicklung des Fragebogens nicht nur darüber im klaren sein, was man
erklären will (z. B. fremdenfeindliche Einstellungen von Polizisten), sondern sich auch genau überlegen, welche Faktoren die abhängige Variable
beeinflussen könnten (z. B. dienstliche Belastungen, das Einsatzgebiet, die
politische Einstellung, das Alter oder das Geschlecht der Polizeibeam-
ten). Weiß man, welche Aspekte erfaßt werden sollen, so kann man sich
an die Formulierung der Fragen wagen und schließlich den Fragebogen
zusammenstellen. Sowohl bei der Frageformulierung als auch bei der Zu-
sammenstellung des Fragebogens sollte man die im folgenden genannten
Aspekte berücksichtigen (vgl. Converse und Presser 1986; Sudman 1982).

4.1.1 Die Fragen

Die *Frageformulierungen* und die *Antwortmöglichkeiten* prägen das Antwortverhalten der Befragten entscheidend (vgl. Schuman und Presser
1996). Aus diesem Grund sollte man sich bei der Interpretation von Um-
frageergebnissen nicht nur die Verteilung der Antworten, sondern auch die
gestellten Fragen genau anschauen. So stimmten in einer im Herbst 1995
durchgeführten Umfrage unter den Mitgliedern der rheinland-pfälzischen
SPD erstaunliche 74% der Befragten einem Lauschangriff zu (Kategorien
„stimme voll und ganz zu" und „stimme eher zu"), wie man einer Ergebnisdokumentation entnehmen kann. Dieses Ergebnis ist weit weniger
erstaunlich, wenn man die – in der erwähnten Ergebnisdokumentation
nicht berichtete – Frageformulierung berücksichtigt. Sie lautete: „Bei der
Verfolgung besonders schwerer Straftaten soll das rechtsstaatlich geregel-
te Abhören des gesprochenen Wortes zu Beweiszwecken verwendet werden
dürfen (sog. Lauschangriff)." Die Einschränkung auf „besonders schwere
Straftaten" und der Verweis auf die Rechtsstaatlichkeit des Verfahrens
trug sicher zu dieser hohen Zustimmung bei.

Bei den meisten Fragen kann man die Antworten in eine wie auch immer gewünschte Richtung beeinflussen. In manchen Fällen scheint es den „Fragern" weniger um die tatsächlichen Meinungen, Einstellungen oder Verhaltensweisen der befragten Personen zu gehen, als vielmehr darum, die eigene Position zu bestätigen. Die Ergebnisse einer Umfrage können dann z. B. in der politischen Auseinandersetzung zur Stützung der eigenen Position herangezogen werden (vgl. Diekmann 1995, S. 392).

In wissenschaftlichen Umfragen spielen bewußte Manipulationen (in der Regel) keine Rolle. Bei der Publikation wissenschaftlicher Ergebnisse auf Basis von Umfragedaten werden die Formulierungen der Fragen häufig mitveröffentlicht. Durch offensichtlich einseitig gestellte Fragen würde der Wissenschaftler die Glaubwürdigkeit seiner Ergebnisse von vornherein in Frage stellen. Unbeabsichtigt schleichen sich dagegen in jeder Umfrage Formulierungen ein, die sich auf das Antwortverhalten auswirken. Hält man sich an einige Grundregeln, kann man jedoch schwerwiegende Fehler vermeiden.

Generell sollten die Fragen so formuliert sein, daß sie den Befragten nicht überfordern. Das heißt:

- kurze Fragen stellen,
- einfache und allgemeinverständliche Begriffe und Formulierungen verwenden,
- konkrete Dinge ansprechen,
- eindeutige Begriffe benutzen,
- doppelte Verneinungen (Negationen) vermeiden,
- keine Suggestivfragen stellen, und
- keine mehrdimensionalen Fragen verwenden.

In der Frage sollten – wenn möglich – bereits alle Antwortalternativen „ausformuliert" sein, damit keine Antwortalternative durch die Nennung in der Frage bevorzugt wird. Solche Fragen werden auch als „balancierte" Fragen bezeichnet (vgl. Schnell et al. 1999, S. 313). Es läßt sich nämlich zeigen, daß die Antwortalternative, die in der Frage enthalten ist, deutlich mehr Zustimmung erhält als eine ungenannte Anwortalternative (vgl. die Beispiele bei Noelle-Neumann und Petersen 1996, S. 131 f. und 195 ff.). Balancierte Fragen sind natürlich nur bei einer geringen Zahl von Antwortalternativen möglich. Will man die Zustimmung oder Ablehnung zu *einer*

Position messen, wie es z. B. bei Likert-Skalen der Fall ist, dann können keine „balancierten" Formulierungen verwendet werden.

Man kann vermuten, daß die oben genannten Antworten der rheinland-pfälzischen SPD-Mitglieder zum „großen Lauschangriff" anders ausgefallen wären, wenn eine balancierte Frage mit zwei (statt vier) Antwortalternativen formuliert worden wäre, etwa in der Art: „Sind Sie der Meinung, daß bei der Verfolgung besonders schwerer Straftaten das Abhören des gesprochenen Wortes zu Beweiszwecken verwendet werden darf oder sind Sie der Meinung, daß bei der Verfolgung besonders schwerer Straftaten das Abhören des gesprochenen Wortes *nicht* verwendet werden darf". Als Antwortkategorien könnte man vorgeben „sollte nicht verwendet werden" und „sollte verwendet werden". Eine Skala von „stimme stark zu" bis „lehne stark ab" ist hier nicht mehr möglich, da die Frage ja mehrere Positionen enthält. Darauf, daß die Schärfe der Formulierung („besonders schwere Straftaten") das Antwortverhalten beeinflußt, wurde bereits hingewiesen.

Generell gilt, daß die Fragen so *kurz* wie möglich sein sollten, damit der Befragte am Ende des Satzes auch noch weiß, worum es geht. Dies ist bei mündlichen und telefonisch durchgeführten Interviews wichtiger als bei schriftlichen Befragungen, in denen der Befragte die Möglichkeit hat, sich die Frage mehrmals durchzulesen.

Wichtig ist auch, daß man einfache und *allgemeinverständliche Begriffe* verwendet und Fremdwörter vermeidet, da man nicht bei allen Befragten von einem gleich großen Wortschatz ausgehen kann: Statt „partiell" schreibt man also besser „teilweise", und verständlicher als „Applikation" ist sicher „Anwendung". Versteht ein Befragter die Frage nicht, so besteht die Gefahr, daß er einfach irgend etwas ankreuzt oder die Antwort verweigert. Vor dieser Unannehmlichkeit kann man die Befragten in der Regel ohne größere Probleme bewahren.

Schon schwieriger ist die Forderung, nur nach *konkreten Dingen* zu fragen, d. h. abstrakte Begriffe zu vermeiden. In Umfragen findet sich z. B. häufig die Frage „Wie zufrieden sind Sie mit der Demokratie?". Hier kann man den Antworten nicht viel abgewinnen, da man nicht so genau weiß, was der Befragte unter Demokratie versteht (z. B. das politische System der Bundesrepublik?). Ein weiteres Beispiel ist die Frage „Wie stark ist ihr politisches Interesse?". Diese Frage ist nicht *eindeutig*. Hier muß der Befragte entscheiden, woran er sein politisches Interesse festmacht; an der Häufigkeit, mit der er den politischen Teil der Tageszeitung liest? Ob er sich am politischen Leben, z. B. in einer Bürgerinitiative oder einer politischen Partei beteiligt? Es wäre sinnvoller, mehrere Fragen zu stellen, die genau diese Aspekte als Indikatoren für politisches Interesse erfassen. Damit wäre der Befragte nicht auf seine eigene Interpretation angewiesen, die der Forscher aus der gegebenen Antwort nicht mehr erkennen kann. Auch *Verneinungen* in der Frage tragen nicht zu einer besseren Verständlichkeit bei, weil eine ablehnende Antwort zu einer doppelten Verneinung führt: „Aufgabe der Opposition ist es nicht, die Regierung zu kritisieren, sondern sie in ihrer Arbeit zu unterstützen". Verneinungen („negative" Formulierungen) werden allerdings zur Vermeidung von Zustimmungstendenzen (vgl. Kapitel 3.3.1) eingesetzt.

Suggestivfragen, d. h. Fragen, durch deren Formulierung den Befragten eine bestimmte Antwort nahegelegt wird, gehören in den Bereich der Manipulation und sind schlicht unzulässig. Eine Suggestivfrage wäre etwa „Sind Sie auch der Meinung, daß die Ausgaben für BaföG viel zu hoch sind?". Die Frage „Sind Sie für Einsparung von Energie und den Ausbau der Kernenergie?" ist aus einem anderen Grund falsch. Hier handelt es sich um eine *mehrdimensionale Frage*, d. h. eine Frage, die verschiedene Aspekte beinhaltet. Diese verschiedenen Aspekte können nicht getrennt beantwortet werden, weil sie in einer Frage zusammengefaßt sind. Im Beispiel zwingen wir den Befragten, entweder Energieeinsparungen und Kernenergie zuzustimmen oder beides abzulehnen. Dem Befragten wird damit die Möglichkeit genommen, sich für Energieeinsparungen und gegen Kernenergie zu äußern und umgekehrt. Zwei Dimensionen in einer Frage sind deshalb unbedingt zu vermeiden. Die Regeln zur sprachlichen Formulierung gelten im übrigen für die mündliche, schriftliche und telefonische Befragung gleichermaßen.

Entscheidend für die Ergebnisse einer Umfrage ist auch, ob *Antwortalternativen* vorgegeben werden (*geschlossene Fragen*) oder die Befragten in einem dafür vorgesehenen freien Feld eine Antwort niederschreiben können (*offene Fragen*).

Die Verwendung offener bzw. geschlossener Fragen ist abhängig vom Untersuchungsgegenstand. Üblicherweise wird man geschlossene Fragen dort einsetzen, wo die Antwortmöglichkeiten begrenzt und bekannt sind. Um geschlossene Kategorien vorzugeben, muß man also schon wissen, welche Antworten gegeben werden können. Das einfachste Beispiel ist hier das Merkmal Geschlecht mit den Ausprägungen männlich und weiblich. Offene Fragen kommen dagegen zum Einsatz, wenn man noch keine Vorstellung davon hat, was die Befragten antworten werden; die Kenntnis über den Untersuchungsgegenstand also noch ziemlich gering ist. Offene Fragen sind auch dann geeigneter als geschlossene, wenn die Antwortmöglichkeiten unbegrenzt oder zumindest sehr vielfältig sind. Um beispielsweise das Einkommen oder das Alter hinreichend genau zu erfassen, müßten enorm viele Kategorien verwendet werden, während bei einer offenen Frage nur ein Feld notwendig ist.

Einen Kompromiß zwischen geschlossener und offener Frage stellt die sogenannte *Hybridfrage* dar: Zunächst hat der Befragte die Möglichkeit, eine vorgegebene Kategorie anzukreuzen. Trifft keine dieser Kategorien zu, so kann der Befragte in einem Feld „Sonstiges" offen antworten. Die Frage nach der Wahlabsicht, aufgrund der üblicherweise verwendeten Formulierung auch „Sonntagsfrage" genannt, ist ein Beispiel für eine Hybridfrage (vgl. Abbildung 4.1).

Die Antwortmöglichkeiten bei der Wahlabsicht sind begrenzt und bekannt – nämlich die kandidierenden Parteien. Da bei einer Bundestagswahl aber schon einmal 20 oder mehr Parteien antreten, wäre es übertrieben, alle aufzulisten, zumal manche Parteien selten oder nie genannt würden. Man gibt also nur die Parteien vor, die meistens genannt werden und läßt die Möglichkeit zu, neben dem Feld „andere Partei" eine nicht aufgeführte Partei zu nennen.

Gerade bei Fragen zu Einstellungen ist es sinnvoll, den Befragten die Möglichkeit zu geben, eine Antwortkategorie „Weiß nicht" oder „Keine Meinung" anzukreuzen (vgl. auch das Beispiel in Abbildung 4.1). Damit verhindert man, daß Befragte, die keine dezidierte Meinung zu einem Thema haben, beim Fehlen dieser Kategorien möglicherweise irgendeine beliebige oder gar keine Antwort ankreuzen. Gibt es keine „Weiß nicht"-Kategorie, so weiß man bei der Auswertung der Fragebögen nicht, ob eine fehlende Angabe auf Meinungslosigkeit (*non-attitude*) oder Antwortverweigerung (*item-non-response*) beruht. Die „Weiß nicht"-Kategorie sollte bei mehreren geordneten Antwortalternativen auf keinen Fall als Mittelkategorie verwendet werden.

Vor allem bei Einstellungsfragen scheinen sich – wegen der Vielzahl der Antwortmöglichkeiten – offene Fragen anzubieten. Dennoch werden auch bei solchen Items meist geschlossene Fragen gestellt. Geschlossene Fragen

Abbildung 4.1: Sonntagsfrage im ALLBUS 1990

S 70A	*Liste S70A vorlegen!*		26/27	
	Wenn am nächsten Sonntag Bundestagswahl wäre, welche Partei würden Sie dann mit Ihrer Zweitstimme wählen?	CDU bzw. CSU	01	
	Nur eine Nennung möglich!	SPD	02	
		F.D.P.	03	
		Die Grünen	06	
		NPD	04	
		DKP	05	S 71
		Die Republikaner	07	
		Andere Partei *(bitte notieren)*: ______	08	
		Würde nicht wählen	10	
		Angabe verweigert	97	
		Weiß nicht	98	
			99	
S 70B	*Liste S70B vorlegen!*		28/29	
	Wenn am nächsten Sonntag Wahl zum Berliner Abgeordnetenhaus wäre, welche Partei würden Sie dann mit Ihrer Zweitstimme wählen?	CDU bzw. CSU	01	
	Nur eine Nennung möglich!	SPD	02	
		F.D.P.	03	
		Alternative Liste	06	
		SEW	05	
		Die Republikaner	07	
		Andere Partei *(bitte notieren)*: ______	08	
		Würde nicht wählen	10	
		Angabe verweigert	97	
		Weiß nicht	98	
			99	

haben ganz allgemein den Vorteil, daß durch die Standardisierung der Antworten die Auswertung der Fragen erleichtert wird. Die offenen Antworten müssen zunächst alle durchgelesen werden, bevor ähnliche Antworten zu Gruppen zusammengefaßt werden können. Erst nach diesem Prozeß der *Kategorisierung* kann die Auswertung beginnen. Dies ist ein zeit- und kostenaufwendiges Verfahren, das vor allem bei großen Umfragen kaum noch durchführbar ist. Zudem ist die Vergleichbarkeit der Antworten bei geschlossenen Fragen höher als bei offenen. Mit dem Verzicht auf offene Fragen ist allerdings immer ein Informationsverlust verbunden.

Entscheidet man sich für geschlossene Fragen, so muß man zwei Dinge beachten: Die Antwortkategorien müssen die *Bandbreite möglicher Ant-*

worten erschöpfend abdecken. Zudem müssen sich die einzelnen Antwortmöglichkeiten *gegenseitig ausschließen.* Die erste Forderung nach Vollständigkeit kann man erfüllen, indem man im Zweifelsfall eine Restkategorie „Sonstiges", „Andere" etc. vorgibt. Ebenso ist die Forderung nach Ausschließlichkeit selbstverständlich: Ein Befragter darf sich nur in einer der vorgegebenen Kategorien wiederfinden, d. h. die Antwortmöglichkeiten dürfen sich nicht überlappen.

Bei *Mehrfachantworten* wird den Befragten die Möglichkeit eingeräumt, mehrere Kategorien anzukreuzen. Dies steht nur scheinbar im Widerspruch zum Prinzip, daß sich die Antwortalternativen gegenseitig ausschließen müssen, da hier mehrere Fragen in einer Frage (meist aus Platzgründen) zusammengefaßt werden.

Mit der in Abbildung 4.2 dargestellten Frage werden z. B. Vereinsmitgliedschaften ermittelt. Hier sind mehrere Nennungen möglich. Kreuzt ein Befragter ein Kästchen an, dann bedeutet dies, daß er „Mitglied" in einem bestimmtem Vereinstyp ist; wird nichts angekreuzt, heißt dies, der Befragte ist „kein Mitglied". Diese beiden Antwortmöglichkeiten für jeden genannten Punkt (hier: Vereinstyp) schließen sich also gegenseitig aus. Die einzelnen Antworten müssen jeweils als eigene Variable kodiert werden. Als Ergebnis dieser Frage erhält man fünf Variablen mit jeweils zwei Antwortmöglichkeiten. Schnell et al. (1999, S. 312) schlagen zur Fehlervermeidung vor, jeweils beide Antwortmöglichkeiten vorzugeben. In Abbildung 4.2 müßten pro Verein also jeweils zwei Kästchen vorgegeben werden, die mit „Mitglied" bzw. „kein Mitglied" beschriftet werden müßten.

Abbildung 4.2: Frage mit Mehrfachantworten

Sind Sie Mitglied eines Vereins? (Mehrfachnennungen möglich)

Gesangverein   ☐
Sportverein   ☐
Heimatverein   ☐
Caritativer Verein   ☐
Anderer Verein   ☐

Wie viele Antwortkategorien bei einer geschlossenen Frage vorgegeben werden, hängt von der zu messenden Eigenschaft (Beziehungen im empirischen Relativ) und der gewählten Operationalisierung ab. Nur bei wenigen Fragen (z. B. beim Geschlecht) ist die *Zahl der Antwortalternativen* (relativ) eindeutig. So kann man auf die Frage „Sollte man Ihrer Meinung nach die doppelte Staatsbürgerschaft erlauben oder sollte man die doppelte Staatsbürgerschaft nicht erlauben?" die Antwortalternativen „sollte man erlauben", „sollte man nicht erlauben" und „weiß nicht" vorgeben. In diesem Fall ist die Variable nominalskaliert. Man hätte aber auch eine fünfstufige Antwortskala von „stimme voll und ganz zu" bis „lehne voll und ganz ab" als Antwortalternative wählen können, wobei dann eine Aussage vorgegeben werden müßte, die nur noch eine der beiden Positionen enthalten kann, etwa: „Die doppelte Staatsbürgerschaft sollte erlaubt werden". Diese Frage wäre ordinalskaliert. Je nachdem, ob eine balancierte Frage oder ein Statement verwendet wird, werden sich die Ergebnisse unterscheiden. Auch die Zahl der Antwortkategorien dürfte das Antwortverhalten beeinflussen. Man sollte sich immer überlegen, ob solche „Rating"-Skalen angemessen sind. Noelle-Neumann und Petersen (1996, S. 137 f.) weisen darauf hin, daß die Verwendung vieler dieser langen „Rating"-Skalen in einem Fragebogen ermüdend wirken.

Zuletzt sei darauf hingewiesen, daß neben der Anzahl auch die Reihenfolge der Antwortvorgaben, die Kategorisierung und die Visualisierung das Antwortverhalten beeinflussen kann (Beispiele finden sich bei Noelle-Neumann und Petersen 1996, S. 191–207).

4.1.2 Der Fragebogen

Nach der Formulierung der einzelnen Fragen muß sorgfältig über deren Anordnung im Fragebogen nachgedacht werden. Nicht selten werden Interviews von Befragten abgebrochen, weil sie sich scheinbar endlos hinziehen, zuviel Konzentration erfordern, oder aus irgendeinem anderen Grund „nerven". Einige Ursachen hierfür kann man kontrollieren.

Die Befragung wird meist durch sogenannte *Aufwärmfragen* eingeleitet, mit denen man die Neugier und das Interesse des Befragten für den Untersuchungsgegenstand wecken will. Diese Fragen müssen nicht unbedingt zum primären Untersuchungsgegenstand gestellt werden. Auf keinen Fall sollten Fragen zur Demographie (Alter, Geschlecht etc.) an den Anfang der Befragung gestellt werden, da damit Befragte oftmals nur gelangweilt werden. Zudem riskiert man bei Befragten, die an der Anonymität ihrer Angaben zweifeln, direkt zu Anfang eine Verweigerung des Interviews, da sie durch die Fragen zu ihrer Person in ihrer Befürchtung bestärkt werden, daß es nur um ihre Identifizierung geht.

Es kann jedoch auch sinnvoll sein, die Fragen zum eigentlichen Untersuchungsgegenstand nicht zu Beginn eines Interviews zu stellen, wenn diese unangenehme oder schwierige Sachverhalte betreffen. In diesem Fall kann man mit einer anderen, einfachen inhaltlichen Frage beginnen. Zu Anfang der Befragung gilt es also, den Befragten für das Interview zu gewinnen, wobei die erste Frage von ausschlaggebender Bedeutung sein kann.

Eine Grundregel für die Fragenanordnung besteht darin, Fragen zu einem *Themenkomplex* zusammenhängend zu stellen. Auch die Fragen zur Demographie können in einem Block – meist am Ende des Interviews – gestellt werden. Werden umfangreiche demographische Informationen erhoben, wie z. B. die Berufsgeschichte des Befragten mit allen bisher ausgeübten Berufen, sollte auch die Demographie mit anderen Themen abwechseln. Manchmal werden Fragen auch aus Themenblöcken herausgenommen, um die Stimmigkeit (Konsistenz) der Antworten zu überprüfen.

Gelegentlich ist die Trennung von Fragen zum selben Thema sinnvoll, um sogenannte *Halo-Effekte* zu vermeiden. Darunter wird die unerwünschte Ausstrahlung einer Frage auf die nachfolgende Frage verstanden. So könnte z. B. die Frage, ob man gegen die Abschaffung der Todesstrafe sei, *nach* mehreren Fragen zur Kriminalität in der Gesellschaft höhere Zustimmungswerte liefern, als wenn die Frage *davor* gestellt wird.

Im ALLBUS 1990 wurde die Reihenfolge der Themenblöcke so festgelegt: Politik/Gesellschaft, AIDS, Soziale Normen, Deutsche Einheit, Demographie, Gesellschaft und zuletzt noch ein paar statistische Angaben zum Interview, unter die die Frage nach der Wahlabsicht gemischt wurde. Die Wahlabsichtsfrage wurde aus dem Themenblock Gesellschaft/Politik herausgenommen, um eine Beeinflussung durch zuvor gestellte Fragen möglichst gering zu halten.

Ebenso sollten schwierig zu beantwortende Passagen mit einfachen Passagen abwechseln, um die Konzentrationsfähigkeit der Befragten nicht zu sehr zu strapazieren. Aus diesem Grund sollte das Interview auch nicht zu lang sein. Allerdings können kaum exakte Angaben zur vertretbaren *Länge eines Interviews* gemacht werden (vgl. Noelle-Neumann und Petersen 1996, 125 f.). Nach Angaben von Hanefeld (1987, S. 235–238) wurden bei der ersten Welle des SOEP in der Stichprobe A „Deutsche" zur Beantwortung des Haushaltsfragebogens durchschnittlich knapp 20 Minuten und zur Beantwortung des Personenfragebogens durchschnittlich rund 35 Minuten benötigt. In Tabelle 4.1 ist die Interviewdauer für den ALLBUS 1994 und den ALLBUS 1998 wiedergegeben. Mehr als 35% der Interviews dauerten jeweils länger als eine Stunde.

Tabelle 4.1: Interviewdauer bei ALLBUS-Umfragen

Minuten	1994	1998
20 bis 39	17%	9%
40 bis 59	44%	54%
60 bis 74	22%	25%
75 bis 99	12%	9%
mehr als 100	2%	1%
keine Angabe	4%	2%
	100%	100%
(Befragte)	(3450)	(3234)

Filterfragen dienen dazu, das Interview abzukürzen, wenn auf den Befragten bestimmte Fragen nicht zutreffen. Ganze Fragekomplexe, wie z. B. die Angaben zum Ehepartner des Befragten, können übersprungen werden, wenn der Befragte nicht verheiratet ist. Ein Beispiel für eine Filterfrage ist die Parteiidentifikation (vgl. Abbildung 4.3), mit der eine langfristig stabile psychologische Bindung an eine Partei gemessen werden soll. Der Befragte soll zunächst angeben, ob er überhaupt einer Partei zuneigt (Frage 30 in Abbildung 4.3). Wie man anhand der Angaben für den Interviewer am rechten Rand des Fragebogens sehen kann, „springt" der Befragte bei einer „Ja"-Antwort auf Frage 31, wo er die Partei angeben soll, verneint er die Frage 30, springt er dagegen auf Frage 32.

In mündlichen und telefonischen Befragungen lassen sich mehr und komplexere Filter einsetzen, da diese Befragungen von Interviewern durchgeführt werden, die dafür geschult sind. In schriftlichen Umfragen sollte dagegen mit Filtern sparsam umgegangen werden. Sie sollten durch den Befragten leicht nachvollziehbar sein und durch ein entsprechendes Layout des Fragebogens unterstützt werden. Der ALLBUS 1990, woraus wir unsere Beispiele entnommen haben, wurde mündlich durchgeführt.

Vor allem bei einer schriftlichen Befragung ist das *Layout* des Fragebogens wichtig. Eine übersichtliche Gestaltung erleichtert das Ausfüllen des

Abbildung 4.3: Parteiidentifikationsfrage im ALLBUS 1990

Nr.			Welter mit
			K. 4
30.	Viele Leute in der Bundesrepublik neigen längere Zeit einer bestimmten politischen Partei zu, obwohl sie auch ab und zu mal eine andere Partei wählen. Wie ist das bei Ihnen: Neigen Sie – ganz allgemein gesprochen – einer bestimmten Partei zu?	Ja .... ☐ 1 58 Nein .... ☐ 2 Verweigert .... ☐ 7	31 32
31.	Sagen Sie mir bitte auch noch, welche Partei das ist? **Falls „andere Partei", nachfragen: welche?**	59/60 CDU bzw. CSU .... ☐ 01 SPD .... ☐ 02 F.D.P. .... ☐ 03 NPD .... ☐ 04 DKP .... ☐ 05 Die Grünen .... ☐ 06 Alternative Liste .... ☐ 07 SEW .... ☐ 08 Die Republikaner .... ☐ 09 Andere Partei, und zwar: _____ Verweigert .... ☐ 97 97/98/99	
32.	Nun zu einem ganz anderen Thema: Haben Sie schon einmal von der Krankheit AIDS gehört?	Ja .... ☐ 1 61 Nein .... ☐ 2	33 39

Fragebogens, insbesondere bei Filterführungen. Bei der mündlichen Befragung spielt das Layout dagegen keine so große Rolle, da der Interviewer sich vor der Befragung mit dem Fragebogen vertraut machen kann. In der computerunterstützten Telefonbefragung (CATI – Computer Assisted Telephone Interview) stellt sich die Frage des Layouts nicht. Hier übernimmt ein spezielles Computerprogramm den Ablauf der Befragung. Der Interviewer liest die Fragen vom Bildschirm ab und gibt die Antworten in den Computer ein. Automatisch wird dann zur nächsten Frage gesprungen. Das Programm sorgt auch automatisch für die richtige Filterführung. Auch mündliche Befragungen können so durchgeführt werden. Statt eines Fragebogens aus Papier verwendet der Interviewer einen tragbaren Computer mit einem entsprechenden Programm (CAPI – Computer Assisted Personal Interview).

Ob die Befragten mit den Fragen und dem Fragebogen zurechtkommen, wird am besten in einem sogenannten *Pretest* überprüft. Beim Pretest · wird der Fragebogen vor der eigentlichen Befragung einem kleineren Personenkreis vorgelegt. Dabei kann es sich entweder um eine kleine Auswahl von Befragten handeln, die die noch zu Befragenden einigermaßen repräsentieren, oder um eine Gruppe von Experten, die aufgrund ihrer Sachkenntnis den Fragebogen beurteilen können. Eine Kombination ist natürlich auch denkbar. Wichtig ist, daß keiner der Teilnehmer des Pretests später in die Befragung einbezogen wird.

4.1.3 Der Ablauf der Befragung

Nach der Entwicklung des Fragebogens werden zunächst die Befragten ausgewählt. Wie dies geschieht und was dabei zu beachten ist, werden wir in Kapitel 9 behandeln.

Die *Ankündigung des Interviews* soll auf den Besuch des Interviewers und das Thema der Befragung vorbereiten. Der Interviewer kann dann bei seinem Besuch noch einmal Näheres zur Fragestellung erläutern. Schriftliche und telefonische Interviews werden in der Regel nicht angekündigt, auch wenn dies möglich wäre. In einer schriftlichen Befragung wird im *Anschreiben* die Fragestellung der Untersuchung erklärt, in welchem Auftrag die Untersuchung durchgeführt wird usw. Dieses Anschreiben ist für die Teilnahmebereitschaft einer ausgewählten Person von Bedeutung. Am schwierigsten ist es sicher, einen Befragten am Telefon zur Teilnahmebereitschaft zu bewegen. Die Hemmschwelle, hier einfach aufzulegen, ist nicht besonders hoch.

Der nächste Punkt ist die *Zusicherung von Anonymität*. Grundsätzlich gilt für die Durchführung seriöser Umfragen, daß die Angaben der Befragten vertraulich behandelt werden. Adressen etc. sollten getrennt von den Antworten aufbewahrt und später vernichtet werden. Es darf keine Reidentifizierung, eine Verknüpfung der Daten mit anderen Informationen oder eine Weitergabe der Daten *ohne* vorherige Anonymisierung erfolgen. Dies sollte auch dem Befragten klar gemacht werden. Ob die Anonymität der Befragung tatsächlich gewährleistet ist, kann von den Befragten allerdings *nicht kontrolliert* werden. Bei der mündlichen und telefonischen Umfrage, bei denen die Adresse bzw. Telefonnummer des Befragten dem Interviewer bekannt sind, sollte dem Befragten deshalb glaubhaft versichert werden, daß seine Angaben vertraulich behandelt werden. Bei der schriftlichen Befragung ist diese Zusicherung für den Befragten leichter nachvollziehbar, wenn der Fragebogen ohne Angabe eines Absenders zurückgesendet werden soll. Allerdings ist eine schriftliche Befragung nur dann anonym, wenn die Fragebögen nicht gekennzeichnet sind und über diese Kennzeichnung mit der Adresse des Befragten verknüpft werden können. Eine Kennzeichnung erfolgt häufig, um diejenigen Personen, die nach einer Weile noch keinen Fragebogen zurückgesandt haben, erneut anzuschreiben und um Beantwortung zu bitten.

Während der Befragung sollte der Befragte mit dem Interviewer alleine sein und sich ganz auf die Befragung konzentrieren können. Außerdem sollte die Befragungsperson nicht durch andere Einflüsse gestört werden. Solche *Umgebungsbedingungen* lassen sich kontrollieren, indem sie vom Interviewer erfaßt werden und damit für die Auswertung der Daten verfügbar sind. Dies ist allerdings nur bei der mündlichen Befragung gut praktizierbar, während beim Telefoninterview externe Einflüsse meist nur geahnt werden können. Beim schriftlichen Interview ist eine Information über die Befragungssituation ganz unmöglich. Zu den Umgebungsbedingungen gehören auch bewußte und unbewußte Beeinflussungen durch den Interviewer. Unbewußte *Interviewereffekte* treten bei mündlichen und telefonischen Befragungen immer auf (vgl. Koch 1991; Reinecke 1991). Für das Antwortverhalten mancher Befragter spielt es eben eine Rolle, welchem Interviewer man gegenüber sitzt (jung oder alt, Mann oder Frau etc.). Auch am Telefon kann ein solcher Effekt durch die Stimme oder den Dialekt des Interviewers verursacht werden.

Das folgende Beispiel für einen Interviewereffekt basiert auf Daten des ALLBUS 1990. Dort wurde mit mehreren Statements versucht, abweichendes Verhalten zu erfassen. Der Fragetext lautete: „Bitte sagen Sie mir jeweils mit Hilfe dieser Liste, ob Sie persönlich das beschriebene Verhalten für sehr schlimm, ziemlich schlimm, weniger schlimm, oder für überhaupt nicht schlimm halten." Eines der Statements auf der Liste lautete: „Ein Mann zwingt seine Ehefrau zum Geschlechtsverkehr." Wie man der nachfolgenden Tabelle 4.2 entnehmen kann, unterscheidet sich das Antwortverhalten der Männer danach, ob sie von einem Mann oder einer Frau interviewt werden.

Tabelle 4.2: Interviewereffekt bei der mündlichen Befragung

Antwort	Männliche Befragte		Weibliche Befragte	
	Männl. Int.	Weibl. Int.	Männl. Int.	Weibl. Int.
Sehr schlimm	62,5%	69,9%	71,1%	70,7%
Ziemlich schlimm	29,1%	23,0%	24,4%	25,6%
Weniger schlimm	6,7%	5,6%	3,9%	2,9%
Gar nicht schlimm	1,8%	1,5%	0,6%	0,8%
Befragte	506	196	492	242

Quelle: ALLBUS 1990

Während das Geschlecht des Interviewers das Antwortverhalten der weiblichen Befragten nicht beeinflußt, zeigt sich bei den männlichen Befragten, daß diese eine Vergewaltigung in der Ehe für weniger schlimm halten, wenn sie von Männern interviewt werden. So sagen zwar rund 70% der Männer, die von Frauen interviewt werden, das beschriebene Verhalten sei „sehr schlimm", aber nur 62,5% der Männer, die von Männern interviewt werden.

Der Interviewer kann auch bewußt eine Befragung beeinflussen oder sogar insgesamt fälschen (vgl. Dorroch 1994; Koch 1995; Schnell 1991). Solche Formen von Betrug gibt es immer wieder, vor allem bei mündlichen Befragungen, wo der Interviewer das Interview weitgehend selbst in der Hand hat. Er kann zum Beispiel absichtlich eine falsche Filterführung anwenden, um das Interview abzukürzen. Oder er füllt gleich den ganzen Fragebogen selbst aus. Solchen Interviewerfälschungen kommt man auf die Spur, indem man die für das Interview ausgewählten Personen anruft und nachfragt, ob auch tatsächlich ein Interview stattgefunden hat. Mit dieser Nachfrage kann man allerdings nicht kontrollieren, ob ein Interviewer lediglich einen Teil des Interviews ordnungsgemäß durchgeführt hat und den „Rest" des Fragebogens selbst ergänzt hat. Telefonische Umfragen bieten dagegen eine umfassendere Kontrollmöglichkeit der Interviewer, wenn sie in einem Telefonstudio durchgeführt werden, wo ein „Supervisor" die Durchführung der Interviews überwachen kann.

4.2 Beobachtung

Die Beobachtung (vgl. Grümer 1974; Friedrichs und Lüdtke 1977) wird in der Politikwissenschaft eher stiefmütterlich behandelt, obwohl sie für einen Teil der Fragestellungen durchaus sinnvoll verwendet werden könnte. Als eines der wenigen politikwissenschaftlichen Beispiele kann hier die von Raschke (1991) durchgeführte Beobachtung einer Bundesdelegiertenversammlung der GRÜNEN genannt werden.

Wissenschaftliche Beobachtungen unterscheiden sich von Beobachtungen im Alltag vor allem durch systematisches und an Hypothesen orientiertes Vorgehen. Ziel der Beobachtung ist das „Erfassen von Ablauf und Bedeutung einzelner Handlungen und Handlungszusammenhänge" (Kromrey 1998, S. 323). Im Vergleich zur Befragung, wo über Verhalten lediglich Aussagen gewonnen werden, richtet sich die Beobachtung direkt auf das *Verhalten* der Subjekte.

Eine besondere Schwierigkeit bei der Durchführung einer Beobachtung besteht darin, alle Ereignisse einer sich ständig verändernden Situation wahrzunehmen. Welche Ereignisse registriert werden, hängt stark von der selektiven Wahrnehmung des Beobachters ab. Aus diesem Grund ist die Beobachtung ein relativ subjektives Verfahren. Eine Kontrolle, ob der Beobachter die für die Untersuchung bedeutsamen Ereignisse erfaßt hat, ist normalerweise nicht möglich, es sei denn, die Beobachtung wird mit technischen Hilfsmitteln, also z. B. Film- oder Videokamera, aufgezeichnet. Man sollte sich dabei jedoch darüber im klaren sein, daß auch Filmaufnahmen nur selektiv sind und keine objektiven Informationen liefern können.

Wie bei der Befragung der Interviewer, stellt bei der Beobachtung der Beobachter also eine mögliche Fehlerquelle dar, die zu einer Verzerrung der Resultate führen kann. Die einzige Möglichkeit, solche Fehler zu minimieren, besteht in der Schulung der Beobachter.

Nach Friedrichs (1990) lassen sich Beobachtungen danach unterscheiden, ob sie *verdeckt* oder *offen, teilnehmend* oder *nicht-teilnehmend, strukturiert* oder *unstrukturiert*, in *künstlichen* oder *natürlichen* Situationen stattfinden.

- Bei einer *verdeckten* Beobachtung nehmen die Beobachteten den Beobachter nicht wahr, während bei einer *offenen* Beobachtung – z. B. der oben erwähnten Analyse des Verhaltens der Parteitagsdelegierten – der Beobachter als solcher auch auftritt.

Eine verdeckte Beobachtung wird dann notwendig, wenn ansonsten überhaupt keine Beobachtung stattfinden könnte. Interessiert man sich für interne Strukturen einer verbotenen politischen Vereinigung, so ist eine offene Beobachtung wahrscheinlich nicht möglich. Ethisch bedenklich sind verdeckte Beobachtungen immer, wenn man davon ausgehen kann, daß die Beobachteten Einwände gegen die Beobachtung haben. In einem solchen Fall muß man schon gewichtige Gründe ins Feld führen, um die Beobachtung zu rechtfertigen.

Verdeckte Beobachtungen besitzen gegenüber offenen Beobachtungsformen allerdings den Vorteil, daß sie die zu beobachtenden Ereignisse nicht beeinflussen, also ein nicht-reaktives Meßverfahren darstellen.

- Bei einer *teilnehmenden* Beobachtung ist der Beobachter aktiv ins Geschehen einbezogen, während er bei einer nicht-teilnehmenden Beobachtung auf die Beobachtung beschränkt bleibt. Bei der *nicht-teilnehmenden* Beobachtung eines Parteitages z. B. kommt dem Beobachter ein reiner Beobachtungsstatus zu. Eine teilnehmende Beobachtung läge dann vor, wenn der Beobachter gleichzeitig Parteitagsdelegierter wäre.

  Mit der teilnehmenden Beobachtung sind einige Nachteile verbunden: Zum einen werden die Ereignisse, die beobachtet werden sollen, nicht nur durch die Anwesenheit des Beobachters und die Tatsache des Beobachtet-Werdens an sich beeinflußt, sondern auch durch das *Handeln* des Beobachters. In diesem Fall stellt die Beobachtung also ein reaktives Meßverfahren dar. Zudem besteht die Gefahr, daß der Beobachter durch seine aktive Rolle die Distanz zum sozialen Geschehen verliert und dadurch die Perspektive der zu Beobachtenden – z. B. der Parteitagsdelegierten – annimmt. Außerdem könnte der Beobachter auch einfach überfordert sein, denn schließlich verlangt eine teilnehmende Beobachtung nicht nur die sorgfältige Wahrnehmung der Situation, sondern gleichzeitig auch noch aktives Handeln.

- Einer *strukturierten* Beobachtung liegt ein zuvor entwickeltes detailliertes Kategorienschema zugrunde, in das die Beobachtungen eingetragen werden. Bei unstrukturierten Beobachtungen ist die Beobachtung in einem erheblich geringeren Umfang durch vorherige Festlegungen geprägt. *Unstrukturierte* Beobachtungen sind vor allem bei geringen Kenntnissen über die zu beobachtende Situation sinnvoll. In diesem Fall hat die Beobachtung zunächst einmal explorativen Charakter.

- *Künstlich* ist eine Beobachtung dann, wenn die Beobachtung in einer Laborsituation stattfindet, d. h. die Umgebungsbedingungen gezielt hergestellt und verändert werden können. Solche „Experimente" haben den entscheidenden Vorteil, daß man Kausalität nachprüfen kann. Durch die Kontrollgruppen und gesteuerten Versuchsbedingungen ist die interne Validität der Laborbeobachtung sehr hoch. Wie bereits im Kapitel 2 deutlich wurde, sind jedoch nicht alle Fragestellungen für Experimente geeignet. Vor allem die mangelnde Übertragbarkeit auf natürliche Umgebungen spricht gegen künstliche Beobachtungen, d. h. sie weisen nur eine geringe externe Validität auf.

Diese Unterscheidungskriterien lassen sich nun auf vielfältige Art und Weise zu unterschiedlichen Typen von Beobachtungen kombinieren. Nur einige wenige Kombinationen sind allerdings in der Praxis von Interesse. Für Politikwissenschaftler kommen vor allem offene, systematische Beobachtungen in natürlichen Umgebungen in Frage. Möchte man Entscheidungsstrukturen auf Parteitagen der unterschiedlichen Parteien untersuchen, so ist es beispielsweise nicht notwendig, verdeckt zu arbeiten. Im folgenden werden wir uns – wie schon bei der Befragung – auf eine *strukturierte* Erhebungsform beschränken.

4.2.1 Kategorienentwicklung

Während die Meßinstrumente bei einer Befragung aus einer oder mehreren Fragen bestehen, stellt die *Beobachtungskategorie* das Meßinstrument bei der Beobachtung dar. Als Meßinstrument für die Beteiligung von Delegierten und Vorstandsmitgliedern an einem Parteitag könnten z. B. die Beobachtungskategorien „Anzahl der Redebeiträge von Delegierten" und „Anzahl der Redebeiträge von Vorstandsmitgliedern" herangezogen werden. Die Merkmalsausprägungen sind bei diesen beiden Variablen die Häufigkeit. Zudem könnte die „Redelänge" oder die „Reaktion der Delegierten" erfaßt werden. Die Merkmalsausprägungen könnten hier z. B. die Länge in Minuten bzw. die Klassifizierungen „zurückhaltend", „enthusiastisch" etc. sein. Für die Beobachtungskategorien gilt dasselbe wie für die Antwortvorgaben bei einer Befragung: Sie müssen sich gegenseitig ausschließen und vollständig sein.

Nehmen wir an, wir interessieren uns dafür, ob sich die Beteiligung von Männern und Frauen im Studierendenparlament (im folgenden StuPa) unterscheidet. Unter „Beteiligung" können wir die Anwesenheit, Redebei-

träge und Zwischenrufe in StuPa-Sitzungen verstehen. Damit haben wir
also drei abhängige Variablen, die als Indikator für politische Beteiligung
im StuPa dienen. Als unabhängige Variable müssen wir auf jeden Fall das
Geschlecht heranziehen. Auch hier ist natürlich wichtig, daß keine Beobachtungskategorie (dies entspricht einer Frage im Fragebogen) vergessen
wird. Es könnte ja sein, daß die Anwesenheit nicht nur vom Geschlecht,
sondern auch von der politischen Einordnung abhängt. Wir könnten z. B.
vermuten, daß die Mitglieder der Opposition im StuPa in einem geringeren Umfang ihr Mandat wahrnehmen als die regierenden Parteien. Wir
müssen also bei jeder und jedem Anwesenden vermerken, ob es sich um
eine Frau oder einen Mann, ein Mitglied der Opposition oder der Koalition
handelt.

Auch der zweite Indikator für politische Beteiligung, die Redebeiträge,
könnten auf diese Art und Weise operationalisiert werden. Zusätzlich könnten wir hier noch die Länge für relevant erachten. Vielleicht gibt es zwar
nicht mehr Redebeiträge von Männern als von Frauen, Männer und Frau-
en könnten sich jedoch in der Dauer ihrer Redebeiträge unterscheiden.
Ebenso wie die Anwesenheit und die Redebeiträge könnten wir noch die
Zwischenrufe nach dem Geschlecht notieren.

Bereits die wenigen hier verwendeten Kategorien werden die Aufmerksamkeit des Beobachters in vollem Umfang in Anspruch nehmen. Zudem wird
vorausgesetzt, daß er sich mit der Situation relativ gut auskennt. Um
die politische Richtung zu notieren, muß der Beobachter alle im StuPa
anwesenden Mitglieder einordnen können. Sind im StuPa viele Gruppie-
rungen vertreten, so wird diese Einordnung schon ziemlich schwierig. Die
gleichzeitige Erfassung von Redebeiträgen und Zwischenrufen ist für einen
einzigen Beobachter alleine wohl nicht mehr durchführbar.

Schon an diesem kleinen Beispiel wird deutlich, warum ein Beobachtungsschema in der Regel weniger Kategorien enthält als ein Fragebogen Fragen
beinhaltet: die Aufmerksamkeit des Beobachters kann sich immer nur auf
einige wenige Merkmale richten.

4.2.2 Beobachtungsschema

Alle Beobachtungskategorien werden in einem *Beobachtungsschema* bzw.
Beobachtungsprotokoll zusammengefaßt. Dem Beobachtungsprotokoll entspricht bei der Befragung der Fragebogen. Anhand dieses Beobachtungs-
protokolls wird die Beobachtung durchgeführt.

Die Zusammenfassung der Beobachtungskategorien in ein Beobachtungsschema sollte so erfolgen, daß der Beobachter möglichst schnell seine Ein-
tragungen vornehmen kann. Ob das Beobachtungsschema praktikabel ist
und alle relevanten Kategorien erfaßt wurden, kann in einer Testbeob-
achtung geprüft werden. Ein fiktives Beobachtungsschema für die Anwesenheit und die Redebeiträge in StuPa-Sitzungen ist in Abbildung 4.4 auf
der folgenden Seite zu sehen: Zunächst trägt der Beobachter einen Namen,
das Datum der Sitzung und die Uhrzeit ein. Danach folgt eine Tabelle, in
der für jedes anwesende StuPa-Mitglied eine Zeile vorgesehen sein muß, in
die das Geschlecht und die politische Zugehörigkeit einzutragen ist (maximal sind hier also so viele Zeilen wie Mandatsträger notwendig). Auf
einem/mehreren neuen Blättern können dann die Redebeiträge festgehalten werden.

Bei der Interpretation der Daten muß man beachten, daß einmal Merkmale von Personen, das andere Mal Merkmale von Redebeiträgen erhoben
werden.

4.2.3 Ablauf einer Beobachtung

Zunächst müssen die Situationen festgelegt werden, die beobachtet werden
sollen. Wollen wir die Hypothese untersuchen, daß sich die Entscheidungsstrukturen auf den Parteitagen zwischen den einzelnen Parteien unterscheiden, dann sind die relevanten Situationen Parteitage. Zudem müssen
wir den Untersuchungszeitraum festlegen und eine räumliche Abgrenzung
vornehmen. Im genannten Beispiel könnten dies die Parteitage innerhalb
eines Jahres in der Bundesrepublik Deutschland sein.

Ebenso wichtig wie die Schulung von Interviewern ist die Schulung der
Beobachter. Aufgrund der Selektivität der Wahrnehmung werden unter-
schiedliche Beobachter zu unterschiedlichen Ergebnissen gelangen. Das
Ausmaß, in dem verschiedene Beobachter dieselben Dinge wahrnehmen,
wird *Inter-Coder-Reliabilität* genannt. Durch genaue Anweisungen und
Beispiele kann die Inter-Coder-Reliabilität erhöht werden. Daneben kann
es im Verlauf einer Beobachtung dazu kommen, daß der Beobachter – z. B.
durch einen Lernprozeß – dieselben Ereignisse unterschiedlich einordnet.
Die Stabilität der Einordnung derselben Beobachtungsinhalte durch einen
Beobachter wird *Intra-Coder-Reliabilität* genannt. Das Ausmaß der Inter-
Coder-Reliabilität und der Intra-Coder-Reliabilität ist ein Maß für die
Qualität der Beobachtung.

Abbildung 4.4: Fiktives Beobachtungsprotokoll einer StuPa-Sitzung

ALLGEMEINE ANGABEN

Beobachter:
Datum:
Uhrzeit (Beginn und Ende):

ANWESENDE

Nr.	Geschlecht		Politische Einordnung	
	weiblich	männlich	Koalition	Opposition
1				
2				
3				
4				
5				
6				
7				
8				
9				
u.s.w.	:	:	:	:

REDEBEITRÄGE

Nr.	Geschlecht		Politische Einordnung		Länge
	weiblich	männlich	Koalition	Opposition	Minuten
1					
2					
3					
4					
5					
6					
7					
8					
9					
u.s.w.	:	:	:	:	:

Möglicherweise ist es – wie erwähnt – sinnvoll, das Beobachungsschema vorab auf Praktikabilität zu testen. Bei manchen offenen Beobachtungen wie den Parteitagen oder den StuPa-Sitzungen bietet es sich an, die Beobachtung vorher anzukündigen.

4.3 Inhaltsanalyse

Bei der Inhaltsanalyse gewinnt man Informationen über die soziale Wirklichkeit durch die Analyse von „Inhalten". Inhalte können *Texte, Filme, Bilder* o. ä. sein. Das Ziel der Inhaltsanalyse kann man auf den Nenner bringen: „Wer sagt was zu wem, wie, warum und mit welchem Effekt?" (Friedrichs 1990, S. 319).

Die Anwendung der Inhaltsanalyse (vgl. Früh 1998; Merten 1995; Weber 1990) erfolgt vor allem im Bereich der Massenkommunikation und hat deshalb innerhalb der Publizistik einen hohen Stellenwert. In der Politikwissenschaft bieten sich zahlreiche Verwendungsmöglichkeiten wie die Analyse von Parteiprogrammen, politischen Reden, Flugblättern, Wahlplakaten oder ähnlichem an (vgl. Rucht et al. 1995).

Der wesentliche *Vorteil der Inhaltsanalyse* besteht darin, daß die Inhalte nicht zum Zweck der Untersuchung geschaffen wurden. Zeitungsartikel werden für die Leser der Zeitung geschrieben, nicht für den Wissenschaftler, der die Artikel nach bestimmten Kriterien auswertet. Anders ausgedrückt: Die Inhalte werden nicht vom Erhebungsinstrument bestimmt oder beeinflußt. Aus diesem Grund ist die Inhaltsanalyse ein *nicht-reaktives Meßverfahren*, d. h. die Ergebnisse der Untersuchung hängen nicht von der Methode ab. Wie bei der Befragung und der Beobachtung unterscheidet sich die wissenschaftliche von der alltäglichen Inhaltsanalyse durch die systematisierte und objektivierte Vorgehensweise. Auch Inhaltsanalysen können nach dem Grad der Strukturierung unterschieden werden; im folgenden werden wir lediglich auf die quantitative Inhaltsanalyse eingehen (vgl. zur qualitativen Inhaltsanalyse Mayring 1997).

Zunächst muß festgelegt werden, was überhaupt analysiert werden soll. Wollen wir z. B. die inhaltlichen Schwerpunkte der Parteien nach Politikbereichen untersuchen, dann könnten die Parteiprogramme die Textgrundlage sein. Für diese Texte muß der Merkmalsträger, d. h. die *Zähleinheit* bestimmt werden. Als Zähleinheit könnten wir z. B. die Sätze der Parteiprogramme verwenden. Ebensogut könnten aber auch kleinere Einheiten (z. B. einzelne Wörter) oder größere Einheiten (z. B. Absätze oder einzelne Abschnitte des Parteiprogrammes) ausgewählt werden. Den Zähleinheiten entsprechen bei der Beobachtung die Situationen, bei der Befragung die Befragten.

Der schwierigste Teil einer Inhaltsanalyse besteht darin, Kategorien zu entwickeln, die die theoretischen Begriffe messen. An das *Kategorienschema* sind hier die gleichen Anforderungen zu stellen wie bei der Beobachtung: Sie müssen sich gegenseitig ausschließen und vollständig sein. Kategorien für den Untersuchungsgegenstand „Politikbereiche" könnten z. B. „Innenpolitik", „Außenpolitik", „Wirtschaftspolitik" usw. sein. Auch hier kann eine Kategorie „Sonstiges" für nicht explizit genannte Kategorien sinnvoll sein. Das Kategorienschema ist in der Regel natürlich nicht so einfach wie im vorgestellten Beispiel. Aus diesem Grund ist es sinnvoll, erst einmal einen Pretest an einer geringen Anzahl von Analyseeinheiten durchzuführen und die Kategorien unter Umständen abzuändern.

Die Kodierung ist die Zuordnung der Zähleinheiten zu den Kategorien. Die Inhaltsanalyse ist abgeschlossen, wenn alle Analyseeinheiten kodiert sind. Im vorliegenden Beispiel könnte man z. B. die Analyseeinheiten der einzelnen Parteiprogramme zusammenfassen. Für jedes Programm könnten wir dann sagen, wie häufig auf die Wirtschaftspolitik, Sozialpolitik etc. Bezug genommen wurde. Wenn man davon ausgeht, daß aus der Häufigkeit einer Kategorie auf die Bedeutung eines Politikbereiches für eine Partei geschlossen werden kann, könnte das Ergebnis einer Inhaltsanalyse sein, daß das SPD-Programm stärker sozialpolitisch bestimmt wird als das CDU-Programm, der Schwerpunkt des F.D.P.-Programms dagegen auf der Wirtschaftspolitik liegt etc.

Die meisten Inhaltsanalysen begnügen sich damit, die Häufigkeit des Vorkommens der einzelnen Kategorien auszuwerten („Frequenzanalyse"). Weitergehende inhaltsanalytische Ansätze berücksichtigen zudem Bewertungen („Bewertungsanalyse") oder Zusammenhänge zwischen Kategorien („Kontingenzanalyse"), d. h. wie häufig tauchen die einzelnen Kategorien im Zusammenhang mit anderen Kategorien auf. Bei einer Bewertungsanalyse der Parteiprogrammatik würde man also nicht nur eine Aussage zur Gewerbesteuer als Aussage zum Politikbereich Wirtschaft kennzeichnen, sondern berücksichtigen, ob diese negativ oder positiv bewertet wird.

Die Zuverlässigkeit der Inhaltsanalyse beinhaltet auch hier wieder zwei Aspekte: Die *Inter-Coder-Reliabilität* ist hoch, wenn verschiedene Vercoder dieselben Analyseeinheiten in dieselben Kategorien einordnen. Die *Intra-Coder-Reliabilität* ist hoch, wenn die Zuordnung einer Analyseeinheit zu einer Kategorie durch einen einzigen Vercoder stabil ist. Die Inter-Coder-Reliabilität läßt sich hier sehr einfach überprüfen, indem man unterschiedlichen Codierern dieselben Texte vorlegt.

Stellt man fest, daß das Kategorienschema nicht angemessen war, also z. B. wesentliche Dimensionen fehlten, dann kann man die Inhalte problemlos erneut auswerten. Dies ist ein wesentlicher Vorteil der Inhaltsanalyse gegenüber der Beobachtung.

Aufgaben zu Erhebungsmethoden

1. Studierende der Politikwissenschaft sollen zu ihrem Studium befragt werden. Was ist an den einzelnen Fragen „faul"? Wie können diese besser gestellt werden?

    (a) Wie hoch schätzen Sie die durchschnittlichen Kosten eines Hochschulstudiums?
    _____Euro

    (b) Sind Sie für eine Straffung des Studiums und die Einführung von Studiengebühren für Langzeitstudierende?
    ja .... ☐
    nein .... ☐

    (c) Wie häufig essen Sie in der Mensa?
    täglich .... ☐
    zwei- bis dreimal wöchentlich .... ☐
    mehr als einmal wöchentlich .... ☐
    seltener .... ☐
    nie .... ☐
    weiß nicht .... ☐

    (d) Welche Gründe waren ausschlaggebend für die Wahl ihres Studienfachs? (Mehrfachnennungen möglich!)
    gute Berufsperspektiven .... ☐
    der Studienort .... ☐
    Selbstverwirklichung .... ☐
    ich möchte in die Politik .... ☐

    (e) Sind Sie nicht der Meinung, daß der ASTA nicht die Interessen der Studierenden vertritt?
    ja .... ☐
    weiß nicht .... ☐
    nein .... ☐

    (f) Halten Sie es für angemessen, daß Studierende, die von der Nutzung öffentlicher Verkehrsmittel, die im Rahmen der biannual anfallenden Semesterbeiträge bereits vorfinanziert wurde, absehen, eine reduzierte Studiengebühr entrichten?
    ja .... ☐
    nein .... ☐
    weiß nicht .... ☐

    (g) Im wievielten Fachsemester studieren Sie? _____

2. Wann bieten sich geschlossene Fragen an, wann offene?

5 Tabellen und Graphiken

Sobald die Datenerhebung abgeschlossen ist, kann mit der Auswertung begonnen werden. In der Regel werden die Daten zunächst in maschinenlesbare Form gebracht, um sie dann mit Hilfe eines Statistik-Programms wie z. B. SPSS, SAS oder STATA auswerten zu können. Dies ist jedoch nicht immer notwendig. Einfache Analysen können – wenn auch mit einem erheblich höheren Zeitaufwand – mit der Hand bzw. dem Taschenrechner durchgeführt werden.

Man kann sich leicht vorstellen, daß schon in einer Umfrage mit wenigen Befragten der Überblick über die Antworten zur „Wahlsonntagsfrage", die die Wahl*absicht* der Befragten mißt, ohne eine Zusammenfassung der Nennungen für die verschiedenen Parteien verlorengeht. In der Regel beginnt deshalb jede Analyse mit einer Häufigkeitsauszählung der interessierenden Merkmalsausprägungen, die dann tabellarisch oder graphisch dargestellt werden. Untersucht man die Verteilung eines einzigen Merkmals, dann spricht man von *univariater* Analyse. Betrachtet man dagegen die gemeinsame Verteilung von zwei oder mehr Merkmalen, dann spricht man von *bivariater* bzw. *multivariater* Analyse.

5.1 Tabellen

5.1.1 Tabellarische Darstellung *eines* Merkmals

Zunächst will man in der Regel wissen, wie stark die einzelnen Ausprägungen *einer* Variable besetzt sind. Wie viele Befragte geben z. B. an, am nächsten Sonntag die CDU, SPD usw. zu wählen? Um dies herauszufinden, führt man eine *Häufigkeitsauszählung* der einzelnen Kategorien durch. Als Resultat erhält man eine *Häufigkeitsverteilung*.

Üblicherweise wird ein Merkmal bzw. eine Variable mit einem großen lateinischen Buchstaben bezeichnet. Beispielsweise soll es um die Wahlabsicht gehen. Diese wird dann als X bezeichnet. Dieses Merkmal X kann ganz bestimmte Merkmalsausprägungen annehmen („CDU/CSU", „SPD" etc.). Die Merkmalsausprägungen werden als x_k bezeichnet, wobei der Index k

eine fortlaufende Numerierung der Merkmalsausprägungen (Kategorien) meint und dementsprechend von 1 bis zur maximalen Merkmalsausprägung m läuft. k wird deshalb als Laufvariable oder Laufindex bezeichnet und tiefgestellt (vgl. Tabelle 5.1).

Tabelle 5.1: Notation bei Häufigkeitsauszählungen

Kategorie (Merkmalsausprägung)	Bezeichnung
CDU/CSU	x_1
SPD	x_2
FDP	x_3
NPD	x_4
GRÜNE	x_5
REP	x_6
Andere Partei	x_7
Wähle nicht	x_8
Verweigert	x_9
Weiß nicht	x_{10}
Keine Angabe	x_{11}

Absolute Häufigkeiten geben die **Anzahl** der Merkmalsträger wieder, die eine bestimmte Merkmalsausprägung aufweisen. Absolute Häufigkeiten einer Merkmalsausprägung sind ohne eine Berücksichtigung der Gesamtzahl der Merkmalsträger nicht interpretierbar. Wenn 100 Befragte CDU wählen wollen, sagt das gar nichts über die Chancen der CDU aus, wenn man nicht weiß, wie viele Befragte *insgesamt* eine Wahlabsicht geäußert haben. Man muß also wissen, welchen **Anteil** eine absolute Häufigkeit an allen Häufigkeiten hat. **Relative Häufigkeiten** (*Anteil der Merkmalsträger* in einer bestimmten Kategorie) oder **Prozentwerte** (relative Häufigkeit × 100) werden berechnet, in dem die absolute Häufigkeit einer Kategorie ins Verhältnis zur Gesamtzahl der Merkmalsträger n gesetzt wird. Merkmalsträger werden auch als Fälle bezeichnet.

Absolute Häufigkeiten werden als f_{x_k} bezeichnet (f steht für engl. *frequency* = Häufigkeit). Für relative Häufigkeiten gibt es keine eigene Notation, Prozentwerte werden durch das nachgestellte Prozentzeichen (%) kenntlich gemacht.

Absolute Häufigkeit $= f_{x_k}$

Relative Häufigkeit $= \dfrac{f_{x_k}}{\text{Gesamtzahl der Merkmalsträger}} = \dfrac{f_{x_k}}{n}$

Prozentwert $=$ Relative Häufigkeit $\times$ 100

Absolute Häufigkeiten können Werte zwischen 0 und $+\infty$ annehmen. Daraus folgt, daß relative Häufigkeiten immer einen Bruch zwischen zwei positiven Zahlen darstellen, wobei der Nenner **immer** größer oder gleich dem Zähler ist, da die absolute Häufigkeit *einer* einzelnen Merkmalsausprägung nicht größer als die Gesamtzahl der Merkmalsträger sein kann. Relative Häufigkeiten können deshalb nur Werte zwischen 0 und 1 annehmen. Da ein Prozentwert einfach die Multiplikation einer relativen Häufigkeit mit 100 darstellt, können Prozentwerte nur im Bereich von 0% bis 100% liegen.

In Tabelle 5.2 auf der nächsten Seite ist eine Häufigkeitsauszählung der „Wahlsonntagsfrage" aus dem ALLBUS 1994 dargestellt.[1] 692 Befragte gaben an, CDU/CSU zu wählen, wenn am nächsten Sonntag Wahlen stattfinden würden. Ohne die Gesamtzahl der Befragten (2.298) zu berücksichtigen, ist dieser Wert nicht sehr aussagekräftig. Aus diesem Grund sind in den beiden darauffolgenden Spalten die relativen Häufigkeiten und die Prozentwerte angegeben. Demnach würden sich 30,1% der Befragten für die CDU/CSU entscheiden. Da relative Häufigkeiten und Prozentwerte dieselben Informationen liefern, gibt man in Tabellen nur einen der beiden Werte – in der Regel die Prozentwerte – an.

Prozentzahlen sind natürlich nur dann sinnvoll interpretierbar, wenn die **Größe der Prozentuierungsbasis** bekannt ist. Es macht nämlich für die Bedeutung des Wertes einen Unterschied, ob 75% der Befragten, die ein bestimmtes Waschmittel favorisieren, 3 von insgesamt 4 befragten Personen oder 3.000 von 4.000 sind. Im ersten Fall würde der Wechsel einer Person in das „andere Lager" gleich das Verhältnis auf 100% bzw. 50% verändern. Im letzten Fall würde sich der Wechsel einer Person, lediglich in einer Verschiebung auf 75,025% bzw. 74,975% ausdrücken.

---

1 In der Stichprobe sind Ostdeutsche überrepräsentiert (ca. 32% Ost- und 68% Westdeutsche). Da es vorläufig um die Beschreibung von Stichprobendaten geht, haben wir auf eine personenbezogene Ost-West-Gewichtung verzichtet.

Tabelle 5.2: Häufigkeitsauszählung der Wahlabsicht im ALLBUS 1994

Wahlabsicht x_k	absolute Häufigkeit f_{x_k}	relative Häufigkeit	Prozente %
CDU/CSU	692	0,301	30,1
SPD	856	0,372	37,2
FDP	200	0,087	8,7
Bündnis 90/Grüne	316	0,138	13,8
Republikaner	72	0,031	3,1
PDS	120	0,052	5,2
Andere Partei	42	0,018	1,8
Summe	2298	1,000	100,0

Genauso bedeutend wie die Größe der Prozentuierungbasis ist die **Art der Prozentuierungsbasis**. Als Beispiel soll wiederum die Wahlabsicht dienen. Dazu betrachten wir Tabelle 5.3 auf der nächsten Seite. In der Spalte „abs. H." werden die *absoluten Häufigkeiten*, in der Spalte „%" die Prozentwerte wiedergegeben. Unter der Spalte „Alle" werden die absoluten Häufigkeiten aller Kategorien aufgelistet. Von allen 3.450 Befragten in dieser Umfrage gaben 692 an, CDU/CSU wählen zu wollen, 856 die SPD usw. 570 Befragte wußten noch nicht, was sie wählen wollen.

In der dritten und vierten Spalte der Tabelle wurden nur die Befragten berücksichtigt, die eine Partei angegeben haben; bei einer Wahl wären dies die gültigen Stimmen. Die Prozentwerte der vierten Spalte geben daher die *Anteile der Parteien an den „gültigen Stimmen"* wieder. In der fünften und sechsten Spalte der Tabelle wurden dagegen die Antworten aller wahlberechtigten Befragten betrachtet. Die Prozentwerte der sechsten Spalte können daher als *Anteil der Parteien an den Wahlberechtigten* bezeichnet werden. Wie man leicht feststellen kann, unterscheiden sich die Prozentangaben der vierten und sechsten Spalte beträchtlich.

Bei Prozentangaben ist außerdem zu beachten, ob es sich bei diesen tatsächlich um relative Häufigkeiten ($\times$ 100) oder um Angaben der Größen*veränderung* handelt. Angaben der Größenveränderung lassen sich nämlich als Steigerungsrate oder als Differenz zweier Prozentangaben ausdrücken. So haben z. B. Bündnis 90/Grüne bei der Bundestagswahl 1990

Tabelle 5.3: Häufigkeitsauszählung der Wahlabsicht mit unterschiedlicher Prozentuierungsbasis

| | Alle | Art der Prozentuierungsbasis | | | |
| | | Abg. gültige Stimmen | | Wahlberechtigte | |
Wahlabsicht	abs. H.	abs. H.	%	abs. H.	%
CDU-CSU	692	692	30,1	692	21,0
SPD	856	856	37,2	856	26,0
FDP	200	200	8,7	200	6,1
Bündnis 90/Grüne	316	316	13,8	316	9,6
Republikaner	72	72	3,1	72	2,2
PDS	120	120	5,2	120	3,6
Andere Partei	42	42	1,8	42	1,3
Würde nicht wählen	245	–	–	245	7,4
Verweigert	145	–	–	145	4,4
Weiß nicht	570	–	–	570	17,3
Keine Angabe	36	–	–	36	1,1
Nicht wahlberechtigt	156	–	–	–	–
Summe	3450	2298	100,0	3294	100,0

zusammen einen Anteil von 5,05% der Zweitstimmen erzielt.[2] Bei der Bundestagswahl 1994 lag der Stimmanteil bei 7,3% der Zweitstimmen. Dies kann man einmal als Steigerung von 2,25 *Prozentpunkten* (7,3 - 5,05) ausdrücken oder als Steigerungs*rate* von 44,6 *Prozent*, um die der Anteil 1994 höher ausgefallen ist als 1990 ((7,3 - 5,05)/5,05 × 100).

5.1.2 Kreuztabellen

Mit Hilfe von Kreuztabellen wird die *gemeinsame Verteilung von zwei Merkmalen* abgebildet. Da mit Hilfe von Kreuztabellen ein Zusammenhang zwischen Merkmalen festgestellt werden kann, spricht man auch von *Kontingenztabellen* oder *Kontingenztafeln*.

---

2 Die Grünen und das Bündnis '90 traten zur Wahl 1990 noch nicht als vereinte Partei an. Da die 5%-Klausel auf die Wahlgebiete West und Ost getrennt angewandt wurde, konnte das Bündnis 90 mit 6,05% im Wahlgebiet Ost die 5%-Hürde überwinden, die Grünen scheiterten mit 4,75% im Wahlgebiet West jedoch an der 5%-Klausel.

Unabhängige und abhängige Variablen

Bei bi- und multivariaten Analysen wird häufig zwischen *abhängigen* und *unabhängigen* Variablen unterschieden. Als **abhängig** werden die Variablen bezeichnet, die erklärt werden sollen, weshalb diese auch *zu erklärende Variablen* genannt werden. Als **unabhängig** werden die Variablen betrachtet, die (vermutlich) einen Einfluß auf die abhängige Variable ausüben. Die unabhängigen Variablen werden auch *erklärende Variablen* genannt. Zum Beispiel könnte die Wahlabsicht als abhängige und die Bildung als unabhängige Variable betrachtet werden. Wir vermuten also, daß die Wahlabsicht vom Bildungsniveau beeinflußt wird. Zur Kennzeichnung der Richtung des Zusammenhangs wurde im folgenden Schaubild ein Pfeil verwendet, dessen Spitze auf die abhängige Variable gerichtet ist.

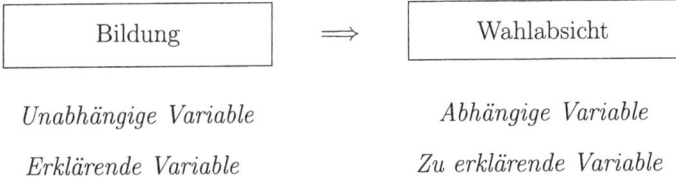

| Bildung | $\Longrightarrow$ | Wahlabsicht |

Unabhängige Variable — *Abhängige Variable*

Erklärende Variable — *Zu erklärende Variable*

Mit der Unterscheidung von unabhängiger und abhängiger Variable wird ein *kausaler* Einfluß der unabhängigen auf die abhängige Variable *unterstellt*; im Beispiel also, daß verschiedene Bildungsabschlüsse ein unterschiedliches Wahlverhalten verursachen. In Ex-Post-Facto-Designs soll durch die Kontrolle von Drittvariablen sichergestellt werden, daß ein statistischer Zusammenhang nicht für eine kausale Beziehung gehalten wird (vgl. Kapitel 2.3). Deshalb muß man sich vor der Durchführung einer Untersuchung, spätestens jedoch vor der Analyse bi- oder multivariater Zusammenhänge, Gedanken um mögliche „dritte" Einflußfaktoren auf die zu erklärende Variable machen.

Ob eine bestimmte Variable als abhängig oder unabhängig betrachtet wird, kann von Untersuchung zu Untersuchung und selbst innerhalb einer Untersuchung wechseln. Der eine Forscher möchte die Wahlabsicht durch die Bildung erklären (also: *Bildung → Wahlabsicht*), ein anderer die Bildung durch den sozialen Status des Elternhauses (also: *sozialer Status der Eltern → Bildung*). Die Bestimmung der abhängigen Variable resultiert aus dem Untersuchungsinteresse, die Bestimmung der unabhängigen Variable(n) aus der zugrunde gelegten Theorie bzw. den Hypothesen.

In einer Kreuztabelle werden alle Kombinationen der Merkmalsausprägungen zweier Variablen ausgezählt. Es entstehen so Zeilen und Spalten einer Tabelle, wobei normalerweise in den Spalten die unabhängige Variable steht, in den Zeilen die abhängige Variable. Diese Regel ist eine weitverbreitete Übereinkunft in den Sozialwissenschaften. Gerade in Statistikbüchern (vgl. z. B. Agresti und Finlay 1997) ist allerdings auch häufiger die abhängige Variable in den Spalten und die unabhängige in den Zeilen zu finden. Liegt keine Hypothese über die Richtung des Zusammenhangs vor, ist die Anordnung der beiden Variablen frei.

In Tabelle 5.4 ist eine Kreuztabellierung der Merkmale Bildung und Wahlabsicht dargestellt. 367 Personen mit Hauptschulabschluß (HS) wollen die CDU/CSU wählen, 453 die SPD usw. Von den Befragten mit Realschulabschluß (RS) wollen 182 die CDU/CSU wählen und von den Befragten mit Abitur bzw. Fachhochschulreife (Abitur) äußern 119 eine Präferenz für die CDU. Am Ende jeder Zeile und jeder Spalte ist die Summe dieser Zeile bzw. Spalte wiedergegeben. Die Spalte, die mit „Summe" überschrieben ist, gibt die Häufigkeitsverteilung der abhängigen Variable an; diese wird auch als *Randverteilung* der abhängigen Variable bezeichnet. Die Randverteilung der unabhängigen Variable findet sich in der letzten mit „Summe" beschriebenen Zeile. In der Ecke unten rechts steht die Gesamtsumme der Merkmalsträger, die in die Tabelle eingehen (2.218), nämlich die Befragten, die eine Partei genannt haben.

Tabelle 5.4: Kreuztabelle der Wahlabsicht mit Bildung – absolute Häufigkeiten

	Schulabschluß			
Wahlabsicht	HS	RS	Abitur	Summe
CDU/CSU	367	182	119	668
SPD	453	244	131	828
FDP	77	71	49	197
Bündnis 90/Grüne	89	90	125	304
Republikaner	43	20	2	65
PDS	42	43	32	117
Andere Partei	15	15	9	39
Summe	1086	665	467	2218

Die absoluten Häufigkeiten lassen sich aber schlecht vergleichen. Absolut gesehen, wollen zwar erheblich mehr Befragte mit Hauptschulabschluß die Christdemokraten wählen (367) als Befragte mit Realschulabschluß (182) bzw. Abitur (119). Allerdings gibt es auch wesentlich mehr Befragte mit Hauptschulabschluß (1086) als Befragte mit Realschulabschluß (665) bzw. Befragte mit Abitur (467).

Übt die unabhängige Variable einen Einfluß auf die abhängige Variable aus, dann unterscheidet sich die *prozentuale Verteilung* der abhängigen Variable für jede Ausprägung der unabhängigen Variable.

Spalten-, Zeilen- und Totalprozente

Man muß also auch hier wieder die relativen Häufigkeiten bzw. Prozentwerte angeben. Dabei muß man beachten, daß sich in einer Kreuztabelle immer *drei verschiedene Prozentwerte* berechnen lassen: Zeilen-, Spalten- und Totalprozente. Zur Berechnung von **Zeilenprozenten** wird die Zeilensumme als Prozentuierungsbasis (= 100%) genommen; bei **Spaltenprozenten** die Spaltensumme (= 100%). Schließlich kann man die Häufigkeiten auf Basis der Gesamtsumme prozentuieren (**Totalprozente**). Damit sind drei inhaltlich völlig verschiedene Aussagen verbunden. Verwendet man die Zeilensumme als Prozentuierungsbasis, bezeichnet der Prozentwert einen Anteil an der Ausprägung des Merkmals in der Zeile. Verwendet man die Spaltensumme, bezeichnet der Prozentwert einen Anteil an der Ausprägung des Merkmals in der Spalte. Verwendet man die Gesamtsumme, bezeichnet der Prozentwert einen Anteil an allen Fällen, die in die Tabelle eingegangen sind.

In Tabelle 5.4 ließe sich der *Anteil der Befragten mit Hauptschulabschluß an allen potentiellen CDU/CSU-Wählern* mit $367/668 \times 100 = 54{,}9\%$ berechnen (Zeilenprozente). Der *Anteil der potentiellen CDU/CSU-Wähler an allen Befragten mit Hauptschulabschluß* berechnet sich dagegen mit $367/1086 \times 100 = 33{,}8\%$ (Spaltenprozente). Von den Befragten mit Hauptschulabschluß wollen also 33,8% die CDU/CSU wählen. 54,9% der Befragten mit einer CDU/CSU-Wahlabsicht haben einen Hauptschulabschluß. Totalprozente werden nicht so häufig benötigt; von allen Befragten haben genau 16,5% ($367/2218 \times 100$) einen Hauptschulabschluß *und* eine Wahlabsicht für die CDU/CSU.

Zusätzlich zu den absoluten Häufigkeiten sind in Tabelle 5.5 auf der nächsten Seite die Spaltenprozente und in Tabelle 5.6 auf Seite 93 die Zeilenprozente angegeben. Die Prozentwerte sind *kursiv* hervorgehoben. In der Summen*spalte* findet sich die univariate Verteilung des Merkmals, das in den Zeilen steht (hier: Wahlabsicht), in der Summen*zeile* des Merkmals, das in den Spalten steht (hier: Bildung). Die Prozentwerte in der Summenspalte in Tabelle 5.5 entsprechen der prozentualen Verteilung der abhängigen Variable – hier der Wahlabsicht.[3]

Tabelle 5.5: Kreuztabelle der Wahlabsicht mit Bildung –
absolute Häufigkeiten und Spaltenprozente

| Wahlabsicht | Schulabschluß | | | | | | Summe | |
	HS		RS		Abitur			
CDU/CSU	367	*33,8*	182	*27,4*	119	*25,5*	668	*30,1*
SPD	453	*41,7*	244	*36,7*	131	*28,1*	828	*37,3*
FDP	77	*7,1*	71	*10,7*	49	*10,5*	197	*8,9*
Bündnis 90/Grüne	89	*8,2*	90	*13,5*	125	*26,8*	304	*13,7*
Republikaner	43	*4,0*	20	*3,0*	2	*0,4*	65	*2,9*
PDS	42	*3,9*	43	*6,5*	32	*6,9*	117	*5,3*
Andere Partei	15	*1,4*	15	*2,3*	9	*1,9*	39	*1,8*
Summe	1086	*100,0*	665	*100,0*	467	*100,0*	2218	*100,0*

Prozentuiert man spaltenweise, dann muß man zeilenweise interpretieren: Wie man anhand der Spaltenprozentwerte in der Tabelle 5.5 sieht, wollen 33,8% der Befragten mit Hauptschulabschluß CDU/CSU wählen, aber nur 25,5% der Befragten mit Abitur. Bündnis 90/Grüne wollen 26,8% der Befragten mit Abitur wählen, aber nur 8,2% der Befragten mit Hauptschulabschluß und 13,5% der Befragten mit Realschulabschluß. Der Prozentsatz der Befragten mit Abitur, die Bündnis 90/Grüne angeben, ist also verglichen mit dem Anteil, den die Grünen bei allen Befragten erzielen (13,7%), überdurchschnittlich hoch. Gerade umgekehrte Verhältnisse zeigt die Wahlabsicht zugunsten der Republikaner. 4% der Befragten mit Hauptschulabschluß wollen diese Partei wählen, aber nur 0,4% der Befragten mit Abitur, wobei die Republikaner bei allen Befragten 2,9% erzielen.

Wird zeilenweise prozentuiert, dann muß spaltenweise interpretiert werden: Der Summenzeile von Tabelle 5.6 kann man entnehmen, daß insge-

---

3 Die Prozentwerte unterscheiden sich von den in Tabelle 5.2 auf Seite 87 angegebenen, weil wir von den 2.298 Befragten, die eine Wahlabsicht angegeben haben, nur von 2.218 Personen den Schulabschluß kennen.

samt 49% der Befragten einen Hauptschulabschluß haben, 30% einen Realschulabschluß und 21,1% Abitur. Hauptschüler sind unter den Wählern der CDU/CSU (54,9%), der SPD (54,7%) und der Republikaner (66,2%) überproportional vertreten. Die Wählerschaft der Grünen weist dagegen mit 41,1% einen stark überdurchschnittlichen Anteil an Befragten mit Abitur auf.

Tabelle 5.6: Kreuztabelle der Wahlabsicht mit Bildung –
absolute Häufigkeiten und Zeilenprozente

Wahlabsicht	Schulabschluß						
	HS		RS		Abitur		Summe
CDU/CSU	367	*54,9*	182	*27,2*	119	*17,8*	668	*100,0*
SPD	453	*54,7*	244	*29,5*	131	*15,8*	828	*100,0*
FDP	77	*39,1*	71	*36,0*	49	*24,9*	197	*100,0*
Bündnis 90/Grüne	89	*29,3*	90	*29,6*	125	*41,1*	304	*100,0*
Republikaner	43	*66,2*	20	*30,8*	2	*3,1*	65	*100,0*
PDS	42	*35,9*	43	*36,8*	32	*27,4*	117	*100,0*
Andere Partei	15	*38,5*	15	*38,5*	9	*23,1*	39	*100,0*
Summe	1086	*49,0*	665	*30,0*	467	*21,1*	2218	*100,0*

Zur Präsentation von Tabellen gibt es keine einheitlichen Regeln. Das Layout der Tabelle sollte so gehalten sein, daß im Tabellenkopf die Spalten bezeichnet werden und am linken Tabellenrand die Zeilen. Je nach inhaltlicher Interpretation werden Zeilen- oder Spaltenprozente angegeben. Möchte man beide verwenden, so bietet es sich an, nur eine Tabelle zu erstellen, in der sowohl die absoluten Häufigkeiten als auch Zeilen- und Spaltenprozente stehen. Aus der Tabelle muß zudem die Größe und die Art der Prozentuierungsbasis hervorgehen.

5.2 Graphiken

5.2.1 Unterschiedliche Arten graphischer Darstellungen

Stab- und Balkendiagramme

Bei einem Stabdiagramm werden die Daten durch vertikale (stehende) Rechtecke („Stäbe" oder „Säulen") wiedergegeben, beim Balkendiagramm durch horizontale (liegende) Rechtecke („Balken"). Oft werden die Bezeichnungen jedoch synonym verwendet.

In Abbildung 5.1 wurde die schon bekannte Frage nach der Wahlabsicht als Balkendiagramm dargestellt. Da es sich hier um ein nominalskaliertes Merkmal handelt, ist die Anordnung der Balken von oben nach unten vollkommen beliebig. Die relative Länge der Balken muß natürlich der relativen Häufigkeit der jeweiligen Merkmalsausprägung entsprechen.

Abbildung 5.1: Balkendiagramm der Wahlabsicht

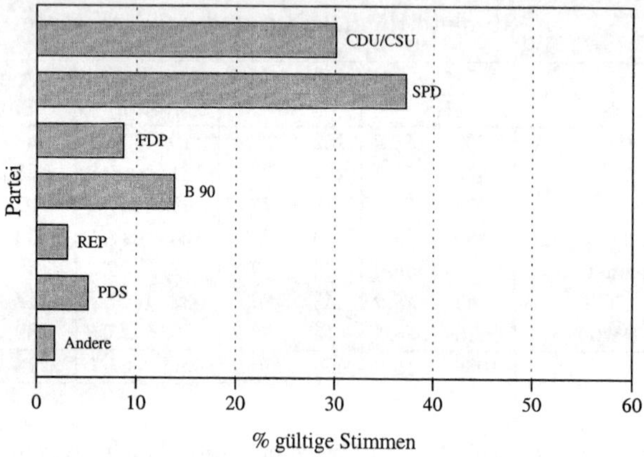

Quelle: ALLBUS 1994, n=2298

Anstelle von Balkendiagrammen kann man ebensogut Stab- bzw. Säulendiagramme verwenden. Ein Säulendiagramm der Wahlabsicht ist in Abbildung 5.2 auf der gegenüberliegenden Seite wiedergegeben.

Balken- und Säulendiagramme sind vor allem zur Darstellung nominal- und ordinalskalierter Variablen geeignet. Bei ordinalskalierten Merkmalen muß allerdings die Reihenfolge der Balken bzw. Säulen die Rangordnung der Merkmalsausprägungen wiedergeben. Die Breite der Balken, Säulen oder Stäbe ist beliebig, da diese nicht interpretiert werden kann. Balken- und Stabdiagramme eignen sich ebenfalls zur Darstellung diskreter metrischer Merkmale mit einer überschaubaren Anzahl von Ausprägungen, wie z. B. der Semesterzahl.

Ebenso wie in Tabellen, sollte auch in Graphiken bei Verwendung von Prozentzahlen die Art und Größe der Prozentuierungsbasis angegeben werden.

Abbildung 5.2: Säulendiagramm der Wahlabsicht

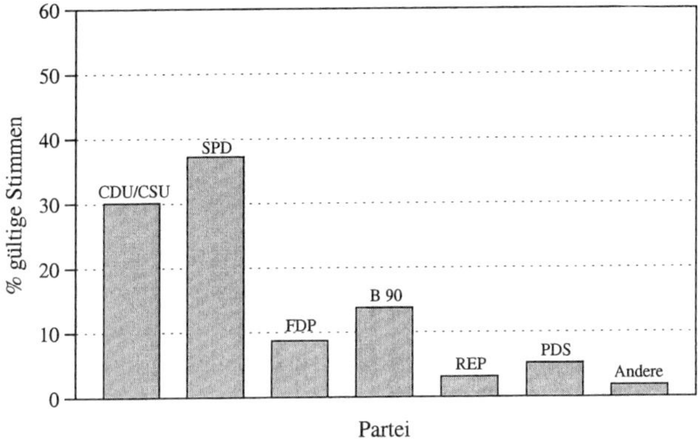

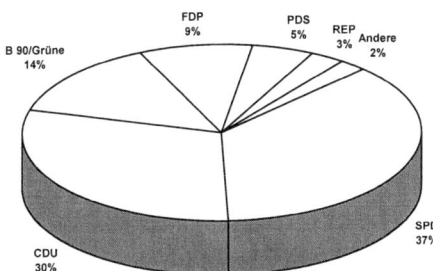

Quelle: ALLBUS 1994, n=2298

Kreis- oder Tortendiagramme

In Abbildung 5.3 sind die Angaben zur Wahlabsicht als Tortendiagramm (dreidimensional) dargestellt. Häufig sind Kreisdiagramme bzw. allgemein zweidimensionale Graphiken jedoch übersichtlicher als dreidimensionale Graphiken. Der Winkel eines Kreissegments ist proportional zur Häufigkeit bzw. dem Anteil der jeweiligen Merkmalsausprägung. Kreis- und Tortendiagramme eignen sich zur Illustration der Verteilung nominalskalierter Merkmale.

Abbildung 5.3: Tortendiagramm der Wahlabsicht (in % der abgegebenen gültigen Stimmen)

Quelle: ALLBUS 1994, n=2298

Histogramme und Linienzüge

Histogramme und Linienzüge dienen der Darstellung stetiger Merkmale. Sie werden aber auch bei diskreten metrischen Merkmalen eingesetzt, die sehr viele Ausprägungen annehmen können, wie z. B. Einkommen. Bei *Histogrammen* werden die Meßwerte durch Rechtecke symbolisiert, die vertikal oder horizontal angeordnet werden können. Die Rechtecke werden beim Histogramm ohne Zwischenraum direkt aneinander gezeichnet. Dies ist auch der auffälligste Unterschied zu Balken- und Säulendiagrammen.

Sind die Rechtecke stehend angeordnet, dann gibt die Höhe der Rechtecke die Häufigkeit oder den Anteil einer Merkmalskategorie an, die Breite der Rechtecke entspricht der Breite der gewählten Kategorien. Sowohl die Größe der y-Achse *als auch* die Größe der x-Achse kann interpretiert werden. Nominal- und ordinalskalierte Variablen sollten nicht durch einen Linienzug oder ein Histogramm dargestellt werden, weil dies suggerieren würde, daß die Größe der x-Achse interpretiert werden könnte. Verbindet man die Mittelpunkte der Rechteckoberkanten durch Linien, dann erhält man einen Polygonzug. Für Linienzüge bzw. Polygone gilt das soeben Gesagte. Auch hier gibt die Fläche unter dem Linienzug Auskunft über die Häufigkeit der Meßwerte. Ob man sich für einen Linienzug oder ein Histogramm entscheidet, ist reine Geschmacksache. In Abbildung 5.4 wird das Alter der Teilnehmer zweier Statistik-Kurse sowohl durch ein Histogramm als auch durch einen Linienzug dargestellt.

Abbildung 5.4: Alter von Kursteilnehmern

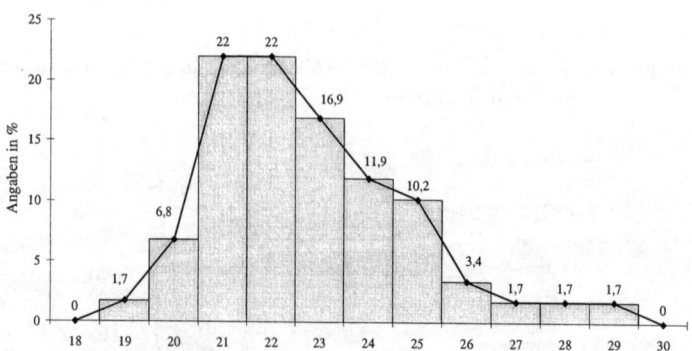

Quelle: eigene Umfrage, n=59

Will man zwei verschiedene Verteilungen in einer Graphik darstellen, so bietet es sich an, ein Merkmal durch ein Histogramm, das andere durch einen Polygonzug darzustellen.

Zur Veranschaulichung können auch mehrere Linienzüge benutzt werden. Abbildung 5.5 zeigt auf Basis der Politbarometer-Umfragen der Forschungsgruppe Wahlen die Entwicklung der Parteiidentifikation zwischen Januar 1991 und November 1994 getrennt für ost- und westdeutsche Befragte. Auf der x-Achse ist die Zeit abgetragen, auf der y-Achse der jeweilige Anteil der Befragten, die sich mit einer Partei identifizieren. Die Linienzüge sind in den Monaten unterbrochen, in denen keine Politbarometer-Umfragen durchgeführt wurden. Im Mai 1991 gaben mehr als 70% der westdeutschen Befragten an, sich mit einer Partei zu identifizieren, während der Anteil ostdeutscher Befragter mit Parteiidentifikation mit etwas mehr als 60% knapp 10 Prozentpunkte niedriger liegt. Bis November 1993 nimmt der Anteil der Befragten mit Parteiidentifikation im Osten und Westen ab, um dann bis Herbst 1994 wieder anzusteigen.

Abbildung 5.5: Parteiidentifikation zwischen 1991 und 1994

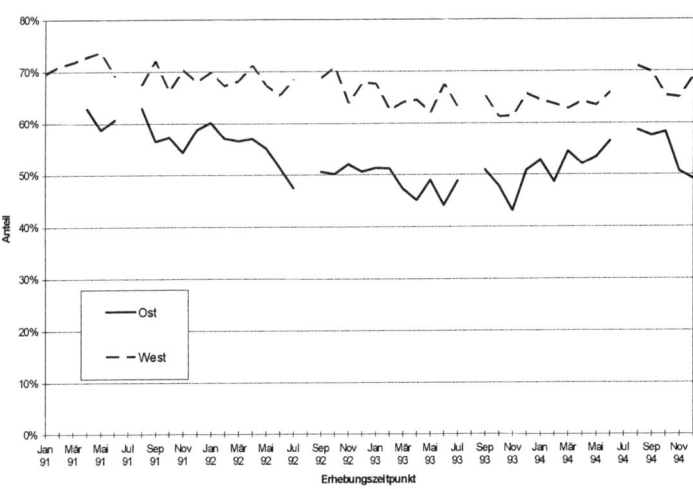

Quelle: Gehring und Winkler (1997), monatlich n≈1000

Kartogramme

In Kartogrammen werden Merkmale geographischer Einheiten abgetragen. Die einzelnen Merkmalsausprägungen werden dabei durch unterschiedliche Schraffuren oder Farben repräsentiert.

Die Karte in Abbildung 5.6 auf der gegenüberliegenden Seite zeigt den Wähleranteil, den die NSDAP bei den Reichstagswahlen am 5. März 1933 in den einzelnen Stadt- und Landkreisen erzielen konnte. Je dunkler die Schraffur, um so höher der NSDAP-Anteil. Ganz dunkel sind die Stadt- und Landkreise dargestellt, in denen die NSDAP mehr als 50% der Stimmen erhielt; ganz hell die Stadt-und Landkreise, in denen der NSDAP-Anteil unter 30% lag. Zur Darstellung mußten die Prozentwerte gruppiert werden. Würde man jedem Prozentwert eine unterschiedliche Schraffur zuweisen, dann wäre das Kartogramm nicht mehr interpretierbar. Die Wahl der Kategoriengrenzen beeinflußt das Aussehen des Kartogramms natürlich entscheidend, was bei der Interpretation einer solchen Graphik berücksichtigt werden muß.

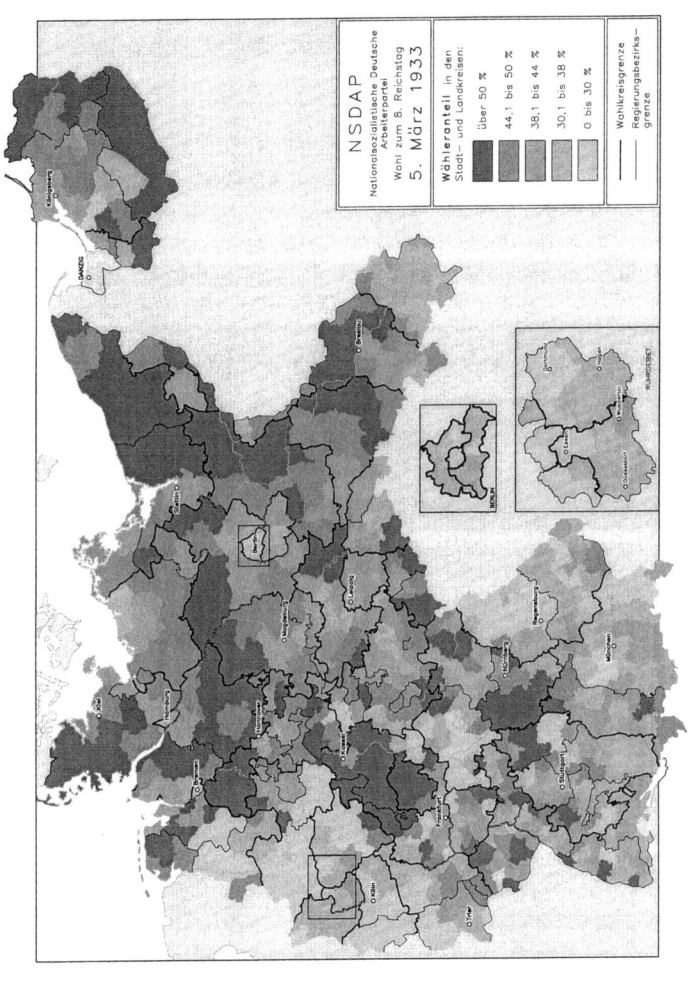

Abbildung 5.6: NSDAP-Wähleranteil bei der Reichstagswahl 1933

Diese Karte aus dem Projekt „Sozial- und Wahlatlas des Deutschen Reiches" wurde freundlicherweise von Dr. Jürgen Winkler zur Verfügung gestellt.

5.2.2 Mißbrauch graphischer Darstellungen

Manchmal werden graphische Darstellungen bewußt oder unbewußt so
gewählt, daß die eigene Interpretation der Daten gestützt wird. Meistens
handelt es sich um Fahrlässigkeiten bei der Erstellung der Graphiken,
manchmal jedoch auch um bewußte Manipulationen. Anhand des schon
bekannten Beispiels zur Wahlabsicht wollen wir im folgenden die Auswirkungen falscher Darstellungsweisen demonstrieren.

In Abbildung 5.7 ist dargestellt, wie sich eine Veränderung des Maßstabes
der Einheiten der y-Achse auf die Aussagekraft der Graphik auswirkt. Eigentlich wäre die Skalierung nur dann korrekt, wenn sie von 0% bis 100%
gehen würde, da ja *theoretisch* eine Partei 100% der Stimmen bekommen
kann. Außerdem wäre dann leicht erkennbar, wieviel eine Partei vom „ganzen Kuchen" bekommen hat. Diese Darstellung ist im linken Diagramm
in Abbildung 5.7 zu sehen. Der Nachteil dieser Darstellung besteht darin,
daß die Unterschiede zwischen den Parteien nicht sehr deutlich ausfallen,
da keine Partei mehr als 40% Stimmen erhält und damit nicht einmal die
Hälfte der Höhe der Graphik ausgeschöpft wird.

Abbildung 5.7: Wahlabsicht bei Veränderung des y-Achsen-Maßstabes

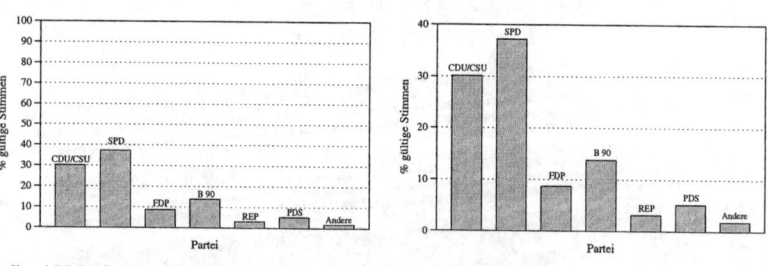

Quelle: ALLBUS 1994, n=2298

Um die Unterschiede hervorzuheben, könnte man deshalb den umgekehrten Weg einschlagen und die Skalierung nur von 0% bis 40% vornehmen,
wie in der rechten Graphik in Abbildung 5.7 zu sehen ist. Die Unterschiede
zwischen den Parteien werden dadurch stärker hervorgehoben, was zwar
nicht als falsch bezeichnet werden kann, aber auch nicht ganz korrekt ist.
Die in Abbildung 5.2 auf Seite 95 gewählte Skalierung kann daher als ein

guter Kompromiß zwischen diesen beiden extremen Darstellungen angesehen werden.

Falsch wäre es, wenn die Größenskala nicht bei null beginnt, sondern bei irgendeinem Wert in der Mitte. In Abbildung 5.8 wird dies anhand der Stimmanteile für CDU und SPD verdeutlicht. Während in der linken Graphik die korrekte Darstellung benutzt wurde, zeigt die rechte Graphik lediglich den Achsenausschnitt zwischen 20% und 40%. Dadurch werden die Größenverhältnisse zwischen CDU/CSU und SPD dramatisiert.

Abbildung 5.8: Wahlabsicht mit korrekter und falscher Grundlinie

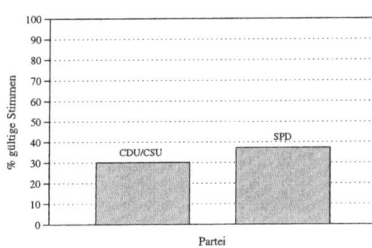 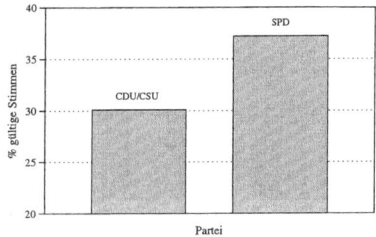

Quelle: ALLBUS 1994, n=2298

Zahlreiche Beispiele für Manipulationen graphischer Darstellungen finden sich bei Krämer (1991), wie man es richtig machen sollte bei Krämer (1994).

Aufgaben zu Tabellen und Graphiken

1. In der folgenden Tabelle ist das Wahlergebnis der Reichstagswahl vom
   14. September 1930 wiedergegeben. Bitte ermitteln Sie die Wahlbetei-
   ligung und den Anteil der ungültigen Stimmen. Prozentuieren Sie die
   Stimmen für die einzelnen Parteien (a) auf Basis der gültigen Stimmen
   und (b) auf Basis der Wahlberechtigten. Warum wird in der Regel auf
   gültige Stimmen prozentuiert?

Tabelle 5.7: Ergebnis der Reichstagswahl vom 14. September 1930

	Wahlergebnis
Wahlberechtigte	42.957.675
Abgegebene Stimmen	35.225.758
Ungültige Stimmen	254.901
Gültige Stimmen	34.970.857
KPD	4.592.090
USPD	11.902
SPD	8.577.738
DDP	1.322.385
Zentrum	4.127.910
BVP	1.059.141
DVP	1.659.774
DNVP	2.458.246
NSDAP	6.409.610
Sonstige	4.752.061

2. Bei der Reichstagswahl 1932 erzielte die NSDAP 37,3% der gültigen
   Stimmen. Um wieviel Prozent und um wieviele Prozentpunkte stieg
   der Anteil der Nationalsozialisten im Vergleich zur Reichstagswahl von
   1930?

3. Bitte stellen Sie das Wahlergebnis der Reichstagswahl 1930 graphisch
   dar! Welche Diagramme können zur Darstellung verwandt werden?

4. Auf die im ALLBUS 1994 gestellte Frage „*Und wie wird Ihre eigene wirtschaftliche Lage in einem Jahr sein?*", konnten die Befragten von „*wesentlich besser*" bis „*wesentlich schlechter*" antworten. In Tabelle 5.8 sind die Antworten getrennt für west- und ostdeutsche Befragte wiedergegeben:

Tabelle 5.8: Wirtschaftliche Einstellungen im ALLBUS 1994

	West	Ost	Summe
wesentlich besser	38	22	60
etwas besser	348	254	602
gleichbleibend	1588	661	2249
etwas schlechter	293	119	412
wesentlich schlechter	23	21	44
Summe	2290	1077	3367

Bitte berechnen Sie Spalten-, Zeilen- und Totalprozente. Interpretieren Sie die inhaltliche Aussage der Tabelle!

6 Mittelwerte und Streuungsparameter

Im vorangegangenen Kapitel wurden Häufigkeitsverteilungen sowie deren Darstellung durch Tabellen und Graphiken behandelt. In diesem Kapitel werden nun *statistische Maßzahlen* für Häufigkeitsverteilungen vorgestellt. **Mittelwerte** charakterisieren die **Lage** bzw. **zentrale Tendenz** einer Verteilung, **Streuungsparameter** die **Variation** der Meßwerte.

In Tabelle 6.1 ist die Studiendauer von 11 Absolventen der Politikwissenschaft wiedergegeben (das Beispiel ist fiktiv). In der linken Tabelle liegen die Meßwerte der einzelnen Personen als *Urliste* vor, d. h. so, wie wir sie willkürlich nacheinander notiert haben. Um die Übersichtlichkeit zu erhöhen, wurden die Meßwerte nach ihrer Größe geordnet. Diese sogenannte *primäre Tafel* ist in der rechten Tabelle wiedergegeben.

Tabelle 6.1: Semesterzahl von Politologen: ungruppierte Daten

	Urliste			*primäre Tafel*	
i	x_i			i	x_i
1	12			1	10
2	14			2	11
3	10			3	11
4	15			4	12
5	11			5	12
6	20			6	12
7	12			7	13
8	12			8	13
9	11			9	14
10	13			10	15
11	13			11	20

Mit i wird der Laufindex für die einzelnen Merkmalsträger (hier also Personen) bezeichnet, mit x_i die konkrete Merkmalsausprägung des i-ten Merkmalsträgers (bzw. der i-ten Person). Allgemein nimmt der Laufindex i Werte zwischen 1 und n an, wobei n der Anzahl der Merkmalsträger (Personen) entspricht. Im Beispiel „läuft" der Index i also von 1 bis 11, da die Meßwerte – die Semesterzahl – von 11 Personen erhoben wurde. Mit $i = 4$ wird also der vierte Meßwert bezeichnet, mit x_4 die konkrete Merkmalsausprägung der vierten Person. In der Urliste nimmt x_4 den Wert 15 an, d. h. diese Person hat bis zur Magisterprüfung 15 Semester lang studiert. In der primären Tafel nimmt dagegen x_4 den Wert 12 an, d. h. der Laufindex wird bei der Sortierung nicht berücksichtigt.

Sowohl bei der Urliste als auch bei der primären Tafel werden die Meßwerte einzeln aufgeführt, es handelt sich daher um *ungruppierte Daten*. Faßt man gleiche Meßwerte zusammen wie in Tabelle 6.2, dann erhält man *gruppierte Daten*.

Tabelle 6.2: Semesterzahl von Politologen: gruppierte Daten

k	x_k	f_{x_k}
1	10	1
2	11	2
3	12	3
4	13	2
5	14	1
6	15	1
7	20	1

Diese Darstellung entspricht praktisch einer *Häufigkeitsauszählung* aus Kapitel 5.1.1. Der Laufindex für die einzelnen Kategorien wird mit k bezeichnet und „läuft" von 1 bis m, wobei m der Zahl der Kategorien entspricht; in diesem Beispiel sind es sieben. *Der Laufindex für Kategorien k sollte auf keinen Fall mit dem Laufindex für Merkmalsträger (hier: Personen) i verwechselt werden.* Die Merkmalsausprägung einer Kategorie wird mit x_k bezeichnet, x_4 entspricht der Merkmalsausprägung 13 Semester. Da die Daten zusammengefaßt wurden, benötigen wir noch eine Angabe über die Häufigkeit f_{x_k} mit der die Meßwerte einer Kategorie vorkommen, f_{x_4} ist hier 2, was anders ausgedrückt bedeutet, daß zwei Politologen 13 Semester bis zum Abschluß benötigten. Zwischen ungruppierten und gruppierten Daten gibt es überhaupt keinen Informationsverlust, da die Merkmalsausprägung einer jeden Person vollständig reproduzierbar ist.

6.1 Mittelwerte

Wenn vom Mittelwert gesprochen wird, dann ist in der Regel ein spezieller Mittelwert, nämlich das arithmetische Mittel, gemeint. Genaugenommen ist „Mittelwert" jedoch der Oberbegriff für verschiedene Mittelwerte. Die drei wichtigsten Mittelwerte sind:

1. Modalwert
2. Median
3. Arithmetisches Mittel

Welchen der drei Mittelwerte man berechnet, hängt zum einem vom *Skalenniveau des Merkmals* und zum anderen von der zu treffenden inhaltlichen Aussage ab. Bei nominalskalierten Merkmalen kommt der Modalwert in Frage, bei ordinalskalierten Merkmalen zusätzlich der Median und bei metrischen Merkmalen läßt sich auch das arithmetische Mittel sinnvoll interpretieren.

Zwei weitere Mittelwerte für mindestens ratioskalierte Daten, das *geometrische* und das *harmonische Mittel*, sind für uns von untergeordneter Bedeutung (vgl. Sachs 1999, S. 150–154). Das geometrische Mittel kommt bei positiven, ratioskalierten Daten zum Einsatz und ist inhaltlich bei der Berechnung durchschnittlicher Wachstumsfaktoren (Umsatz, Zinsen etc.) angemessen.

6.1.1 Modalwert

Der **Modalwert** ist der **Meßwert**, der in einer Verteilung am **häufigsten** vorkommt. Bei einer graphischen Darstellung ist der Modalwert also der Gipfel bzw. das Maximum der Verteilung. Die Bezeichnung für den Modalwert ist nicht einheitlich. Wir benutzen x_{Mo}.

Kommen zwei Meßwerte in einer Verteilung gleich häufig vor, dann kann man zwei Modalwerte angeben. Sind die beiden häufigsten Meßwerte nicht benachbart, dann spricht man von einer *bimodalen Verteilung*. Sind die beiden häufigsten Werte benachbart, dann kann man bei metrischen Merkmalen das arithmetische Mittel der beiden Modalwerte ausrechnen. Bei mehr als zwei Modalwerten wird im allgemeinen auf deren Angabe verzichtet.

Modalwerte haben den Vorteil, daß sie direkt aus der Verteilung ersichtlich sind und für jedes Skalenniveau ermittelt werden können. Der Modalwert der Studiendauer (vgl. Tabelle 6.2) beträgt 12, da dies der Wert der am stärksten besetzten Kategorie ($f_{x_k} = 3$) ist. Das heißt aber nicht, daß *die meisten* der elf Politologen 12 Semester bis zum Studienabschluß benötigt haben.

6.1.2 Median

Der **Median** ist der Wert, der eine **nach ihrer Größe geordnete** Reihe von Meßwerten **halbiert**. Der Median teilt also die Häufigkeitsverteilung in zwei Hälften, und zwar genau so, daß die Hälfte der Meßwerte kleiner als der Median und die andere Hälfte größer als der Median ist. Die Bezeichnung des Medians ist $\tilde{x}$.

Um den Median zu ermitteln, muß man die Meßwerte zunächst ordnen, d. h. die primäre Tafel erstellen. Bei einer ungeraden Anzahl von Meßwerten existiert genau ein Meßwert, der die Häufigkeitsverteilung in zwei Hälften teilt, bei einer geraden Anzahl von Meßwerten liegt der Median zwischen zwei Meßwerten.

Bei einer **ungeraden Anzahl von Meßwerten** ergibt sich der Median nach folgender Formel:

$$\tilde{x} = x_{\frac{n+1}{2}} \tag{6.1}$$

Der Index i berechnet sich also aus $\frac{n+1}{2}$. Im Beispiel mit $n = 11$ würde man also bestimmen:

$$\tilde{x} = x_{\frac{11+1}{2}} = x_6 = 12$$

Man berechnet also, an welcher Stelle in der geordneten Reihe sich der Median befindet (im Beispiel x_6) und liest dann anhand der primären Tafel die konkrete Merkmalsausprägung dieses Wertes ab (im Beispiel 12). Dieser Wert ist nun nicht ganz exakt, was man an der inhaltlichen Interpretation sehr leicht veranschaulichen kann. Diese müßte nämlich lauten: Die Hälfte der Studierenden benötigt bis zum Studienabschluß *weniger* als 12 Semester, die Hälfte *mehr* als 12 Semester. Tatsächlich sind in der ersten Hälfte bereits zwei Studierende, die ebenfalls 12 Semester studiert haben. Bei diesen beiden kann man nicht davon sprechen, daß sie „schneller" studiert haben.

Bei einer **geraden Anzahl von Meßwerten** ergibt sich der Median nach:

$$\tilde{x} = \frac{x_{\frac{n}{2}} + x_{\frac{n}{2}+1}}{2} \tag{6.2}$$

Zunächst wird also der x_i-Wert mit $i = \frac{n}{2}$ ermittelt, dann der benachbarte x_i-Wert mit $i = \frac{n}{2} + 1$. Die Summe dieser beiden Werte dividiert durch 2 ergibt den Median. Anders ausgedrückt ist also der Median bei einer geraden Anzahl der Meßwerte das arithmetische Mittel der **beiden Werte**, die die Verteilung in zwei gleich große Hälften teilen. Würde in unserem Beispiel noch ein Politologe mit $x_{12} = 31$ Semestern hinzukommen (insgesamt sind es dann 12 Personen), würde sich der Median wie folgt ermitteln:

$$\tilde{x} = \frac{x_{\frac{n}{2}} + x_{\frac{n}{2}+1}}{2} = \frac{x_6 + x_7}{2} = \frac{12 + 13}{2} = \frac{25}{2} = 12{,}5$$

Der Vorteil des Medians gegenüber dem Modalwert liegt darin, daß zur Berechnung des Medians alle Meßwerte Eingang finden (weil n in der Berechnung verwendet wird), während beim Modalwert ja nur ein Meßwert betrachtet wird, nämlich derjenige, der am häufigsten vorkommt. Über die sonstige Verteilung der Meßwerte sagt deshalb der Modalwert überhaupt nichts aus, während dies beim Median wenigstens etwas berücksichtigt wird.

6.1.3 Arithmetisches Mittel

Das **arithmetische Mittel** ist der Wert, den alle Merkmalsträger, also z. B. Personen, **im Durchschnitt** aufweisen. Landläufig bezeichnet man das arithmetische Mittel deshalb auch als Durchschnittswert. Das arithmetische Mittel wird mit $\bar{x}$ bezeichnet.

- Bei *ungruppierten Daten* – wie in Tabelle 6.1 – berechnet sich das arithmetische Mittel wie folgt:

$$\bar{x} = \frac{\sum\limits_{i=1}^{n} x_i}{n} \tag{6.3}$$

Zur Berechnung des arithmetischen Mittels werden die Merkmals-ausprägungen aller Merkmalsträger summiert ($\sum x_i$) und anschließend durch die Anzahl der Merkmalsträger (n) dividiert (vgl. zum Rechnen mit dem Summenzeichen Bortz 1999, S. 679 f.). Eine Division durch n bedeutet immer, daß ein Durchschnittswert ausgerechnet wird. Hier ist es also die durchschnittliche Ausprägung des Merkmals x_i, im konkreten Beispiel also die durchschnittliche Semesterzahl:

$$\begin{aligned}
\bar{x} &= \frac{\sum\limits_{i=1}^{n} x_i}{n} \\
&= \frac{x_1 + x_2 + x_3 + x_4 + x_5 + x_6 + x_7 + x_8 + x_9 + x_{10} + x_{11}}{n} \\
&= \frac{10 + 11 + 11 + 12 + 12 + 12 + 13 + 13 + 14 + 15 + 20}{11} \\
&= \frac{143}{11} = 13
\end{aligned}$$

Die durchschnittliche Studiendauer beträgt also 13 Semester. Ob man zur Berechnung der Summe der Merkmalsausprägungen die Werte der primären Tafel oder der Urliste entnimmt, ist natürlich völlig egal.

• Bei *gruppierten Daten* – wie in Tabelle 6.2 – sieht die Formel etwas anders aus:

$$\bar{x} = \frac{\sum\limits_{k=1}^{m} (x_k \cdot f_{x_k})}{n} \tag{6.4}$$

Jetzt werden also nicht die Merkmalsausprägungen aller Personen (x_i) summiert, sondern die Merkmalsausprägungen der Kategorien (x_k) multipliziert mit deren Häufigkeit (f_{x_k}). Die Division durch n bleibt. Angewendet auf das Beispiel in Tabelle 6.2 berechnet sich $\bar{x}$:

$$\bar{x} = \frac{\sum_{k=1}^{m} (x_k \cdot f_{x_k})}{n}$$

$$= \frac{10 \cdot 1 + 11 \cdot 2 + 12 \cdot 3 + 13 \cdot 2 + 14 \cdot 1 + 15 \cdot 1 + 20 \cdot 1}{11}$$

$$= \frac{143}{11} = 13$$

Das Ergebnis ist natürlich dasselbe.

Das arithmetische Mittel ist der am häufigsten verwendete Mittelwert. Er ist einfach zu berechnen und zu interpretieren. Dennoch hat er gegenüber Modalwert und Median einen Nachteil: Er wird nämlich durch einen oder mehrere stark von den restlichen Werten abweichende Werte – sogenannte „Ausreißer" – verzerrt. Dies kann man sich an unserem Beispiel verdeutlichen, in dem es einen Wert gibt, der deutlich von den anderen Werten abweicht (x_{11}=20 Semester). Berechnet man nun Modalwert, Median und arithmetisches Mittel für die Gesamtverteilung sowie für eine Verteilung, in der dieser „Ausreißer" weggelassen wird, kommt man zu folgendem Ergebnis:

	alle Meßwerte	Meßwerte ohne x_{11}
x_{Mo}	12	12
$\tilde{x}$	12	12
$\bar{x}$	13	12,3

Während Modalwert und Median unverändert bleiben, verkleinert sich das arithmetische Mittel in der Verteilung ohne den Ausreißer. Die durchschnittliche Studiendauer beträgt nun nicht mehr 13 Semester, sondern 12,3 Semester. *Das arithmetische Mittel wird durch die Hinzunahme des extremen Wertes verzerrt*, während Modalwert und Median gleich bleiben.

Das arithmetische Mittel weist zwei Eigenschaften auf, die man sich bei anderen statistischen Berechnungen – zum Beispiel der im Anschluß behandelten Streuungsmaße – zunutze machen kann:

1. Die Summe der Abweichungen aller Meßwerte vom Mittelwert ist 0. Mathematisch ausgedrückt, sieht das folgendermaßen aus:

$$\sum_{i=1}^{n} (x_i - \bar{x}) = 0$$

Würde man in diese Formel irgendeinen anderen Wert anstelle des arithmetischen Mittels einsetzen, würde ein Wert $\neq 0$ herauskommen, d. h. daß nur das arithmetische Mittel diese Eigenschaft besitzt.

2. Die *Summe der quadrierten Abweichungen aller Meßwerte vom Mittelwert* bzw. die „Summe der Abweichungsquadrate" (SAQ) ist minimal. Auch dazu wieder der mathematische Ausdruck:

$$\sum_{i=1}^{n} (x_i - \bar{x})^2 = \text{min.}$$

„Minimal" in dieser Formel heißt, daß bei der Berechnung der quadrierten Abweichungen der Meßwerte von irgendeinem anderen Wert das Ergebnis auf jeden Fall größer wäre als bei Verwendung des arithmetischen Mittels.

Wir wissen nun, daß die durchschnittliche Studiendauer $\bar{x}$ der elf Politologen 13 Semester beträgt, der Median ($\tilde{x}$), also die Semesterzahl, bis zu der die Hälfte der Studierenden ihren Abschluß machen, bei 12 Semestern liegt, und daß die am stärksten besetzte Kategorie (x_{Mo}) 12 Semester ist. Das arithmetische Mittel ist der größte Wert, gefolgt von Median und Modalwert.

Aus der Reihenfolge der drei Mittelwerte kann man sehr einfach die ungefähre Form der Häufigkeitsverteilung ablesen, d. h. ob diese *rechtssteil*, *linkssteil* oder *symmetrisch* ist. Bei einer linkssteilen Verteilung steigt die Verteilung links schnell an und fällt nach dem Gipfel langsam ab; bei einer rechtssteilen Verteilung verhält es sich gerade umgekehrt. Bei einer linkssteilen Verteilung ist der Modalwert der kleinste Wert, gefolgt von Median und arithmetischem Mittel ($x_{Mo} < \tilde{x} < \bar{x}$). In einer rechtssteilen Verteilung nimmt das arithmetische Mittel den kleinsten Wert, der Median den mittleren Wert und der Modalwert den größten Wert an ($\bar{x} < \tilde{x} < x_{Mo}$). In symmetrischen Verteilungen fallen alle drei Mittelwerte auf einen Punkt ($x_{Mo} = \tilde{x} = \bar{x}$). Bei der Studiendauer handelt es sich um eine linkssteile Verteilung, da das arithmetische Mittel größer als der Modalwert ist.

6.2 Streuungsparameter

Ein Mittelwert beschreibt die Verteilung umso besser, je näher die Daten beieinander liegen. Streuen die Daten jedoch stark, ist die Hinzunahme eines *Streuungsparameters* ratsam. Die Mittelwerte einer beliebigen Verteilung können nämlich bei unterschiedlicher Streuung identisch ausfallen. So ist z. B. in einer Verteilung mit den Werten 2, 3 und 4 das leicht zu errechnende arithmetische Mittel 3. Aber auch bei den Werten 1, 3 und 5 ergäbe sich ein arithmetisches Mittel von 3. Die zugrunde liegenden Verteilungen streuen jedoch unterschiedlich stark.

Dargestellt werden die drei folgenden Maßzahlen:

1. Variationsweite
2. Varianz
3. Standardabweichung

6.2.1 Variationsweite

Die **Variationsweite** gibt die **Größe des Bereiches** an, in dem sich die Daten bewegen. Die Bezeichnung ist normalerweise V, manchmal auch r, wegen der englischen Bezeichnung *range*. Letzteres wird von uns aber nicht empfohlen, da die Bezeichnung r in der Regel für den *Pearsonschen Korrelationskoeffizienten* verwendet wird (vgl. Kapitel 7.4). V berechnet sich einfach aus:

$$V = x_{max} - x_{min} \tag{6.5}$$

Also der Wert mit der *größten* Merkmalsausprägung (nicht zu verwechseln mit dem Wert mit der *häufigsten* Merkmalsausprägung!) abzüglich des Wertes mit der *kleinsten* Merkmalsausprägung (ebenso nicht zu verwechseln mit dem Wert mit der seltensten Merkmalsausprägung!). Im Beispiel der Studiendauer ergibt sich:

$$V = x_{max} - x_{min} = 20 - 10 = 10$$

Die Variationsweite ist 10. Zwischen dem Studierenden, der als erster sein Studium beendete und demjenigen, der zuletzt das Studium abschloß, liegen also 10 Semester.

6.2.2 Varianz

Im Gegensatz zur Variationsweite, in die ja nur Minimum und Maximum einer Verteilung eingehen, berücksichtigt die **Varianz** alle Werte einer Verteilung. Sie gibt die **durchschnittliche Variation aller Merkmale** wieder. Die Bezeichnung für die Varianz ist s^2.

- Bei *ungruppierten Daten* wird die Varianz wie folgt berechnet:

$$s^2 = \frac{\sum_{i=1}^{n}(x_i - \bar{x})^2}{n} = \frac{\text{SAQ}}{n} \tag{6.6}$$

Die Summe der quadrierten Abweichnungen aller Meßwerte vom Mittelwert (SAQ) (die nach Punkt 2 in Abschnitt 6.1 minimal ist) wird durch n dividiert. Das Ergebnis – die Varianz – wird deshalb auch als durchschnittliche oder *mittlere quadratische Abweichung* bezeichnet.

Durch die *Quadrierung der Abweichungen* vom Mittelwert werden zwei Dinge erreicht. Zum einen verschwinden die Vorzeichen der Abweichungen. Dies ist auch notwendig, da die durchschnittliche einfache Abweichung aller Meßwerte vom arithmetischen Mittel immer null ist, wie wir in Punkt 1 in Abschnitt 6.1 gesehen haben.[1] Zum anderen werden durch die Quadrierung größere Abweichungen vom Mittelwert stärker berücksichtigt als kleine.

Die Summe der quadrierten Abweichungen wird mit Hilfe einer Arbeitstabelle ermittelt (vgl. Tabelle 6.3 auf der nächsten Seite). Die Anzahl der Meßwerte n beträgt 11, die durchschnittliche Semesterzahl beträgt $\bar{x} = 13$. Nun kann in der letzten Spalte die Summe der quadrierten Abweichungen vom Mittelwert berechnet werden; sie beträgt SAQ = 74. Im Beispiel ergibt sich also eine Varianz von:

$$s^2 = \frac{74}{11} = 6{,}\overline{72} \approx 6{,}73$$

Leider ist diese Zahl schwer zu interpretieren, da durch die Quadrierung die ursprüngliche Maßeinheit (Semester) verlorengegangen ist. Die im nachfolgenden dargestellte *Standardabweichung* korrigiert dies.

---

1 Alternativ könnte man die *absoluten Beträge* der einzelnen Abweichungen summieren, wodurch man die sogenannte „AD-Streuung" erhält (vgl. Bortz 1999, 41 f.). Dieses Maß wird jedoch nur sehr selten verwendet.

Tabelle 6.3: Berechnung der Varianz aus der primären Tafel

i	x_i	$x_i - \bar{x}$	$(x_i - \bar{x})^2$
1	10	−3	9
2	11	−2	4
3	11	−2	4
4	12	−1	1
5	12	−1	1
6	12	−1	1
7	13	0	0
8	13	0	0
9	14	1	1
10	15	2	4
11	20	7	49
$\sum$	143	0	74

- Bei *gruppierten Daten* werden nicht die einzelnen Merkmalsausprägungen x_i, sondern die Merkmalsausprägungen der Kategorien x_k in die Formel eingebracht. Für jede Kategorie wird die quadrierte Abweichung vom Mittelwert $(x_k - \bar{x})^2$ berechnet und mit ihrer Häufigkeit f_{x_k} multipliziert. Die Berechnung erfolgt wiederum anhand einer Arbeitstabelle (vgl. Tabelle 6.4).

$$s^2 = \frac{\sum_{k=1}^{m}(x_k - \bar{x})^2 \cdot f_{x_k}}{n} \tag{6.7}$$

Tabelle 6.4: Berechnung der Varianz aus den gruppierten Daten

k	x_k	f_{x_k}	$x_k - \bar{x}$	$(x_k - \bar{x})^2$	$(x_k - \bar{x})^2 \cdot f_{x_k}$
1	10	1	−3	9	9
2	11	2	−2	4	8
3	12	3	−1	1	3
4	13	2	0	0	0
5	14	1	1	1	1
6	15	1	2	4	4
7	20	1	7	49	49
$\sum$	143	11			74

Im Beispiel ergibt sich:

$$s^2 = \frac{74}{11} = 6,\overline{72} \approx 6,73$$

Die Varianz beträgt natürlich wieder 6,73.

6.2.3 Standardabweichung

Die **Standardabweichung** ergibt sich direkt aus der Quadratwurzel der Varianz. Sie wird mit s bezeichnet.

- Bei ungruppierten Daten lautet die Formel

$$s = \sqrt{s^2} = \sqrt{\frac{\sum\limits_{i=1}^{n}(x_i - \bar{x})^2}{n}} = \sqrt{\frac{\text{SAQ}}{n}} \tag{6.8}$$

- Bei gruppierten Daten lautet die Formel

$$s = \sqrt{s^2} = \sqrt{\frac{\sum\limits_{k=1}^{m}(x_k - \bar{x})^2 \cdot f_{x_k}}{n}} \tag{6.9}$$

Im Beispiel erhalten wir beide Male

$$s = \sqrt{s^2} = 2,59$$

Die Standardabweichung beträgt also 2,59 Semester. Im Gegensatz zur Varianz läßt sich diese Zahl in der ursprünglichen Maßeinheit (hier: Semesterzahl) angeben. Die Interpretation dieses Wertes ist allerdings nach wie vor schwierig. Die Standardabweichung ist sozusagen die *Wurzel aus der mittleren quadratischen Abweichung aller Werte*. Wir werden allerdings in Kapitel 10.3 feststellen, daß der Standardabweichung bei bestimmten Verteilungen eine besondere Bedeutung zukommt.

Aufgaben zu Lage- und Streuungsparametern

1. Sie haben bei 10 Personen folgende Intelligenzquotienten gemessen:

i	1	2	3	4	5	6	7	8	9	10
x_i	110	160	90	80	111	100	70	100	120	110

   Bitte berechnen Sie die behandelten Lage- und Streuungsparameter und interpretieren Sie diese inhaltlich!

2. In zwei verschiedenen Ländern beträgt das Durchschnittseinkommen $\bar{x} = 1.500$ DM. In Land A beträgt $s = 1.100$ DM in Land B $s = 638$ DM. In welchem Land ist die Einkommensverteilung (bei ansonsten gleichen Bedingungen) gerechter?

3. In der folgenden Tabelle ist die Altersverteilung von Statistik-Kurs-Teilnehmern wiedergegeben (die gleiche Verteilung wurde bereits mit Abbildung 5.4 auf Seite 96 graphisch dargestellt). Bitte berechnen Sie die behandelten Mittel- und Streuungswerte und interpretieren Sie diese inhaltlich!

k	1	2	3	4	5	6	7	8	9	10	11
x_k	19	20	21	22	23	24	25	26	27	28	29
f_{x_k}	1	4	13	13	10	7	6	2	1	1	1

4. Das arithmetische Mittel einer Verteilung beträgt 4, der Median 6. Ist der Modalwert größer als 6, kleiner als beide, oder liegt er zwischen 4 und 6?

5. Sie möchten die Notenverteilung einer Klausur durch einen Mittelwert charakterisieren. Welche(r) Mittelwert(e) ist/sind angemessen und warum?

6. Im Mainzer Mietspiegel sind die mittleren Mieten für jede Wohnungsgruppe anhand des Medians ausgewiesen. Warum?

7 Zusammenhangsmaße

Wenn wir wissen wollen, ob Arbeiter dazu neigen, die SPD zu wählen, ob Vorurteile besonders bei autoritären Persönlichkeiten zu finden sind, oder ein gutes Abitur mit einem guten Studienabschluß einhergeht, dann sind wir auf der Suche nach einem Zusammenhang bzw. einer *Korrelation* zwischen zwei (oder mehreren) Merkmalen.

Es gibt eine Vielzahl von Zusammenhangsmaßen. Welches Maß angemessen ist, hängt vor allem vom zugrundeliegenden *Skalenniveau* ab. Da sich für jedes Skalenniveau verschiedene Zusammenhangsmaße berechnen lassen, muß man außerdem berücksichtigen, daß nicht alle Maße zum selben Ergebnis kommen. Darüberhinaus haben alle Zusammenhangsmaße bestimmte Vor- und Nachteile, die bei ihrer Interpretation berücksichtigt werden müssen.

Im folgenden beschränken wir uns auf einige wesentliche Maßzahlen. Eine ausführliche Darstellung findet sich unter anderem bei Benninghaus (1998) und Bohrnstedt und Knoke (1994).

7.1 Maße für zwei nominalskalierte Merkmale

7.1.1 Maße auf Basis des χ^2-Wertes

Angenommen, wir möchten wissen, ob die PDS vor allem von Bewohnern der neuen Bundesländer gewählt wird. Um dies herauszufinden, haben wir die Variablen Wahlabsicht und Erhebungsgebiet aus dem ALLBUS 1994 gekreuzt (vgl. Tabelle 7.1 auf der nächsten Seite). Solche Tabellen werden als Kreuz- oder auch **Kontingenztabellen** bezeichnet, weil sie die Häufigkeiten *des gemeinsamen Auftretens zweier Merkmale* angeben.

Wie man der Tabelle entnehmen kann, wollen insgesamt 120 Personen die PDS wählen, darunter 4 Befragte aus Westdeutschland und 116 Befragte aus Ostdeutschland. Würde man Zeilen- und Spaltenprozente berechnen,

Tabelle 7.1: **Kontingenztabelle** PDS-Wahl und Erhebungsgebiet

	WEST	OST	Summe
PDS	4	116	120
ANDERE	1572	606	2178
Summe	1576	722	2298

Quelle: ALLBUS 1994

dann träte der Unterschied in der Wahlabsicht von West- und Ostdeutschen deutlicher zutage. Da es sich um eine Tabelle aus zwei Zeilen und
zwei Spalten handelt, gibt es vier Zellen. Die Summenspalte und die Summenzeile werden dabei nicht mitgezählt.

Die allgemeine Form einer Kreuztabelle ist in Tabelle 7.2 dargestellt. Die
Variable in den Spalten wird in der Regel mit X bezeichnet, die Variable
in den Zeilen mit Y (vgl. Kapitel 5.1.2). Der Laufindex für die Zeilen läuft
von $i = 1 \ldots l$, der Laufindex für die Spalten von $j = 1 \ldots m$. In den Zellen
stehen die Häufigkeiten f. f_{11} gibt also die Häufigkeit wieder, die sich in
der ersten Zeile und ersten Spalte befindet.

Tabelle 7.2: Allgemeine Form einer Kreuztabelle

	x_1	x_2	$\cdots$	x_m	Zeilensumme
y_1	f_{11}	f_{12}	$\cdots$	f_{1m}	$\sum\limits_{j=1}^{m} f_{1j}$
y_2	f_{21}	f_{22}	$\cdots$	f_{2m}	$\sum\limits_{j=1}^{m} f_{2j}$
$\vdots$	$\vdots$	$\vdots$	$\ddots$	$\vdots$	$\vdots$
y_l	f_{l1}	f_{l2}	$\cdots$	f_{lm}	$\sum\limits_{j=1}^{m} f_{lj}$
Spaltensumme	$\sum\limits_{i=1}^{l} f_{i1}$	$\sum\limits_{i=1}^{l} f_{i2}$	$\cdots$	$\sum\limits_{i=1}^{l} f_{im}$	$\sum\limits_{i=1}^{l}\sum\limits_{j=1}^{m} f_{ij} = n$

Die **beobachteten Häufigkeiten** einer Zelle werden allgemein als $f_{b(ij)}$
bezeichnet. f steht auch hier wieder für Häufigkeiten, b gibt an, daß es
sich um die beobachteten Häufigkeiten handelt, i kennzeichnet die Zeile
und j die Spalte. $f_{b(12)}$ wäre also die beobachtete Häufigkeit der Zelle, die

in der ersten Zeile und der zweiten Spalte steht, und dies sind im Beispiel 116 Personen.

Wie würde die Tabelle aussehen, wenn kein Zusammenhang zwischen den Merkmalen besteht, d. h. die beiden Merkmale statistisch unabhängig[1] sind? In diesem Fall dürfte sich das Wahlverhalten von ost- und westdeutschen Befragten nicht unterscheiden; der Stimmenanteil der PDS und der anderen Parteien müßte in beiden Erhebungsgebieten gleich hoch ausfallen. Statistische Unabhängigkeit liegt also dann vor, wenn die prozentuale Verteilung der abhängigen Variable für jede Kategorie der unabhängigen Variable identisch ist.[2] Die Häufigkeiten, die der statistischen Unabhängigkeit beider Merkmale entsprechen, werden als **erwartete Häufigkeiten** bezeichnet. Diese lassen sich ganz einfach ermitteln, indem man die Zeilensumme mit der Spaltensumme multipliziert und diesen Wert durch die Gesamtzahl der Befragten (n) dividiert. Die erwarteten Häufigkeiten werden mit $f_{e(ij)}$ bezeichnet.

$$f_{e(ij)} = \frac{Zeilensumme \times Spaltensumme}{Gesamtsumme \quad (n)} \qquad (7.1)$$

Im Beispiel entspricht der erwarteten Häufigkeit in der ersten Zelle also:

$$f_{e(11)} = \frac{120 \times 1576}{2298} = 82{,}3$$

82,3 von 1576 Westdeutschen müßten also PDS wählen, wenn insgesamt (in Ost und West) 120 Personen PDS wählen und West- und Ostdeutsche sich nicht hinsichtlich ihrer Präferenz für die PDS unterscheiden. Auf die in Gleichung 7.1 beschriebene Art und Weise kann man nun auch die erwarteten Häufigkeiten der anderen Zellen berechnen.[3] In der sogenannten **Indifferenztabelle** (vgl. Tabelle 7.3) sind alle erwarteten Häufigkeiten wiedergegeben.

---

1 Das Konzept der statistischen Unabhängigkeit bezieht sich eigentlich auf eine Grundgesamtheit (vgl. Kapitel 12). In diesem Kapitel begnügen wir uns mit Aussagen über Stichprobendaten.

2 Die prozentuale Verteilung der unabhängigen Variable ist bei statistischer Unabhängigkeit für jede Ausprägung der abhängigen Variable ebenfalls identisch.

3 Da die Zeilen- und Spaltensummen vorgegeben sind, kann man die restlichen Zellbesetzungen auch einfach durch die Differenz zu diesen ermitteln.

Tabelle 7.3: **Indifferenztabelle** PDS-Wahl und Erhebungsgebiet

	WEST	OST	Summe
PDS	82,3	37,7	120
ANDERE	1493,7	684,3	2178
Summe	1576	722	2298

Quelle: ALLBUS 1994

Wenn das Erhebungsgebiet keinen Einfluß auf die Wahlabsicht zugunsten der PDS hat, müßten also 82,3 Westdeutsche und 37,7 Ostdeutsche die PDS wählen, was einem gleich großen Anteil von 0,0522 bzw. 5,22% in West- und Ostdeutschland entspricht. 1.493,7 West- und 684,3 Ostdeutsche, d. h. jeweils 94,78%, müßten dann für andere Parteien stimmen.

Uns liegen nun mit der Kontingenztabelle die beobachteten, und mit der Indifferenztabelle die erwarteten Häufigkeiten vor. *Je mehr die beobachteten Häufigkeiten nun von den erwarteten Häufigkeiten abweichen, um so stärker ist der Zusammenhang zwischen den beiden Merkmalen,* d. h. hier zwischen der Wahl der PDS und dem Erhebungsgebiet. Die Abweichung der beobachteten von den erwarteten Häufigkeiten berechnet sich für eine Zelle als $f_{b(ij)} - f_{e(ij)}$. Die Berechnung wird unmittelbar einsichtig, wenn man sie sich an einem Beispiel verdeutlicht: 4 Befragte aus den alten Bundesländern gaben eine Wahlabsicht für die PDS an (Kontingenztabelle), d. h. $f_{b(11)} = 4$. Bei statistischer Unabhängigkeit der Merkmale müßten jedoch 82,3 westdeutsche Befragte eine Wahlabsicht für die PDS äußern, denn $f_{e(11)} = 82,3$ (Indifferenztabelle). Es haben also ca. 78 Befragte aus Westdeutschland weniger als (bei Unabhängigkeit der Merkmale) erwartet angegeben, sie würden die PDS wählen.

Die Differenz zwischen beobachteten und erwarteten Häufigkeiten muß für jede Zelle berechnet werden. Die Summe dieser einfachen Abweichungen für alle Zellen ist bei *jeder* Kreuztabelle null und damit als Zusammenhangsmaß ungeeignet. Aus diesem Grund wird die Differenz zwischen erwarteten und beobachteten Häufigkeiten *quadriert.* Damit fallen alle negativen Vorzeichen weg. Zusätzlich erreichen wir durch die Quadrierung, daß Zellen mit großen Abweichungen der beobachteten von den erwarteten Häufigkeiten stärker ins Gewicht fallen als Zellen mit kleinen Abweichungen.

Ob eine bestimmte Abweichung als groß oder klein zu bewerten ist, hängt außerdem davon ab, wie groß die erwartete Häufigkeit ist: Sowohl in der ersten Zelle links oben (f_{11}) als auch in der letzten Zelle rechts unten (f_{22}) beträgt die Differenz zwischen erwarteten und beobachteten Häufigkeiten 78,3. Allerdings fällt diese Differenz bei einer erwarteten Häufigkeit von 82,3 (links oben) stärker ins Gewicht als bei einer erwarteten Häufigkeit von 684,3 (rechts unten). Die Größe der erwarteten Häufigkeit wird berücksichtigt, indem man die quadrierte Differenz $(f_{b(ij)} - f_{e(ij)})^2$ an der erwarteten Häufigkeit einer Zelle $f_{e(ij)}$ relativiert, d. h. man dividiert durch die erwarteten Häufigkeiten.

Die Maßzahl χ^2 ist nun nichts anderes als die Summe dieser quadrierten und an den erwarteten Häufigkeiten relativierten Abweichungen für alle Zellen. (Die beiden Summenzeichen zählen lediglich die Spalten und Zeilen „hoch", was nichts weiter bedeutet, als daß man die Werte aller Zellen summieren muß!)

$$\chi^2 = \sum_{i=1}^{l} \sum_{j=1}^{m} \frac{(f_{b(ij)} - f_{e(ij)})^2}{f_{e(ij)}} \tag{7.2}$$

Für unser Beispiel ergibt sich daher ein χ^2 von:

$$\chi^2 = \frac{(4 - 82,3)^2}{82,3} + \frac{(116 - 37,7)^2}{37,7} + \frac{(1572 - 1493,7)^2}{1493,7} + \frac{(606 - 684,3)^2}{684,3}$$

$$= 74,49 + 162,62 + 4,10 + 8,96 = \mathbf{250{,}16}$$

χ^2 kann Werte zwischen 0 und $+\infty$ (unendlich) annehmen. Es nimmt den Wert 0 an, wenn kein Zusammenhang vorliegt, d. h. beide Variablen voneinander unabhängig sind. Ein Wert größer als 0 bedeutet, daß ein Zusammenhang besteht. Im Beispiel kann man also sagen, daß zwischen der Wahlabsicht und dem Erhebungsgebiet ein Zusammenhang besteht, die beiden Merkmale also statistisch voneinander abhängig sind.

Der χ^2-Wert alleine kann aber nicht als Maß der Stärke eines Zusammenhangs herangezogen werden, da seine Größe von der Anzahl der Fälle abhängig ist: Eine Verdopplung der beobachteten Häufigkeiten (bei gleicher prozentualer Verteilung) führt zu einer Verdopplung des χ^2-Wertes. Das kann an unserem Beispiel einfach nachvollzogen werden, indem man einmal alle Zellenhäufigkeiten in der Kontingenztabelle verdoppelt und die Berechnung von neuem durchführt.

Aus diesem Grund wurden verschiedene Maßzahlen entwickelt, die den χ^2-Wert normieren: der Phi-Koeffizient (φ), der Kontingenzkoeffizient C und Cramers V. Für 2×2-Tabellen sind Cramers V und φ identisch. Je nach Berechnungsmodus kann φ negative Vorzeichen annehmen (vgl. Bohrnstedt und Knoke 1994, S. 167). Inhaltlich kann das Vorzeichen natürlich nur bei mindestens ordinalskalierten Variablen interpretiert werden.

- Der Kontingenzkoeffizient C hat einen Wertebereich zwischen 0 und einem definierten Maximum C_{max}. C berechnet sich nach der Formel:

$$C = \sqrt{\frac{\chi^2}{\chi^2 + n}} \qquad (7.3)$$

n ist hier wieder die Anzahl der Meßwerte. Die maximale Größe des Kontingenzkoeffizienten ist abhängig von der Anzahl der Zeilen bzw. Spalten einer Tabelle und läßt sich nach

$$C_{max} = \sqrt{\frac{R-1}{R}}; \qquad R = min(l,m) \qquad (7.4)$$

bestimmen, wobei R die Anzahl der Ausprägungen desjenigen Merkmals annimmt, welches weniger Ausprägungen hat. In einer 2×2-Tabelle ist $R = 2$, in einer 3×4-Tabelle ist $R = 3$ usw. In unserem Beispiel, einer 2×2-Tabelle, kann C daher maximal den Wert $C_{max} = \sqrt{(2-1)/2} = 0{,}707$ annehmen.

Im Beispiel resultiert demnach ein Zusammenhang der Stärke:

$$C = \sqrt{\frac{250{,}16}{250{,}16 + 2298}} = 0{,}313$$

Dieser Zusammenhang kann als relativ stark bezeichnet werden. Die elektoralen Chancen der PDS hängen also davon ab, ob ein Befragter in Ost- oder Westdeutschland wohnt.

- Da Kontingenzkoeffizienten aus Tabellen mit unterschiedlicher Spalten- bzw. Zeilenanzahl nur bedingt vergleichbar sind, wurde die Maßzahl Cramers V entwickelt. Diese kann bei *allen* Tabellen Werte zwischen 0 und +1 annehmen:

$$Cramers\ V = \sqrt{\frac{\chi^2}{n \cdot (R - 1)}} \qquad (7.5)$$

R gibt auch hier wieder die kleinste Zeilenzahl bzw. Spaltenzahl an. Cramers V nimmt für unser Beispiel den Wert

$$Cramers\ V = \sqrt{\frac{250{,}16}{2298 \cdot (2 - 1)}} = 0{,}33$$

an.
Cramers V fällt demnach etwas höher aus als C.

Ein wesentliches Problem der auf χ^2 beruhenden Zusammenhangsmaße besteht darin, daß man die Stärke der Beziehung nur sehr schwer interpretieren kann. Ein Zusammenhang von .30 bei Cramers V wird in den Sozialwissenschaften bereits als ein starker Zusammenhang angesehen.

7.1.2 Das PRE-Maß lambda (λ)

Die Stärke des Zusammenhangs zwischen zwei Variablen wird bei den sogenannten **PRE-Maßen** (PRE = Proportional Reduction in Error) daran gemessen, wie gut die Werte einer abhängigen Variable durch die Kenntnis der Werte einer unabhängigen Variable vorhergesagt werden. Ein PRE-Maß für nominale Daten ist λ.

Bei der Berechnung eines PRE-Maßes wird zunächst versucht, **den Wert der abhängigen Variable ohne Berücksichtigung einer unabhängigen Variable zu prognostizieren.** Ein Beispiel: 1994 wurde von der Forschungsgruppe Wahlen eine Blitzumfrage vor der Bundestagswahl durchgeführt, in der die Wahlabsicht der Befragten erhoben wurde. Von den 881 Befragten, die eine Partei angaben, wollten 350 die CDU/CSU wählen, 345 die SPD und 186 Befragte wollten ihre Stimme einer anderen

Partei zukommen lassen. Für die einzelnen Befragten soll nun ohne Kenntnis einer unabhängigen Variable prognostiziert werden, welche Partei sie wählen, und das natürlich möglichst genau, ohne Fehler.

Es stellt sich also die Frage, welcher Wert der abhängigen Variable die beste Prognose liefert. Im Beispiel ist die beste Vorhersage die CDU/CSU, da diese die meisten Stimmen erhält. Die Wahrscheinlichkeit, daß ein konkreter Befragter die CDU/CSU präferiert, ist also größer als die Wahrscheinlichkeit einer Präferenz für jede der anderen Parteien. Bei CDU/CSU-Vorhersage liegen wir in 350 Fällen richtig, denn so viele Personen haben ja tatsächlich eine Wahlabsicht zugunsten der CDU/CSU angegeben. In 531 (345 + 186) Fällen – das sind die Befragten, die nicht CDU/CSU wählen wollen – irren wir uns. Bei der Vorhersage einer anderen Partei, z. B. der SPD, würden wir uns jedoch in noch mehr Fällen – nämlich bei 536 Personen – irren. Die beste Prognose für eine **nominale Variable** auf Basis ihrer eigenen Verteilung ist deren **Modalkategorie**, also die Kategorie, die am stärksten besetzt ist. Die Summe der Fehler bei Prognose der abhängigen Variable ohne Kenntnis einer weiteren Variable nennen wir $Fehler_1$.

In einem zweiten Schritt wird zur Prognose der abhängigen Variable eine unabhängige Variable herangezogen. Die Wahlabsicht soll nun durch die Kanzlerpräferenz prognostiziert werden. In Abbildung 7.4 ist der Zusammenhang zwischen der Kanzlerpräferenz und der Wahlabsicht wiedergegeben. 1994 trat Rudolf Scharping für die SPD als Kanzlerkandidat an, Helmut Kohl für die CDU/CSU.

Tabelle 7.4: Zusammenhang von Kanzlerpräferenz und Wahlabsicht

Wahlabsicht	Kanzlerpräferenz		Summe
	Kohl	Scharping	
CDU/CSU	335	15	350
SPD	25	320	345
Andere	84	102	186
Summe	444	437	881

Quelle: Forschungsgruppe Wahlen, Blitzumfrage Oktober 1994, nur Westdeutsche

Für jede Ausprägung der unabhängigen Variable wird der Wert der abhängigen Variable nun getrennt prognostiziert. Die beste Prognose ist die

Modalkategorie der abhängigen Variable für eine bestimmte Ausprägung der unabhängigen Variable. Für die 444 Befragten, die Helmut Kohl als Kanzler bevorzugen, prognostizieren wir die Wahl der CDU/CSU, weil die CDU hier am häufigsten genannt wurde. In 335 Fällen treffen wir mit dieser Prognose also ins Schwarze, in 109 Fällen (25 SPD-Wähler und 84 Wähler anderer Parteien) irren wir uns. Unsere Prognose für die 437 Befragten, die Rudolf Scharping bevorzugen, lautet dagegen SPD. Hier schätzen wir die Wahlabsicht von 320 Personen richtig ein, dagegen irren wir uns in 117 (15 + 102) Fällen – denjenigen Befragten, die trotz einer Präferenz für Rudolf Scharping nicht die SPD wählen wollen. Die Summe der Fehler, die wir trotz Berücksichtigung der unabhängigen Variable begehen, nennen wir *Fehler₂*. Allgemein berechnet man $Fehler_2$, indem man *für jede Ausprägung der unabhängigen Variable die Prognosefehler berechnet und diese summiert.* Im Beispiel berechnen wir also für die erste Ausprägung der unabhängigen Variable (Helmut Kohl als bevorzugter Kanzlerkandidat) 109 Fehler und für die zweite Ausprägung (Rudolf Scharping als bevorzugter Kanzlerkandidat) 117 Fehler. $Fehler_2$ beträgt also $109 + 117 = 226$.

Der letzte Schritt besteht nun in der **Ermittlung des PRE-Maßes.** Die Berechnung von λ ist einfach:

$$\lambda = \frac{(Fehler_1 - Fehler_2)}{Fehler_1} \tag{7.6}$$

Je kleiner $Fehler_2$ im Vergleich zu $Fehler_1$ ist, um so besser wird die abhängige durch die unabhängige Variable prognostiziert. Zusätzlich wird die Differenz zwischen $Fehler_1$ und $Fehler_2$ auf einen Wertebereich zwischen 0 und 1 standardisiert, indem durch $Fehler_1$ dividiert wird. λ kann also Werte zwischen 0 und +1 annehmen. Es nimmt den Wert 0 an, wenn die unabhängige Variable die Prognose nicht verbessert und den Wert 1, wenn wir den Wert der abhängigen Variable in *allen* Fällen durch die unabhängige Variable richtig vorhersagen. λ kann – wie jedes PRE-Maß – als Prozentwert interpretiert werden.

Inwieweit wurde die Vorhersage der Wahlabsicht nun durch die Kenntnis des präferierten Kanzlers verbessert? Im Beispiel ergibt sich:

$$\lambda = \frac{(531 - 226)}{531} = 0{,}57$$

Die Fehler bei der Prognose der Wahlabsicht werden durch die Kenntnis des bevorzugten Kanzlers also um 57% bzw. 0,57 verringert.

Da zwischen abhängiger und unabhängiger Variable unterschieden wird, ist λ ein *asymmetrisches Maß*. Je nachdem, welche Variable als abhängig und welche als unabhängig betrachtet wird, ergibt sich also ein unterschiedlicher Wert für λ. Für die Vorhersage des präferierten Kanzlerkandidaten durch die Wahlabsicht (was eine Vertauschung der abhängigen und der unabhängigen Variable bedeutet) ergibt sich ein λ von 0,72. Die unterschiedlichen Werte resultieren aus der unterschiedlichen Berechnung von $Fehler_1$: einmal liegt dessen Berechnung die Wahlabsicht zugrunde, das andere Mal die Kanzlerpräferenz.

λ hat allerdings einen Nachteil. Es kann einen Wert von 0 annehmen, obwohl ein Zusammenhang zwischen zwei Variablen besteht. Für die Vorhersage der Wahlabsicht (PDS/Andere) durch das Erhebungsgebiet (vgl. Tabelle 7.1 auf Seite 118), erhält man ein λ von 0, obwohl – gemessen an Cramers V – ein Zusammenhang besteht. Das liegt daran, daß für West- und Ostdeutsche dieselbe Wahlabsicht („Andere") prognostiziert wird. $Fehler_1$ ist in solch einem Fall identisch mit $Fehler_2$, die Fehlerreduktion durch die unabhängige Variable ist folglich null. Daher kann man aufgrund der Kenntnis des Erhebungsgebietes nicht die Vorhersage der Wahlabsicht verbessern – zumindest nicht, wenn wie im vorliegenden Fall nur danach unterschieden wird, ob jemand die PDS wählen will oder eine andere Partei. Insofern ist es richtig, daß λ einen Wert von 0 annimmt, aber es wäre nicht richtig daraus zu schließen, es gäbe keinen Zusammenhang.

7.2 Maße für zwei ordinalskalierte Merkmale

Bei ordinalskalierten Merkmalen können wir neben der Stärke auch die Richtung des Zusammenhangs angeben. Ein positiver (negativer) Zusammenhang liegt vor, wenn höhere Werte auf der einen Variablen mit höheren (niedrigeren) Werten auf der anderen Variablen einhergehen. Zusammenhangsmaße für ordinalskalierte Merkmale haben einen Wertebereich von -1 bis $+1$, wobei -1 ein perfekter negativer Zusammenhang ist, $+1$ dagegen ein perfekter positiver Zusammenhang. 0 bedeutet wie bei den nominalskalierten Merkmalen, daß kein Zusammenhang vorliegt.

Es gibt eine Vielzahl an Zusammenhangsmaßen für ordinalskalierte Merkmale. Die am häufigsten verwendeten sind Maße, die auf dem Paarvergleich basieren: Kendalls tau-Maße (τ_b und τ_c) und gamma (γ). Davon stellen wir im folgenden γ vor. γ hat den Vorteil, daß es wie ein PRE-Maß interpretiert werden kann.

gamma (γ)

Zum Verständnis der Berechnung von γ ist es notwendig, sich die Logik des Paarvergleichs vor Augen zu führen. Als Beispiel dient der Zusammenhang zwischen dem Schulabschluß und dem politischen Interesse. Beide Variablen sind ordinalskaliert, d. h. sie weisen eine Ordnung auf. Wir unterstellen, daß der Schulabschluß das politische Interesse beeinflußt. Schulabschluß ist also die erklärende bzw. unabhängige Variable, politisches Interesse ist die zu erklärende bzw. abhängige Variable. Die entsprechende Kreuztabelle ist in Tabelle 7.5 wiedergegeben.

Tabelle 7.5: Kreuztabelle zwischen Bildung und politischem Interesse

Pol. Interesse	Schulabschluß			Summe
	Hauptschule	Realschule	FH/Abitur	
Kein	228	72	10	310
Wenig	386	209	67	662
Mittel	741	460	244	1445
Stark	219	189	229	637
Sehr stark	75	87	103	265
Summe	1649	1017	653	3319

Quelle: ALLBUS 1994

Ein Befragter kann z. B. einen „Hauptschulabschluß" und „kein politisches Interesse" haben, ein anderer einen „Realschulabschluß" und „wenig politisches Interesse". In der Logik des Paarvergleichs wird dieses Paar als **konkordant** oder **gleichgerichtet** bezeichnet, da der zweite Befragte einen höheren Schulabschluß *und* ein höheres politisches Interesse hat als der erste Befragte. Ein Paar wird als konkordant bezeichnet, wenn die Person, die einen höheren Wert auf der einen Variable aufweist, auch einen höheren Wert auf der anderen Variable hat. Konkordante Paare deuten auf einen *positiven Zusammenhang* zwischen zwei Variablen hin. Insgesamt gibt es

228 Personen mit „Hauptschulabschluß" und „keinem politischen Interesse" (linke obere Zelle); 209 Personen haben einen „Realschulabschluß" und „wenig politisches Interesse" (zweite Zeile, zweite Spalte). Alle 209 Personen dieser Zelle haben einen höheren Schulabschluß *und* ein größeres politisches Interesse als die 228 Personen, die in der Zelle links oben verortet sind d. h. sie weisen bei *beiden* Merkmalen „mehr" auf. Die Anzahl konkordanter Paare (N_c) dieser beiden Zellen berechnet sich aus der Multiplikation der Zellhäufigkeiten, also $228 \times 209 = 47.652$ Paare, denn jeder Befragte aus der einen Zelle bildet mit jedem Befragten der anderen Zelle ein Paar. Personen, die sich in Zellen rechts *und* unterhalb einer Ausgangszelle befinden, sind zu den Personen der Ausgangszelle konkordant, denn sie haben auf beiden Variablen einen höheren Wert.

Die *Gesamtzahl konkordanter Paare* berechnet sich aus der Anzahl der Befragten einer Ausgangszelle multipliziert mit der Summe der Befragten, die sich in Zellen rechts und unterhalb davon befinden. Jede Zelle der Tabelle wird dabei einmal zur Ausgangszelle. Zu den Zellen in der untersten Zeile sowie in der äußersten rechten Spalte existieren keine Zellen, die rechts *und* unterhalb liegen. Man fängt am besten in der linken oberen Zelle mit der Berechnung an.

Die Anzahl aller konkordanten Paare in Tabelle 7.5 auf der Seite vorher berechnet sich folgendermaßen:

$$
\begin{aligned}
N_c = \ & 228 \cdot (209 + 460 + 189 + 87 + 67 + 244 + 229 + 103) \\
& + 72 \cdot (67 + 244 + 229 + 103) \\
& + 386 \cdot (460 + 189 + 87 + 244 + 229 + 103) \\
& + 209 \cdot (244 + 229 + 103) \\
& + 741 \cdot (189 + 87 + 229 + 103) \\
& + 460 \cdot (229 + 103) \\
& + 219 \cdot (87 + 103) \\
& + 189 \cdot (103) \\
= \ & 1699501
\end{aligned}
$$

Es kann jedoch vorkommen, daß eine Person einen „Realschulabschluß" erworben hat und nur „wenig" politisch interessiert ist, eine andere Person dagegen einen „Hauptschulabschluß" und ein „starkes politisches Interesse" aufweist. Ein solches Paar wird **diskordant** oder **ungleichgerichtet** genannt, da die zweite Person gegenüber der ersten bei der einen Variable

„weniger" aufweist, bei der anderen Variable dagegen „mehr". Diskordante Paare geben einen *negativen Zusammenhang* zwischen zwei Variablen wieder, da höhere Werte auf der einen Variable mit niedrigeren Werten auf der anderen Variable einhergehen. Auch für die *Gesamtzahl diskordanter Paare* (N_d) gibt es eine allgemeine Berechnungsvorschrift: Alle Häufigkeiten in Zellen, die *links und* unterhalb einer Ausgangszelle liegen, werden mit der Häufigkeit der Ausgangszelle multipliziert, wobei auch hier jede Zelle einmal zur Ausgangszelle wird. Zu Zellen in der ganz linken Spalte und der untersten Zeile existieren keine Zellen, die links und unterhalb liegen – hier kann es also keine diskordanten Paare geben. Mit der Berechnung starten wir in der Zelle ganz rechts oben:

$$
\begin{aligned}
N_d = \ & 10 \cdot (386 + 741 + 219 + 75 + 209 + 460 + 189 + 87) \\
& + 72 \cdot (386 + 741 + 219 + 75) \\
& + 67 \cdot (741 + 219 + 75 + 460 + 189 + 87) \\
& + 209 \cdot (741 + 219 + 75) \\
& + 244 \cdot (219 + 75 + 189 + 87) \\
& + 460 \cdot (219 + 75) \\
& + 229 \cdot (75 + 87) \\
& + 189 \cdot (75) \\
= \ & 786537
\end{aligned}
$$

In unserem Beispiel ermitteln wir also 1.699.501 konkordante und 786.537 diskordante Paare. Überwiegen in einer Tabelle – wie in diesem Fall – die konkordanten Paare, so liegt ein *positiver Zusammenhang* vor. Der Zusammenhang zwischen zwei Variablen ist *negativ*, wenn es mehr diskordante als konkordante Paare gibt. Zwischen beiden Variablen besteht *kein Zusammenhang*, wenn die Zahl konkordanter und diskordanter Paare gleich groß ist.

Bei der Berechnung des Ordinalmaßes γ wird nun einfach die Differenz zwischen konkordanten und diskordanten Paaren ins Verhältnis zu allen konkordanten und diskordanten Paaren gesetzt:

$$
\gamma = \frac{N_c - N_d}{N_c + N_d} \tag{7.7}
$$

γ nimmt Werte zwischen -1 und $+1$ an. Das Vorzeichen gibt an, ob ein negativer oder positiver Zusammenhang vorliegt. Je größer der Unterschied zwischen der Anzahl konkordanter und diskordanter Paare, um so stärker ist der Zusammenhang und damit der Betrag von γ. γ erreicht sein Maximum von $+1$, wenn in einer Tabelle nur konkordante, jedoch keine diskordanten Paare vorliegen. Den Wert -1 nimmt γ nur dann an, wenn es in einer Tabelle nur diskordante, aber keine konkordanten Paare gibt. γ ist ein symmetrisches Maß. Der Wert von γ ist also unabhängig davon, welche der Variablen als abhängig bzw. unabhängig betrachtet wird.

Zwischen Schulabschluß und politischem Interesse ermitteln wir einen Wert von:

$$\gamma = \frac{1699501 - 786537}{1699501 + 786537} = \frac{912964}{2486038} = 0{,}367$$

Ein Wert von 0,367 deutet auf einen relativ starken positiven Zusammenhang hin. Das heißt: Je höher der Bildungsabschluß, umso stärker ist das politische Interesse. Ein negatives Vorzeichen würde bedeuten, daß mit höherem Bildungsabschluß das politische Interesse abnimmt.

Bei der Interpretation des Vorzeichens ist allerdings die Kodierung der Variablen zu beachten. Die Berechnung des Kennwertes erfolgt ja nur anhand der zugewiesenen Zahlenwerte, ungeachtet der dahinterstehenden inhaltlichen Merkmalsausprägungen.[4]

Der Betrag von γ kann auch als PRE-Maß interpretiert werden (vgl. Agresti und Finlay 1997, S. 284). Man kann sagen, daß im Beispiel der Vorhersagefehler um 36,7% verringert werden kann, wenn zur Prognose die Schulbildung der Befragten berücksichtigt wird. Ein γ von $-.50$ würde bedeuten, daß der Prognosefehler um 50% verringert wurde.

Über die konkordanten und diskordanten Paare hinaus gibt es noch weitere Beziehungen zwischen Paaren in einer Kreuztabelle, die sogenannten *ties* (Verknüpfungen). Insgesamt gibt es in jeder Tabelle $\frac{n(n-1)}{2}$ Paare, die

---

4 Um die Interpretation der Vorzeichen zu erleichtern, sollte die Zuordnung der Zahlenwerte zu den Merkmalsausprägungen so erfolgen, daß ein Anstieg der numerischen Werte auch mit einem Anstieg der inhaltlichen Ausprägung des Merkmals einhergeht.

sich aus der Zahl *konkordanter, diskordanter, in x verknüpfter, in y verknüpfter* und *in x und y verknüpfter* Paare zusammensetzen. Ein Paar ist in *x* verknüpft, wenn es in *x* dieselben Werte, in *y* aber unterschiedliche Werte hat. Eine Verknüpfung in *y* bedeutet denselben Wert in *y*, aber unterschiedliche Werte in *x*. In *x und y* ist ein Paar schließlich verknüpft, wenn dieselben Werte in *x* und *y* vorliegen, das Paar also in einer Zelle liegt.

Kennwerte, die Verknüpfungen berücksichtigen, sind z. B. Kendalls τ_b, τ_c und Somers' d. Die Differenz aus konkordanten und diskordanten Paaren $N_c - N_d$ wird dabei nicht nur an der Summe konkordanter und diskordanter Paare $N_c + N_d$, sondern an einer größeren Zahl von Paaren relativiert. Der Nenner ist bei diesen Maßen daher in der Regel größer als bei γ. Aus diesem Grund nimmt γ systematisch größere Werte an als τ_b, τ_c oder Somers' d.

7.3 Maß für ein nominalskaliertes und ein metrisches Merkmal: eta (η)

Eta (η) ist ein Maß für die Stärke des Zusammenhangs zwischen einer nominalskalierten unabhängigen und einer mindestens intervallskalierten abhängigen Variable. Eine typische Fragestellung wäre, *ob* Frauen (nominalskaliertes Merkmal *Geschlecht*) weniger verdienen (ratioskaliertes Merkmal *Einkommen*) als Männer und *wie stark* der Zusammenhang zwischen dem Geschlecht und dem Einkommen ist. η wird im folgenden aus dem PRE-Maß η^2 abgeleitet.

Bei einem PRE-Maß (vgl. Kapitel 7.1.2) wird zunächst versucht, die abhängige Variable ohne Kenntnis einer unabhängigen Variable vorherzusagen. *Der beste Vorhersagewert für ein metrisches Merkmal ist dessen arithmetisches Mittel.* Die quadrierten Abweichungen der Meßwerte vom arithmetischen Mittel sind, wie wir aus Kapitel 6.1 wissen, minimal. Bei einer Vorhersage des Einkommens mit dessen arithmetischem Mittel machen wir also den kleinsten (quadratischen) Fehler. Im ALLBUS 1994 wurde für 1.193 Berufstätige ein durchschnittliches Monatseinkommen von netto 2.289,97 DM ermittelt. Die einzelnen Einkommen weichen natürlich mehr oder weniger vom berechneten Durchschnittseinkommen ab. Wie groß der Fehler bei Prognose des Einkommens durch das arithmetische Mittel ist, sagt uns die Summe der quadrierten Abweichungen (abgekürzt: SAQ = Summe der Abweichungsquadrate, vgl. Kapitel 6.2).[5]

$$\text{SAQ}_{ges} = \sum_{i=1}^{n}(x_i - \bar{x})^2 = \sum_{i=1}^{1193}(x_i - 2289{,}97)^2 = 2004660864$$

Im Beispiel beträgt die SAQ 2.004.660.864. Wir bezeichnen diese als Gesamtsumme der Abweichungsquadrate SAQ_{ges}, da alle Merkmalsträger in die Berechnung einfließen.

Zur Prognose der abhängigen Variable soll nun eine unabhängige Variable herangezogen werden. Das Ausmaß der Verkleinerung des Vorhersagefehlers durch die unabhängige Variable gibt an, wie stark der Zusammenhang zwischen den beiden Variablen ist. Für jeden Wert der unabhängigen Variable wird der Wert der abhängigen Variable nun getrennt prognostiziert. Auch hier wird das arithmetische Mittel zur Prognose herangezogen.

Das durchschnittliche Einkommen der 493 berufstätigen Frauen beträgt 1.716,33 DM, das der 700 berufstätigen Männer 2.693,98 DM. Frauen verdienen durchschnittlich also weniger als Männer. Bei der Vorhersage des Einkommens unter Berücksichtigung des Geschlechts prognostiziert man für Männer ein Einkommen in Höhe von 2.693,98 DM und für Frauen ein Einkommen von 1.716,33. Dabei entsteht natürlich immer noch ein Fehler, da die einzelnen Verdienste der Frauen und Männer von ihrem jeweiligen Gruppenmittelwert abweichen. Auch hier gibt die Summe der quadratischen Abweichungen der Meßwerte vom *jeweiligen* Mittelwert die Größe des Fehlers bei der Vorhersage wieder. Wir berechnen also für Männer und Frauen die Summe der Abweichungsquadrate.

$$\text{SAQ}_{Frauen} = \sum_{i=1}^{493}(x_i - 1716{,}33)^2 = 406385814$$

$$\text{SAQ}_{Männer} = \sum_{i=1}^{700}(x_i - 2693{,}98)^2 = 1321786650$$

---

5   Das arithmetische Mittel und die Summe der Abweichungsquadrate wurden mit dem Statistikprogramm SPSS berechnet.

Im Beispiel beträgt die SAQ bei den Frauen 406.385.814 und bei den Männern 1.321.786.650. Die *Summe dieser beiden Werte* ist der *Gesamtfehler* bei der Vorhersage auf Basis der beiden Kategorien der unabhängigen Variablen $SAQ_{kat} = 1.728.172.464$.

Die Maßzahl η^2 berechnet sich nun einfach aus der Differenz von SAQ_{ges} und SAQ_{kat} dividiert durch SAQ_{ges}:

$$\eta^2 = \frac{SAQ_{ges} - SAQ_{kat}}{SAQ_{ges}} \tag{7.8}$$

Im Beispiel ergibt sich:

$$\eta^2 = \frac{SAQ_{ges} - SAQ_{kat}}{SAQ_{ges}} = \frac{2004660864 - 1728172464}{2004660864} = 0{,}138$$

Der Vorhersagefehler wird also um 13,8% verkleinert. Der Wertebereich von η^2 erstreckt sich von 0 bis +1 bzw. 0% bis 100%. 0 bedeutet wieder, daß kein Zusammenhang vorliegt. Der Wert 1 gibt einen perfekten Zusammenhang zwischen beiden Variablen wieder. Da das unabhängige Merkmal nominalskaliert ist, kann man keine Richtung des Zusammenhangs angeben.

Das Maß für den Zusammenhang, η, erhält man über die Wurzel aus η^2:

$$\eta = \sqrt{\eta^2} = \sqrt{\frac{SAQ_{ges} - SAQ_{kat}}{SAQ_{ges}}} \tag{7.9}$$

η nimmt somit ebenfalls Werte zwischen 0 und +1 an.

Im Beispiel:

$$\eta = \sqrt{\eta^2} = \sqrt{0{,}138} = 0{,}37$$

Der Zusammenhang zwischen Geschlecht und Einkommen ist also mit $\eta = 0{,}37$ relativ stark ausgeprägt.

7.4 Maß für zwei metrische Merkmale: Pearsons r

Der Pearsonsche Korrelationskoeffizient r ist ein Maß dafür, wie stark
der lineare Zusammenhang zwischen zwei mindestens intervallskalierten
Variablen – also z. B. dem Alter und der Höhe des Einkommens – ist.
Wenn ohne nähere Angabe von Korrelation gesprochen wird, dann ist
meistens der Pearsonsche Korrelationskoeffizient gemeint.

Auch hier soll die Berechnung wieder an einem Beispiel verdeutlicht werden. Die CDU wurde nach dem Zweiten Weltkrieg als überkonfessionelle
Partei gegründet. Da sie das „Erbe" der katholischen Zentrumspartei an-
trat, liegt die Vermutung nahe, daß auch die CDU besonders in katholischen Gebieten verankert ist, was sich in den Wahlergebnissen niederschlagen müßte. Auf Basis von Informationen über den Stimmenanteil der
CDU und den Anteil der katholischen Bevölkerung läßt sich diese Vermutung untersuchen (solche Daten sind beim Statistischen Bundesamt bzw.
den Statistischen Landesämtern erhältlich).

Unsere Hypothese lautet: „Je höher der Anteil der Katholiken in einem
Bundestagswahlkreis, um so höher ist der Stimmenanteil der CDU". Da
es sich hier um Prozentwerte handelt, sind beide Merkmale metrisch. Die
Hypothese soll anhand der amtlichen Ergebnisse der Bundestagswahl 1994
für die 16 rheinland-pfälzischen Bundestagswahlkreise überprüft werden.
Merkmalsträger sind hier also nicht Personen, sondern Wahlkreise. Für
jeden der 16 Wahlkreise liegt ein Meßwertpaar vor, daß aus dem Katholikenanteil (x_i) und dem Stimmenanteil der CDU (y_i) besteht.

In Abbildung 7.1 auf der gegenüberliegenden Seite ist der Zusammenhang
zwischen dem Anteil der Katholiken und dem (Zweit-)Stimmenanteil der
CDU dargestellt. Auf der x-Achse ist der Katholikenanteil eines Wahlkreises, auf der y-Achse der Stimmenanteil der CDU (an gültigen Stimmen)
abgetragen. Beispielsweise betrug der Katholikenanteil im Wahlkreis 151
(Bitburg) 91,4%, und die CDU erhielt dort knapp 53% der gültigen Zweitstimmen.

Auch ohne ein Zusammenhangsmaß zu berechnen, sieht man bereits, daß
der Stimmenanteil der CDU um so höher ausfällt, je größer der Katholikenanteil ist. Zwischen den beiden Merkmalen besteht also ein positiver
Zusammenhang, d. h. wenn x_i einen kleinen Wert annimmt, nimmt auch
y_i einen kleinen Wert an, wenn x_i groß ist, ist auch y_i groß. Ein negativer Zusammenhang besteht dann, wenn die y_i-Werte mit zunehmenden

Abbildung 7.1: Stimmenanteil der CDU und Katholikenanteil

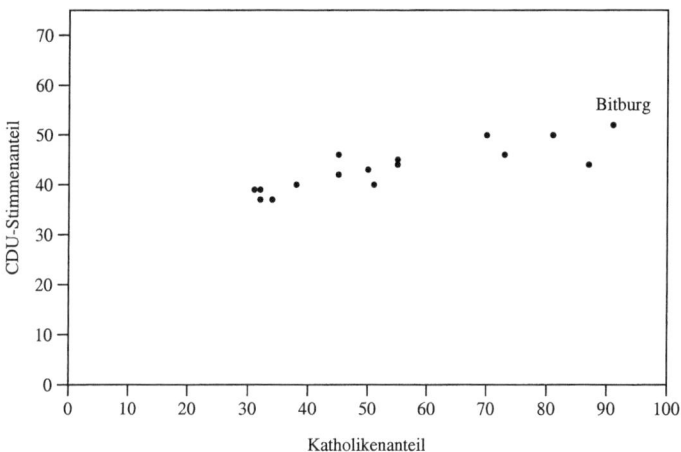

x_i-Werten kleiner werden. Beispiel: Je höher der Arbeiteranteil in einem Wahlkreis, um so *schlechter* das Wahlergebnis der CDU. Kein Zusammenhang besteht, wenn eine Veränderung des x_i-Wertes nicht die Größe des y_i-Wertes beeinflußt und umgekehrt.

Ob ein x_i- bzw. y_i-Wert groß oder klein ist, kann nicht absolut, sondern nur relativ zu allen anderen x_i- bzw. y_i-Meßwerten bestimmt werden: Ein Stimmenanteil von 38% für die CDU wäre ein kleiner Wert verglichen mit den Wahlergebnissen der CDU in allen anderen 15 Wahlkreisen. Ebenso ist ein Katholikenanteil von 35% in den 16 rheinland-pfälzischen Wahlkreisen nicht sehr hoch, während der gleiche Prozentsatz in Schleswig-Holstein ein hoher Wert wäre. *Große Meßwerte sind daher Meßwerte, die über-durchschnittlich sind, kleine Meßwerte solche, die unterdurchschnittlich ausfallen.*

Die CDU erzielte im Durchschnitt in den 16 Wahlkreisen 43,96% der gülti-gen Stimmen, und der durchschnittliche Katholikenanteil betrug 54,99%. Große CDU-Werte sind also größer als 43,96%, große Katholikenanteile sind größer als 54,99% Katholiken. Wenn ein positiver Zusammenhang besteht, dann müßte ein überdurchschnittlicher Katholikenanteil auch ein überdurchschnittliches Stimmergebnis der CDU nach sich ziehen, ein unterdurchschnittlicher Katholikenanteil dementsprechend ein unterdurchschnittliches Wahlergebnis der CDU.

Zeichnet man die arithmetischen Mittel $\bar{x}$ und $\bar{y}$ in die ursprüngliche Graphik ein, erhält man vier Quadranten (vgl. Abbildung 7.2). Im linken unteren Quadranten liegen alle Wahlkreise, die einen unterdurchschnittlichen Katholikenanteil und einen unterdurchschnittlichen CDU-Stimmenanteil aufweisen. Im rechten oberen Quadranten befinden sich diejenigen Wahlkreise, die sowohl hinsichtlich des Katholikenanteils als auch des Stimmenanteils der CDU überdurchschnittlich abschneiden. Liegen die Meßwertpaare hauptsächlich in diesen beiden Quadranten, dann variieren der Katholikenanteil und das Stimmergebnis der CDU positiv miteinander. Mit Ausnahme eines Wahlkreises liegen alle Meßwertpaare im linken unteren und rechten oberen Quadranten, was auf einen starken positiven Zusammenhang deutet.

Abbildung 7.2: Stimmenanteil der CDU und Katholikenanteil mit den jeweiligen Mittelwerten

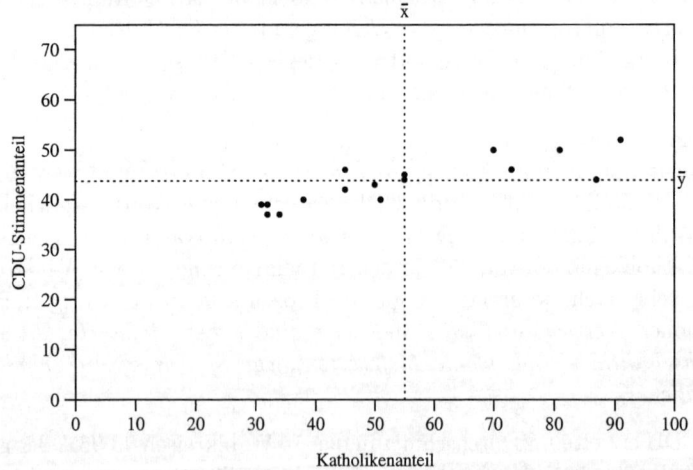

Bei einer negativen Korrelation müßten die Meßwertpaare vor allem im linken oberen und rechten unteren Quadranten liegen, da die y_i-Werte dann mit größer werdenden x_i-Werten abnehmen müßten. Liegt keine Korrelation vor, dann sind die Meßwertpaare relativ gleichmäßig über alle Quadranten verteilt.

Um die Stärke des Zusammenhangs zu berechnen, muß berücksichtigt werden, wie weit die einzelnen Meßwerte vom jeweiligen arithmetischen Mittel abweichen. Dies tun wir, indem wir für jedes Meßwertpaar zunächst die Differenzen $x_i - \bar{x}$ und $y_i - \bar{y}$ berechnen. Diese Abweichungen sind für die beiden Wahlkreise Bitburg und Kaiserslautern in Abbildung 7.3 als grau unterlegte Flächen dargestellt.

Abbildung 7.3: Stimmenanteil der CDU und Katholikenanteil in zwei Wahlkreisen

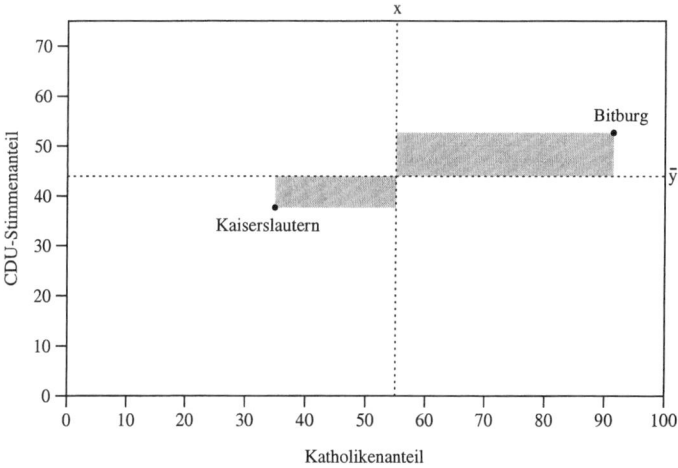

Im Wahlkreis Bitburg sind 91,4% der Bevölkerung katholisch, die Abweichung $x_i - \bar{x}$ beträgt $91{,}4 - 54{,}99 = 36{,}41$ Prozentpunkte. Die CDU erhielt dort 52,68% der gültigen Stimmen, also 8,72 Prozentpunkte mehr als im Durchschnitt aller Wahlkreise ($y_i - \bar{y} = 52{,}68 - 43{,}96$). Die *gemeinsame* Abweichung *beider* Meßwerte von ihren arithmetischen Mitteln ergibt sich aus der Multiplikation der beiden Differenzen $(x_i - \bar{x}) \cdot (y_i - \bar{y})$. Graphisch kann dieses Produkt – wie in Abbildung 7.3 zu sehen ist – als Fläche dargestellt werden, denn die Differenz $x_i - \bar{x}$ entspricht der waagrechten Ausdehnung eines Rechtecks und die Differenz $y_i - \bar{y}$ der senkrechten Ausdehnung. Das Produkt ist also die Fläche. Diese beträgt für Bitburg $36{,}41 \cdot 8{,}72 = 317{,}5$. Dagegen ist der Katholikenanteil und der Stimmenanteil der CDU im Wahlkreis Kaiserslautern unterdurchschnittlich. Die Größe des Abweichungsproduktes beträgt hier $(x_i - \bar{x}) \cdot (y_i - \bar{y}) = (34{,}89 - 54{,}99) \cdot (37{,}68 - 43{,}96) = (-20{,}1) \cdot (-6{,}28) = 126{,}2$. Die Abweichung des Meßwertpaares ist also kleiner als im Wahlkreis Bitburg, was man bereits optisch an der Größe der Flächen erkennt.

Je größer die Flächen aller Meßwertpaare im linken unteren und rechten oberen Quadranten sind, um so stärker beeinflussen sich Katholikenanteil und Wahlergebnis der CDU positiv. Ein negativer Zusammenhang besteht dagegen, wenn die Flächen überwiegend im linken oberen und rechten unteren Quadranten liegen. In diesen Fällen ist das Abweichungsprodukt von den beiden Mittelwerten $(x_i - \bar{x})(y_i - \bar{y})$ nämlich immer negativ (die Flächen sind in diesem Sinne dann auch „negativ").

Die Größe aller Flächen zusammen, ist nichts anderes als die Summe der Abweichungsprodukte (SAP). Wird diese durch n dividiert, erhält man das durchschnittliche Abweichungsprodukt aller Meßwertpaare. Dieses wird auch als *Kovarianz* bezeichnet. Während die Varianz also die Streuung eines Merkmals bezeichnet, ist mit Kovarianz die *gemeinsame Streuung zweier Merkmale* gemeint.

$$cov_{xy} = \frac{\text{SAP}}{\text{Anzahl der Meßwerte}} = \frac{\sum\limits_{i=1}^{n} (x_i - \bar{x}) \cdot (y_i - \bar{y})}{n} \qquad (7.10)$$

Ein wesentlicher Nachteil der Kovarianz besteht darin, daß ihre Größe vom gewählten Maßstab abhängig ist, was man sich leicht an den Flächen verdeutlichen kann: Hätten wir die beiden Merkmale nicht in Prozent, sondern in relativen Häufigkeiten gemessen, dann wäre die Summe der Abweichungsprodukte und damit die Größe der Flächen um den Faktor 10.000 kleiner. Diese Maßstabsabhängigkeit erschwert den Vergleich unterschiedlicher Kovarianzen. Durch Standardisierung entgeht man diesem Problem. Die Standardisierung erfolgt, indem man die Kovarianz durch das Produkt der Standardabweichungen beider Merkmale dividiert. Auf diese Weise erhält man den **Pearsonschen Korrelationskoeffizienten** r:

$$r = \frac{cov_{xy}}{s_x \cdot s_y} = \frac{\frac{\text{SAP}}{n}}{\sqrt{\frac{\text{SAQ}_x}{n}} \cdot \sqrt{\frac{\text{SAQ}_y}{n}}} \qquad (7.11)$$

Aus der rechten Gleichung kann man n herauskürzen, so daß man auch schreiben kann:

$$r = \frac{\text{SAP}}{\sqrt{\text{SAQ}_x \cdot \text{SAQ}_y}} = \frac{\sum\limits_{i=1}^{n}(x_i - \bar{x}) \cdot (y_i - \bar{y})}{\sqrt{\sum\limits_{i=1}^{n}(x_i - \bar{x})^2 \cdot \sum\limits_{i=1}^{n}(y_i - \bar{y})^2}} \qquad (7.11)$$

Der Wertebereich von r liegt zwischen -1 bei einem perfekten negativen Zusammenhang und $+1$ bei einem perfekten positiven Zusammenhang. Nimmt r den Wert 0 an, dann besteht kein Zusammenhang zwischen beiden Merkmalen. r ist ein *symmetrisches* Maß.

Zur Berechnung von r wird eine Arbeitstabelle verwendet (siehe Tabelle 7.6 auf der nächsten Seite). In der ersten Spalte sind die Merkmalsträger – hier die Wahlkreise – verzeichnet, in der zweiten die Katholikenanteile der Wahlkreise (x_i) und in der dritten Spalte die Wahlergebnisse der CDU (y_i).

Zunächst müssen die beiden arithmetischen Mittel $\bar{x}$ und $\bar{y}$ berechnet werden. Wenn dies geschehen ist, können die Abweichungen $(x_i - \bar{x})$ und $(y_i - \bar{y})$ und daraus das Abweichungsprodukt $(x_i - \bar{x}) \cdot (y_i - \bar{y})$ und die Abweichungsquadrate $(x_i - \bar{x})^2$ und $(y_i - \bar{y})^2$ sowie die Summe der Abweichungsprodukte SAP und der Abweichungsquadrate SAQ_x und SAQ_y ermittelt und in die Formel 7.11 eingesetzt werden:

$$r = \frac{\text{SAP}}{\sqrt{\text{SAQ}_x \cdot \text{SAQ}_y}} = \frac{1189,07}{\sqrt{6136,70 \cdot 315,96}} = 0,85$$

Der Korrelationskoeffizient zwischen dem Anteil der katholischen Bevölkerung und dem Wahlergebnis der CDU beträgt also 0,85. Da r maximal 1 wird, kann dieser Wert als sehr starker Zusammenhang interpretiert werden. Das Abschneiden der CDU hängt also in wesentlichem Umfang davon ab, wie hoch der Katholikenanteil ist. Bei der Interpretation der Stärke dieses Zusammenhangs muß allerdings berücksichtigt werden, daß mit Aggregatdaten häufig stärkere Zusammenhänge gemessen werden als

Tabelle 7.6: Berechnung des Korrelationskoeffizienten r

Wahlkreis	x_i	y_i	$(x_i - \bar{x})$	$(y_i - \bar{y})$	$(x_i - \bar{x}) \cdot (y_i - \bar{y})$	$(x_i - \bar{x})^2$	$(y_i - \bar{y})^2$
Neuwied	55,55	44,21	0,56	0,25	0,14	0,31	0,06
Ahrweiler	81,99	50,13	27,00	6,17	166,59	729,00	38,07
Koblenz	73,14	46,60	18,15	2,64	47,92	329,42	6,97
Cochem	70,78	50,94	15,79	6,98	110,21	249,32	48,72
Bad Kreuznach	32,60	39,10	−22,39	−4,86	108,82	501,31	23,62
Bitburg	91,40	52,68	36,41	8,72	317,50	1325,69	76,04
Trier	87,97	44,82	32,98	0,86	28,36	1087,68	0,74
Montabaur	50,76	43,42	−4,23	−0,54	2,28	17,89	0,29
Mainz	51,36	40,86	−3,63	−3,10	11,25	13,17	9,61
Worms	32,81	37,99	−22,18	−5,97	132,41	491,95	35,64
Frankenthal	31,98	39,71	−23,01	−4,25	97,79	529,46	18,06
Ludwigshafen	38,01	40,86	−16,98	−3,10	52,64	288,32	9,61
Neustadt-Speyer	45,61	46,48	−9,38	2,52	−23,64	87,98	6,35
Kaiserslautern	34,89	37,68	−20,10	−6,28	126,23	404,01	39,44
Pirmasens	45,98	42,79	−9,01	−1,17	10,54	81,18	1,37
Südpfalz	55,07	45,09	0,08	1,13	0,09	0,01	1,28
	$\bar{x} =$ **54,99**	$\bar{y} =$ **43,96**			SAP = **1189,13**	SAQ$_x$ = **6136,70**	SAQ$_y$ = **315,87**

mit Individualdaten, was auf Gruppierungseffekte zurückgeführt werden kann (vgl. Pappi 1977, S. 90).

Beispiele für unterschiedlich stark ausgeprägte Zusammenhänge sind in Abbildung 7.4 dargestellt. Im linken, oberen Teil der Abbildung ist ein positiver Zusammenhang der Stärke 0,999 abgebildet, direkt daneben ein negativer Zusammenhang gleicher Intensität. In der (sozialwissenschaftlichen) Realität sind die Korrelationen zwischen Merkmalen schwächer ausgeprägt. In der Abbildung links unten korrelieren die Merkmale (r=0,65) immer noch recht stark, während kein Zusammenhang zwischen den beiden Merkmalen im rechten, unteren Teil der Abbildung besteht (r=0).

Abbildung 7.4: Darstellung unterschiedlich hoher Korrelationen

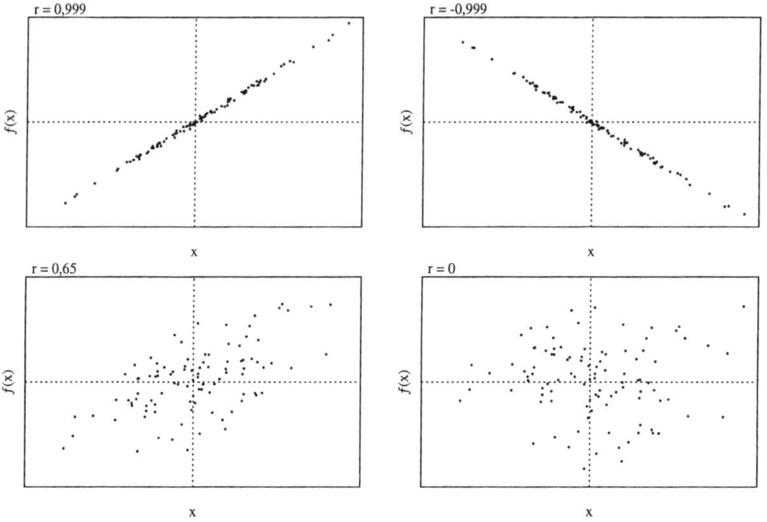

Aufgaben zu Zusammenhangsmaßen

1. Sie möchten den Zusammenhang zwischen der Konfession und der Wahlabsicht prüfen. In der nachstehenden Tabelle ist die Wahlabsicht für Nicht-Katholiken und Katholiken wiedergegeben.

   Bitte berechnen Sie die Spalten- und Zeilenprozente und interpretieren Sie die Aussage der Tabelle! Wie stark ist der Zusammenhang zwischen beiden Merkmalen ausgeprägt? Berechnen Sie bitte den Kontingenzkoeffizienten C, Cramers V sowie λ (Vorhersage der Wahlabsicht)!

	nicht katholisch	katholisch	Summe
CDU/CSU	236	297	533
SPD	390	205	595
ANDERE	268	179	447
Summe	894	681	1575

Quelle: ALLBUS 1994, westdeutsche Befragte

2. Sie möchten herausfinden, ob sich Interviewermerkmale auf die Auswahl der Befragten niederschlagen. Prüfen Sie anhand der unten abgebildeten Tabelle, ob es einen Zusammenhang zwischen dem Schulabschluß der Interviewer und dem Schulabschluß der Befragten gibt. In den Spalten steht der Schulabschluß der Interviewer, in den Zeilen der der Befragten. Berechnen Sie bitte ein angemessenes Zusammenhangsmaß.

	Haupt-schule	Real-schule	FHR/ ABI	Summe
Hauptschule	389	591	670	1650
Realschule	162	352	503	1017
FHR/Abitur	107	227	317	651
Summe	658	1170	1490	3318

Quelle: ALLBUS 1994, westdeutsche Befragte

3. Aus Erfahrung wissen Sie, daß ältere Menschen nur ungern Männern die Tür aufmachen. Sie vermuten deshalb, daß in einer Umfrage die männlichen Interviewer eher junge Menschen befragt haben, die weiblichen Interviewer eher ältere Menschen. Nachfolgend ist das Durchschnittsalter aller Befragten wiedergegeben, das Durchschnittsalter der von den Interviewern Befragten und das Durchschnittsalter der von den Interviewerinnen Befragten. Berechnen Sie auch hier bitte ein angemessenes Zusammenhangsmaß.

	Altersdurch-schnitt	*Varianz*	*n*
Alle Befragte	45,8356	286,1653	3442
Von Mann Interviewte	45,6635	282,8915	2320
Von Frau Interviewte	46,1916	293,0079	1121

Quelle: ALLBUS 1994

4. Sie möchten den Zusammenhang zwischen der Außentemperatur und Ihrem Eiskonsum feststellen. Dazu haben Sie an fünf aufeinanderfolgenden Tagen die Temperatur sowie die Anzahl der von Ihnen verzehrten Eis notiert.

Bitte berechnen Sie die Stärke des Zusammenhangs mit Hilfe des Pearsonschen Korrelationskoeffizienten r und interpretieren Sie das Ergebnis! Zeichnen Sie die Meßwertpaare in ein Diagramm ein!

Tag	Temperatur (°Celsius)	Eiskonsum (Anzahl)
1	15	1
2	30	7
3	20	2
4	24	4
5	17	2

8 Lineare Regression

8.1 Grundgedanke der Regressionsanalyse

Für mindestens *intervallskalierte* Merkmale läßt sich außer dem Zusammenhangsmaß r noch ein *Modell* berechnen, das es uns erlaubt, auf Grundlage unserer Daten Vorhersagen zu treffen. Dieses Modell wird *Regressionsmodell* genannt, weil es die Ausprägung eines Merkmals (Wirkung) auf die Ausprägung eines oder mehrerer anderer Merkmale (Ursache) *zurückführt* („regrediert").

Mit der Regressionsanalyse will man nicht nur angeben, wie groß der Zusammenhang zwischen zwei oder mehreren Variablen ist, sondern auch, um *wieviel* die abhängige Variable sich verändert, wenn die unabhängige Variable um eine bestimmte Menge zu- oder abnimmt (im nachfolgenden werden wir wieder nur auf den bivariaten Fall eingehen). Dazu braucht man ein mathematisches Modell, daß die abhängige und die unabhängige Variable miteinander verknüpft. Ein solches Modell könnte heißen: Y ist immer um drei Einheiten größer als X. Mathematisch formuliert: $y = x + 3$. Das Modell könnte aber auch heißen: Y ist immer um den Faktor 250 größer als X: $y = 250 \cdot x$. Oder: Y ist immer das Quadrat von X zuzüglich des 5-fachen von X: $y = x^2 + 5 \cdot x$. Die Regressionsanalyse stellt ein solches mathematisches bzw. statistisches Modell bereit.

Die hier vorgestellte *lineare Einfachregression* verknüpft zwei Variablen X und Y zu einer **Geraden**, stellt also eine **lineare Beziehung** zwischen den Variablen her. Die Formulierung „Regression von Y auf X" gibt die Erklärungsrichtung an. Wenn man annimmt, daß X einen Einfluß auf Y ausübt, ist X die unabhängige, Y die abhängige Variable. In der Sprechweise der linearen Regression sagt man dann: „Man führt die Ausprägung des Merkmals Y auf die Ausprägung des Merkmals X zurück", deshalb Regression *von Y auf X*. Welche Variable als abhängig und welche als unabhängig betrachtet wird, ist von der Fragestellung abhängig, wie bereits in Kapitel 5.1.2 erläutert wurde.

8.2 Das mathematische Modell der linearen Regression

Das mathematische Modell einer linearen Einfachregression ist die lineare Gleichung mit einer Unbekannten x und den Parametern a und b.

$$y = a + b \cdot x \tag{8.1}$$

Der Wert y bestimmt sich aus der Konstanten a zuzüglich des mit dem Faktor b multiplizierten Wertes x. Egal, welche Werte für a und b eingesetzt werden, das Ergebnis ist immer eine Gerade. Graphisch betrachtet ist a der Schnittpunkt der Geraden mit der y-Achse, b ist die Steigung der Geraden. Eine Steigung von 0 wäre eine Parallele zur x-Achse oder die x-Achse selbst (für $a = 0$). Abbildung 8.1 auf der nächsten Seite zeigt verschiedene Geraden für unterschiedliche Werte von a und b. Links oben in Abbildung 8.1 ist die Funktion $y = 3 + x$ wiedergegeben. Der Schnittpunkt mit der y-Achse ist also bei 3, die Steigung ist 1 ($1 \cdot x = x$). Rechts daneben ist die Funktion $y = 2{,}5 \cdot x$ dargestellt. Der Schnittpunkt mit der y-Achse ist 0, die Steigung 2,5. Eine solche Gerade wird auch „Ursprungsgerade" oder „Nullpunktgerade" genannt, da sie durch den Ursprung bzw. Nullpunkt des Koordinatensystems geht. Links unten ($y = 7 + 0{,}2 \cdot x$) ist eine Gerade mit der sehr geringen Steigung von 0,2 abgebildet. Die Gerade verläuft also fast parallel zur x-Achse. Daneben ($y = 16 - 1{,}5 \cdot x$) ist eine Gerade mit der Steigung $-1{,}5$ abgebildet, d. h. die Gerade steigt nicht, sondern sie fällt mit zunehmendem Wert von x.

Die Steigung der Geraden läßt sich auch immer als das Verhältnis einer Differenz zweier Punkte auf der y-Achse zur Differenz derselben Punkte auf der x-Achse angeben. Betrachten wir dazu die Gerade rechts oben in Abbildung 8.1. Zwischen zwei Punkten mit den Koordinaten $(x_1; y_1)=(2; 5)$ und $(x_2; y_2)=(4; 10)$ liegt die Differenz auf der y-Achse von $y_2 - y_1 = 10 - 5 = 5$ und auf der x-Achse von $x_2 - x_1 = 4 - 2 = 2$. Eine andere Bezeichnung für denselben Sachverhalt ist $\Delta Y = 5$ und $\Delta X = 2$.[1] Dies wird auch

---

1   Δ ist das griechische große Delta und wird häufig für die Bezeichnung eines Intervalls benutzt, in diesem Fall also für eine Strecke.

als „Steigungsdreieck" bezeichnet, da der Quotient $\Delta Y/\Delta X$ die Steigung der Geraden angibt, im Beispiel $5/2 = 2{,}5$. Dies bedeutet, daß Y um 2,5 Einheiten ansteigt, wenn X um eine Einheit steigt.

Abbildung 8.1: Verschiedene lineare Funktionen

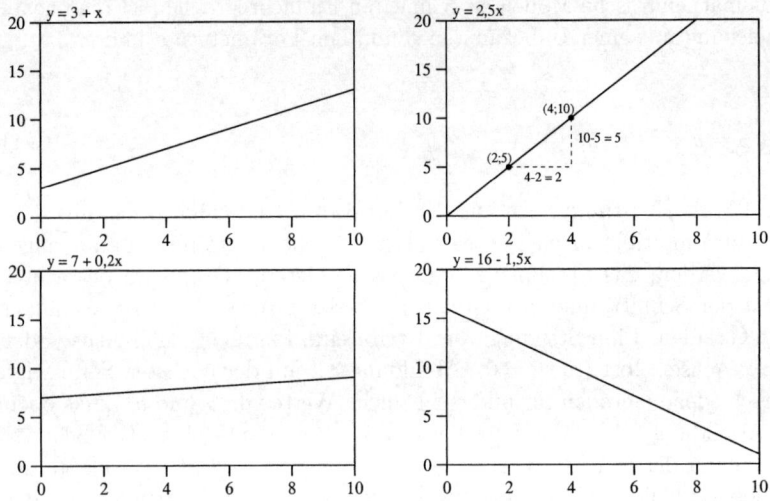

Dieses *allgemeine lineare Modell* wird uns immer wieder begegnen. Als statistisches Modell wenden wir es an, wenn wir einen linearen Zusammenhang zwischen zwei Variablen unterstellen und aufgrund dieses Zusammenhangs eine Prognose der abhängigen Variable abgeben wollen.

8.3 Bestimmung der Regressionsfunktion

Im folgenden greifen wir das Beispiel aus Kapitel 7.4 auf. Wir möchten bestimmen, wie stark der Katholikenanteil in einem Wahlkreis das Wahlergebnis der CDU beeinflußt, und ein Modell berechnen, das es uns erlaubt, eine Vorhersage des Stimmenanteils der CDU auf Grundlage des Katholikenanteils zu machen. Dazu führen wir eine lineare Regression des CDU-Stimmenanteils auf den Anteil der Katholiken in den rheinland-pfälzischen Bundestagswahlkreisen durch, d. h. wir suchen eine Gerade zur Vorhersage des CDU-Stimmenanteils.

Die allgemeine Funktion dieser Geraden geht aus Gleichung (8.1) hervor, wobei der Schnittpunkt der Geraden mit der y-Achse, a, bei der Regression als *Regressionskonstante*, und die Steigung der Regressionsgeraden, b, als *Regressionskoeffizient* bezeichnet wird. Wenn Gleichung 8.1 solchermaßen als „Schätzmodell" verwendet wird, schreibt man sie als:

$$\hat{y}_i = a + b \cdot x_i \qquad (8.2)$$

Die Schreibweise $\hat{y}$ (sprich: y-Dach) verwendet man, um deutlich zu machen, daß es sich bei einem berechneten y-Wert um eine Schätzung aufgrund dieser Gleichung handelt und nicht um einen beobachteten Wert.

Gesucht werden also die *Regressionsparameter* a und b. a gibt im Modell den Wert der abhängigen Variable für den Fall an, daß die unabhängige Variable den Wert 0 annimmt; b ist das Verhältnis, um das die abhängige Variable größer oder kleiner wird, wenn die unabhängige Variable um eine Einheit größer wird.

Da die Vorhersage aufgrund der Regression natürlich möglichst gut sein soll, stellt sich die Frage, welche Gerade die Verteilung der Meßwertpaare (Punkte) (vgl. Abbildung 7.1 auf Seite 135) *bestmöglich* beschreibt.

Es gibt nun unterschiedliche Möglichkeiten eine Gerade zu finden, die die Verteilung der Meßwertpaare wiedergibt. Man könnte eine Gerade „per Augenschein" durch die Punkte legen. Diese würde aber die Lage der Punkte vermutlich nur sehr unzureichend wiedergeben. Am besten wäre natürlich eine Gerade, auf der alle Meßwerte selbst liegen, was allerdings unrealistisch ist. Deshalb gilt ganz allgemein: **Am besten ist diejenige Gerade, zu der alle Punkte den kleinstmöglichen Abstand besitzen**. Man zieht also zur Bestimmung der Geraden die Abstände der Punkte zu dieser Geraden heran. Die einfachen Abweichungen aller Punkte von der Geraden würden es jedoch nicht erlauben, nur *eine* Gerade zu finden, bei der die Abstände der Meßwerte von dieser Geraden minimal sind. Denn es gibt in jeder Punktwolke mehrere Geraden, bei denen die einfachen Abstände der Punkte von dieser Geraden aufsummiert 0 ergeben. Also benutzt man wie schon bei der Berechnung der Varianz einer Variablen (vgl. Kapitel 6) die quadrierten Abstände. Deshalb wird diese Methode, die Gerade zu ermitteln, als **Kleinste-Quadrate-Methode** bezeichnet (abgekürzt OLS = Ordinary Least Squares).

Die Ermittlung der Abstände erfolgt graphisch gesehen immer entlang der Richtung der abhängigen Variable, da es darum geht, bei der Vorhersage dieser Variablen möglichst wenige Fehler zu machen. Bei einer Regression von Y auf X werden die Abstände daher entlang der Ausprägung der Y-Variablen minimiert. Würde man die Abstände entlang der X-Variablen bestimmen, käme dies einer Umkehrung der Richtung der Beziehung zwischen den Variablen gleich, so daß X nicht mehr die unabhängige, sondern die abhängige Variable wäre und Y die unabhängige anstatt der abhängigen Variable. Die Geraden, die sich auf diesen beiden Wegen ermitteln lassen, sind nicht identisch; deshalb ist genau darauf zu achten, welche Variable die abhängige und welche die unabhängige ist (vgl. Clauß und Ebner 1989, S. 108–112). Zur Kennzeichnung, in welche Richtung die Regression erfolgt, verwendet man für die Parameter a und b den Index yx, wenn Y die abhängige und X die unabhängige Variable bezeichnet.

Ist Y die abhängige Variable, lautet die Bedingung also, daß die *quadrierten Abstände der Punkte zur Geraden in Richtung der y-Achse minimal* sein sollen:

$$\sum_{i=1}^{n}(y_i - \hat{y}_i)^2 = min! \tag{8.3}$$

wobei die $\hat{y}_i$-Werte die aufgrund der (noch zu bestimmenden) Geraden ermittelten Schätzwerte und y_i die beobachteten Werte sind.

Wie bestimmt man nun a und b, für die diese Bedingung zutrifft? Aus der linearen Algebra ist vielleicht noch bekannt, daß man das Minimum einer Funktion dadurch erhält, daß die 1. Ableitung 0 gesetzt wird und die 2. Ableitung bei einem Minimum positiv sein muß (ist die 2. Ableitung negativ, erhält man ein Maximum!). Da die beiden Parameter a und b gesucht werden, muß Gleichung 8.2 in Gleichung 8.3 eingesetzt und dann partiell nach a und b differenziert werden (vgl. Bortz 1999, S. 177 f.). Dadurch erhält man für b die folgende Formel:

$$b_{yx} = \frac{\sum_{i=1}^{n}(x_i - \bar{x}) \cdot (y_i - \bar{y})}{\sum_{i=1}^{n}(x_i - \bar{x})^2} = \frac{\text{SAP}}{\text{SAQ}_x} \tag{8.4}$$

Ähnlich der Berechnung des Korrelationskoeffizienten r werden hier zur Bestimmung von b_{yx} die Summe der Abweichungsprodukte (SAP) sowie die Summe der Abweichungsquadrate von x (SAQ$_x$) herangezogen. b_{yx} wird dann zusammen mit $\bar{x}$ und $\bar{y}$ zur Bestimmung von a_{yx} verwendet. Eine Eigenschaft der durch die Kleinste-Quadrate-Methode berechneten Gerade ist es nämlich, daß sie durch den Punkt $(\bar{x};\bar{y})$, also das arithmetische Mittel von X und Y, verläuft. Außerdem ist ja bekannt, daß a der Schnittpunkt der Geraden mit der y-Achse ist, also verläuft die Gerade durch den Punkt $(0;a)$. Damit haben wir zwei Punkte der Geraden und können die Steigung der Geraden b auch als Steigungsdreieck festlegen:

$$b_{yx} = \frac{\Delta y}{\Delta x} = \frac{\bar{y} - a_{yx}}{\bar{x} - 0} = \frac{\bar{y} - a_{yx}}{\bar{x}} \qquad (8.5)$$

Durch Umformen ergibt sich:

$$a_{yx} = \bar{y} - b_{yx} \cdot \bar{x} \qquad (8.6)$$

Wenden wir die Gleichungen 8.4 und 8.6 auf unser Beispiel in Kapitel 7.4 an, ergibt sich für b und a:

$$b_{yx} = \frac{\text{SAP}}{\text{SAQ}_x} = \frac{1189{,}13}{6136{,}70} = 0{,}194$$

$$a_{yx} = \bar{y} - b_{yx} \cdot \bar{x} = 43{,}96 - 0{,}194 \cdot 54{,}99 = 33{,}29$$

Die Regressionsgerade in unserem Beispiel lautet also:

$$\hat{y}_i = 33{,}29 + 0{,}194 \cdot x_i$$

Die Regressionsparameter a und b können wie folgt *inhaltlich interpretiert* werden: Wenn die unabhängige Variable um eine Einheit zunimmt, ändert sich die abhängige Variable um den Faktor des *Regressionskoeffi-zienten*. Nimmt im Beispiel der Katholikenanteil um einen Prozentpunkt zu, dann steigt der CDU-Stimmenanteil um 0,194 Prozentpunkte. Ent-sprechend steigt der CDU-Stimmenanteil um 1,94 Prozentpunkte, wenn der Katholikenanteil um 10 Prozentpunkte zunimmt. Die *Regressionskon-stante* ist der Wert, den die abhängige Variable annimmt, wenn die unab-hängige Variable 0 ist. Im Beispiel würde der Stimmenanteil für die CDU also immer noch 33,29% betragen, wenn der Anteil der Katholiken 0% betragen würde.

In Abbildung 8.2 sind die Meßwerte aus dem Beispiel und die ermittelte Regressionsgerade eingezeichnet.

Abbildung 8.2: Regression des CDU-Stimmenanteils auf den Katholiken-anteil

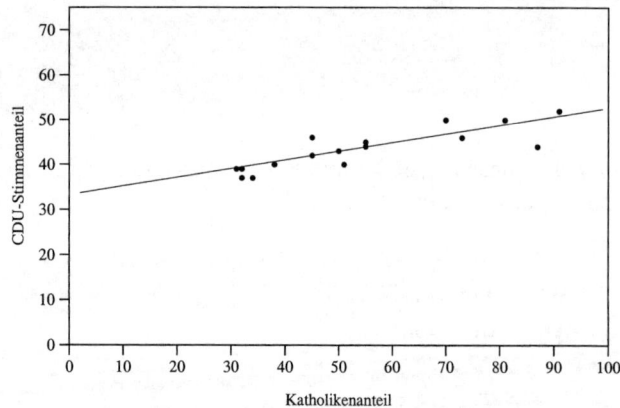

Die Gleichung $y = 33,29 + 0,194 \cdot x$ kann nun zur Prognose („Schätzung") der Y-Variablen aufgrund des Wertes der X-Variablen verwendet werden. Auf unser Beispiel angewendet, kann man jetzt also zu einem beliebigen Katholikenanteil in einem Wahlkreis x_i den Stimmenanteil der CDU $\hat{y}_i$ „schätzen".

So würde man bei einem Katholikenanteil von 70,78% aufgrund der Re-gressionsgleichung einen Stimmenanteil der CDU von $\hat{y} = 33,29 + 0,194 \cdot 70,78 = 47,02\%$ prognostizieren. Im Wahlkreis Cochem, wo genau dieser Katholikenanteil vorkommt, beträgt der *tatsächliche* Stimmenanteil der

CDU aber 50,94%, liegt also über dem geschätzten Wert. Differenzen zwischen $\hat{y}_i$- und y_i-Werten kommen vor, weil – wie bereits erläutert wurde – nicht alle beobachteten Werte exakt auf einer Geraden liegen können[2] und die Gerade ja nur die *bestmögliche* Annäherung an die Punkte darstellt.

8.4 Qualität der Regression

Die berechnete Regressionsgerade gibt den Einfluß der unabhängigen auf die abhängige Variable wieder. Mit ihr können $\hat{y}$-Werte für gegebene x-Werte vorhergesagt werden, was am Beispiel des Wahlkreises Cochem demonstriert wurde. Die Regressionsgerade repräsentiert die beobachteten Werte dabei um so besser, je weniger die geschätzten Werte $\hat{y}_i$ von den beobachteten Werten y_i abweichen.

Ein Maß für die Annäherung der Geraden an die beobachteten Werte und damit die *Prognosequalität* der Regressionsgleichung ist der *Determinationskoeffizient* R^2, ein dem Korrelationskoeffizienten r sehr eng verwandtes Maß. Andere Bezeichnungen für R^2 – manchmal auch r^2 geschrieben – sind „Bestimmtheitsmaß" oder „Varianzaufklärung". Letztere Bezeichnung weist auf die R^2 innewohnende Logik hin. R^2 gibt an, *welcher Anteil der Varianz der abhängigen Variable durch die Varianz der unabhängigen Variable erklärt wird*. Welcher Anteil der Unterschiede im Wahlergebnis der CDU wird also durch die unterschiedlich hohen Katholikenanteile erklärt? Ist dieser Anteil eher gering, dann ist die Bedeutung der unabhängigen Variable (Katholikenanteil) für die Erklärung der abhängigen Variable (CDU-Stimmenanteil) ebenfalls gering; ist er hoch, dann ist die Bedeutung der unabhängigen Variable für die Erklärung der abhängigen Variable ebenfalls hoch.

Zur Erklärung von R^2 sollte man sich noch einmal die Logik eines PRE-Maßes (vgl. Kapitel 7.1.2 und 7.3) vergegenwärtigen. Bei PRE-Maßen versucht man zunächst, die abhängige Variable ohne Hinzuziehung einer unabhängigen Variable, also auf Basis ihrer eigenen Verteilung, zu prognostizieren. Im Fall einer metrischen abhängigen Variable ist der beste Schätzwert deren arithmetisches Mittel $\bar{y}$ (=ursprüngliche Prognose), im Beispiel also das durchschnittliche Wahlergebnis der CDU in den rheinland-pfälzischen Bundestagswahlkreisen, nämlich 43,96%. Die Differenzen der

---

2 Lediglich bei einem perfekten Zusammenhang liegen alle Punkte auf einer Geraden. Solche Zusammenhänge kommen in der Realität jedoch nie vor.

beobachteten Werte vom arithmetischen Mittel $(y_i - \bar{y})$ entsprechen dann den Fehlern, die wir ohne Kenntnis einer unabhängigen Variable begehen. Anschließend wird die abhängige Variable auf Basis der unabhängigen Variable vorhergesagt. Der beste Schätzwert ist nun der durch die ermittelte Regressionsgleichung prognostizierte Wert $\hat{y}_i$ für eine konkrete Ausprägung der unabhängigen Variable x_i (=neue Prognose). Die Abweichungen der beobachteten Werte vom neuen Schätzwert $y_i - \hat{y}_i$ entsprechen dann den Fehlern, die wir bei Kenntnis der unabhängigen Variable begehen. Das Gütekriterium der Prognose bestimmt sich nun daraus, in welchem Umfang die Fehler auf Basis der ursprünglichen Prognose durch die neue Prognose vermindert werden.

Diese Herleitung von R^2 wird anhand *eines* Falls in Abbildung 8.3 veranschaulicht. x_i ist der Wert der unabhängigen Variable (Katholikenanteil). Zu ihm gehört der beobachtete Wert der abhängigen Variable y_i (Stimmenanteil der CDU). Der Wert auf der Parallelen zur x-Achse ist der Mittelwert der abhängigen Variable $\bar{y}$ (durchschnittlicher Katholikenanteil), also der Wert, den wir ohne Kenntnis einer weiteren Variablen vorhersagen würden. Der Wert auf der berechneten Geraden $\hat{y}_i = a + b \cdot x_i$ ist die neue Schätzung der abhängigen Variable $\hat{y}_i$ für eine bestimmte Ausprägung der unabhängigen Variable x_i.

Abbildung 8.3: Varianzzerlegung im linearen Regressionsmodell

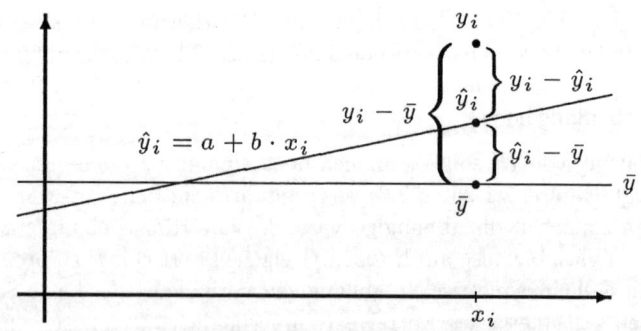

Die Abweichung bzw. *Differenz eines beobachteten Wertes vom Mittelwert* $y_i - \bar{y}$ (Fehler bei ursprünglicher Prognose) läßt sich aufteilen in die *Differenz des beobachteten Wertes zu dem aufgrund der Regression geschätzten Wert* $y_i - \hat{y}_i$ (Fehler bei neuer Prognose) *und* die *Differenz des aufgrund*

der Regression geschätzten Wertes zum Mittelwert $\hat{y}_i - \bar{y}$. Die ursprüngliche Differenz $y_i - \bar{y}$ ist die Abweichung, die man mit Hilfe von X erklären will. Die Differenz $\hat{y}_i - \bar{y}$ ist davon der Anteil, der mit Hilfe der Regression von Y auf X erklärt werden kann, und die Differenz $y_i - \hat{y}_i$ ist der Anteil, der nach wie vor unerklärt bleibt, d. h. nicht auf X zurückgeführt werden kann. Dies läßt sich auch mit der folgenden Gleichung zum Ausdruck bringen.

$$\underbrace{y_i - \bar{y}}_{\text{zu erklärende Abweichung}} = \underbrace{y_i - \hat{y}_i}_{\text{nicht erklärte Abweichung}} + \underbrace{\hat{y}_i - \bar{y}}_{\text{erklärte Abweichung}} \qquad (8.7)$$

Dies kann man an einem Wahlkreis – z. B. Cochem – verdeutlichen: Im Falle des Wahlkreises Cochem liegen wir mit der Prognose des durchschnittlichen CDU-Anteils $\bar{x}$ von 43,96% (ursprüngliche Prognose) um 6,98 Prozentpunkte daneben, denn der tatsächliche Stimmenanteil der CDU in Cochem y_i beträgt 50,94%. Die zu erklärende Abweichung beträgt also $y_i - \bar{y} = 50{,}94 - 43{,}96 = 6{,}98$ Prozentpunkte (Fehler bei ursprünglicher Prognose). Zur Erklärung des Stimmenanteils der CDU ziehen wir den Katholikenanteil im Wahlkreis heran. Auf Basis der berechneten Regressionsgerade ($\hat{y}_i = 33{,}29 + 0{,}194 \cdot x_i$) erwarten wir für einen Wahlkreis mit einem Katholikenanteil von 70,78% wie Cochem, daß 47,02% der Wähler für die CDU stimmen (neue Prognose). Mit Hilfe des Katholikenanteils wird die Schätzung also besser: Von der gesamten zu erklärenden Abweichung von 6,98 Prozentpunkten werden durch die Regression $\hat{y}_i - \bar{y} = 47{,}02 - 43{,}96 = 3{,}06$ *Prozentpunkte erklärt*. Selbst der Katholikenanteil erklärt noch nicht den vollen Umfang des Wahlerfolgs der CDU in Cochem, aber einen Teil davon. Die weiterhin nicht erklärte Abweichung beträgt $y_i - \hat{y}_i = 50{,}94 - 47{,}02 = 3{,}92$ Prozentpunkte (Fehler bei neuer Prognose).

Diese Abweichungen müssen nun für alle 16 Wahlkreise berechnet werden. Bevor sie aufsummiert werden, müssen sie noch *quadriert* werden, denn sonst heben sich positive und negative Abweichungen auf, so daß die gesamte Abweichung für alle Wahlkreise 0 betragen würde. Für die quadrierten, aufsummierten Abweichungen schreibt man:

$$\underbrace{\sum_{i=1}^{n}(y_i - \bar{y})^2}_{\text{Gesamt-SAQ}_y} = \underbrace{\sum_{i=1}^{n}(y_i - \hat{y}_i)^2}_{\text{Unerklärte-SAQ}_y} + \underbrace{\sum_{i=1}^{n}(\hat{y}_i - \bar{y})^2}_{\text{Erklärte-SAQ}_y} \qquad (8.8)$$

Die zu erklärende Gesamt-SAQ$_y$ setzt sich also aus einer durch die Regression unerklärten SAQ$_y$ und einer durch die Regression erklärten SAQ$_y$ zusammen. Das Verhältnis der erklärten SAQ$_y$ zur Gesamt-SAQ$_y$ ist das Maß für die Güte der Regression, R^2.

$$R^2 = \frac{\sum_{i=1}^{n}(\hat{y}_i - \bar{y})^2}{\sum_{i=1}^{n}(y_i - \bar{y})^2} = \frac{\text{Erklärte-SAQ}_y}{\text{Gesamt-SAQ}_y} \qquad (8.9)$$

Zur Verdeutlichung der PRE-Maß-Logik kann man auch schreiben:

$$R^2 = \frac{\sum_{i=1}^{n}(y_i - \bar{y})^2 - \sum_{i=1}^{n}(y_i - \hat{y})^2}{\sum_{i=1}^{n}(y_i - \bar{y})^2} = \frac{\text{Gesamt-SAQ}_y - \text{Unerklärte-SAQ}_y}{\text{Gesamt-SAQ}_y}$$

$$(8.10)$$

Die Gesamt-SAQ$_y$ in Gleichung 8.10 entspricht den Fehlern bei der ursprünglichen Prognose (Vorhersage durch arithmetisches Mittel), die Unerklärte-SAQ$_y$ den Fehlern auf Basis der neuen Prognose (Regressionsschätzung). Die Differenz gibt die Verringerung der Fehler durch die Hinzuziehung der unabhängigen Variable an. Die Gleichungen 8.9 und 8.10 sind natürlich identisch, da Gesamt-SAQ$_y$ − Unerklärte-SAQ$_y$ = Erklärte-SAQ$_y$.

R^2 hat einen Wertebereich von 0 bis 1. R^2 nimmt den Wert 0 an, wenn die unabhängige Variable X die Vorhersage nicht verbessert. Je größer R^2 ist, desto größer ist der Anteil der erklärten Streuung und um so höher ist die Erklärungskraft der unabhängigen Variable. Ein $R^2 = 1$ würde bedeuten, daß alle Meßwerte auf der Regressionsgeraden liegen und damit voll und ganz durch die Regression vorhergesagt werden können. R^2 nimmt bei sozialwissenschaftlichen Untersuchungen meist keine hohen Werte an – ein R^2 von 0,2 ist schon ein guter Wert.

Um die Berechnung von R^2 in unserem Beispiel durchzuführen, erweitert man Tabelle 7.6 (S. 140) um die Spalten zur Berechnung von $\hat{y}_i$, $y_i - \hat{y}_i$, $(y_i - \hat{y}_i)^2$, $\hat{y}_i - \bar{y}$ und $(\hat{y}_i - \bar{y})^2$, wie in Tabelle 8.1 auf Seite 157 dargestellt ist. Die linke Seite von Tabelle 8.1 ist bis zum Doppelstrich identisch mit Tabelle 7.6.

Aufgrund der ermittelten Regressionsgleichung lassen sich bei Einsetzen der x_i-Werte jetzt die $\hat{y}_i$-Werte berechnen. Die Summe der quadrierten Abweichungen $(y_i - \hat{y}_i)^2$ ist die unerklärte SAQ von Y, die Summe der quadrierten Abweichungen $(\hat{y}_i - \bar{y})^2$ ist die erklärte SAQ von Y. Die unerklärte SAQ beträgt 85,49, die erklärte SAQ 231,05 und die gesamte SAQ 315,87.[3] Also läßt sich R^2 nach Gleichung 8.9 wie folgt berechnen:

$$R^2 = \frac{\sum\limits_{i=1}^{n} (\hat{y}_i - \bar{y})^2}{\sum\limits_{i=1}^{n} (y_i - \bar{y})^2} = \frac{\text{erklärte SAQ}_y}{\text{Gesamt-SAQ}_y} = \frac{231,05}{315,87} = 0,73$$

bzw. alternativ nach Gleichung 8.10:

$$R^2 = \frac{\sum\limits_{i=1}^{n} (y_i - \bar{y})^2 - \sum\limits_{i=1}^{n} (y_i - \hat{y})^2}{\sum\limits_{i=1}^{n} (y_i - \bar{y})^2} = \frac{315,87 - 85,49}{315,87} = 0,73$$

Der Wert von $R^2 = 0,73$ ist ein sehr hoher Wert, der in der Praxis nur selten erreicht wird. Er besagt, daß die Anpassung der geschätzten Geraden an die beobachteten Werte sehr gut ist. Wenn der Wert mit 100

---

3 Aufgrund von Rundungsungenauigkeiten entspricht die Summe aus erklärter und unerklärter SAQ_y (85, 49 + 231, 05 = 316, 53) nicht exakt der Gesamt-SAQ_y (315, 87). SPSS ermittelt eine unerklärte SAQ_y von 85, 528, eine erklärte SAQ_y von 230, 341 und eine Gesamt-SAQ_y von 315, 869.

multipliziert wird, läßt er sich auch als Prozentwert interpretieren: Die Varianzaufklärung beträgt 73%. Oder anders ausgedrückt: Die Varianz in der abhängigen Variable läßt sich zu 73% durch die Varianz in der unabhängigen Variable erklären. Im Beispiel erklärt also der Katholikenanteil in den Wahlkreisen 73% der Unterschiede im Stimmenanteil der CDU.

Aus R^2 läßt sich nun ganz einfach nochmals der Korrelationskoeffizient r bestimmen, denn

$$r = \sqrt{R^2} \tag{8.11}$$

Im Beispiel würde der auf diese Weise ermittelte Wert $r = 0{,}85$ betragen. R^2 ist allerdings nur bei einer Regression mit **einer** unabhängigen Variable identisch mit dem quadrierten Korrelationskoeffizienten r aus Kapitel 7.4!

Nimmt R^2 sehr niedrige Werte an, so kann dies unterschiedliche Ursachen haben. Eine Möglichkeit besteht darin, daß die unabhängige Variable X tatsächlich keinen Einfluß auf Y ausübt, wie es in der dritten Abbildung auf S. 141 dargestellt ist. Es könnte aber auch sein, daß ein *nichtlinearer* Zusammenhang besteht. In diesem Fall ist eine lineare Regression nicht das angemessene Verfahren. In Abbildung 8.4 auf Seite 158 sind mehrere nichtlineare Beziehungen dargestellt. Ob ein linearer Zusammenhang vorliegt, läßt sich im bivariaten Fall durch ein Streudiagramm leicht graphisch prüfen.

Tabelle 8.1: Berechnung des Determinationskoeffizienten R^2

Wahlkreis	x_i	y_i	$(y_i - \bar{y})$	$(y_i - \bar{y})^2$	$\hat{y}_i$	$(y_i - \hat{y}_i)$	$(y_i - \hat{y}_i)^2$	$(\hat{y}_i - \bar{y})$	$(\hat{y}_i - \bar{y})^2$
Neuwied	55,55	44,21	0,25	0,06	44,07	0,14	0,02	0,11	0,01
Ahrweiler	81,99	50,13	6,17	38,07	49,20	0,93	0,86	5,24	27,46
Koblenz	73,14	46,60	2,64	6,97	47,48	-0,88	0,77	3,52	12,39
Cochem	70,78	50,94	6,98	48,72	47,02	3,92	15,37	3,06	9,36
Bad Kreuznach	32,60	39,10	-4,86	23,62	39,61	-0,51	0,26	-4,35	18,92
Bitburg	91,40	52,68	8,72	76,04	51,02	1,66	2,76	7,06	49,84
Trier	87,97	44,82	0,86	0,74	50,36	-5,54	30,69	6,40	40,96
Montabaur	50,76	43,42	-0,54	0,29	43,14	0,28	0,08	-0,82	0,67
Mainz	51,36	40,86	-3,10	9,61	43,25	-2,39	5,71	-0,71	0,50
Worms	32,81	37,99	-5,97	35,64	39,66	-1,67	2,79	-4,30	18,49
Frankenthal	31,98	39,71	-4,25	18,06	39,49	0,22	0,05	-4,47	19,98
Ludwigshafen	38,01	40,86	-3,10	9,61	40,66	0,20	0,04	-3,30	10,89
Neustadt-Speyer	45,61	46,48	2,52	6,35	42,14	4,34	18,84	-1,82	3,31
Kaiserslautern	34,89	37,68	-6,28	39,44	40,06	-2,38	5,66	-3,90	15,21
Pirmasens	45,98	42,79	-1,17	1,37	42,21	0,58	0,34	-1,75	3,06
Südpfalz	55,07	45,09	1,13	1,28	43,97	1,12	1,25	0,01	0,00
	$\bar{x} =$ 54,99	$\bar{y} =$ 43,96		$SAQ_y =$ 315,87			$U.\,SAQ_y =$ 85,49		$E.\,SAQ_y =$ 231,05

Abbildung 8.4: Nichtlineare Zusammenhänge

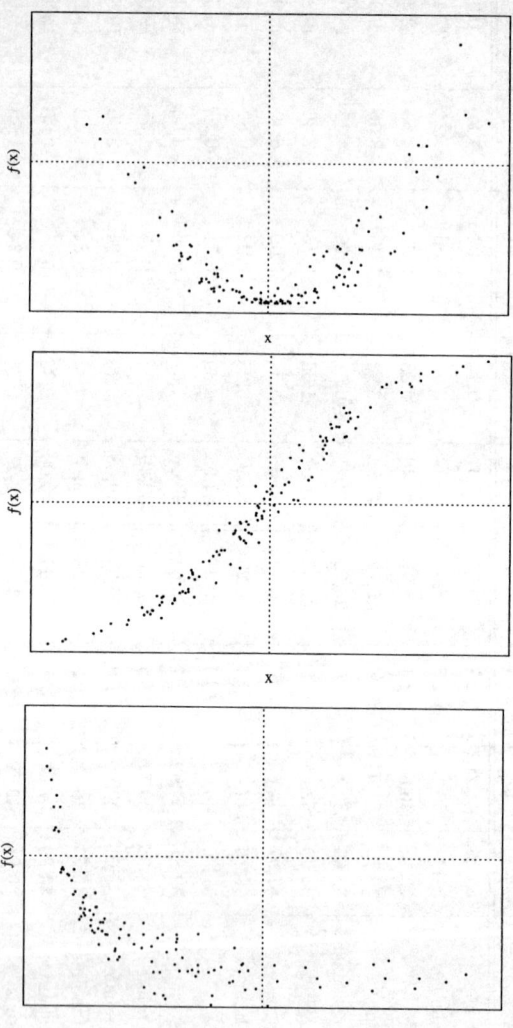

Aufgaben zu Linearer Regression

1. Welche Fragestellungen können mit Hilfe der Regression beantwortet werden? (Bitte beantworten Sie die Frage in maximal 2 Sätzen).

2. Sie möchten wissen, welchen Einfluß der Anteil der Katholiken auf das Wahlergebnis der SPD bei der Bundestagswahl 1994 in Rheinland-Pfalz hatte. In der Tabelle sind für jeden rheinland-pfälzischen Wahlkreis der Anteil der Katholiken x_i und das Wahlergebnis der SPD y_i wiedergegeben.

   Bitte berechnen Sie die Regressionsgerade! Ist die ermittelte Regressionsfunktion eine gute Schätzung des Wahlergebnisses der SPD? Berechnen Sie zur Beantwortung dieser Frage das Bestimmtheitsmaß R^2! Interpretieren Sie alle errechneten Maße inhaltlich!

Wahlkreis	x_i	y_i
Neuwied	55,55	40,96
Ahrweiler	81,99	34,17
Koblenz	73,14	37,93
Cochem	70,78	32,84
Kreuznach	32,60	44,01
Bitburg	91,40	32,72
Trier	87,97	39,60
Montabaur	50,76	42,21
Mainz	51,36	36,55
Worms	32,81	42,42
Frankenthal	31,98	43,16
Ludwigshafen	38,01	40,83
Neustadt-Speyer	45,61	34,59
Kaiserslautern	34,89	46,70
Pirmasens	45,98	41,66
Südpfalz	55,07	36,93

3. Berechnen Sie für das obige Beispiel den Korrelationskoeffizienten aus den einzelnen Meßwerten und aus dem Bestimmtheitsmaß!

9 Stichprobenziehung

Um Angaben über die Struktur der Bevölkerung zu erhalten, werden von amtlicher Seite regelmäßig Volkszählungen durchgeführt. Die letzte Volkszählung fand in der Bundesrepublik im Jahr 1987 und in der DDR im Jahr 1981 statt. Erhebt man die Daten wie im Falle von Volkszählungen bei allen interessierenden Untersuchungseinheiten – hier also bei der gesamten Bevölkerung eines Staates –, dann spricht man von einer *Vollerhebung*. Der größte Vorteil von Vollerhebungen besteht darin, daß man die Fakten für alle interessierenden Untersuchungseinheiten kennt. Die Kehrseite der Medaille ist allerdings, daß Vollerhebungen sehr kosten- und zeitintensiv sind. Nach Angaben von Diekmann (1995, S. 327) kostete die Volkszählung 1987 mehr als 1 Milliarde DM. Die Ausgaben für eine neue Volkszählung in Deutschland werden noch weitaus höher veranschlagt, weshalb in Deutschland in Zukunft keine herkömmliche Volkszählung mehr durchgeführt werden soll (vgl. Bierau 2001).

Würde man alle wahlberechtigten Bundesbürger – also ca. 60 Millionen Menschen – vor einer Wahl nach ihrer Wahlabsicht befragen, dann lägen die Ergebnisse sicher nicht mehr vor der Wahl vor. Zudem wäre der finanzielle Aufwand kaum vertretbar. Aus diesem Grund befragt man nicht alle Wahlberechtigten nach ihrer Wahlabsicht, sondern trifft eine *Auswahl* aus allen Wahlberechtigten. Auswahlen werden auch als *Stichproben* oder *Samples* bezeichnet (vgl. zu Auswahlverfahren Scheaffer et al. 1996; Levy und Lemeshow 1991; Böltken 1976). In der nachfolgenden Tabelle ist die Wahlabsicht von 1.250 Befragten vor der Bundestagswahl 1994 und das tatsächliche Endergebnis wiedergegeben. Obwohl lediglich ein kleiner Teil aller Wähler befragt wurde, weicht das Ergebnis der Umfrage vom tatsächlichen Wahlergebnis nicht sehr weit ab.

Es ist kein Zufall, daß sich die Methoden der Stichprobenziehung parallel zur Wahlforschung entwickelten. Waren die Umfrageergebnisse weit vom tatsächlichen Wahlergebnis entfernt, so lag dies häufig daran, daß die Stichprobe kein verkleinertes Abbild aller Wähler darstellte. „Fehlprogno-

Tabelle 9.1: Umfrageergebnis und tatsächliches Ergebnis der BTW 1994

Partei	Forschungs- gruppe Wahlen	Amtliches Ergebnis
CDU/CSU	42,5%	41,5%
SPD	35,5%	36,4%
FDP	7,0%	6,9%
Bündnis 90/Grüne	8,0%	7,3%
PDS	3,5%	4,4%
REP	2,0%	1,9%
	1.250 (Befragte)	47.104.576 (Wähler)

sen" wurden zum Anlaß genommen, die Art der Stichprobenziehung zu überdenken.

Die entscheidende Frage ist, wie man auf der Basis von Stichprobenergebnissen Aussagen über die Grundgesamtheit treffen kann. Diese Frage kann mit Hilfe der *schließenden Statistik* bzw. *Inferenzstatistik* beantwortet werden. Im Gegensatz zur bisher behandelten *deskriptiven Statistik*, die sich mit der Beschreibung vorliegender Daten zufrieden gibt, werden mit Hilfe der nachfolgend dargestellten Verfahren der schließenden Statistik Stichprobenergebnisse verallgemeinert. Da in den Sozialwissenschaften häufig keine Vollerhebungen durchgeführt werden können, nimmt die Inferenzstatistik einen zentralen Platz ein.

Ob man Stichprobenergebnisse verallgemeinern kann, hängt wesentlich davon ab, auf welche **Weise** die Einheiten der Stichprobe ausgewählt werden. Prinzipiell unterscheidet man zwischen *zufallsgesteuerten* und *nicht-zufallsgesteuerten* Verfahren. Streng genommen sind Schlüsse von der Stichprobe auf die Grundgesamtheit – im Beispiel also von 1.250 Befragten auf 47 Millionen Wähler – nur bei ersteren zulässig. Bei Zufallsstichproben kann zwar nur mit einer gewissen Wahrscheinlichkeit von der Stichprobe auf die Grundgesamtheit geschlossen werden – diese Wahrscheinlichkeit ist aber immerhin angebbar. Warum dies so ist, und welche Möglichkeiten es gibt, Stichprobenresultate zu verallgemeinern, damit beschäftigen sich alle folgenden Kapitel.

9.1 Grundbegriffe der Stichprobenziehung

Bevor die verschiedenen Formen der Stichprobenziehung erläutert werden können, sollten einige grundlegende Begriffe geklärt sein.

Unter **Grundgesamtheit** oder **Population** werden alle Einheiten verstanden, auf die sich die Untersuchungshypothesen beziehen, wobei die Einheiten real existieren müssen (vgl. zur Annahme fiktiver Grundgesamtheiten die Kritik von Rohwer und Pötter 2002). Interessiert man sich für das Wahlverhalten der Deutschen bei einer Bundestagswahl, dann stellen alle bei dieser Wahl wahlberechtigten Bundesbürger die Grundgesamtheit dar. Soll die Wahlkampfberichterstattung der auflagenstärksten überregionalen Tageszeitungen (ohne Boulevardblätter) bei der Bundestagswahl 1994 inhaltsanalytisch ausgewertet werden, dann zählen alle wahlkampfbezogenen Artikel der „Frankfurter Allgemeinen Zeitung", der „Frankfurter Rundschau", der „Süddeutschen Zeitung", der „tageszeitung" und der „Welt" zur Grundgesamtheit. Sollen die Studienwünsche rheinlandpfälzischer Abiturienten untersucht werden, dann gehören alle Schüler des 13. Schuljahres in Rheinland-Pfalz zur Grundgesamtheit.

Von der Grundgesamtheit ist die **Auswahlgesamtheit** zu unterscheiden. Sie besteht aus allen Einheiten, aus denen die Stichprobe tatsächlich ausgewählt wird. Zur Untersuchung der Studienwünsche rheinland-pfälzischer Abiturienten könnten wir beispielsweise alle Gymnasien anschreiben und deren Direktoren bitten, uns eine Liste aller Schüler des 13. Schuljahres zu schicken. Die Auswahlgesamtheit besteht dann aus den auf diesen Listen verzeichneten Schülern, die Grundgesamtheit aus allen rheinlandpfälzischen Schülern. Die Auswahlgesamtheit und nicht die Grundgesamtheit ist demnach die *Grundlage der Stichprobenziehung.*

Die Auswahlgesamtheit kann sich von der Grundgesamtheit durch **undercoverage** (Untererfassung) und **overcoverage** (Übererfassung) unterscheiden. Undercoverage liegt dann vor, wenn Einheiten der Grundgesamtheit nicht in der Auswahlgesamtheit vorhanden sind; overcoverage, wenn Einheiten der Auswahlgesamtheit nicht zur Grundgesamtheit gehören. Fehlen Schüler des 13. Jahrgangs auf unserer Liste, z. B. weil diese erst nach Erstellung der Liste aus einem anderen Bundesland zugezogen sind, dann liegt undercoverage vor. Enthält unsere Liste andererseits Schüler, die zwischenzeitlich das Gymnasium verlassen haben, besteht overcoverage. Die Differenz zwischen Auswahl- und Grundgesamtheit wäre in diesen beiden Fällen durch eine veraltete Liste verursacht.

Unter **Stichprobe** wird die Auswahl einer Teilmenge von Untersuchungseinheiten aus der Auswahlgesamtheit nach bestimmten Regeln, dem Aus-
wahlplan, verstanden. Synonym verwendet man auch die Begriffe *Auswahl* oder *Sample*. Wir könnten z. B. bei der Auswahl von Schülern in
Rheinland-Pfalz so vorgehen, daß wir erst eine Schülerliste erstellen und
dann aus dieser Schülerliste jeden zehnten Schüler auswählen.

Der Zusammenhang zwischen Grund- und Auswahlgesamtheit ist in der
folgenden Abbildung verdeutlicht: Die Grundgesamtheit wird durch die
helle Ellipse dargestellt, die Auswahlgesamtheit durch die darüberliegen-
de dunkle Ellipse. Die hellen Kreise sind zwei verschiedene Stichproben A
und B. Under- und overcoverage sind die beiden sichelförmigen Überlap-
pungen rechts und links. Wie man sieht, enthält Stichprobe A Einheiten,
die nicht zur Grundgesamtheit gehören (was über die gestrichelte Linie
hinausgeht). Dagegen sind in Stichprobe B nur Fälle verzeichnet, die sowohl zur Auswahl- als auch zur Grundgesamtheit gehören. Da jede Stichprobe auf der Auswahlgesamtheit beruht, können Fälle, die zwar in der
Grundgesamtheit, nicht aber in der Auswahlgesamtheit vorhanden sind
(undercoverage), nie in eine Stichprobe gelangen. Je weniger Auswahl- und
Grundgesamtheit voneinander abweichen, umso besser bildet die Stichprobe die Grundgesamtheit ab.

Abbildung 9.1: Auswahlgesamtheit und Grundgesamtheit

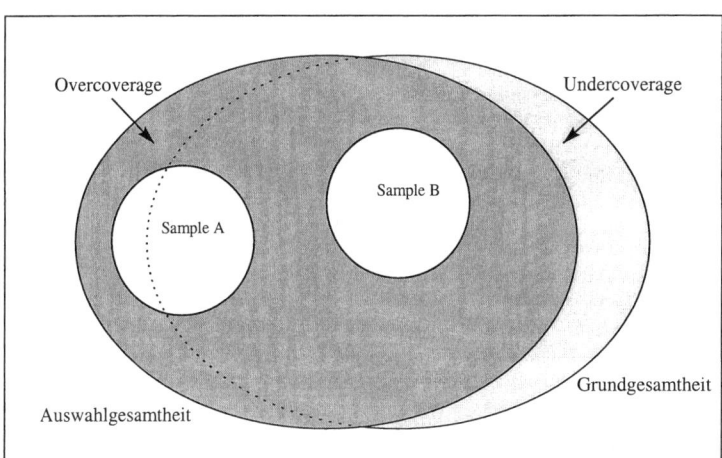

Bei der Stichprobenziehung muß zwischen der *Auswahleinheit* und der *Untersuchungseinheit* unterschieden werden. Die Auswahleinheit ist die Einheit, die der Stichprobenziehung zugrundeliegt; die Untersuchungseinheit ist die Einheit, die Merkmalsträger ist. Im obigen Beispiel waren Auswahl- und Untersuchungseinheit identisch, nämlich Schüler. Genausogut könnten wir jedoch erst eine Auswahl der Schulen treffen und aus diesen in einem zweiten Schritt Schüler auswählen. In diesem Fall wären zunächst die Schulen die Auswahleinheit, während die Untersuchungseinheit natürlich weiterhin die Schüler sind; schließlich interessieren wir uns für deren Studienwünsche. Der Vorteil eines solchen Vorgehens läge darin, daß man keine Liste aller rheinland-pfälzischen Schüler benötigt, sondern nur eine Liste der Schüler der ausgewählten Schulen.

Nur in den wenigsten Untersuchungen gelingt es, Daten für alle ausgewählten Einheiten – die gesamte Stichprobe – zu erheben. Bei den meisten Stichproben treten in erheblichem Umfang **Ausfälle** auf (vgl. Schnell 1997). Man unterscheidet zwischen dem vollständigen Ausfall von Untersuchungseinheiten (*Unit-Nonresponse*), z. B. durch die Weigerung an einer Befragung teilzunehmen, und Ausfällen durch die Nichtbeantwortung einzelner Fragen (*Item-Nonresponse*), die bereits in Kapitel 4 angesprochen wurden.

Unproblematisch sind Ausfälle, die keine Auswirkung auf die Qualität der Stichprobe haben. Solche Ausfälle werden als *stichprobenneutral* bzw. *zufällig* bezeichnet. Das Wort zufällig deutet an, daß die realisierte Stichprobe dann als Zufallsstichprobe aus der ursprünglichen Stichprobe angesehen wird. Stichprobenneutralität wird beispielsweise unterstellt, wenn eine Zielperson nicht befragt werden konnte, weil deren Adresse nicht richtig notiert wurde. Zu einer Minderung der Stichprobenqualität führen dagegen nicht-stichprobenneutrale bzw. *systematische Ausfälle*. Diese werden durch das Untersuchungsthema oder das Untersuchungsdesign verursacht. Ein systematischer Ausfall läge z. B. dann vor, wenn im Haushalt nie jemand angetroffen wird, weil alle Haushaltsangehörigen berufstätig sind, oder Berufstätige häufiger aus Zeitgründen das Interview verweigern. Ein systematischer Ausfall bestände auch dann, wenn vor allem Befragte mit rechtsextremen Einstellungen eine Befragung zum Thema Rechtsextremismus ablehnen. In beiden Fällen wären in der Stichprobe bestimmte Gruppen – Berufstätige bzw. Befragte mit rechtsextremen politischen Einstellungen – im Vergleich zur Grund- bzw. Auswahlgesamtheit unterrepräsentiert. Die Stichproben würden systematisch von der Grundgesamtheit abweichen.

Ob ein Ausfall stichprobenneutral ist oder nicht, läßt sich nur schwer feststellen, weil die genauen Ausfallgründe meistens nicht bekannt sind. Bei mündlichen und telefonischen Befragungen können die Interviewer nachfragen, warum eine Person die Teilnahme an der Untersuchung ablehnt. In Tabelle 9.2 sind die Ausfälle von Befragungspersonen beim ALLBUS 1994 wiedergegeben. Wie man sieht, gibt es nur sehr wenige stichprobenneutrale Ausfälle, zu denen falsche Adressen, Wohnungswechsel, verstorbene Befragungspersonen sowie Personen, die nicht zur Grundgesamtheit gehören (zu jung, Anstaltsbevölkerung), gezählt werden. Beim ALLBUS 1994 belief sich der Anteil stichprobenneutraler Ausfälle an der Bruttostichprobe auf 9,2% in West- und 7,7% Ostdeutschland. Die systematischen Ausfälle resultieren weitgehend aus *Interviewverweigerungen*. Diese werden zu den systematischen Ausfällen gezählt, weil man davon ausgeht, daß sich die Personen, die eine Teilnahme verweigern, von den teilnahmebereiten Personen unterscheiden (vgl. dazu Schnell et al. 1999, S. 292 f.).

Tabelle 9.2: Ausschöpfung beim ALLBUS 1994

		West		Ost	
		n	%	n	%
Ursprüngliche Bruttostichprobe		4440	100	2040	100
Zusätzlich eingesetzte Adressen als					
Ersatz für stichprobenneutrale Ausfälle	+	407	9,2	134	6,6
Bruttostichprobe	=	4847	100	2174	100
Stichprobenneutrale Ausfälle insgesamt	−	445	9,2	167	7,7
– Adresse falsch, existiert nicht (mehr)		112	2,3	40	1,8
– ZP verstorben		24	0,5	11	0,5
– ZP verzogen		258	5,3	88	4,0
– ZP lebt in Anstalt		37	0,8	13	0,6
– ZP zu jung		14	0,3	15	0,7
Bereinigte Bruttostichprobe	=	4402	100	2007	100
Systematische Ausfälle insgesamt	−	2060	46,8	899	44,8
– Im Haushalt niemand angetroffen		74	1,7	30	1,5
– ZP nicht angetroffen		49	1,1	38	1,9
– ZP nicht befragungsfähig		125	2,8	88	4,4
– ZP aus Zeitgründen nicht zum Interview bereit		100	2,3	46	2,3
– ZP generell nicht zum Interview bereit		1563	35,5	673	33,5
– ZP spricht nicht hinreichend genug Deutsch		99	2,2	4	0,2
– Interview nicht korrekt durchgeführt		50	1,1	20	1,0
Auswertbare Interviews	=	**2342**	**53,2**	**1108**	**55,2**

Quelle: Koch et al. (1994)

Um die Qualität der Stichprobe angeben zu können, wird häufig die sogenannte *Ausschöpfungsquote* berechnet. Sie bezeichnet den Anteil realisier-
ter Interviews an einer sogenannten „bereinigten Bruttostichprobe". Die
„bereinigte Bruttostichprobe" ist die um die stichprobenneutralen Ausfälle bereinigte Anzahl aller zu befragenden Personen. Wie hoch die Ausschöpfungsquote ist, hängt also maßgeblich davon ab, was als stichprobenneutraler Ausfall gezählt wird (vgl. Koch 1993). Bei seriösen Studien
werden deshalb neben der Ausschöpfungsquote auch die Art der Ausfälle
angegeben (vgl. für das SOEP Hanefeld 1987, S. 182, 184). Die Ausschöpfungsquote betrug beim ALLBUS 1994 im Westen 53,2% und im Osten
55,2%. Systematische Ausfälle stellen demnach ein ernsthaftes Problem
von Umfragen dar.

Der Umfang des Unit-Nonresponse läßt sich bei allen Formen der Befragung durch wiederholtes Anschreiben, Antelefonieren, mehrmalige In-
terviewerbesuche, kleine Geschenke etc. reduzieren (vgl. Dillman 1978).
Ausfälle werden sich aber auch bei einer sorgfältigen Datenerhebung kaum
vermeiden lassen. Umfrageinstitute versuchen das Problem systematischer
Ausfälle durch die Konstruktion von Gewichtungsfaktoren zu beheben
(vgl. Gabler et al. 1994; Elliot 1991). Gruppen, die in der Stichprobe
im Vergleich zur Grundgesamtheit unterrepräsentiert sind, werden bei
der Datenanalyse höher gewichtet und Gruppen, die in der Stichprobe
im Vergleich zur Grundgesamtheit überrepräsentiert sind, werden niedriger gewichtet, und zwar so, daß die Anteile in der Stichprobe denen der
Grundgesamtheit entsprechen. Technisch ist diese Art der Gewichtung,
die als *Redressment* (Nachgewichtung) bezeichnet wird, mit Statistikpro-
grammen leicht zu realisieren.

Gewichtungsfaktoren können nur für Merkmale gebildet werden, deren
Verteilung in der Grundgesamtheit bekannt ist, etwa durch Volkszählungen. Nur für diese Merkmale lassen sich auch systematische Abweichungen von der Grundgesamtheit feststellen. Nicht-kontrollierbar ist, ob die
Ausfälle innerhalb einer Gruppe rein zufällig erfolgt sind: Werden die Antworten von Arbeitern hochgewichtet, weil Arbeiter in der Stichprobe unterrepräsentiert sind, dann fußt dies auf der Annahme, daß sich das Antwortverhalten der befragten Arbeiter nicht von dem Antwortverhalten der
Arbeiter unterscheidet, die die Teilnahme an der Befragung abgelehnt haben. Diese Annahme ist nicht prüfbar. Zudem berücksichtigen die für eine
gesamte Stichprobe gebildeten Gewichtungsfaktoren ausschließlich Unit-
Nonresponse, nicht aber Item-Nonresponse.

Häufig werden bei Datenanalysen (wie auch in diesem Buch) nur die Fälle berücksichtigt, die auf den interessierenden Merkmalen keinen einzigen fehlenden Wert aufweisen. Soll der Einfluß des Alters, des Geschlechts und der Bildung auf das Erwerbseinkommen mit einer *multiplen Regression*[1] untersucht werden, dann würden nur die Personen analysiert, für die Angaben zu allen vier Merkmalen vorhanden sind. Diese Methode wird als *listwise deletion* bezeichnet. Gerechtfertigt ist diese Vorgehensweise nur dann, wenn die kompletten Fälle als eine Zufallsstichprobe aus allen Fällen aufgefaßt werden können (keine systematischen Ausfälle). Diese Annahme ist in vielen Fällen nicht gerechtfertigt. In den vergangenen Jahren wurden daher eine Reihe von statistischen Verfahren zur Behandlung von fehlenden Werten (*missing values*) (weiter-)entwickelt, die geringere Anforderungen an den Ausfallmechanismus stellen (vgl. dazu Allison 2002; Little und Rubin 2002).

9.2 Zufall und Wahrscheinlichkeit

Wenn im Alltag von „Zufall" gesprochen wird, meint man damit meist ein unvorhersehbares bzw. willkürliches Ereignis, das scheinbar keiner bestimmten und nachvollziehbaren Gesetzmäßigkeit unterliegt. Im mathematischen Sinne meint Zufall dagegen ein Ereignis, das einer angebbaren Gesetzmäßigkeit unterliegt, nämlich dem Zufallsprozeß. Dieser ist im Sinne von Wahrscheinlichkeiten mathematisch exakt beschreibbar, so daß das Auftreten eines Zufallsereignisses mit einer bestimmbaren Wahrscheinlichkeit vorhergesagt werden kann.

Ein einfaches und immer wieder gern benutztes Beispiel ist das Werfen eines normalen Würfels. „Normal" soll heißen, daß der Würfel sechs gleiche Seiten hat. Die möglichen Ergebnisse des Wurfs – die Elementarereignisse – lassen sich mit den Ziffern bezeichnen, die auf dem Würfel angegeben sind. Die Menge der Elementarereignisse besteht also aus den Zahlen 1, 2, 3, 4, 5 und 6. Welches dieser Elementarereignisse auftritt, ist dem Zufallsprozeß überlassen. Jedes dieser Ereignisse tritt jedoch mit der gleichen Wahrscheinlichkeit auf, wenn der Würfel nicht manipuliert ist und man beim Werfen nicht schummelt.

---

1 Bei einer *multiplen* Regression (vgl. auch Kapitel 8) kann gleichzeitig der Einfluß von mehreren unabhängigen Variablen auf eine abhängige Variable geschätzt werden.

Wahrscheinlichkeiten können mit Zahlen im Bereich von 0 bis 1 oder mit entsprechenden Prozentwerten (0 bis 100%) bezeichnet werden. Ein sicheres Ereignis hat die Wahrscheinlichkeit 1 bzw. 100%, ein unmögliches Ereignis die Wahrscheinlichkeit 0 bzw. 0%. Ist die Menge der Elementarereignisse vollständig und schließen sich die einzelnen Elementarereignisse eines Zufallsprozesses gegenseitig aus, bildet die Summe der Wahrscheinlichkeiten der Elementarereignisse 1. Da beim Werfen des Würfels irgendeine Zahl fallen muß – wir schließen also aus, daß der Würfel auf der Kante stehenbleiben könnte – und nicht zwei Ziffern gleichzeitig auftreten können, läßt sich sagen, daß mit 100% Wahrscheinlichkeit eine Zahl zwischen 1 und 6 fallen wird. Da alle Elementarereignisse aber gleich wahrscheinlich sind, lassen sich die Wahrscheinlichkeiten p der Elementarereignisse A mit

$$p(A) = \frac{1}{N}$$

berechnen, wobei N hier die Anzahl möglicher Elementarereignisse bezeichnet. Für den Wurf eines Würfels ermittelt man deshalb für jedes Elementarereignis die Wahrscheinlichkeit $p = 1/6 = 0,1\bar{6}$.

Auf die gleiche Weise kann man nun für alle denkbaren Zufallsexperimente mit dem Würfel Wahrscheinlichkeiten berechnen. So könnte man z. B. danach fragen, wie wahrscheinlich das Werfen einer geraden Zahl ist. Die möglichen Elementarereignisse werden dabei mit „oder" verknüpft: „Wie wahrscheinlich ist der Wurf einer 2 oder einer 4 oder einer 6?" Dem entspricht die **Addition der Einzelwahrscheinlichkeiten**:

$$p(2) + p(4) + p(6) = \frac{1}{6} + \frac{1}{6} + \frac{1}{6} = \frac{3}{6} = \frac{1}{2} = 0,5$$

Die Wahrscheinlichkeit des Wurfs einer geraden Zahl beträgt also 0,5.

Man kann auch danach fragen, wie wahrscheinlich es ist, zweimal hintereinander eine 6 zu werfen. Die möglichen Elementarereignisse werden dabei mit „und" verknüpft: „Wie wahrscheinlich ist der Wurf einer 6 und noch einer 6?" Dem entspricht die **Multiplikation der Einzelwahrscheinlichkeiten**:

$$p(6) \times p(6) = \frac{1}{6} \cdot \frac{1}{6} = \frac{1}{36} = 0,02\bar{7}$$

Die Wahrscheinlichkeit, zweimal nacheinander eine 6 zu werfen, beträgt also 1/36 bzw. 0,02$\bar{7}$.

9.3 Zufallsgesteuerte Stichproben

In der Wissenschaft haben sich zufallsgesteuerte Stichprobenverfahren durchgesetzt, weil sich nur bei diesen der Schluß auf die Grundgesamtheit theoretisch begründen läßt. Eine Stichprobenziehung wird als zufällig bezeichnet, wenn jede Einheit der Auswahlgesamtheit eine *gleiche bzw. eine angebbare Wahrscheinlichkeit* hat, in die Stichprobe zu gelangen. Ob ein Element in der Stichprobe enthalten ist oder nicht, wird bei all diesen Verfahren einem Zufallsprozeß überlassen.

Wollen wir eine Stichprobe von 500 der 9.700 rheinland-pfälzischen Abiturienten (Angaben laut Statistischem Landesamt für 1995) ziehen, dann besitzt bei einer reinen Zufallsstichprobe jeder Abiturient eine Chance von $\frac{500}{9700} = 0,052$ (also ca. 5%), in die Stichprobe zu gelangen. Daraus folgt unmittelbar, daß Merkmalsausprägungen, die häufig in der Auswahlgesamtheit vorkommen, auch eine hohe Wahrscheinlichkeit haben, in die Stichprobe zu gelangen und umgekehrt. Nehmen wir an, daß von den derzeit 9.700 rheinland-pfälzischen Abiturienten 400 Medizin und 3 Byzantistik studieren möchten. Die Wahrscheinlichkeit, einen Abiturienten mit Medizin-Studienwunsch auszuwählen, ist deutlich höher ($400 \times 1/9700 = 0,041$) als die Wahrscheinlichkeit, einen Abiturienten mit Byzantistik-Studienwunsch auszuwählen ($3 \times 1/9700 = 0,0003$).

Ein wesentlicher Vorteil von Zufallsauswahlen besteht darin, daß sich aufgrund des Zufallsprozesses angeben läßt, wie Stichprobenergebnisse vom „wahren" Wert der Auswahlgesamtheit abweichen. Dies ist der später noch genauer zu ermittelnde **Stichprobenfehler** bzw. **Standardfehler** (*sampling error*). Die Abweichung der möglichen Stichproben von der Auswahlgesamtheit hängt dabei von der **Größe der Stichproben** und der **Homogenität der Auswahlgesamtheit** ab.

a) Im Extremfall besteht unsere Stichprobe aus allen Elementen der Auswahlgesamtheit. In diesem Fall müssen die Stichprobenresultate mit denen der Auswahlgesamtheit übereinstimmen. Mit kleiner werdendem Stichprobenumfang weichen die Stichprobenergebnisse in der Tendenz immer mehr von den Werten der Auswahlgesamtheit ab.

b) Ein anderer Extremfall besteht, wenn die Auswahlgesamtheit in Bezug auf ein Merkmal absolut homogen ist, d. h. alle Einheiten der Auswahlgesamtheit dieselbe Merkmalsausprägung aufweisen (keine Streuung). Egal welche der möglichen Stichproben aus dieser Auswahlgesamtheit gezogen wird: es können keine Abweichungen bei diesem Merkmal zwischen Stichprobe und Auswahlgesamtheit auftreten. Je heterogener die Auswahlgesamtheit, um so stärker weichen im Schnitt die Ergebnisse von Stichproben von der Auswahlgesamtheit ab.

Diese Angaben zum Stichprobenfehler sind noch sehr ungenau. Wir werden in Kapitel 10 sehen, wie man den Stichprobenfehler berechnen kann. Wichtig ist, daß der Stichprobenfehler sich ausschließlich auf die zufällige Abweichung der Stichproben von der Auswahlgesamtheit bezieht. Fehler, die nicht aus der Zufallsauswahl resultieren, wie systematische Ausfälle, Interviewerfehler, falsche oder unzuverlässige Antworten von Befragten werden durch den Stichprobenfehler nicht erfaßt. Insbesondere systematische Ausfälle stellen jedoch ein ernstzunehmendes Problem für die Qualität von Zufallsstichproben dar, wie wir gesehen haben.

9.3.1 Einfache Zufallsstichproben

Bei einfachen Zufallsstichproben werden alle Elemente in einem einzigen Auswahlvorgang ermittelt. Jedes Element der Auswahlgesamtheit hat die gleiche Chance, in die Stichprobe zu gelangen (vgl. Böltken 1976, S. 158 f.).

Im engeren Sinne bezieht sich der Begriff der einfachen Zufallsstichprobe (*simple random sample*) ausschließlich auf die reine Zufallsstichprobe, bei der alle *möglichen* Stichproben (gleichen Umfangs) aus einer Grundgesamtheit die gleiche Wahrscheinlichkeit besitzen, gezogen zu werden (vgl. Levy und Lemeshow 1991, S. 43f.). Nur hier lassen sich strenggenommen die „Standardformeln" zur Berechnung des Stichprobenfehlers anwenden.

Reine Zufallsstichprobe

Bei einer *reinen Zufallsstichprobe* werden *alle* Stichprobenelemente unabhängig voneinander per Zufall ermittelt. Technisch kann dies z. B. durch eine Lostrommel (Lotterieauswahl) oder durch Zufallszahlen geschehen (vgl. zum konkreten Verfahren Babbie 1997, S. 214 f.). Nehmen wir an, wir hätten eine Kartei, in der alle 9.700 rheinland-pfälzischen Abiturienten verzeichnet wären. Soll unsere Stichprobe 500 Schüler enthalten, dann können wir die Kartei durchnummerieren und 500 Zufallszahlen zwischen 1 und 9.700 erzeugen bzw. einer Tabelle entnehmen. Diejenigen 500 Schüler, deren Nummern mit den Zufallszahlen übereinstimmen, gelangen in die Stichprobe. Genausogut könnten wir die Namen der Schüler auf Zettel schreiben, diese in eine Lostrommel stecken und mischen. Aus dieser Trommel müßten dann nacheinander 500 Zettel gezogen und die Namen notiert werden. Jeder Schüler hat – wie wir bereits oben gesehen haben – eine Chance von 500/9700 = 0,052, in die Stichprobe zu gelangen.

Aus einer Grundgesamtheit der Größe N können insgesamt $\binom{N}{n}$ (sprich: N über n, vgl. S. 192) verschiedene Stichproben des Umfangs n gezogen werden. Weil die einzelnen Elemente bei einer reinen Zufallsstichprobe unabhängig voneinander ausgewählt werden, besitzen alle möglichen Stichproben die gleiche Auswahlwahrscheinlichkeit. Sollen aus einer Grundgesamtheit von vier Elementen $\{1, 2, 3, 4\}$ zwei Elemente ausgewählt werden, dann existieren insgesamt $\binom{4}{2} = \frac{4!}{2! \cdot (4-2)!} = 6$ mögliche Stichproben, nämlich $S_1 = \{1, 2\}$, $S_2 = \{1, 3\}$, $S_3 = \{1, 4\}$, $S_4 = \{2, 3\}$, $S_5 = \{2, 4\}$, $S_6 = \{3, 4\}$. Die Wahrscheinlichkeit, daß eine bestimmte Stichprobe realisiert wird, beträgt 1/6. Aus einer Grundgesamtheit von 9700 Schülern lassen sich mehr als 10^{853} Stichproben vom Umfang 500 ziehen.

Zufallszahlentabellen werden vor allem innerhalb von Haushalten zur Auswahl von Personen genutzt. Sie gewährleisten, daß jede Person innerhalb des Haushalts die gleiche Chance hat, an der Befragung teilzunehmen. Dazu dient eine Tabelle (*Schwedenschlüssel* oder *kish selection grid*), die für jede Haushaltsgröße eine zuvor ausgeloste Zufallszahl enthält. Bei Einpersonenhaushalten kann naturgemäß auch nur eine Person befragt werden, weshalb hier in der Tabelle immer eine 1 verzeichnet sein muß. Für Zweipersonenhaushalte wird eine 1 oder eine 2, für Dreipersonenhaushalte eine Zahl zwischen 1 und 3, für Vierpersonenhaushalte eine Zahl zwischen 1 und 4 usw. zufällig ausgewählt. Die Haushaltsgröße entspricht der Zahl der Personen, die zur Grundgesamtheit zählen. Als Auswahlkriterium wird das Alter herangezogen. Besteht ein Haushalt aus vier Personen und findet sich in der Tabelle für diese Haushaltsgröße die Zufallszahl „3", so ist die drittälteste Person zu befragen. Die Intervieweranweisung könnte natürlich auch vorsehen, daß es die drittjüngste Person ist. Für jeden Haushalt wird ein eigener Schwedenschlüssel ausgelost. Die Problematik des Verfahrens liegt auf der Hand: Trifft der Interviewer die zu befragende Person nicht an, dann besteht die Gefahr, daß einfach eine anwesende Person ausgewählt wird.

Systematische Zufallsstichprobe

Da reine Zufallsauswahlen recht aufwendig sind, bedient man sich häufig systematischer Auswahlverfahren. Eine in der Praxis verbreitete Form der systematischen Zufallsauswahl ist der Zufallsweg (*random walk*), der im Zusammenhang mit der mehrstufigen Zufallsstichprobe erläutert wird.

Bei einer *systematischen Zufallsstichprobe* wird lediglich das *erste* Stichprobenelement per Zufall ermittelt (wiederum anhand der Zufallszahlentabelle oder des Zufallszahlengenerators). Ausgehend von dieser Zufallszahl werden alle weiteren Elemente systematisch ausgewählt. Dies geschieht, indem jedes k-te Element in die Stichprobe gelangt. Wie groß das Intervall k zwischen zwei auszuwählenden Elementen ist, hängt von der Größe der zu ziehenden Stichprobe und der Größe der Auswahlgesamtheit ab:

$$\text{Stichprobenintervall} \quad k = \frac{\text{Größe der Auswahlgesamtheit}}{\text{Größe der Stichprobe}}$$

Ziel sei wiederum, eine Stichprobe mit 500 Schülern zu konstruieren. In unserem Fall würde sich nach dieser Formel ein Stichprobenintervall von $9700/500 = 19{,}4$ ergeben. Da wir nur jede 19. oder jede 20. Person auswählen können, runden wir ab und befragen ausgehend von der Zufallszahl jeden 19. Schüler. Der Bereich der Zufallszahl ergibt sich ebenfalls durch das Stichprobenintervall. Im Beispiel müssen wir eine Zahl zwischen 1 und 19 ermitteln. Wäre die Zufallszahl 18, dann ist die 18. Person auf der Liste die erste ausgewählte Person, danach folgt die 37., die 56. usw. bis zur 9689. Person der Liste. Insgesamt sind es 510 Personen (zehn mehr als beabsichtigt, da wir das Intervall abgerundet haben).

Von allen $\binom{N}{n}$ möglichen Stichproben des Umfangs n aus einer Grundgesamtheit N kann bei einer systematischen Zufallsauswahl nur eine geringe Zahl realisiert werden: sie entspricht dem Stichprobenintervall k. Im Beispiel könnten 19 verschiedene Stichproben gezogen werden, weil lediglich 19 verschiedene Zahlen (die Startzahlen) zufällig ausgewählt werden, während die „restlichen" Stichprobenelemente in Abhängigkeit vom ersten ausgewählten Element bestimmt werden. Jede der k Stichproben (und jedes

Element der Auswahlgesamtheit) besitzt die gleiche Wahrscheinlichkeit, ausgewählt zu werden (vgl. zum Stichprobenfehler Levy und Lemeshow 1991, S. 74).

Problematisch ist eine systematische Zufallsauswahl, wenn die Systematik der Auswahl mit der Ordnung der Kartei übereinstimmt und das Ordnungskriterium mit dem Untersuchungsmerkmal korreliert. Bei Böltken (1976, 166-173) finden sich eine Reihe von Beispielen. Wäre (zugegebenermaßen unrealistisch) unsere Kartei so aufgebaut, daß der zufällig ausgewählte erste Schüler Mathematik als Leistungsfach hätte und jeder weitere 19. Schüler ebenfalls, dann enthielte unsere Auswahl lediglich Schüler mit mathematischem Schwerpunkt. Als Folge erhielten wir ein falsches Bild der Studienwünsche, weil Schüler mit Leistungskurs Mathematik sich in ihrer Neigung zu bestimmten Studienfächern mit hoher Wahrscheinlichkeit von allen Schülern unterscheiden.

9.3.2 Komplexe Zufallsstichproben

Liegt keine Auflistung aller Einheiten der Auswahlgesamtheit vor – wie im Falle der 60 Millionen bundesdeutschen Wahlberechtigten –, verwendet man zweckmäßigerweise ein *mehrstufiges Stichprobenverfahren*. Soll eine Merkmalsausprägung untersucht werden, die in der Grundgesamtheit nicht sehr stark vertreten ist, dann bietet sich eine *disproportional geschichtete Stichprobe* an, in der Personen mit der interessierenden Merkmalsausprägung überproportional vertreten sind. Ist der räumliche oder personelle Kontext einer Zielperson für eine Untersuchung interessant, dann ist eine *Klumpenstichprobe* angemessen.

Geschichtete Stichproben

Zur Ziehung einer geschichteten Stichprobe werden die Elemente der Auswahlgesamtheit bezüglich des interessierenden Merkmals in Schichten (bzw. Gruppen) eingeteilt. Aus diesen Schichten werden dann (getrennt) Zufallsstichproben gezogen.

Für eine geschichte Stichprobe sprechen zwei Gründe: Besteht die Auswahlgesamtheit aus verschiedenen Gruppen, die in sich sehr homogen sind, dann kann die Genauigkeit der Stichprobe gegenüber einer einfachen Zufallsstichprobe (bei gleicher Stichprobengröße) erhöht werden. Denn je größer die Homogenität der Auswahlgesamtheit, um so kleiner ist der Stichprobenfehler. Wird die Größe der Stichprobe einer Schicht entsprechend ihres Anteils an der Grundgesamtheit gewählt, dann spricht man von einer *proportional geschichteten Stichprobe.*

In der Regel entscheidet man sich jedoch für geschichtete Stichproben, wenn eine oder mehrere Ausprägungen des Schichtmerkmals bei einer einfachen Zufallsauswahl nicht in hinreichender Zahl in der Stichprobe vertreten wären. In solchen Fällen zieht man eine *disproportional geschichtete Stichprobe*, in der die Anteile der einzelnen Schichten *nicht* den Anteilen in der Grundgesamtheit entsprechen. Die interessierende Schicht wird überrepräsentiert. Im Gegensatz zu den zuvor besprochenen einfachen Zufallsauswahlen hat hier jedes Element nicht mehr die gleiche, sondern nur noch eine *bekannte* bzw. *angebbare* Chance, in die Stichprobe zu gelangen. In der Allgemeinen Bevölkerungsumfrage der Sozialwissenschaften wird für West- und Ostdeutschland die Stichprobenziehung getrennt vorgenommen, und zwar so, daß die Bevölkerung Ostdeutschlands in der Gesamtstichprobe im Vergleich zur Grundgesamtheit überrepräsentiert ist. Durch die disproportionale Schichtung wird erreicht, daß die Fallzahlen für separate Analysen Ostdeutschlands noch ausreichend hoch sind. Wertet man beide Stichproben zusammen aus, dann muß die unterschiedliche Auswahlwahrscheinlichkeit für Ost- und Westdeutsche wieder rückgängig gemacht werden. Dies geschieht durch eine Design-Gewichtung (vgl. für den ALLBUS 1996 Wasmer et al. 1996, S. 61 f.). Beim ALLBUS wird innerhalb der Schichten – in Ost- und Westdeutschland – eine mehrstufige Zufallsstichprobe gezogen.

Geschichtete Stichproben sind nur möglich, wenn die Verteilung des Schichtmerkmals in der Grundgesamtheit bekannt ist. Außerdem muß für jede Auswahleinheit das Schichtungsmerkmal feststellbar sein.

Klumpenstichprobe

Klumpenstichproben bieten sich immer dann an, wenn man den Kontext, also Gruppenzusammenhänge, untersuchen möchte. Die Auswahl bezieht sich nicht auf Untersuchungseinheiten, sondern auf *Aggregate von Untersuchungseinheiten*, sogenannte Klumpen. Von einer Klumpenauswahl spricht man nur dann, wenn alle Elemente eines Klumpens in die Stichprobe gelangen und die Elemente des Klumpens die Untersuchungseinheiten sind.

Wenn wir die Vermutung haben, daß die Studienwünsche der einzelnen Abiturienten von ihren Mitschülern abhängen, wäre eine Klumpenstichprobe angemessen. Die Klumpen wären in diesem Fall Schulklassen. Es würde also eine Auswahl von Schulklassen getroffen. Alle Schüler der ausgewählten Klassen wären in der Stichprobe.

Klumpenauswahlen sollten nicht angewendet werden, wenn die Klumpen in sich sehr homogen sind, die verschiedenen Klumpen sich aber stark voneinander unterscheiden. In diesem Fall sind Klumpenauswahlen ungenauer als einfache Zufallsauswahlen. Je heterogener dagegen die Elemente eines Klumpens sind, um so geringer ist die Gefahr, daß ausgerechnet solche Klumpen in die Stichprobe gelangen, die sehr stark von der Grundgesamtheit abweichen. Würde z. B. eine Klasse eines Wirtschaftsgymnasiums ausgewählt, dann könnte man annehmen, daß sich die Studienwünsche der Schüler erheblich zugunsten wirtschaftswissenschaftlicher Studienzweige von allen anderen Schülern unterscheiden. Wir hätten also eventuell einen für die Grundgesamtheit untypischen Klumpen gezogen. Da alle Schüler dieser Klasse in die Stichprobe gelangen, würde die Abweichung erheblich ins Gewicht fallen. Unterscheiden sich die Schulen untereinander sehr stark, wäre eine Klumpenstichprobe daher nicht optimal.

Mehrstufige Stichproben

Bei Bevölkerungsumfragen zieht man in der Regel mehrstufige Stichproben. Theoretisch wäre es zwar denkbar, z. B. eine Liste mit allen Einwohnern der Bundesrepublik aus den Einwohnermelderegistern der Gemeinden zusammenzustellen und daraus eine einfache Zufallsstichprobe zu ziehen. Angesichts der Zahl der Gemeinden, der Erhebung von Gebühren für die Bereitstellung der Daten und dem mit der Listenerstellung einhergehenden personellen und zeitlichen Aufwand scheidet eine einfache Zufallsauswahl in der Praxis allerdings aus. Man könnte aber zunächst eine Stichprobe aus allen Gemeinden der Bundesrepublik ziehen und in einem zweiten Schritt wiederum eine Stichprobe aus den Einwohnern der ausgewählten Gemeinden. Dieses Vorgehen ist erheblich effektiver, da man im ersten Schritt nur eine Liste der Gemeinden benötigt, und man sich im zweiten Schritt auf die Erstellung einer Einwohnerliste derjenigen Gemeinden beschränken kann, die im ersten Schritt ausgewählt wurden.

Mehrstufige Stichproben sind eine Reihe *nacheinander durchgeführter einfacher Zufallsauswahlen*. Auf der ersten Stufe wird eine Stichprobe aus *Gruppen von Elementen*, den *Primäreinheiten*, gezogen. Primäreinheiten sind häufig regionale Einheiten. Aus den Elementen der ausgewählten Primäreinheiten wird dann eine weitere Stichprobe gezogen. Diese Elemente sind die *Sekundäreinheiten*. Die ausgewählten Sekundäreinheiten können wiederum die Grundlage einer weiteren Stichprobenziehung sein. Auf der letzten Auswahlstufe werden schließlich die Untersuchungseinheiten ausgewählt.

Das Vorgehen kann wiederum am Beispiel der Studienwünsche rheinland-pfälzischer Schüler verdeutlicht werden: Wir könnten zunächst eine Stichprobe aus allen Schulen ziehen, die ein 13. Schuljahr anbieten (Gymnasien, integrierte Gesamtschulen). Die Auswahlgesamtheit besteht auf der ersten Stufe aus den 146 Schulen, an denen das Abitur erworben werden kann (Primäreinheiten). Aus den ausgewählten Schulen werden dann auf der zweiten Stufe Schüler (Sekundäreinheiten) ausgewählt. Wie viele Schüler wir pro Schule auswählen müssen, um eine Stichprobengröße von 500 Schülern zu erreichen, hängt davon ab, wie viele Schulen auf der ersten Stufe ausgewählt wurden. Wenn wir 50 Schulen auswählen, müßten pro Schule 10 Schüler ausgewählt werden; wählen wir 25 Schulen aus, dann erhöht sich die Zahl der Schüler auf 20.

Der Nachteil mehrstufiger Auswahlverfahren besteht darin, daß man auf jeder Auswahlstufe einen Stichprobenfehler begeht und diese Stichprobenfehler sich addieren. Der Stichprobenfehler wird um so kleiner, je größer die Stichprobe und je homogener die Auswahlgesamtheit ist. Um den Stichprobenfehler auf der ersten Auswahlstufe klein zu halten, müßten also möglichst viele Gruppen bzw. Primäreinheiten ausgewählt werden. Ebenso kann man den Stichprobenfehler der zweiten Stufe minimieren, indem möglichst viele Sekundäreinheiten ausgewählt werden. Im Beispiel müßten zunächst möglichst viele Schulen ausgewählt werden und aus diesen Schulen wiederum möglichst viele Schüler. In diesem Fall minimiert man beide Fehler durch die Vergrößerung der Stichprobe.

Bei gegebener Stichprobengröße, die bei uns 500 betragen soll, ist es jedoch unmöglich, gleichzeitig beide Stichprobenfehler zu minimieren: Je mehr Schulen ausgewählt werden, um so weniger Schüler müssen pro Schule befragt werden und umgekehrt. Anders ausgedrückt: Indem man den Stichprobenfehler einer Stufe reduziert, erhöht man den Stichprobenfehler auf einer anderen Stufe.

Aus dieser Zwickmühle kann man sich jedoch befreien, wenn man zusätzlich die Homogenität der Auswahlgesamtheit berücksichtigt. Die Schüler einer Schule werden vielleicht einander ähnlicher sein als die verschiedener Schulen. Wählen wir nur wenige Schulen aus, besteht eine größere Gefahr, daß die ausgewählten Schüler untypisch für alle Schüler sind, als wenn wir möglichst viele Schulen in der Stichprobe berücksichtigen, diese jedoch immer nur durch wenige Schüler repräsentiert werden. Eine möglichst hohe Zahl an auszuwählenden Primäreinheiten schmälert allerdings den Effizienzvorteil mehrstufiger Stichproben, da wir dann wiederum mehr Schulen um Schülerlisten bitten müssen, die Interviewer (wenn wir die Befragung mündlich vornehmen) weitere Wege zurücklegen müssen usw. Man wägt in der Regel die Effizienzvorteile weniger Primäreinheiten gegen die Nachteile einer ungenaueren Stichprobe ab und wird einen Mittelweg beschreiten.

Da die *Primäreinheiten* – im Beispiel Schulen – in der Regel unterschiedlich groß sind, müssen diese mit einer Wahrscheinlichkeit ausgewählt werden, die *proportional zur ihrer Größe* ist. Man bezeichnet dieses Design auch als **PPS-Design** (probability proportional to size).

Nehmen wir an, wir haben uns entschieden, 500 Abiturienten auszuwählen. Auf der ersten Stufe sollen 25 Schulen ausgewählt werden, auf der zweiten Stufe jeweils 20 Abiturienten. Die Berechnung der Auswahlwahrscheinlichkeit soll nun für zwei verschiedene Schulen verdeutlicht werden: Schule A hat 189 Abiturienten, Schule B 49.

Würden wir auf der ersten Stufe die Schulen nicht entsprechend ihrer Größe auswählen, so hätten beide Schulen eine Auswahlwahrscheinlichkeit von $25 \times 1/146 = 25/146 = 0{,}171$, da es 146 Schulen gibt und wir 25 Schulen auswählen. Auf der zweiten Stufe hätte ein Abiturient innerhalb der Schule A die Chance $20/189 = 0{,}106$ ausgewählt zu werden, innerhalb der Schule B wäre die Chance für einen Abiturienten $20/49 = 0{,}408$. Die Gesamtwahrscheinlichkeit kann man berechnen, indem die Wahrscheinlichkeiten beider Stufen multipliziert werden. Die Chance, daß ein Abiturient der Schule A in die Stichprobe gelangt, würde insgesamt also 0,018 ($0{,}171 \times 0{,}106$) betragen, während ein Abiturient der Schule B mit einer Wahrscheinlichkeit von 0,07 ($0{,}171 \times 0{,}408$) in der Auswahl vertreten sein würde.

Wie man sieht, resultieren die ungleichen Auswahlwahrscheinlichkeiten der Schüler aus der unterschiedlichen Zahl der Abiturienten an den beiden Schulen. Um die unterschiedlichen Auswahlwahrscheinlichkeiten auf der zweiten Stufe auszugleichen, muß eine Schule mit 189 Abiturienten eine größere Wahrscheinlichkeit erhalten, in die Stichprobe zu gelangen, als eine Schule mit 49 Abiturienten. Die Auswahl einer Schule muß proportional zu ihrer Größe erfolgen, wobei die Größe einer Schule ihrem Anteil an allen Abiturienten entspricht:

$$\text{Größe} = \frac{\text{Zahl der Abiturienten einer Schule}}{\text{Zahl aller Abiturienten in Rhl.-P.}}$$

Für Schule A bedeutet dies, daß ihre Auswahlwahrscheinlichkeit von $25 \times 1/146 = 25/146 = 0{,}171$ auf $25 \times 189/9700 = \mathbf{0{,}487}$ *steigt*, für Schule B, daß ihre Auswahlwahrscheinlichkeit von $25 \times 1/146 = 25/146 = 0{,}171$ auf $25 \times 49/9700 = \mathbf{0{,}126}$ *sinkt* (vgl. Tabelle 9.3).

Die Wahrscheinlichkeit, daß ein Abiturient der Schule A in die Stichprobe gelangt, beträgt jetzt $0{,}052$ ($0{,}487 \times 0{,}106$); die eines Abiturienten der Schule B beträgt ebenfalls $0{,}052$ ($0{,}126 \times 0{,}408$).[2] Die Wahrscheinlichkeit in die Stichprobe zu gelangen, ist für (die kleinere) Schule B zwar viel geringer als für (die größere) Schule A ($0{,}126$ zu $0{,}487$); dies wird aber durch die höhere Auswahlwahrscheinlichkeit der Schüler von Schule B auf der zweiten Stufe kompensiert.

Tabelle 9.3: Auswahlwahrscheinlichkeit beim PPS-Design

	Schule A	Schule B
1. Stufe	$25 \times 189/9700 = \mathbf{0{,}487}$	$25 \times 49/9700 = \mathbf{0{,}126}$
2. Stufe	$20/189 = \mathbf{0{,}106}$	$20/49 = \mathbf{0{,}408}$
Insgesamt	$0{,}487 \times 0{,}106 = \mathbf{0{,}052}$	$0{,}126 \times 0{,}408 = \mathbf{0{,}052}$

Mehrstufige Stichproben werden aufgrund ihrer Effektivität sowohl in der Marktforschung als auch in wissenschaftlichen Untersuchungen relativ häufig angewandt. Vor allem mündliche Befragungen können dadurch erheblich günstiger durchgeführt werden.

Bei Flächenstichproben (z. B. Gemeinden, Stimmbezirke) verzichtet man auf den letzten Auswahlstufen häufig darauf, eine Liste aller Haushalte bzw. Personen zu erstellen. Die Zufallsauswahl der Haushalte kann durch das Beschreiten eines *Zufallswegs* (*Random Route*) gewährleistet werden. Der Interviewer erhält eine zufällig gezogene Startadresse und bestimmte

---

2   Abweichungen können aufgrund von Rundungen entstehen. Beim Nachrechnen bitte ungerundete Werte verwenden.

Begehungsregeln, die zur Ermittlung der weiteren Adressen führen. Adressenermittlung und Interview können dabei getrennt (*Adress Random*) oder gemeinsam erfolgen. Besteht ein Haushalt aus mehreren Personen, dann wird auch die zu interviewende Person per Zufall ausgewählt, z. B. die Person, die zuletzt Geburtstag hatte. Häufig werden aber auch Zufallszahlentabellen wie der Schwedenschlüssel verwendet. Die Auswahlwahrscheinlichkeiten auf der letzten Stufe sind ungleich: eine Person in einem Einpersonenhaushalt hat eine Auswahlwahrscheinlichkeit von 1, für Personen in Vierpersonenhaushalten beträgt diese 1/4. Die unterschiedlichen Auswahlwahrscheinlichkeiten können durch Gewichtung bei der Datenanalyse wieder rückgangig gemacht werden (Design-Gewichtung). Der Nachteil der Auswahl der Haushalte und der Personen durch die Interviewer liegt auf der Hand. Eine Zufallsauswahl liegt nur dann vor, wenn der Interviewer sich sowohl an die Begehungsregeln als auch an die Zufallszahlentabelle zur Auswahl des Befragten hält. Hier ist die Gefahr groß, daß die Interviewer aus Zeitgründen die Begehungsregeln „abkürzen", oder die Person befragen, die sie gerade im Haushalt antreffen (vgl. Dorroch 1994).

Auch bei Telefonumfragen kann die Zufallsauswahl ohne eine Liste der Telefonnummern erfolgen. Das ursprünglich in den USA entwickelte Verfahren heißt *Random Digit Dialing* (RDD). Der Vorteil gegenüber einer Auswahl aus dem Telefonbuch besteht darin, daß auch Teilnehmer in die Stichprobe gelangen können, die nicht im Telefonbuch verzeichnet sind (vgl. Schnell et al. 1999, S. 270 ff.). Dies ist in den USA von besonderer Bedeutung, da dort der Anteil nicht eingetragener Telefonnummern sehr hoch ist. Nach Angaben von Follmer und Smid (1998, S. 49) sind 10,6% der west- und 18,7% der ostdeutschen Anschlüsse nicht im Telefonbuch verzeichnet. Die Anwendung des RDD in der Bundesrepublik scheitert allerdings daran, daß die Vorwahlen und Teilnehmernummern hier – im Gegensatz zu den USA – unterschiedliche Längen haben. In der Bundesrepublik werden daher Verfahren angewandt, bei denen die letzte Ziffer einer aus dem Telefonbuch gezogenen Telefonnummer per Zufallsverfahren ersetzt wird. Diese Verfahren werden *Random Last Digits* (RLD) genannt (vgl. Gabler und Häder 1998). Telefonstichproben stellen Haushaltsstichproben dar. Kommt ein Kontakt zustande, dann muß auch hier wieder zufällig eine Person ausgewählt werden. Telefonstichproben sind generell natürlich nur dann sinnvoll, wenn die Telefondichte hoch genug ist. Gegenüber mündlichen Befragungen besteht der Vorteil, daß der Verlauf der

Interviews – sofern die Befragung in einem Telefonlabor stattfindet – weitgehend kontrolliert werden kann.

In der Umfrageforschung basieren Stichproben häufig auf dem Mastersample des Arbeitskreises Deutscher Marktforschungsinstitute (ADM) (vgl. Arbeitskreis Deutscher Markt- und Sozialforschungsinstitute 1999). Für das ADM-Mastersample wurde aus den Stimmbezirken zur Wahl des Deutschen Bundestags eine Stichprobe gezogen (vgl. Porst 1985, S. 86–88). Aus diesem Mastersample wurden Unterstichproben gezogen, die sogenannten Netze, die jeweils 210 Stimmbezirke (*Sample-Points*) umfassen. Die Stimmbezirke stellen die Primäreinheiten dar. Auf der zweiten Stufe werden durch die Interviewer per Zufallsweg Haushaltsadressen ermittelt, auf der dritten Stufe die Befragungspersonen, z. B. per Schwedenschlüssel, ausgewählt. Der 1984 gezogenen Stichprobe A des Sozio-ökonomischen Panels liegen z. B. knapp 600 Sample-Points zugrunde (vgl. Hanefeld 1987, S. 171–175, 181 f.). Beim SOEP erfolgte die Ermittlung der Haushaltsadressen getrennt vom Interview (Adress Random). Da das SOEP eine Haushaltsstichprobe ist, entfiel die dritte Stufe (vgl. Hanefeld 1987, S. 136). Bis 1992 (außerdem 1998) wurde das ADM-Stichprobendesign auch für den ALLBUS verwendet.

Eine Alternative stellen Stichproben aus Einwohnermelderegistern dar. Der in diesem Buch häufig verwendete ALLBUS 1994 basiert auf einer (für West-/Ostdeutschland disproportional geschichteten) zweistufigen Zufallsauswahl. Grundgesamtheit ist die über 18jährige Bevölkerung. Auf der ersten Stufe wurden proportional zur Bevölkerungsgröße Gemeinden ausgewählt. Aus den Einwohnermelderegistern dieser Gemeinden wurden auf der zweiten Stufe dann zufällig Personen gezogen (vgl. Koch et al. 1994). Auch dem ALLBUS 1996 und 2000 lag eine Gemeindestichprobe mit Adressenziehung aus den Einwohnermelderegistern zugrunde. Der Vorteil gegenüber dem ADM-Design liegt unter anderem darin, daß die Stichprobenziehung vollkommen getrennt von der Feldphase ist. Die Interviewer haben keinen Einfluß auf die Auswahl der Personen. Einwohnermelderegisterstichproben sind allerdings teuer: auf eine Registerstichprobe mußte beim ALLBUS 1998 aus finanziellen Gründen verzichtet werden (vgl. Koch et al. 1999, S. 2 f.).

9.4 Nicht-zufallsgesteuerte Stichproben

Im Gegensatz zu den zuvor besprochenen Verfahren unterliegt die Auswahl der Untersuchungseinheiten bei *willkürlichen* und *bewußten* Stichproben keinem Zufallsprozeß. In beiden Fällen bestimmt derjenige, der die Stichprobenziehung durchführt, die Elemente der Stichprobe. Willkürlich ist ein Verfahren, wenn keine Auswahlkriterien angegeben werden. Bei bewußten Auswahlen werden die Elemente nach bestimmten Zielen ausgewählt. Dies kann bei bestimmten Fragestellungen durchaus sinnvoll sein (vgl. Kromrey 1998, S. 262–265). Weder willkürliche noch bewußte Auswahlen führen jedoch zu einer in unserem Sinne „repräsentativen" Stichprobe, da hierzu eine Angabe über die Wahrscheinlichkeit notwendig ist, mit der eine Einheit der Grundgesamtheit in die Auswahl gelangen kann.

In den Sozialwissenschaften ist vor allem eine Mischform aus bewußter und willkürlicher Stichprobe – die Quotenauswahl – von Bedeutung. Angewandt wird diese vor allem vom Institut für Demoskopie (IfD) in Allensbach.

Quotenauswahl

Mit Hilfe der Quotenauswahl wird ebenso wie bei zufallsgesteuerten Verfahren eine repräsentative Stichprobe angestrebt. Dies soll durch die Vorgabe von *Quoten*, d. h. *Anteile, mit denen bestimmte Merkmalsausprägungen in der Stichprobe vorhanden sein sollen*, erreicht werden. Die Anteile dieser Merkmalsausprägungen müssen in der Stichprobe genauso groß sein wie in der Grundgesamtheit. Um Quoten vorgeben zu können, muß man natürlich zunächst wissen, wie groß der Anteil eines Merkmals in der Grundgesamtheit ist. Anhand dieser Quoten wählt der Interviewer dann *willkürlich* die Befragten aus. Die „Willkür" des Interviewers ist nicht mit *Zufall* gleichzusetzen, wie von den Vertretern dieses Auswahlverfahrens behauptet wird (vgl. Noelle-Neumann und Petersen 1996, S. 255 ff.).

Kommen wir noch einmal auf die Umfrage unter rheinland-pfälzischen Abiturienten zurück. Als Quotierungsmerkmal könnte man z. B. das Geschlecht vorgeben. Wären 55% aller rheinland-pfälzischen Abiturienten Männer und 45% Frauen, dann müßten in unserer Stichprobe ebenfalls 55% Männer und 45% Frauen vertreten sein. Welche Schüler wir befragen, ist beliebig, solange wir uns an die vorgegebenen Quoten halten. Um dem angestrebten Ideal einer „repräsentativen" Stichprobe näher zu kommen, könnte man zusätzlich zum Geschlecht noch vorgeben, wieviel Prozent der Schüler aus verschiedenen sozialen Schichten kommen.

Das Geschlecht und die Schichtzugehörigkeit können nun als unabhängige Quoten, d. h. isolierte Merkmalsausprägungen, vorgegeben werden. z. B. könnte die Quote lauten „60% Frauen und 40% Männer sowie 30% Arbeiterschicht, 60% Mittelschicht und 10% Oberschicht". Wenn die Quotierung unabhängig voneinander erfolgt, kann es bei diesem Beispiel theoretisch passieren, daß alle ausgewählten Mittelschichtangehörigen auch Frauen sind und die Männer alle Arbeiter- und Oberschichtangehörige sind. Die einzelnen Quoten für Geschlecht und Schichtzugehörigkeit wären damit zwar erfüllt, nicht aber eine *kombinierte* bzw. *abhängige* Quote. Abhängige Quoten können allerdings nur selten vorgegeben werden, da diese sehr exakte Kenntnisse der Grundgesamtheit voraussetzen: Allein um eine kombinierte Quote aus Geschlecht und Schicht vorzugeben, bräuchten wir die Information darüber, wie hoch der Prozentsatz an Frauen und Männern in den einzelnen Schichten ist. Man kann sich leicht vorstellen, wie unrealisierbar abhängige Quoten werden, wenn man mehr als zwei Merkmale bei der Quotierung berücksichtigen möchte. Zudem ist die Gefahr des „Umdefinierens" durch Interviewer bei seltenen Merkmalskombinationen groß, weil der Aufwand für den Interviewer steigt (vgl. Dorroch 1994, S. 40). Aus diesem Grunde werden in der Regel meist unabhängige Quoten verwendet bzw. nur zwei kombinierte Quoten (vgl. Noelle-Neumann und Petersen 1996, S. 257).

Mit der Quotenauswahl sind eine Reihe von Nachteilen verbunden:

- Die Verteilung der Quotierungsmerkmale in der Grundgesamtheit muß bekannt sein. Dies ist nur für wenige Merkmalsausprägungen der Fall.

- Die Quotierungsmerkmale müssen für den Interviewer leicht erfaßbar sein, wie etwa das Geschlecht. Schon das Alter, die Schichtzugehörigkeit oder die Schulbildung können nicht mehr per Augenschein festgestellt werden.

- Die Auswahl unterliegt letztlich der unkontrollierten Willkür des Interviewers – nicht dem Zufall.

- Ausfälle werden verdeckt, da der Interviewer in diesem Fall sich einfach die nächste Person mit den geforderten Merkmalen sucht. Eine Statistik über Ausfälle sowie die Berechnung der Ausschöpfungsquote ist somit nicht möglich, die daraus resultierenden Fehler bleiben unbekannt.

Ein entscheidender Vorteil von Quotenauswahlen besteht darin, daß diese kostengünstiger als Zufallsauswahlen sind.

In diesem Kapitel wurden die Prinzipien der verschiedenen Auswahlverfahren dargestellt. In der Praxis ist die Ziehung einer Zufallsstichprobe sehr aufwendig und mit zahlreichen Problemen behaftet. Einen Einblick in die Praxis der Stichprobenziehung vermitteln Gabler et al. (1998) und der Arbeitskreis Deutscher Markt- und Sozialforschungsinstitute (1999).

Aufgaben zu Stichprobenverfahren

1. Warum benötigt man Stichproben? Schildern Sie deren Vor- und Nachteile im Vergleich zu Vollerhebungen.

2. Für den ALLBUS 1994 wurden zunächst 151 Gemeinden ausgewählt. Aus den Einwohnermelderegistern dieser Gemeinden wurden die Adressen der zu befragenden Personen per Zufallsauswahl ermittelt. Welches Stichprobenverfahren wurde angewandt?

3. Sie möchten wissen, in welchem Umfang das „Studi-Ticket" von den Mainzer Studierenden genutzt wird. Das Studentensekretariat stellt Ihnen dazu eine Liste mit den Namen der 28.734 Studierenden (WS 1995/1996) zur Verfügung. Ihre Stichprobe soll mindestens 1.000 Studierende umfassen.

   Was ist in diesem Fall die Grundgesamtheit, was die Auswahlgesamtheit? Schildern Sie anhand von Beispielen, worin sich beide unterscheiden können.

   Aus dieser Liste möchten Sie nun eine systematische Zufallsstichprobe ziehen. Wie gehen Sie vor?

4. Worin besteht der Unterschied zwischen zufallsgesteuerten und nicht-zufallsgesteuerten Stichprobenverfahren?

5. Was bedeutet Repräsentativität? Wie wird diese bei Zufallsstichproben angestrebt, wie bei Quotenauswahlen? Ist Repräsentativität wichtig, und wenn ja, warum?

10 Wahrscheinlichkeitsverteilungen

Mit Hilfe der Wahrscheinlichkeitsrechnung läßt sich angeben, wie Stichprobenkennwerte (z. B. Mittelwerte) vom wahren Wert der Grundgesamtheit abweichen. Diese Überlegungen sind notwendig, um die Frage zu beantworten, wie auf Basis einer einzigen Stichprobe auf die Grundgesamtheit geschlossen (Kapitel 11) und Hypothesen über die Grundgesamtheit getestet werden können (Kapitel 12). Wie im Kapitel Stichprobenziehung angedeutet wurde, muß das Stichprobendesign bei der Datenanalyse berücksichtigt werden: Design-Gewichte werden notwendig, wenn nicht jedes Element der Grundgesamtheit die gleiche Auswahlwahrscheinlichkeit hatte – z. B. bei disproportional geschichteten Stichproben. Bei Schätzung des Stichprobenfehlers muß eine Systematik der Auswahl, eine Schichtung oder die „Klumpung" von Fällen berücksichtigt werden. Eine Einführung in die Analyse systematischer und komplexer Zufallsstichproben geben Scheaffer et al. (1996) (siehe auch Levy und Lemeshow 1991). Zur Vereinfachung wird in den folgenden Kapiteln von *reinen* Zufallsstichproben ausgegangen.

10.1 Wahrscheinlichkeitsrechnung

In Kapitel 9.2 haben wir uns als „Zufallsexperiment" das Werfen eines Würfels angesehen. Das Ziehen einer Stichprobe kommt ebenfalls einem Zufallsexperiment gleich. Bei der Wahrscheinlichkeitsrechnung betrachten wir solche Zufallsexperimente und deren Ergebnisse, die wir als Ereignisse bezeichnen. Die Ereignisse des Werfens eines Würfels sind z. B. die Zahlen 1, 2, 3, 4, 5 und 6. Uns interessiert, wie *wahrscheinlich* es ist, daß bestimmte Ereignisse eintreten (z. B. viermal hintereinander eine 6 zu werfen).

Wahrscheinlichkeiten sind mit relativen Häufigkeiten eng verknüpft, was im sogenannten **Bernoulli-Theorem** zusammengefaßt wird. Es besagt, daß die Wahrscheinlichkeit eines Ereignisses angibt, welche relativen Häufigkeiten für das Ereignis zu erwarten wären, wenn man das Zufallsexperiment unendlich oft wiederholen würde. Man kann davon ausgehen, daß anstelle einer „unendlich häufigen" Wiederholung auch eine „sehr häufige" Wiederholung genügt, also z. B. 100mal oder 1.000mal. Auf das Würfeln angewandt, bedeutet dies, daß von 100 Würfen jeweils ungefähr 16 oder 17 auf eine der sechs Zahlen entfallen sollten, denn die Wahrscheinlichkeit für jede der 6 Zahlen beträgt $1/6 = 0,1\bar{6}$ und $100 \times 0,1\bar{6} = 16,\bar{6}$. Bei 1.000 Würfen sollten demnach ca. 167 Würfe auf eine der sechs Zahlen entfallen usw. Eine *Voraussetzung des Bernoulli-Theorems* ist aber, daß eine *unendlich häufige Wiederholung theoretisch möglich* ist.

Das Bernoulli-Theorem läßt sich anhand eines Experiments demonstrieren. Wir bezeichnen dieses erste Experiment im folgenden mit Experiment I, da wir später weitere Experimente durchführen werden. Ein Programm, das Zufallszahlen erzeugt, ersetzt dabei den Würfel. Ein solcher „Zufallszahlengenerator" läßt sich so konstruieren, daß er eine beliebige Zahl innerhalb eines gegebenen Intervalles mit einer bestimmten Wahrscheinlichkeit produziert. Wir lassen uns im nachfolgenden eine der Zahlen 1 bis 6 erzeugen, wobei jede dieser Zahlen gleich wahrscheinlich ist. Das entspricht dem Würfeln mit einem Würfel. Alle Simulationen wurden mit den Programmen GSTAT und GSTAT2 von Fred Böker (1993, 1998) durchgeführt.

In Tabelle 10.1 werden die Ergebnisse dieses Experiments I zusammengefaßt. In Spalte A sind die möglichen Ereignisse des Zufallsexperiments angegeben und in Spalte $p(A)$ die dazugehörenden Wahrscheinlichkeiten, die man aufgrund des Bernoulli-Theorems erwartet (p = *probability* = Wahrscheinlichkeit). Die restlichen Spalten der Tabelle geben an, wie oft welche Zahlen gefallen sind, wenn der Würfel 10mal, 50mal, 100mal usw. bis 1.000.000mal geworfen wurde. Es werden allerdings keine absoluten, sondern relative Häufigkeiten aufgelistet. Die absoluten Häufigkeiten erhält man, wenn man die relativen Häufigkeiten mit der jeweiligen Anzahl der Würfe multipliziert. Wie man sieht, entsprechen die relativen Häufigkeiten bei bis zu 100 Würfen nur sehr ungenau den aufgrund des Bernoulli-Theorems erwarteten Wahrscheinlichkeiten (Spalte $p(A)$), nähern sich aber mit größer werdender Zahl von Würfen immer mehr an. Bereits bei 10.000 Würfen stimmen die relativen Häufigkeiten mit den theoretisch zu erwartenden Wahrscheinlichkeit bis auf die zweite Nachkommastelle überein.

Diesen Zusammenhang kann man auch graphisch veranschaulichen. Da es sich bei dem Merkmal „Anzahl der Augen bei einem Wurf eines Würfels" um ein diskretes Merkmal mit den möglichen Ausprägungen 1, 2, 3, 4, 5

Tabelle 10.1: Simulation des Werfens eines Würfels

A	$p(A)$	\multicolumn{7}{c}{Anzahl der Würfe}

A	$p(A)$	10	50	100	1.000	10.000	100.000	1.000.000
1	$0,1\bar{6}$	0,2000	0,1400	0,1800	0,1780	0,1674	0,1668	0,1666
2	$0,1\bar{6}$	0,2000	0,1600	0,1500	0,1670	0,1676	0,1651	0,1666
3	$0,1\bar{6}$	0,2000	0,2200	0,1900	0,1530	0,1637	0,1673	0,1660
4	$0,1\bar{6}$	0,0000	0,1800	0,1600	0,1590	0,1680	0,1672	0,1669
5	$0,1\bar{6}$	0,1000	0,1000	0,1300	0,1540	0,1656	0,1683	0,1673
6	$0,1\bar{6}$	0,3000	0,2000	0,1900	0,1890	0,1677	0,1652	0,1666

oder 6 handelt, ist die geeignetste Graphik ein Säulendiagramm (vgl. Kapitel 5.2), in dem die relativen Häufigkeiten für jede Augenzahl abgetragen werden. Abbildung 10.1 zeigt vier Säulendiagramme und zwar links oben für die relativen Häufigkeiten nach 10 Würfen, daneben nach 100 Würfen, links unten nach 1.000 Würfen und rechts unten für die relativen Häufigkeiten nach 1.000.000 Würfen.

Abbildung 10.1: Simulation des Werfens eines Würfels

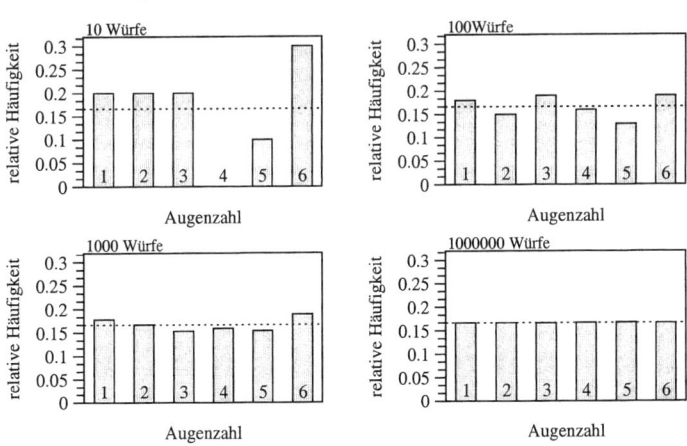

Da hier die relativen Häufigkeiten die Höhe der Säulen bestimmen und die Grundfläche der Säulen eine Einheit breit sind, entsprechen die Flächeninhalte genau der relativen Häufigkeit bzw. der Wahrscheinlichkeit. In der Summe ergeben die Flächen 1, was ja auch der Summe aller relativen Häufigkeiten entspricht.

Im Prinzip haben wir mit diesem Experiment I das Ziehen einer Stichprobe simuliert. Die Stichprobengröße variierte von 10 über 50, 100, 1.000, 10.000, 100.000 bis zu 1.000.000, und aus jeder Stichprobe haben wir den Anteilswert eines beliebigen Merkmals berechnet. Der „wahre" Anteilswert in der Grundgesamtheit (θ, sprich: theta) entspricht beim Würfeln der Wahrscheinlichkeit eines Ereignisses (p), und wir haben gesehen, daß sich bei größer werdendem Stichprobenumfang der ermittelte Wert aus der Stichprobe dem „wahren" Wert der Grundgesamtheit annähert.

Allerdings kann man die Vergrößerung der Stichprobe nicht wie die Anzahl der Würfe beim Würfel-Experiment unendlich oft ausdehnen, denn irgendwann würde ja die Größe der Stichprobe mit der der Grundgesamtheit übereinstimmen. Diese Verletzung der Voraussetzung des Bernoulli-Theorems – eine theoretisch unendliche Wiederholung des Zufallsexperiments entspricht einer Vergrößerung der Stichprobe ins Unendliche – ist aber nur dann relevant, wenn die Grundgesamtheit nicht besonders groß ist oder umgekehrt die zu ziehende Stichprobe sehr groß ist. Wenn die Grundgesamtheit die Stichprobe um den Faktor 100 übersteigt, fällt die Verletzung dieser Voraussetzung schon nicht mehr ins Gewicht. Deshalb lassen sich die hier vorgestellten Regeln der Wahrscheinlichkeitsrechnung problemlos auf bevölkerungsweite Umfragen übertragen, wo die Stichprobe meist aus 1.000 bis 3.000 Befragten bei einer Grundgesamtheit von mehreren Millionen Personen besteht.

Da die relativen Häufigkeiten sich den zu erwartenden relativen Häufigkeiten nur „annähern", mit anderen Worten die Werte der Stichprobe sich den Werten der Grundgesamtheit nur nähern, wäre es wünschenswert zu wissen, wie genau diese Annäherung verläuft. Dazu betrachten wir anhand eines neuen Experimentes II, was passiert, wenn wir nicht wie im vorangegangenen Experiment Stichproben unterschiedlichen Umfangs aus der Grundgesamtheit ziehen, sondern *mehrere Stichproben gleichen Umfangs*.

Auf das Würfeln übertragen bedeutet dies, daß wir z. B. 100mal würfeln und diesen Versuch *mehrere Male* durchführen. Dem liegt die Überlegung zugrunde, daß eine Wiederholung des Versuchs zu einer ganz anderen beobachteten relativen Häufigkeit führen kann als die erste Durchführung. Wir vereinfachen das Experiment II im Vergleich zu Experiment I allerdings dadurch, daß nur die relative Häufigkeit des Auftretens einer einzigen Augenzahl, nämlich der 6, notiert wird. Die Wahrscheinlichkeit dafür beträgt $p = 1/6 = 0{,}1\bar{6}$. Die Wahrscheinlichkeit, keine 6 zu werfen, setzt sich aus der Summe der Einzelwahrscheinlichkeiten, eine 1, 2, 3, 4 oder 5 zu werfen, zusammen, was $p = 5 \times 1/6 = 5/6 = 0{,}8\bar{3}$ entspricht. Das Experiment besteht jetzt also darin, *den Würfel 100mal zu werfen und die Häufigkeit des Auftretens der 6 festzuhalten*. Theoretisch müßte die 6 nach 100 Würfen ca. 16 oder 17mal gefallen sein, also mit einer relativen Häufigkeit von $0{,}1\bar{6}$ auftreten, was einem prozentualen Anteil von $16{,}\bar{6}\%$ entspricht.

In Tabelle 10.2 sind die *Anteile* der Augenzahl 6 aus zehn Versuchswiederholungen notiert. Wie man sieht, liegt der beobachtete Wert nur im 7. Versuch in der Nähe des theoretisch erwarteten Wertes von $16{,}\bar{6}\%$.

Tabelle 10.2: Anteilswerte der Zahl 6 nach 100 Würfen und 10 Wiederholungen

Versuch Nr.	1	2	3	4	5	6	7	8	9	10
Anteil in %	20	19	20	20	20	15	17	13	13	18

Alle anderen Werte weichen mehr oder weniger von dem erwarteten Anteilswert ab. Was können wir daraus folgern? Wir wissen aufgrund des Bernoulli-Theorems, daß wir bei einer sehr großen Häufigkeit des Würfelns (z. B. eine Million mal) tatsächlich sehr genau am theoretisch erwarteten Wert liegen. Wenn wir aber nicht so häufig würfeln, weichen die ermittelten Werte, wie gerade festgestellt wurde, scheinbar „beliebig" vom theoretischen Wert ab. *Die Lösung des Problems besteht darin, daß die Werte nicht „irgendwie" vom theoretischen Wert abweichen, sondern auf eine genau angebbare Weise.*

10.2 Diskrete Variablen und Verteilungen

10.2.1 Wahrscheinlichkeitsfunktion einer diskreten Zufallsvariablen

Betrachten wir zunächst eine Häufigkeitsauszählung des Experiment II, wenn wir nicht 10mal, sondern 1.000mal hintereinander 100mal würfeln und jeweils die Häufigkeit notieren, mit der bei jeweils 100 Würfen die

Zahl 6 fällt. Dies entspricht dem Ziehen von 1.000 Stichproben des Umfangs 100. Theoretisch kann die 6 bei jedem dieser 1.000 Experimente zwischen 0 und 100mal fallen. Wie wir Tabelle 10.3 entnehmen können, kommen jedoch nur bestimmte Häufigkeiten vor, und manche Werte kommen wesentlich öfter vor als andere. So kann man der vierten Zeile der Tabelle entnehmen, daß in 18 von den insgesamt 1.000 Durchführungen (=1,8% der Experimente) die Zahl 6 bei 100 Würfen genau 9mal fiel, dies entspricht einem Anteil der Zahl 6 von 9%.

Tabelle 10.3: Anteilswerte der Zahl 6 bei 100 Würfen und 1.000 Wiederholungen

Anteil	Häufigkeit		kum. Häufigkeit	
	absolut	in %	absolut	in %
6%	4	0,4	4	0,4
7%	4	0,4	8	0,8
8%	2	0,2	10	1,0
9%	18	1,8	28	2,8
10%	24	2,4	52	5,2
11%	33	3,3	85	8,5
12%	67	6,7	152	15,2
13%	72	7,2	224	22,4
14%	98	9,8	322	32,2
15%	90	9,0	412	41,2
16%	98	9,8	510	51,0
17%	106	10,6	616	61,6
18%	99	9,9	715	71,5
19%	74	7,4	789	78,9
20%	72	7,2	861	86,1
21%	45	4,5	906	90,6
22%	43	4,3	949	94,9
23%	19	1,9	968	96,8
24%	14	1,4	982	98,2
25%	12	1,2	994	99,4
26%	4	0,4	998	99,8
27%	1	0,1	999	99,9
29%	1	0,1	1000	100,0

Man sieht, daß Häufigkeiten bzw. Anteilswerte, die relativ weit vom wahren Wert ($16,\bar{6}\%$) entfernt sind, nur selten oder nie vorkommen, während

Anteilswerte, die in der Nähe des erwarteten Wertes liegen, sehr häufig auftreten. Am häufigsten, nämlich in 106 der 1.000 Wiederholungen (10,6%), fiel die Augenzahl 6 17mal, d. h. in 17% der 100 Würfe. Wie man an der kumulierten Häufigkeitsverteilung in der letzten Spalte von Tabelle 10.3 ablesen kann, liegen 51% der Anteilswerte unterhalb von 17% und entsprechend 49% der Anteilswerte über diesem Wert. Durch ein Histogramm kann man die Verteilung der Anteilswerte nun graphisch veranschaulichen (Abbildung 10.2).

Abbildung 10.2: Anteilswerte der Zahl 6 bei 100 Würfen und 1.000 Wiederholungen

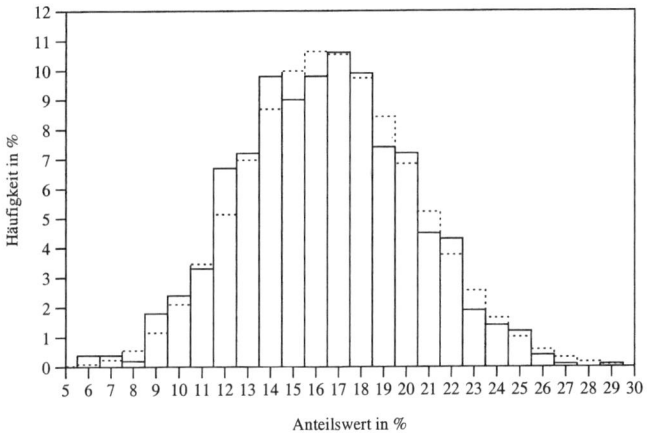

Die in Abbildung 10.2 als Histogramm dargestellte Verteilung der Anteilswerte ist die Wahrscheinlichkeitsverteilung der Zufallsvariablen X. X ist das Zufallsexperiment „Anteil der 6 bei 100maligem Würfeln". Solch ein Experiment wird allgemein als *Bernoulli-Experiment* bezeichnet, die dazugehörende mathematisch-theoretische Funktion ist die **Wahrscheinlichkeitsfunktion der Binomialverteilung** (vgl. z. B. Bortz 1999, S. 66 f.). Diese Funktion ist in Abbildung 10.2 als gestrichelte Linie eingezeichnet:

$$f_B(x|n;p) = \binom{n}{x} \cdot p^x \cdot (1-p)^{n-x}, \qquad \text{für} \quad x = 0, 1, 2, \ldots, n \quad (10.1)$$

Die linke Seite dieser Gleichung ist die Bezeichnung für eine Binomialverteilung. Da es eine Wahrscheinlichkeitsfunktion ist, wird der Ausdruck
$f_B(x|n;p)$ als „Wahrscheinlichkeit für x unter der Bedingung, daß n und p
zutrifft" gelesen. n und p stellen also die Parameter der Binomialverteilung
dar. n ist die Anzahl der Wiederholungen in einem Bernoulli-Experiment,
p die Wahrscheinlichkeit, mit der ein Ereignis auftritt. Der Ausdruck $\binom{n}{x}$
wird als „n über x" gelesen und ist eine Abkürzung für den Ausdruck
$\frac{n!}{x!\cdot(n-x)!}$. Dies ist die Anzahl der Kombinationen, die für x Objekte aus
insgesamt n Objekten möglich sind. Bekanntestes Anwendungsbeispiel für
die Anzahl der Kombinationen ist die Frage nach der Wahrscheinlichkeit,
6 Richtige im Lotto 6 aus 49 zu erzielen. Die Anzahl der Möglichkeiten, 6
aus 49 Zahlen zu ziehen, beträgt $\binom{49}{6} = \frac{49!}{6!\cdot(49-6)!} = 13983816$. Die Wahrscheinlichkeit, daß *eine bestimmte Kombination* fällt (am besten natürlich
die, die man selbst getippt hat) beträgt also $1/13983816$.

Betrachten wir das Ganze an unserem Beispiel. Die Anzahl der Wiederholungen in unserem Bernoulli-Experiment ist $n = 100$. Die Wahrscheinlichkeit für das Auftreten der 6 ist $p = 0{,}1\bar{6}$. Die Frage ist nun, wie wahrscheinlich es ist, daß bei **einer** Durchführung des Experiments die 6 mit
einer bestimmten Häufigkeit auftritt, sagen wir 20mal, was bei 100 Würfen einem Anteil von 0,2 bzw. 20% entspricht. Also ist $x = 20$, und die
entsprechende Formel (10.1) schreibt sich wie folgt:

$$f_B(20|100;0{,}1\bar{6}) = \binom{100}{20} \cdot 0{,}1\bar{6}^{20} \cdot (1 - 0{,}1\bar{6})^{100-20}$$

$$= \frac{100!}{20! \cdot (100 - 20)!} \cdot 2{,}735 \cdot 10^{-16} \cdot 4{,}629 \cdot 10^{-7}$$

$$= 5{,}359833704038 \cdot 10^{20} \cdot 1{,}266 \cdot 10^{-22}$$

$$= 0{,}0679$$

Das bedeutet, daß bei einer gegen unendlich gehenden Realisation des
Experimentes die Wahrscheinlichkeit, genau bei 20 von 100 Würfen die 6
zu erzielen, 0,0679 beträgt. Anders formuliert: Theoretisch müßte die Augenzahl 6 in 6,79% der Durchführungen des Bernoulli-Experiments 20mal
fallen (bei 100 Würfen insgesamt). Aus Tabelle 10.3 auf Seite 190 und
Abbildung 10.2 geht hervor, daß tatsächlich in 7,2% von unseren 1.000

Bernoulli-Experimenten 20mal die 6 geworfen wurde. Dieser Wert würde sich mit zunehmender Zahl von Experimenten immer mehr dem theoretisch zu erwartenden Wert von 6,79 annähern. Die erwarteten Anteilswerte der 6 sind in Abbildung 10.2 mit einer gestrichelten Linie eingezeichnet.

Auf die Stichprobenziehung übertragen heißt das, daß wir beim Ziehen mehrerer Stichproben nicht damit rechnen können, daß die ermittelten Kennwerte mit dem wahren Wert übereinstimmen. Darüber hinaus werden sich die Kennwerte verschiedener Stichproben auch untereinander unterscheiden. Sie tun dies jedoch nach einer angebbaren Regel, für dichotome Variablen (d. h. Variablen, die nur zwei sich gegenseitig ausschließende Merkmalsausprägungen annehmen können) ist dies die Binomialverteilung.

10.2.2 Erwartungswert und Varianz einer diskreten Zufallsvariablen

Auch Wahrscheinlichkeitsverteilungen von Zufallsvariablen lassen sich durch Parameter einfacher beschreiben. In Kapitel 6 haben wir das arithmetische Mittel und die Varianz als die besten Parameter zur Beschreibung einer Verteilung angegeben. Analog dazu bezeichnen der **Erwartungswert** und die **Varianz** einer Zufallsvariablen die besten Parameter zur Beschreibung der Wahrscheinlichkeitsfunktion.

Der *Erwartungswert $E(X)$ ist der Wert, der bei unendlich vielen Wiederholungen des Experiments im Durchschnitt bei jedem Experiment zu erwarten ist.* Die *Varianz $Var(X)$ sagt uns, wie stark die einzelnen Werte um diesen Erwartungswert schwanken.*

Bei der Binomialverteilung können Erwartungswert und Varianz einfach durch folgende Formeln ermittelt werden:

$$E(X) = n \cdot p \tag{10.2}$$

bzw.

$$Var(X) = n \cdot p \cdot q; \qquad q = 1 - p \tag{10.3}$$

In unserem Beispiel können wir den Erwartungswert der binomialverteilten Zufallsvariablen X daher nach Formel (10.2) bestimmen durch

$$E(X) = n \cdot p$$
$$= 100 \cdot 0,1\bar{6}$$
$$= 16,\bar{6}$$

und die Varianz nach Formel (10.3) durch

$$Var(X) = n \cdot p \cdot q$$
$$= 100 \cdot 0,1\bar{6} \cdot 0,8\bar{3}$$
$$= 13,\bar{8}$$

Wir erwarten also bei einem Experiment, daß von 100 Würfen $16,\bar{6}$mal die 6 fällt. Die Varianz dieses Wertes bei allen Experimenten beträgt $13,\bar{8}$.

Auch dies sei wieder auf das Ziehen einer Stichprobe übertragen: Wenn wir mehrere Stichproben ziehen, wird sich der Kennwert einer dichotomen Variable binomial verteilen mit dem Mittelwert $E(X)$ und der Varianz $Var(X)$. Selbst wenn wir nur eine hinreichend große Stichprobe ziehen, können wir sagen, daß ein ermittelter Kennwert aus einer solchen Verteilung stammt. Somit ist angebbar, wie wahrscheinlich es ist, bei bestimmten Parametern $E(X)$ und $Var(X)$ die ermittelten Kennwerte überhaupt zu erhalten.

10.3 Stetige Variablen und Verteilungen

Unser Beispiel bezog sich bisher auf den Fall, daß wir es mit einer diskreten Zufallsvariablen zu tun haben. Wenn wir aber beim Würfeln nicht nur die Werte 1, 2, 3, 4, 5 und 6 erhalten könnten, sondern auch jeden beliebigen Wert dazwischen, würden die ermittelten Würfe eine stetige Zufallsvariable darstellen. Eine stetige Zufallsvariable stellt z. B. das in einer Stichprobe erhobene Merkmal Alter dar, da das Alter unendlich viele Ausprägungen aufweisen kann. Dagegen wäre das Merkmal Geschlecht eine diskrete Zufallsvariable, da es nur die Ausprägungen „Mann" und „Frau" besitzt.

10.3.1 Wahrscheinlichkeitsfunktion einer stetigen Zufallsvariablen

Im Kapitel 10.2.1 über die Wahrscheinlichkeitsfunktion einer diskreten Zufallsvariablen haben wir ein Experiment (100mal Würfeln) mehrmals nacheinander wiederholt. In der Praxis entspricht dies dem Ziehen mehrerer Stichproben der Stichprobengröße 100. Bei jedem Experiment haben wir festgehalten, wie oft die 6 gefallen ist, was der Feststellung eines Anteilswertes in einer Stichprobe entspricht.

Im folgenden simulieren wir das Ziehen einer Personenstichprobe von 1.000 Befragten (= Größe der Stichprobe) aus der Gesamtbevölkerung (Grundgesamtheit) mit dem Programm ALTMIHI aus GSTAT (vgl. Böker 1993) und notieren uns für jede gezogene Stichprobe den Stichprobenmittelwert einer Variablen – nämlich des Alters –, d. h. wir berechnen den Altersdurchschnitt der Bevölkerung in jeder gezogenen Stichprobe. Der Altersdurchschnitt der Grundgesamtheit im Programm ALTMIHI beträgt 37,268 Jahre.

Häufigkeitsauszählungen stetiger Variablen werden dargestellt, indem man die Werte in Intervalle zusammenfaßt und die Häufigkeit der Werte in diesen Intervallen berichtet. Dies haben wir im nachfolgenden getan, indem wir Intervalle der Breite 0,1 gebildet haben. Jedes Intervall hat eine untere und obere Grenze, z. B. reicht das erste Intervall von 34,75 bis 34,85 Jahre. Statt der Intervallgrenzen kann als Kategorie auch einfach die Intervallmitte angegeben werden, wie das in der folgenden Tabelle 10.4 zu sehen ist. Das erste Intervall hat z. B. die Mitte 34,8 Jahre. In dieses Intervall fällt der Mittelwert einer einzigen Stichprobe, was bei 1.000 Stichproben zur relativen Häufigkeit 0,001 führt (bzw. zur prozentualen Häufigkeit 0,1%).

Man sieht, daß manche Altersdurchschnitte deutlich häufiger ermittelt werden als andere. Besonders häufig treten Stichproben mit Altersdurchschnitten auf, die in der Nähe des tatsächlichen Altersdurchschnittes der Bevölkerung (der Grundgesamtheit) liegen. Größere Abweichungen vom wahren Wert sind also auch hier, wie schon im *Bernoulli-Experiment* in Tabelle 10.3 auf Seite 190, selten, dagegen sind kleinere Abweichungen häufiger.

In Abbildung 10.3 ist die Verteilung der Altersdurchschnitte $\bar{X}$ in verschiedenen Stichproben als Histogramm dargestellt. $\bar{X}$ ist das Ergebnis des Zufallsexperiments „Ermittlung des Durchschnittsalters der Bevölkerung anhand einer Stichprobe". Da es sich hier um eine stetige Variable handelt,

Tabelle 10.4: Altersdurchschnitte bei 1.000 Stichproben der Größe 1.000

Intervallmitte	Häufigkeit		kum. Häufigkeit	
	absolut	in %	absolut	in %
34,8	1	0,10	1	0,10
35,1	1	0,10	2	0,20
35,3	1	0,10	3	0,30
35,5	1	0,10	4	0,40
35,7	3	0,30	7	0,70
35,8	7	0,70	14	1,40
35,9	9	0,90	23	2,30
36,0	13	1,30	36	3,60
36,1	13	1,30	49	4,90
36,2	16	1,60	65	6,50
36,3	20	2,00	85	8,50
36,4	23	2,30	108	10,80
36,5	40	4,00	148	14,80
36,6	35	3,50	183	18,30
36,7	44	4,40	227	22,70
36,8	52	5,20	279	27,90
36,9	52	5,20	331	33,10
37,0	72	7,20	403	40,30
37,1	38	3,80	441	44,10
37,2	60	6,00	501	50,10
37,3	51	5,10	552	55,20
37,4	52	5,20	604	60,40
37,5	57	5,70	661	66,10
37,6	49	4,90	710	71,00
37,7	40	4,00	750	75,00
37,8	45	4,50	795	79,50
37,9	30	3,00	825	82,50
38,0	35	3,50	860	86,00
38,1	31	3,10	891	89,10
38,2	20	2,00	911	91,10
38,3	16	1,60	927	92,70
38,4	10	1,00	937	93,70
38,5	22	2,20	959	95,90
38,6	10	1,00	969	96,90
38,7	8	0,80	977	97,70
38,8	9	0,90	986	98,60
38,9	6	0,60	992	99,20
39,0	2	0,20	994	99,40
39,1	2	0,20	996	99,60
39,2	1	0,10	997	99,70
39,3	3	0,30	1000	100,00

Abbildung 10.3: Altersdurchschnitte bei 1.000 Stichproben der Größe 1.000

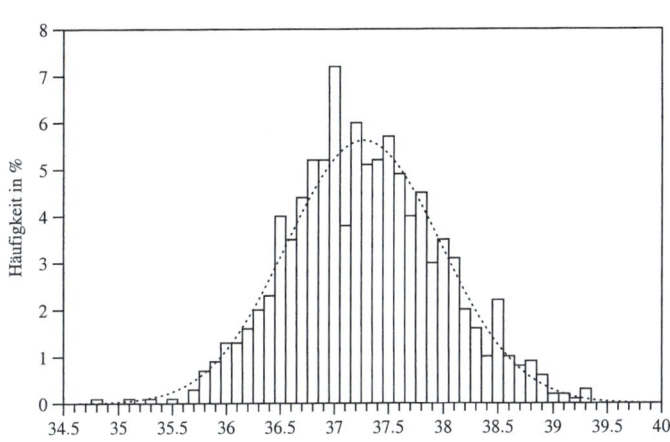

ist die zugehörige mathematisch-theoretische Funktion die **Wahrscheinlichkeitsfunktion der Normalverteilung**, die in Abbildung 10.3 als gestrichelte Linie eingezeichnet wurde.

Die Normalverteilung ist für die schließende Statistik also von zentraler Bedeutung, da sie angibt, wie sich bestimmte statistische Kennwerte – z. B. Stichprobenmittelwerte – verteilen. Außerdem gehen viele Verteilungen – selbst die in Kapitel 10.2 behandelte Binomialverteilung – unter bestimmten Bedingungen in eine Normalverteilung über.

10.3.2 Normalverteilung und Standardnormalverteilung

Die Normalverteilung trägt auch die Namen „Gauß'sche Normalverteilung" – nach ihrem „Mitbegründer" Carl Friedrich Gauß – oder „Glockenkurve" – wegen ihres charakteristischen, an eine Glocke erinnernden Verlaufs.

Die *allgemeine Formel* der Normalverteilungsfunktion lautet:

$$f_N(x|\bar{x}; s^2) = \frac{1}{s \cdot \sqrt{2\pi}} e^{-\frac{1}{2}\left(\frac{x-\bar{x}}{s}\right)^2} \tag{10.4}$$

Ihre beiden Parameter $\bar{x}$ – das ist das arithmetische Mittel der Verteilung – und s^2 – das ist die Varianz der Verteilung – bestimmen dabei die Lage und Breite der Kurve. Um eine Normalverteilung zu charakterisieren, reicht die Angabe des Mittelwertes und der Varianz daher aus. Aus diesem Grunde werden Normalverteilungen meistens mit $N(\bar{x}|s^2)$ bezeichnet.

Diese Funktion wird auch als Dichtefunktion bezeichnet, da sie angibt, wie dicht die Verteilung an einem bestimmten Punkt ist. Zur Verdeutlichung sind in Abbildung 10.4 mehrere Normalverteilungen mit verschiedenen Parametern $\bar{x}$ und s^2 dargestellt.

Abbildung 10.4: Normalverteilungen mit verschiedenen Parametern $\bar{x}$ und s^2

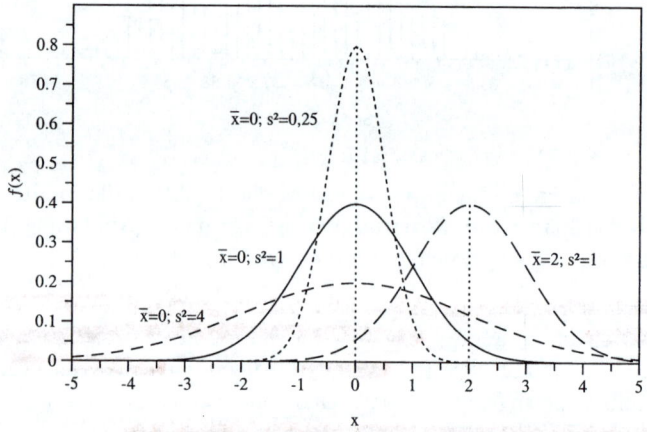

Man kann erkennen, daß die Verteilung bei größer werdender Varianz s^2 breiter und bei kleiner werdender Varianz s^2 schmäler wird. Wird der Mittelwert $\bar{x}$ größer, so verschiebt sich die Verteilung auf der x-Achse in positiver Richtung, wird der Mittelwert $\bar{x}$ kleiner, so verschiebt sie sich in negativer Richtung.

Die Normalverteilung hat mehrere Eigenschaften, die man sich bei der Anwendung in der Inferenzstatistik zunutze machen kann:

- Sie ist symmetrisch und eingipflig, wobei ihr Maximum bei $\bar{x}$ liegt. Arithmetisches Mittel, Modalwert und Median sind aus diesem Grund identisch.

- Sie nähert sich asymptotisch der x-Achse, d. h. dem Wert 0, wenn x gegen $+\infty$ oder $-\infty$ strebt. Sie wird jedoch nie gleich 0 (auch wenn es in der Abbildung so aussehen sollte).
- Ihre Wendepunkte (steilste Stellen) liegen bei $\bar{x} - s$ und $\bar{x} + s$.
- Da die Verteilung symmetrisch ist, befinden sich 50% der Fläche links von $\bar{x}$ und 50% rechts von $\bar{x}$.

Die Fläche unterhalb der Normalverteilung gibt an, wie viele x-Werte sich in einem bestimmten Bereich der Verteilung befinden. Zwischen $x_1 = -\infty$ und $x_2 = +\infty$ befinden sich alle x-Werte, also 100%, die dazugehörige Fläche beträgt demnach 1. Um von der Grundgesamtheit auf die Verteilung von Stichprobenwerten und um umgekehrt auf der Basis einer Stichprobe Aussagen über die Grundgesamtheit zu treffen (vgl. Kapitel 11), wird es notwendig sein, *Flächen unterhalb der Normalverteilung zu berechnen*. Eine Möglichkeit der Bestimmung von Flächen ist die Integralrechnung. Eine andere – im folgenden angewandte – Möglichkeit der Flächenbestimmung bietet die *Standardnormalverteilung*.

Die Standardnormalverteilung ist die Normalverteilung, deren Mittelwert bei $\bar{x} = 0$ und deren Varianz bei $s^2 = 1$ liegt. Setzt man die Parameter $\bar{x} = 0$ und $s^2 = 1$ in Gleichung 10.4 ein, dann vereinfacht sich die Gleichung der Normalverteilung zur **Gleichung der Standardnormalverteilung**:

$$f(x) = \frac{1}{\sqrt{2\pi}} e^{-\frac{x^2}{2}} \tag{10.5}$$

Die Werte der Standardnormalverteilung werden als z-**Werte** bezeichnet, da man jede beliebige Normalverteilung mittels einer sogenannten z-**Transformation** in eine Standardnormalverteilung überführen kann. Das Besondere der Standardnormalverteilung besteht darin, daß die dazugehörigen Flächen in vielen Statistikbüchern in tabulierter Form vorliegen (vgl. Anhang A, S. 259). Tabuliert ist immer die Fläche, die *links* von einem z-Wert liegt. Wie man an der Tabelle sieht, braucht man nur z-Werte von -3 bis $+3$ auszuweisen, da die Fläche für z-Werte kleiner als -3 nahezu 0 ist, und für z-Werte größer als $+3$ nahezu 1 bzw. 100%. Im folgenden verwenden wir den griechischen Großbuchstaben Φ (Phi) zur Bezeichnung der Fläche.

Beispielsweise geht aus der z-Tabelle im Anhang A hervor, daß links vom
z-Wert 0 die Fläche 0,5 bzw. 50% liegt. Da es sich um eine zum Mittelwert
0 symmetrische Verteilung handelt, ist die Fläche, die sich links vom Wert
0 befindet genauso groß wie die Fläche rechts vom Wert 0. Links vom z-
Wert $+2,5$ befinden sich 99,38% der Fläche und links von $-0,95$ 17,11%.
Wenn man wissen möchte, welcher Flächenanteil sich *rechts* vom z-Wert
befindet, kann man sich die Tatsache zunutze machen, daß sich unter
der gesamten Verteilung die Fläche 1 bzw. 100% befindet. Wenn links
von einem z-Wert die Fläche Φ ist, dann befindet sich rechts vom selben
Wert die Fläche $1 - \Phi$. *Rechts* vom z-Wert $+1,49$ liegt also die Fläche
$1 - 0,9319 = 0,0681$, d. h. 6,81% der Gesamtfläche.

Ganz ähnlich läßt sich auch verfahren, wenn man wissen möchte, wie groß
die Fläche *innerhalb bestimmter Grenzen* bzw. *innerhalb eines Intervalles*
ist. Da die Tabelle immer die Fläche ausweist, die links von einem z-Wert
liegt, muß man, um ein Intervall zwischen zwei Werten zu erhalten, von der
Fläche, die links vom größeren z-Wert (z_2) liegt, die Fläche, die links vom
kleineren z-Wert (z_1) liegt, subtrahieren: $\Phi(\Delta z) = \Phi_{z_2} - \Phi_{z_1}$. Zwischen
$-1,03$ und $+2$ befinden sich also $\Phi_{z_2} - \Phi_{z_1} = 0,9772 - 0,1515 = 0,8257 =$
82,57% der Fläche.

Die Flächenberechnung ist in den Abbildungen 10.5 a) bis 10.5 d) illu-
striert. Abbildung 10.5 a) zeigt die Fläche links vom z-Wert $+2,5$, Abbildung 10.5 b) links von $-0,95$. Abbildung 10.5 c) zeigt die Fläche rechts von
$+1,49$ und Abbildung 10.5 d) schließlich die Fläche zwischen den z-Werten
$-1,03$ und $+2$.

Für die Intervalle um den Mittelwert $(-1;1)$, $(-2;2)$ und $(-3;3)$ lassen
sich folgende Flächen festhalten:

1. Zwischen -1 und $+1$ liegen 68,27% der Fläche bzw. der z-Werte.

2. Zwischen -2 und $+2$ liegen 95,45% der Fläche bzw. der z-Werte.

3. Zwischen -3 und $+3$ liegen 99,73% der Fläche bzw. der z-Werte.

Da jede Normalverteilung durch eine z-**Transformation** in eine Standardnormalverteilung überführt werden kann, können wir auch für jede
beliebige Normalverteilung mit Hilfe der z-Tabelle Flächenanteile bestimmen, wenn wir zuvor den entsprechenden x-Wert z-transformiert haben.
Ganz allgemein wird ein Wert einer beliebigen Verteilung z-transformiert,
indem man von diesem Wert den Mittelwert der Verteilung subtrahiert
und das Ergebnis durch die Standardabweichung dividiert:

Abbildung 10.5: Flächen unter der Standardnormalverteilung

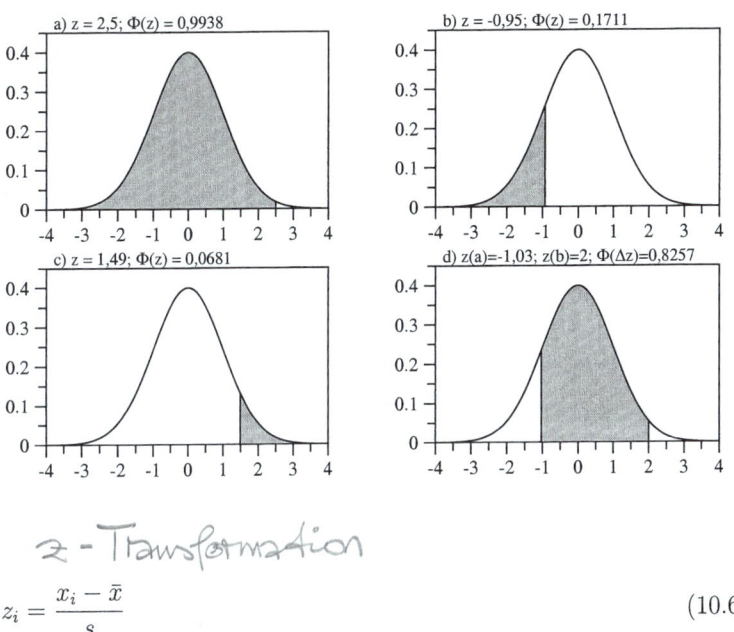

$$z - \text{Transformation}$$

$$z_i = \frac{x_i - \bar{x}}{s} \tag{10.6}$$

Wenn jeder Wert einer beliebigen Normalverteilung z-transformiert wird, erhält man eine Standardnormalverteilung mit den Parametern $\bar{x} = 0$ und $s^2 = s = 1$. Ihre x_i-Werte sind jetzt z_i-Werte. Sie wird deshalb auch „z-Verteilung" genannt. Auf dem umgekehrten Weg kann jede z-Verteilung in eine beliebige Verteilung mit den Parametern $\bar{x}$ und s^2 überführt werden:

$$\text{Rücktransformation}$$

$$x_i = \bar{x} + z_i \cdot s \tag{10.7}$$

Da auch jede *Normalverteilung* über die Umkehrung der z-Transformation gemäß Gleichung (10.7) aus der z-Verteilung ableitbar ist, läßt sich anhand der tabulierten z-Werte die **Flächenberechnung für jede Normalverteilung** durchführen.

Um herauszufinden, *wieviel Prozent der Fläche bei einer beliebigen Normalverteilung zwischen zwei x-Werten liegt*, z-standardisiert man zunächst die beiden x-Werte, um dann die Flächen für die standardisierten Werte aus der z-Tabelle abzulesen:

$$\Phi(\Delta x) = \Phi_{x_2} - \Phi_{x_1}$$
$$= \Phi_{(x_2-\bar{x})/s} - \Phi_{(x_1-\bar{x})/s}$$
$$= \Phi_{z_2} - \Phi_{z_1}$$

Und auf ein Beispiel angewendet: In einer Normalverteilung mit dem Mittelwert $\bar{x} = 3$ und einer Standardabweichung von $s = 4$ soll die Fläche zwischen den Werten $x_1 = 2$ und $x_2 = 5$ berechnet werden:

$$\Phi(\Delta x) = \Phi_5 - \Phi_2$$
$$= \Phi_{(5-3)/4} - \Phi_{(2-3)/4}$$
$$= \Phi_{0,5} - \Phi_{-0,25}$$
$$= 0{,}6915 - 0{,}4013$$
$$= 0{,}2902 = 29{,}02\%$$

Zwischen den beiden x-Werten 2 und 5 liegen in einer Normalverteilung mit dem Mittelwert 3 und der Standardabweichung 2 also 29,02% der Werte.

Mit Hilfe der z-Standardisierung kann auch abgeleitet werden:

1. Zwischen $\bar{x} - 1 \cdot s$ und $\bar{x} + 1 \cdot s$ liegen 68,27% der Fläche.
2. Zwischen $\bar{x} - 2 \cdot s$ und $\bar{x} + 2 \cdot s$ liegen 95,45% der Fläche.
3. Zwischen $\bar{x} - 3 \cdot s$ und $\bar{x} + 3 \cdot s$ liegen 99,73% der Fläche.

10.3.3 Die Verteilung der Stichprobenmittelwerte

Aus Abbildung 10.3 auf Seite 197 ging hervor, daß sich Mittelwerte aus mehreren Stichproben gemäß einer Normalverteilung verteilen. Da es sich um Stichproben*mittelwerte* handelt, wurden in Abbildung 10.3 auf der x-Achse nicht x-Werte, sondern $\bar{x}$-Werte abgetragen. Die abgebildete Verteilung ist also eine **Verteilung der Stichprobenmittelwerte**. Auch diese Verteilung läßt sich durch ihren Mittelwert und ihre Varianz beschreiben.

Der *Mittelwert* der Stichprobenmittelwerteverteilung entspricht dem wahren Mittelwert des Merkmals in der Grundgesamtheit, der mit dem griechischen Buchstaben μ (mü) bezeichnet wird. Die *Varianz* der Stichprobenmittelwerteverteilung ist von zwei Faktoren abhängig: Zum einen von der Varianz des Merkmals in der Grundgesamtheit, die mit σ^2 (σ ist der griechische Buchstabe sigma) bezeichnet wird. Denn je größer in der Grundgesamtheit die Streuung eines Merkmals ist, desto mehr werden auch die Mittelwerte des Merkmals in verschiedenenen Stichproben voneinander abweichen. Die Stichprobenmittelwerteverteilung wird dann breiter. Zum anderen spielt die Stichprobengröße eine entscheidende Rolle: Je größer der Umfang der gezogenen Stichproben, umso weniger weichen diese vom „wahren" Mittelwert der Grundgesamtheit μ ab und umgekehrt (dieser Zusammenhang wurde für Anteilswerte in **Experiment I** auf S. 187 demonstriert). Die *Varianz der Stichprobenmittelwerteverteilung* ergibt sich daher aus dem Verhältnis σ^2/n. Sie wird mit $\sigma_{\bar{x}}^2$ bezeichnet, um deutlich zu machen, daß es sich um die Varianz der Stichprobenmittelwerte $\bar{x}$ handelt. Die *Standardabweichung* der Stichprobenmittelwerteverteilung $\sigma_{\bar{x}}$, die als **Standardfehler des Mittelwerts** einer Stichprobe bezeichnet wird, berechnet sich als

$$\sigma_{\bar{x}} = \sqrt{\sigma_{\bar{x}}^2} = \sqrt{\frac{\sigma^2}{n}} = \frac{\sigma}{\sqrt{n}} \tag{10.8}$$

Somit ergibt sich aus der allgemeinen Formel der Normalverteilungsfunktion (Gleichung 10.4, S. 197) bei Einsetzen der entsprechenden Parameter μ und $\sigma_{\bar{x}}$ die **Gleichung der Stichprobenmittelwerteverteilung**:

$$f_N(\bar{x}|\mu; \sigma_{\bar{x}}^2) = \frac{1}{\sigma_{\bar{x}} \cdot \sqrt{2\pi}} e^{-\frac{1}{2}\left(\frac{\bar{x}-\mu}{\sigma_{\bar{x}}}\right)^2} \tag{10.9}$$

Anhand dieser Formel kann nun die Wahrscheinlichkeits*dichte* an der Stelle $\bar{x}$ bestimmt werden. In unserem Beispiel beträgt der Mittelwert der Altersverteilung in der Grundgesamtheit $\mu = 37{,}268$ und die Varianz in der Grundgesamtheit $\sigma^2 = 504{,}4516$, d. h. $\sigma_{\bar{x}} = \sqrt{\frac{504{,}4516}{1000}} = 0{,}71025$. Diese Werte werden als Parameter in die Gleichung (10.9) eingetragen. Die Wahrscheinlichkeitsdichte beträgt dann z. B. für $\bar{x} = 37{,}2$:

$$f_N(37{,}2|37{,}268; 0{,}71025^2) = \frac{1}{0{,}71025 \cdot \sqrt{2\pi}} e^{-\frac{1}{2}\left(\frac{37{,}2-37{,}268}{0{,}71025}\right)^2}$$

$$= 0{,}5617 \cdot e^{-0{,}00458}$$

$$= 0{,}5591$$

Dieser Wert ist aber nicht gleichbedeutend mit der Wahrscheinlichkeit des Punktes 37,2. Bei stetigen Verteilungen besitzt jeder einzelne der unendlich vielen Punkte nämlich die Wahrscheinlichkeit 0, denn die Fläche – die ja die Wahrscheinlichkeit angibt – über Punkten ist 0. In Abbildung 10.3 wurden zur Darstellung der Werte Intervalle der Breite 0,1 gewählt, somit muß der Wert der Wahrscheinlichkeits*dichte* mit der Intervallbreite 0,1 multipliziert werden, um ihn mit dem empirischen Wert vergleichen zu können: $0{,}5591 \cdot 0{,}1 = 0{,}05591$ bzw. 5,591%. In Tabelle 10.4 (S. 196) sieht man, daß in 6% der 1.000 simulierten Stichproben ein Altersdurchschnitt von 37,2 Jahren (Intervallmitte) ermittelt wurde. Der empirisch ermittelte Wert von 6% weicht von dem auf Basis der Normalverteilung theoretisch ermittelten Wert von 5,591% ab. Aber auch hier gilt wie in Abschnitt 10.2.1 das *Bernoulli-Theorem*: Mit zunehmender Zahl an Stichproben würde sich der empirische Wert – also die Häufigkeit des Auftretens eines Mittelwertes zwischen 37,15 und 37,25 in mehreren Stichproben – dem theoretischen Wert annähern. Die empirische (simulierte) Verteilung nähert sich also immer mehr der Normalverteilung.

Die Flächenberechnung der Stichprobenmittelwerteverteilung kann wieder über die Tabelle der z-Verteilung erfolgen. Dazu werden die $\bar{x}$-Werte z-transformiert und die entsprechenden Flächenanteile aus der Tabelle übernommen. Das Vorgehen entspricht also dem Vorgehen bei einer beliebigen Normalverteilung. Allerdings lautet die Gleichung der z-Transformation für die Stichprobenmittelwerteverteilung:

$$z_i = \frac{\bar{x}_i - \mu}{\sigma_{\bar{x}}} \tag{10.10}$$

und die Umkehrung

$$\bar{x}_i = \mu + z_i \cdot \sigma_{\bar{x}} \tag{10.11}$$

Man muß also beachten, daß $\bar{x}$ bei einer Stichprobenmittelwerteverteilung ein beliebiger Wert der Verteilung ist, nicht aber wie bei der Normalverteilung das arithmetische Mittel!

Analog zur Flächenberechnung unter der Normalverteilung läßt sich für die Stichprobenmittelwerteverteilung festhalten:

1. Zwischen $\mu - 1 \cdot \sigma_{\bar{x}}$ und $\mu + 1 \cdot \sigma_{\bar{x}}$ liegen 68,27% der Stichprobenmittelwerte.

2. Zwischen $\mu - 2 \cdot \sigma_{\bar{x}}$ und $\mu + 2 \cdot \sigma_{\bar{x}}$ liegen 95,45% der Stichprobenmittelwerte.

3. Zwischen $\mu - 3 \cdot \sigma_{\bar{x}}$ und $\mu + 3 \cdot \sigma_{\bar{x}}$ liegen 99,73% der Stichprobenmittelwerte.

Fazit: **Der Zentrale Grenzwertsatz**

Wenn man aus einer theoretisch unendlich großen Grundgesamtheit[1] eine Zufallsstichprobe der Größe n zieht, können die daraus ermittelten Kennwerte (Mittelwert, Anteilswert etc.) als Realisation eines Zufallsexperiments (Zufallsvariable) betrachtet werden. Je nachdem, ob es sich um eine diskrete oder stetige Zufallsvariable handelt, läßt sich mit Hilfe der Binomialverteilung (für diskrete Zufallsvariablen) und der Normalverteilung (für stetige Zufallsvariablen) angeben, *wie wahrscheinlich es ist, bestimmte Kennwerte zu erhalten*.

Es läßt sich sogar zeigen, daß sich **Mittelwerte aus beliebigen Verteilungen mit zunehmendem Stichprobenumfang normal verteilen** mit dem Mittelwert μ und der Varianz $\sigma_{\bar{x}}^2 = \frac{\sigma^2}{n}$. Dieses Phänomen wird als **Zentraler Grenzwertsatz** bzw. **Zentrales Grenzwerttheorem** bezeichnet. Es bildet den Schlüssel zur gesamten Inferenzstatistik.

---

1 Ist die Grundgesamtheit nicht unendlich groß oder doch zumindest so groß, daß sie die Größe der Stichprobe um ein Vielfaches übersteigt, dann müssen Korrekturfaktoren verwendet werden (vgl. Bleymüller et al. 2000).

Aufgaben zu Wahrscheinlichkeitsverteilungen

1. Wieviel Prozent der Fläche (der Werte) liegen a) links und b) rechts von folgenden z-Werten: $z = -2{,}78$; $z = -0{,}1$; $z = 0{,}9$; $z = 1{,}96$?

2. Bitte bestimmen Sie, wieviel Prozent der Fläche bei der Standardnormalverteilung zwischen $z = -2$ und $z = 2$ liegen.

3. Wodurch werden verschiedene Normalverteilungen charakterisiert, wodurch unterscheiden sich diese?

4. Gegeben ist eine Normalverteilung $N(x|20; 16)$ mit einem Mittelwert von 20 und einer Varianz von 16. Bitte berechnen Sie, wieviel Prozent der Fläche in das Intervall zwischen $x=20$ und $x=23$ fällt.

5. Was besagt der „Zentrale Grenzwertsatz"?

6. Gegeben ist die Altersverteilung der Bevölkerung der BRD. Die Stichprobenmittelwerte aus dieser Altersverteilung sind nach dem zentralen Grenzwertsatz normalverteilt mit einem Mittelwert von 37,9 Jahren und einem Standardfehler (=Standardabweichung der Stichprobenmittelwerte) von $\sigma_{\bar{x}} = 0{,}7$; d. h. $N(\bar{x}|37{,}9; 0{,}7^2)$. In wieviel Prozent aller Stichproben erhalten Sie einen Altersdurchschnitt zwischen 36,9 und 38,9 Jahren?

11 Konfidenzintervalle

Die Frage, wie sich Stichprobenkennwerte von Kennwerten der Grundgesamtheit unterscheiden, konnten wir im letzten Kapitel mit Hilfe der Wahrscheinlichkeitstheorie beantworten. Stichprobenmittelwerte sind demnach normalverteilt, Stichprobenanteile binomialverteilt.

In der Praxis ist die Fragestellung gerade umgekehrt: Wir möchten nicht mit Hilfe einer bekannten Grundgesamtheit Aussagen über Stichprobenkennwerte treffen, sondern auf Basis einer einzigen Stichprobe Aussagen über die Grundgesamtheit treffen. *Uns liegt also ein Stichprobenergebnis vor und wir möchten wissen, wo der wahre Wert der Grundgesamtheit liegt.* Eine typisches Beispiel sind Wahlprognosen: Dort werden per Umfrage die Stimmenanteile für die einzelnen Parteien bei einem Teil der Wähler ermittelt. Wissen möchte man natürlich, wie die einzelnen Parteien bei allen Wählern abschneiden.

Die Schätzung der Populationsparameter kann als *Punkt-* oder als *Intervallschätzung* vorgenommen werden. Bei einer Punktschätzung wird ein Wert der Grundgesamtheit durch einen einzigen Wert der Stichprobe geschätzt. In der oben dargestellten Wahlumfrage (vgl. Tabelle 9.1 auf Seite 161) könnten z. B. die 42,5% der gültigen Stimmen, die die CDU unter den Befragten erhielt, als Schätzwert für den Prozentsatz der gültigen Stimmen verwendet werden, den die CDU unter allen Wählern erhalten würde. Da solche Punktschätzwerte stark mit der zufälligen Zusammensetzung der Stichprobe variieren, gibt man Bereiche an, in denen die Parameter der Grundgesamtheit mit einer gewissen Wahrscheinlichkeit liegen. Solche **Konfidenz-** bzw. **Vertrauensintervalle** können für alle möglichen Parameter der Grundgesamtheit – wie den Mittelwert, die Varianz, Regressionskoeffizienten etc. – berechnet werden (vgl. Bleymüller et al. 2000, S. 85–99). In diesem Kapitel werden Konfidenzintervalle für Mittelwerte und Anteilswerte behandelt, in Kapitel 12 wird im Zusammenhang mit einem Testverfahren die Berechnung eines Konfidenzintervalls für die Differenz zweier Mittelwerte erläutert.

11.1 Konfidenzintervall für den Mittelwert μ einer Grundgesamtheit

Die Logik der Berechnung von Konfidenzintervallen läßt sich am einfachsten verstehen, wenn man sich zunächst noch einmal den Schluß von der Grundgesamtheit auf die Verteilung von Stichprobenparametern verdeutlicht.

11.1.1 Wahrscheinlichkeitsintervalle für Stichprobenmittelwerte

Durch das Zentrale Grenzwerttheorem wissen wir, daß sich Stichprobenmittelwerte normal verteilen, wenn die gezogenen Stichproben hinreichend groß sind. Deshalb können wir – bei Kenntnis der Varianz σ^2 und des Mittelwertes μ der Grundgesamtheit – berechnen, wieviel Prozent der Stichprobenmittelwerte $\bar{x}$ in bestimmten Grenzen liegen (vgl. S. 201) und umgekehrt, in welchen Grenzen sich ein bestimmter Prozentsatz der Stichprobenmittelwerte befindet. Dieser Prozentsatz gibt auch die Wahrscheinlichkeit an, mit der *ein* Stichprobenmittelwert in diesem Intervall erwartet werden darf. Solche *Bereiche, in denen die Stichprobenmittelwerte mit einer gewissen Wahrscheinlichkeit liegen*, werden daher als *Wahrscheinlichkeitsintervalle* bezeichnet.

Gesucht seien z. B. die *Grenzen* des Intervalls, innerhalb dessen sich 95% der Werte einer Standardnormalverteilung *symmetrisch* zum Mittelwert befinden. Wir bestimmen also jetzt nicht die Fläche aufgrund vorgegebener Grenzen, sondern die Grenzen anhand einer vorgegebenen Fläche – nämlich 95%. Das gesuchte Intervall, das in Abbildung 11.1 durch die schraffierte Fläche repräsentiert wird, umfaßt 95% der Werte, die beiden nicht schraffierten Flächen rechts und links beinhalten jeweils 2,5% der Fläche. Links vom unteren Grenzwert befinden sich also 2,5% der Fläche, links vom oberen Grenzwert dagegen 97,5%. Dementsprechend befinden sich die beiden Grenzwerte an den Stellen $z_{0,025}$ bzw. $z_{0,975}$. Man sucht also in der z-Tabelle in Anhang A die Fläche 0,975 bzw. 0,025 und liest dann am Rand den zugehörigen z-Wert ab. Wie man der z-Tabelle entnehmen kann, entspricht der unteren Fläche ein Wert von $z_{0,025} = -1,96$ und der oberen ein Wert von $z_{0,975} = 1,96$. 95% der Fläche befinden sich bei einer Standardnormalverteilung also zwischen $-1,96$ und $+1,96$.

Allgemein bezeichnet man die Wahrscheinlichkeit, daß ein Wert *nicht* in das Wahrscheinlichkeitsintervall fällt, mit α. Die Wahrscheinlichkeit dafür, daß ein Wert in das Wahrscheinlichkeitsintervall fällt, wird mit $1 - \alpha$

Abbildung 11.1: 95%-Wahrscheinlichkeitsintervall einer *Standardnormalverteilung*

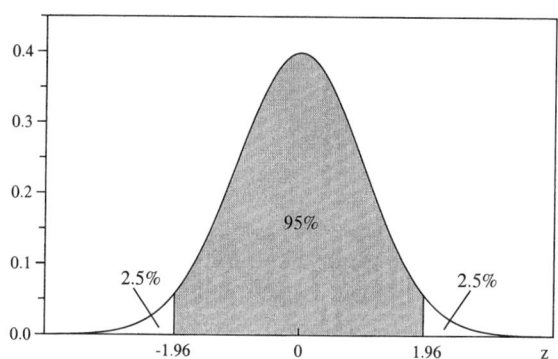

bezeichnet. Bei Intervallen, die symmetrisch zum Mittelwert μ liegen, befinden sich am linken und rechten Rand der Verteilung $\frac{\alpha}{2}$ der Gesamtfläche. Die Grenzen liegen also bei der Standardnormalverteilung an den Stellen $z_{\frac{\alpha}{2}}$ und $z_{1-\frac{\alpha}{2}}$, wie man in Abbildung 11.2 sehen kann. Solche zum Mittelpunkt symmetrischen Wahrscheinlichkeitsintervalle nennt man **zweiseitige Intervalle**.

Abbildung 11.2: Wahrscheinlichkeitsintervall einer *Standardnormalverteilung*

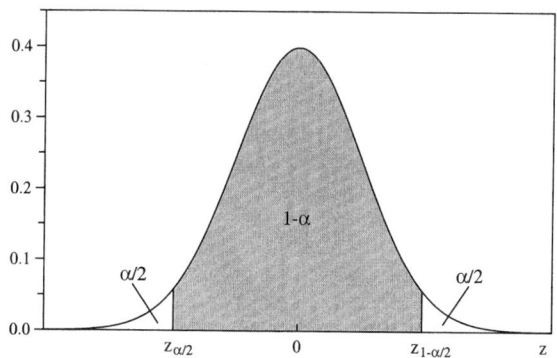

Handelt es sich nicht um eine standardisierte, sondern um eine beliebige Normalverteilung – und um eine solche handelt es sich ja auch bei der Stichprobenmittelwerteverteilung – dann müssen die Grenzen des Intervalls $z_{\frac{\alpha}{2}}$ und $z_{1-\frac{\alpha}{2}}$ destandardisiert werden, indem die z-Transformation (vgl. Gleichung 10.10 auf Seite 204) rückgängig gemacht wird.

Setzt man die beiden Grenzwerte $z_{\frac{\alpha}{2}}$ und $z_{1-\frac{\alpha}{2}}$ für z in die Gleichung $z = \frac{\bar{x}-\mu}{\sigma_{\bar{x}}}$ ein und löst beide Gleichungen nach $\bar{x}$ auf, dann erhält man als untere Grenze $\mu + z_{\frac{\alpha}{2}} \cdot \sigma_{\bar{x}}$ und als obere Grenze $\mu + z_{1-\frac{\alpha}{2}} \cdot \sigma_{\bar{x}}$.

Aufgrund der Symmetrie der Verteilung ist $z_{\frac{\alpha}{2}} = -z_{1-\frac{\alpha}{2}}$, weshalb man für die untere Grenze auch $\mu - z_{1-\frac{\alpha}{2}} \cdot \sigma_{\bar{x}}$ schreiben kann. Die Formel zur Berechnung des **Wahrscheinlichkeitsintervalls** einer Stichprobenmittelwerteverteilung lautet daher (vgl. Abbildung 11.3):

$$\mu - z_{1-\frac{\alpha}{2}} \cdot \sigma_{\bar{x}} \;\; \leq \bar{x} \leq \;\; \mu + z_{1-\frac{\alpha}{2}} \cdot \sigma_{\bar{x}} \qquad (11.1)$$

Abbildung 11.3: Wahrscheinlichkeitsintervall einer *Stichprobenmittelwerteverteilung*

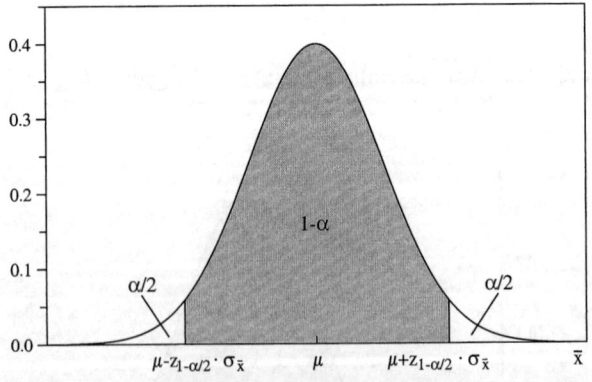

Die Berechnung des Wahrscheinlichkeitsintervalls soll wiederum am Beispiel der Altersverteilung der bundesdeutschen Bevölkerung, die dem Programm GSTAT entnommen wurde, verdeutlicht werden. Das Durchschnittsalter der Bundesbürger betrug 1974 $\mu = 37{,}27$ Jahre, die Standardabweichung $\sigma = 22,46$ Jahre. Die Standardabweichung der Stichprobenmittelwerteverteilung $\sigma_{\bar{x}}$ wird durch $\frac{\sigma}{\sqrt{n}}$ berechnet. Wir möchten nun wissen, in welchem Intervall sich 95% der Stichprobenmittelwerte (Altersdurchschnitte) befinden, wenn wir ganz viele Stichproben mit jeweils 1.000 Personen ziehen. α beträgt also 5% bzw. 0,05, $1 - \alpha$ somit 95% bzw. 0,95.

$$37,27 - z_{1-\frac{0,05}{2}} \cdot \frac{22,46}{\sqrt{1000}} \leq \bar{x} \leq 37,27 + z_{1-\frac{0,05}{2}} \cdot \frac{22,46}{\sqrt{1000}}$$

$$37,27 - z_{0,975} \cdot \frac{22,46}{\sqrt{1000}} \leq \bar{x} \leq 37,27 + z_{0,975} \cdot \frac{22,46}{\sqrt{1000}}$$

$$37,27 - 1,96 \cdot 0,71 \leq \bar{x} \leq 37,27 + 1,96 \cdot 0,71$$

$$35,88 \leq \bar{x} \leq 38,66$$

In 95% der Stichproben werden wir also einen Altersdurchschnitt zwischen 35,88 und 38,66 Jahren erhalten.

Jetzt wissen wir, wie wir bei einer bekannten Grundgesamtheit Wahrscheinlichkeitsintervalle für Stichprobenmittelwerte berechnen. Im Normalfall liegt uns jedoch nur eine einzige Stichprobe vor und die entscheidende Frage ist, *wie wir auf der Basis eines einzigen Stichprobenmittelwertes $\bar{x}$ einen Bereich angeben können, in dem der Mittelwert der Grundgesamtheit μ mit einer bestimmten Wahrscheinlichkeit liegt.* Wir wollen also von einem Stichprobenparameter auf den „wahren" Wert der Grundgesamtheit schließen.

11.1.2 Konfidenzintervall für den Mittelwert μ bei bekannter Varianz der Grundgesamtheit

Ebenso wie wir ein Intervall um μ gelegt haben, können wir nun ein Intervall um einen Stichprobenmittelwert $\bar{x}$ legen. Wenn nämlich X% der möglichen Stichprobenmittelwerte nicht weiter als $\pm z_{1-\frac{\alpha}{2}} \cdot \sigma_{\bar{x}}$ (Intervall) vom Mittelwert der Grundgesamtheit μ entfernt sind, dann ist auch der Mittelwert der Grundgesamtheit μ nicht weiter als $\pm z_{1-\frac{\alpha}{2}} \cdot \sigma_{\bar{x}}$ vom Stichprobenmittelwert $\bar{x}$ bei X% der möglichen Stichproben entfernt. Konkret: Weichen 95% der Stichprobenmittelwerte nicht weiter als $\pm 1,96 \cdot \sigma_{\bar{x}}$ vom Mittelwert der Grundgesamtheit μ ab, dann ist μ auch nicht weiter als

$\pm 1{,}96 \cdot \sigma_{\bar{x}}$ von 95% der Stichprobenmittelwerte $\bar{x}$ entfernt. In 5% ist μ weiter entfernt. Dieser Prozentsatz kann als Wahrscheinlichkeit interpretiert werden: Die Wahrscheinlichkeit dafür, daß der Mittelwert der Grundgesamtheit μ im Intervall $\pm 1{,}96 \cdot \sigma_{\bar{x}}$ um einen möglichen Stichprobenmittelwert $\bar{x}$ liegt, beträgt 95%, die Wahrscheinlichkeit, daß μ außerhalb dieses Intervalls liegt, beträgt lediglich 5%.

Solche Bereiche, in denen ein unbekannter Parameter der Grundgesamtheit mit einer gewissen Wahrscheinlichkeit vermutet wird, werden als Vertrauens- oder **Konfidenzintervalle** bezeichnet. Die Bildung von Konfidenzintervallen erfolgt im Prinzip ebenso wie die von Wahrscheinlichkeitsintervallen. Die untere Grenze $-z_{1-\frac{\alpha}{2}}$ und die obere Grenze $z_{1-\frac{\alpha}{2}}$ müssen wiederum für z in die Gleichung $z = \frac{\bar{x}-\mu}{\sigma_{\bar{x}}}$ eingesetzt werden. Da wir hier den Wert μ suchen, müssen beide Gleichungen jedoch nach μ aufgelöst werden. Als Konfidenzintervall erhalten wir:

$$\underbrace{\bar{x} - z_{(1-\frac{\alpha}{2})} \cdot \sigma_{\bar{x}}}_{\text{untere Grenze}} \leq \mu \leq \underbrace{\bar{x} + z_{(1-\frac{\alpha}{2})} \cdot \sigma_{\bar{x}}}_{\text{obere Grenze}} \qquad (11.2)$$

Setzt man $\frac{\sigma}{\sqrt{n}}$ für die Standardabweichung der Stichprobenmittelwerte (= Standardfehler des Mittelwertes) $\sigma_{\bar{x}}$ ein, ergibt sich folgende Gleichung:

$$\underbrace{\bar{x} - z_{(1-\frac{\alpha}{2})} \cdot \frac{\sigma}{\sqrt{n}}}_{\text{untere Grenze}} \leq \mu \leq \underbrace{\bar{x} + z_{(1-\frac{\alpha}{2})} \cdot \frac{\sigma}{\sqrt{n}}}_{\text{obere Grenze}} \qquad (11.3)$$

Die Berechnung des Konfidenzintervalls kann wiederum am Beispiel des Durchschnittsalters der bundesdeutschen Bevölkerung im Jahr 1974 nachvollzogen werden. Wir wählen (mit Hilfe des Programmes ALTMIHI aus GSTAT) zufällig eine Stichprobe mit 1.000 Befragten aus und ermitteln für diese Stichprobe einen Altersdurchschnitt $\bar{x}$ von 38,11 Jahren. Die Standardabweichung der Grundgesamtheit σ beträgt 22,46 Jahre. Die Intervallgrenzen können nach Formel 11.3 bestimmt werden:

$$38{,}11 - z_{(1-\frac{0{,}05}{2})} \cdot \frac{22{,}46}{\sqrt{1000}} \;\leq\; \mu \;\leq\; 38{,}11 + z_{(1-\frac{0{,}05}{2})} \cdot \frac{22{,}46}{\sqrt{1000}}$$

$$38{,}11 - 1{,}96 \cdot 0{,}71 \;\leq\; \mu \;\leq\; 38{,}11 + 1{,}96 \cdot 0{,}71$$

$$36{,}72 \;\leq\; \mu \;\leq\; 39{,}50$$

Mit einer Wahrscheinlichkeit von 95% liegt das Durchschnittsalter der bundesdeutschen Bevölkerung zwischen 36,72 und 39,5 Jahren.[1]

Da der Altersdurchschnitt einer Stichprobe $\bar{x}$ von deren zufälliger Zusammensetzung abhängt, werden wir für unterschiedliche Stichproben unterschiedliche Altersdurchschnitte und damit unterschiedliche Konfidenzintervalle für μ erhalten. Mit dem Programm SIMKONOR aus GSTAT sind zehn verschiedene Stichproben mit jeweils 1.000 Personen aus der Altersverteilung der Bundesdeutschen gezogen worden. Für jede der Stichproben wurde das 95%ige Konfidenzintervall berechnet. Die Stichprobenmittelwerte sind in Abbildung 11.4 durch Sternchen gekennzeichnet, die Konfidenzintervalle durch Linien. Wie man sieht, unterscheidet sich die Lage der einzelnen Konfidenzintervalle relativ stark voneinander.

Da wir hier ausnahmsweise den Mittelwert der Grundgesamtheit μ kennen, können wir angeben, ob ein Konfidenzintervall μ umschließt oder nicht. In neun der zehn Stichproben liegt μ, das in der Graphik als senkrechter Strich eingezeichnet wurde, tatsächlich im berechneten Konfidenzintervall. In der siebten Stichprobe liegt der Altersdurchschnitt der Grundgesamtheit, nämlich 37,27 Jahre, außerhalb des Konfidenzintervalls.

Normalerweise kennt man den Wert von μ nicht, weshalb wir nicht angeben können, ob ein konkretes Konfidenzintervall μ tatsächlich einschließt oder nicht. In 95% der möglichen Stichproben aus einer Grundgesamtheit wird das Konfidenzintervall den Parameter der Grundgesamtheit enthalten. Wenn wir – wie im Beispiel – wiederholt Stichproben vom gleichen Umfang ziehen, so werden langfristig, d. h. bei einer großen Zahl von Stichproben, etwa 95% der Konfidenzintervalle den Mittelwert der Grundge-

---

1 Diese Formulierung ist nicht präzise, da das Konfidenzintervall den wahren Mittelwert entweder beinhaltet oder nicht, die Wahrscheinlichkeit also 1 oder 0 beträgt (vgl. Bortz 1999, S. 100). Aus Gründen der Verständlichkeit verwenden wir sie dennoch.

Abbildung 11.4: Konfidenzintervalle bei unterschiedlichen Stichprobenmittelwerten

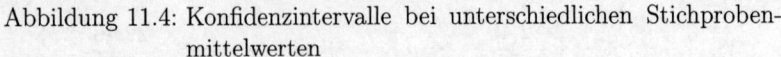

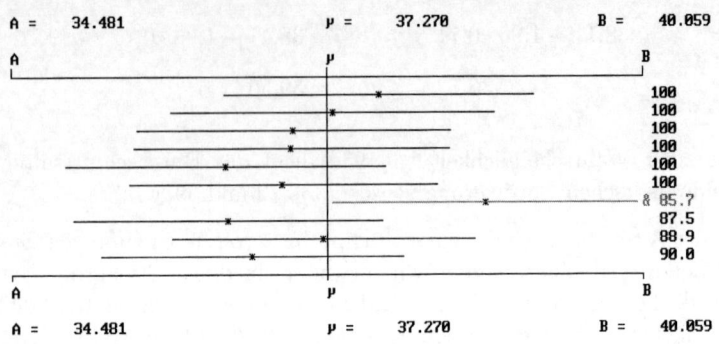

Ausgabe des Programms SIMKONOR aus GSTAT

samtheit beinhalten. In etwa 5% der Stichproben wird das um den Stichprobenmittelwert gelegte Konfidenzintervall den Parameter μ nicht ein-
schließen, und wir irren uns bei der Schätzung – wie hier in der siebten
Stichprobe. Aus diesem Grund wird α auch als **Irrtumswahrscheinlichkeit** und $1 - \alpha$ als **Vertrauenswahrscheinlichkeit** bezeichnet.

Ist uns dieser Schluß zu unsicher, dann können wir die Vertrauenswahrscheinlichkeit z. B. auf $1 - \alpha = 0{,}99$, also 99%, erhöhen:

$$38{,}11 - z_{(1-\frac{0{,}01}{2})} \cdot \frac{22{,}46}{\sqrt{1000}} \quad \leq \mu \leq \quad 38{,}11 + z_{(1-\frac{0{,}01}{2})} \cdot \frac{22{,}46}{\sqrt{1000}}$$

$$38{,}11 - 2{,}58 \cdot 0{,}71 \quad \leq \mu \leq \quad 38{,}11 + 2{,}58 \cdot 0{,}71$$

$$36{,}28 \quad \leq \mu \leq \quad 39{,}94$$

Der Altersdurchschnitt der bundesdeutschen Bevölkerung liegt mit 99%iger
Sicherheit also zwischen 36,28 und 39,94 Jahren.

Je höher die Vertrauenswahrscheinlichkeit des Schlusses ist, um so *breiter*
wird also das Konfidenzintervall. Die höhere Sicherheit beim Schließen
geht also mit einer ungenaueren Schätzung des unbekannten Mittelwertes

einher. Der Extremfall, daß wir unseren Schluß mit 100%iger Sicherheit tätigen wollten, würde die Intervallgrenzen auf $-\infty$ bzw. $+\infty$ ausdehnen. Die dazu gehörende Aussage „Mit 100%iger Wahrscheinlichkeit nimmt μ einen Wert zwischen $-\infty$ und $+\infty$ an" ist allerdings informationslos.

11.1.3 Konfidenzintervall für den Mittelwert μ bei unbekannter Varianz der Grundgesamtheit

Im vorangegangenen Beispiel sind wir von einer bekannten Varianz σ^2 und Standardabweichung σ der Grundgesamtheit ausgegangen. Normalerweise ist σ jedoch nicht bekannt, und damit kann auch die Standardabweichung der Stichprobenmittelwerteverteilung $\sigma_{\bar{x}} = \sigma/\sqrt{n}$ nicht berechnet werden. Als Schätzwert der Standardabweichung der Grundgesamtheit σ verwendet man dann die *Standardabweichung der Stichprobe s*. Die Varianz in der Stichprobe s^2 unterschätzt allerdings die Varianz in der Grundgesamtheit σ^2 um den Faktor $(n-1)/n$. Daher muß s^2 mit dem Faktor $n/(n-1)$ korrigiert werden, um den Schätzwert für die Varianz der Grundgesamtheit $\hat{\sigma}^2$ zu erhalten.

$$\hat{\sigma}^2 = s^2 \cdot \frac{n}{n-1} = \frac{\sum\limits_{i=1}^{n}(x_i - \bar{x})^2}{n} \cdot \frac{n}{n-1} = \frac{\sum\limits_{i=1}^{n}(x_i - \bar{x})^2}{\mathbf{n-1}} \tag{11.4}$$

Der Schätzwert für die Varianz der Grundgesamtheit $\hat{\sigma}^2$ unterscheidet sich von der Stichprobenvarianz s^2 also nur dadurch, daß im ersteren Fall durch $n-1$, im letzteren jedoch durch n dividiert wird. Schätzt man mit Hilfe der Stichprobendaten die Varianz der Grundgesamtheit, dann läßt sich zeigen, daß $\hat{\sigma}^2$ einen besseren Schätzwert darstellt als s^2. Bei großen Stichproben nähern sich die beiden Werte an. Die geschätzte Standardabweichung der Grundgesamtheit $\hat{\sigma}$ entspricht wieder der Quadratwurzel aus $\hat{\sigma}^2$.

Durch die Schätzung von σ durch die Stichprobendaten nehmen wir einen zusätzlichen Unsicherheitsfaktor in Kauf, da die Stichprobenstandardabweichung natürlich nicht identisch mit der Standardabweichung der Grundgesamtheit sein muß. Dieser Tatsache trägt man Rechnung, indem man zur Bestimmung der Konfidenzintervalle nicht die z-, sondern die breitere *t-Verteilung* heranzieht (vgl. Bleymüller et al. 2000, S. 87).

Die Form der t-Verteilung ähnelt der Normalverteilung (vgl. Abbildung 11.5), variiert aber mit der Anzahl der sogenannten „Freiheitsgrade" (abgekürzt df = degrees of freedom), die sich als $df = n - 1$ bestimmen lassen, wobei n der Stichprobenumfang ist. Die Form der t-Verteilung ist also abhängig vom Stichprobenumfang. Eine Stichprobe mit 30 Befragten hat demnach 29 Freiheitsgrade. Auch für die t-Verteilungen liegen die Flächen in tabulierter Form vor (vgl. Anhang A), wenn auch nicht so ausführlich wie bei der z-Verteilung. In der t-Tabelle finden sich nur für bestimmte Freiheitsgrade und nur für bestimmte Flächenanteile die zugehörigen t-Werte. Man muß sich also zunächst die richtige t-Verteilung heraussuchen, bevor ein Grenzwert abgelesen werden kann.

t-Verteilungen sind flacher und breiter als Normalverteilungen, weisen aber denselben glockenförmigen Verlauf auf. Je größer die Anzahl der Freiheitsgrade und damit der Stichprobenumfang ist, um so mehr nähert sich die t-Verteilung einer Normalverteilung an, wie man in Abbildung 11.5 sieht. Bereits bei 29 Freiheitsgraden unterscheidet sich die t-Verteilung kaum noch von der z-Verteilung.

Abbildung 11.5: t-Verteilungen in Abhängigkeit vom Freiheitsgrad

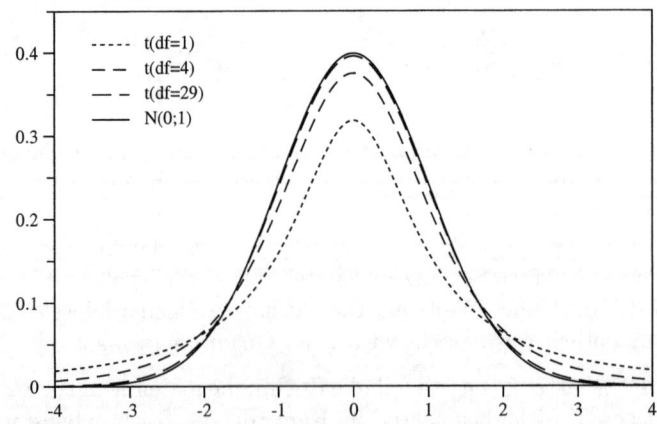

Durch Einsetzen der t-Werte erhält man für das Konfidenzintervall:

$$\underbrace{\bar{x} - t_{(1-\frac{\alpha}{2};n-1)} \cdot \frac{\hat{\sigma}}{\sqrt{n}}}_{\text{untere Grenze}} \leq \mu \leq \underbrace{\bar{x} + t_{(1-\frac{\alpha}{2};n-1)} \cdot \frac{\hat{\sigma}}{\sqrt{n}}}_{\text{obere Grenze}} \qquad (11.5)$$

Mit Hilfe des Programms ALTER aus GSTAT haben wir eine Stichprobe von 81 Personen aus der bundesdeutschen Bevölkerung gezogen. In der Stichprobe beträgt das Durchschnittsalter $\bar{x} = 38{,}57$ Jahre und die Varianz $s^2 = 423{,}1249$. Nach Gleichung 11.4 von Seite 215 schätzen wir die Standardabweichung des Alters in der Grundgesamtheit auf $\hat{\sigma} = \sqrt{423{,}1249 \cdot \frac{81}{80}} = 20{,}7$ Jahre. Wir möchten nun mit 95%iger Sicherheit wissen, in welchem Intervall der Altersdurchschnitt der Gesamtbevölkerung liegt; α ist also 0,05 bzw 5%.

$$38{,}57 - t_{(1-\frac{0{,}05}{2};81-1)} \cdot \frac{20{,}7}{\sqrt{81}} \quad \leq \mu \leq \quad 38{,}57 + t_{(1-\frac{0{,}05}{2};81-1)} \cdot \frac{20{,}7}{\sqrt{81}}$$

$$38{,}57 - t_{(0{,}975;80)} \cdot \frac{20{,}7}{\sqrt{81}} \quad \leq \mu \leq \quad 38{,}57 + t_{(0{,}975;80)} \cdot \frac{20{,}7}{\sqrt{81}}$$

$$38{,}57 - 1{,}990 \cdot 2{,}3 \quad \leq \mu \leq \quad 38{,}57 + 1{,}990 \cdot 2{,}3$$

$$33{,}99 \quad \leq \mu \leq \quad 43{,}15$$

Mit 95%iger Sicherheit liegt der Altersdurchschnitt in der Grundgesamtheit demnach zwischen 33,99 und 43,15 Jahren. Das Konfidenzintervall fällt hier wegen der geringen Fallzahl relativ breit aus.

Bei einer Stichprobengröße von 121 Befragten und damit 120 Freiheitsgraden, beträgt der t-Wert für ein zweiseitiges Konfidenzintervall bei einer Vertrauenswahrscheinlichkeit von 95% $t_{(1-\frac{\alpha}{2});120} = 1{,}98$, während der zu dieser Vertrauenswahrscheinlichkeit gehörende z-Wert $z_{1-\frac{\alpha}{2}} = 1{,}96$ ist. Bei einer Stichprobe mit 1.000 Befragten fällt die Differenz zwischen t- und z-Wert bereits nicht mehr ins Gewicht.

In der Regel werden Tabellen der t-Werte auch nur für t-Verteilungen bis 200 Freiheitsgrade angegeben. Bei hoher Zahl der Freiheitsgrade bzw. großem Stichprobenumfang vereinfacht sich die Formel daher zu:

$$\underbrace{\bar{x} - z_{(1-\frac{\alpha}{2})} \cdot \frac{\hat{\sigma}}{\sqrt{n}}}_{\text{untere Grenze}} \quad \leq \mu \leq \quad \underbrace{\bar{x} + z_{(1-\frac{\alpha}{2})} \cdot \frac{\hat{\sigma}}{\sqrt{n}}}_{\text{obere Grenze}} \tag{11.6}$$

Ein weiteres Beispiel: Im ALLBUS 1994 machten 745 ostdeutsche Befragte eine Angabe zu ihrem Einkommen. Das durchschnittliche Monatseinkommen der Befragten $\bar{x}$ beträgt 1.431,24 DM; $\hat{\sigma}$ 755,72 DM.[2] Wir wollen nun mit 99%iger Sicherheit wissen, wie hoch das durchschnittliche Monatseinkommen in der Grundgesamtheit, also in Ostdeutschland, ausfällt. Da der Stichprobenumfang relativ groß ist, wenden wir hier die z-Tabelle an:

$$1431,24 - z_{(1-\frac{0,01}{2})} \cdot \frac{755,72}{\sqrt{745}} \leq \mu \leq 1431,24 + z_{(1-\frac{0,01}{2})} \cdot \frac{755,72}{\sqrt{745}}$$

$$1431,24 - 2,58 \cdot 27,69 \leq \mu \leq 1431,24 + 2,58 \cdot 27,69$$

$$1359,95 \leq \mu \leq 1502,54$$

Mit 95%iger Wahrscheinlichkeit liegt das durchschnittliche Monatseinkommen in Ostdeutschland also zwischen 1.359,95 DM und 1.502,54 DM.

11.2 Konfidenzintervall für den Anteilswert θ einer Grundgesamtheit

Vor der Bundestagswahl 1994 ermittelte die Forschungsgruppe Wahlen in einer Umfrage 7% gültige Stimmen für die FDP. Insgesamt wurden 1.250 Personen befragt (vgl. Tabelle 9.1 auf Seite 161). Wir möchten natürlich wissen, wie die FDP bei allen Wählern abschneidet. Wir suchen also den unbekannten Anteil bzw. Prozentwert θ (theta) der FDP in der Grundgesamtheit.

Wir könnten nun – wie das in den Medien auch in der Regel geschieht – einfach das Abschneiden der FDP bei unseren Befragten als Prognosewert für deren Abschneiden bei allen Wählern verwenden. Wir würden also vorhersagen, daß die FDP bei allen Wählern 7% erhält. Da dieser Prozentwert aber von der zufälligen Zusammensetzung der Stichprobe abhängt, ist es unwahrscheinlich, daß die FDP unter allen Wählern genau 7% erhält. Um das Ergebnis der FDP unter allen Wählern mit einer gewissen Wahrscheinlichkeit vorhersagen zu können, werden wir auch hier wieder ein Konfidenzintervall bilden.

Die Logik bei der Bildung eines Konfidenzintervalls für Anteilswerte entspricht der für Mittelwerte. In Kapitel 10 wurde gezeigt, daß sich Anteilswerte in Stichproben binomial verteilen: Würden wir ganz viele gleich

---

2 In die Berechnung sind auch Personen ohne Einkommen eingeflossen.

große Stichproben von einem Umfang n (der hinreichend groß sein muß) ziehen und immer den Anteilswert für die FDP berechnen, dann würden wir für die Anteilswerte (annähernd) eine Binomialverteilung erhalten. Günstigerweise geht die Binomialverteilung bei genügend großem n in eine Normalverteilung über. Als Faustregel für ein „genügend großes n" gilt $n \cdot p \cdot (1-p) \geq 9$, wobei p der Anteilswert in der Stichprobe ist; im Beispiel erhalten wir also $1250 \cdot 0{,}07 \cdot 0{,}93 = 81{,}375$.

Wenn $n \cdot p \cdot (1 - p) \geq 9$ ist, wird die Anteilswerteverteilung durch den Anteilswert in der Grundgesamtheit θ als Mittelwert und durch den **Standardfehler des Stichprobenanteilswertes** σ_p als Standardabweichung charakterisiert.

Hier wollen wir nun ein Intervall um den Stichprobenanteilswert p legen, das den Anteilswert der Grundgesamtheit θ mit einer gewissen Wahrscheinlichkeit enthält. Dazu müssen wir die Grenzen, die wir aus der z-Verteilung zu einer bestimmten Wahrscheinlichkeit ablesen, wiederum destandardisieren und zwar nach dem gesuchten Parameter θ.

Die z-Transformation lautet für die *Anteilswerteverteilung*:

$$z = \frac{p - \theta}{\sigma_p} \tag{11.7}$$

Das *Konfidenzintervall für den unbekannten Anteilswert θ* der Grundgesamtheit wird nun gebildet, indem $-z_{1-\frac{\alpha}{2}}$ als untere Grenze und $z_{1-\frac{\alpha}{2}}$ als obere Grenze in Gleichung 11.7 eingesetzt und beide Gleichungen nach θ aufgelöst werden. Wir suchen also zur unteren Grenze $-z_{1-\frac{\alpha}{2}}$ und zur oberen Grenze $z_{1-\frac{\alpha}{2}}$ den dazugehörigen Anteilswert in der Grundgesamtheit.

Das Konfidenzintervall für θ berechnet sich demnach auf folgende Weise:

$$\underbrace{p - z_{(1-\frac{\alpha}{2})} \cdot \sigma_p}_{\text{untere Grenze}} \leq \theta \leq \underbrace{p + z_{(1-\frac{\alpha}{2})} \cdot \sigma_p}_{\text{obere Grenze}} \tag{11.8}$$

Der **Standardfehler des Stichprobenanteilswertes** σ_p errechnet sich auch hier als Quotient aus der Streuung in der Grundgesamtheit und der Stichprobengröße:

$$\sigma_p = \sqrt{\frac{\theta \cdot (1 - \theta)}{n}} \tag{11.9}$$

Im Zähler steht die Varianz des Anteilswertes θ in der Grundgesamtheit, im Nenner wiederum die Stichprobengröße – ebenso wie beim Standardfehler der Stichprobenmittelwerteverteilung. Auch hier gilt: Je größer die Streuung in der Grundgesamtheit, um so breiter wird die Verteilung der Anteilswerte und je größer der Stichprobenumfang, um so enger liegen die Stichprobenanteilswerte beieinander.

Da der Anteilswert der Grundgesamtheit θ nicht bekannt ist, schätzen wir σ_p durch den Anteilswert in der Stichprobe. Der geschätzte Standardfehler der Anteilswerte beträgt demnach:

$$\hat{\sigma}_p = \sqrt{\frac{p \cdot (1 - p)}{n}} \tag{11.10}$$

Setzen wir $\hat{\sigma}_p$ für σ_p in Gleichung (11.8) ein, so erhalten wir:

$$\underbrace{p - z_{(1-\frac{\alpha}{2})} \cdot \sqrt{\frac{p \cdot (1 - p)}{n}}}_{\text{untere Grenze}} \leq \theta \leq \underbrace{p + z_{(1-\frac{\alpha}{2})} \cdot \sqrt{\frac{p \cdot (1 - p)}{n}}}_{\text{obere Grenze}} \tag{11.11}$$

Anhand dieser Formel können wir nun berechnen, wie die FDP mit 95%iger Wahrscheinlichkeit unter allen Wählern abschneidet:

$$0{,}07 - z_{(1-\frac{0{,}05}{2})} \cdot \sqrt{\frac{0{,}07 \cdot 0{,}93}{1250}} \leq \theta \leq 0{,}07 + z_{(1-\frac{0{,}05}{2})} \cdot \sqrt{\frac{0{,}07 \cdot 0{,}93}{1250}}$$

$$0{,}07 - 1{,}96 \cdot 0{,}0072 \leq \theta \leq 0{,}07 + 1{,}96 \cdot 0{,}0072$$

$$0{,}0559 \leq \theta \leq 0{,}0841$$

Unter allen Wählern erhält die FDP also mit 95%iger Wahrscheinlichkeit zwischen 5,6 und 8,4% der Stimmen. Die Wahlkampfstrategen der FDP wären mit dieser Schätzung sicher zufrieden, da die Prognose selbst im schlechtesten Fall einen Einzug in den Bundestag beinhaltet.

11.3 Der Einfluß des Stichprobenumfangs

Häufig sind die berechneten Konfidenzintervalle zu breit und damit zu ungenau. Genauere Schätzungen erhält man, wenn man die Vertrauenswahrscheinlichkeit verringert oder den Stichprobenumfang erhöht. Wenn möglich, ist die Erhöhung des Stichprobenumfangs vorzuziehen, da sie nicht mit einem Verlust an Sicherheit einhergeht. Wie groß ein Stichprobenumfang sein muß, um eine bestimmte Genauigkeit der Schätzung zu erzielen, läßt sich relativ einfach bestimmen:

Ziel ist es, die *Konfidenzintervallbreite* (KIB) zu verringern. Die Breite des Konfidenzintervalls ist nichts anderes als der Abstand zwischen der unteren und der oberen Grenze. Für die Stichprobenmittelwerteverteilung beträgt sie:

$$\begin{aligned} KIB &= 2 \cdot z_{1-\frac{\alpha}{2}} \cdot \sigma_{\bar{x}} \\ &= 2 \cdot z_{1-\frac{\alpha}{2}} \cdot \frac{\sigma}{\sqrt{n}} \end{aligned} \tag{11.12}$$

Diese Gleichung muß nun nach n aufgelöst werden:

$$n = \frac{4 \cdot z_{1-\frac{\alpha}{2}}^2 \sigma^2}{KIB^2} \tag{11.13}$$

Ist σ unbekannt, so wird dieses wieder durch $\hat{\sigma}$ geschätzt. Wir können jetzt berechnen, wie groß die Stichprobe der ostdeutschen Befragten im ALLBUS 1994 sein müßte, um den unbekannten Mittelwert μ des Einkommens mit einer Vertrauenswahrscheinlichkeit von 99% und einer Konfidenzintervallbreite von 100 DM zu schätzen. Der zu einem Konfidenzintervall von 99% gehörende z-Wert beträgt 2,58, $\hat{\sigma} = 755,72$ DM.

$$n = \frac{4 \cdot 2{,}58^2 \cdot 755{,}72^2}{100^2} = 1520{,}62$$

Um eine Konfidenzintervallbreite von 100 DM zu erhalten, müßten wir also 1521 Bundesbürger in den neuen Ländern befragen. Um die Konfidenzintervallbreite nochmals auf 50 DM zu halbieren, müßten wir (bei gleicher Vertrauenswahrscheinlichkeit) 6.082 – also viermal so viele – Personen befragen.

Generell gilt, daß der Stichprobenumfang vervierfacht werden muß, wenn die Konfidenzintervallbreite halbiert werden soll, was daran liegt, daß in Gleichung (11.13) durch die quadrierte KIB dividiert wird.

Der Stichprobenumfang für Anteilswerte läßt sich analog herleiten und berechnet sich als:

$$n = \frac{4 \cdot z_{1-\frac{\alpha}{2}}^2 \cdot \theta(1-\theta)}{KIB^2} \tag{11.14}$$

Ist θ unbekannt, so wird auch hier der Anteilswert p der Stichprobe zur Schätzung herangezogen.

Um vorab den Stichprobenumfang berechnen zu können, muß man also den Standardfehler berechnen. Dazu benötigt man entweder σ bzw. θ oder die Stichprobendaten $\hat{\sigma}$ bzw. p. Im obigen Beispiel wurde $\hat{\sigma}$ einer schon durchgeführten Untersuchung verwandt.

Aufgaben zu Konfidenzintervallen

1. Was sind Konfidenzintervalle und wozu benötigt man diese?

2. Wie verändern sich Konfidenzintervalle bei:
   - Vergrößerung der Standardabweichung in der Grundgesamtheit?
   - Vergrößerung der Vertrauenswahrscheinlichkeit?
   - Vergrößerung des Stichprobenumfangs?

3. Im ALLBUS 1994 wurde bei 1.474 westdeutschen Befragten ein durchschnittliches Monatseinkommen $\bar{x}$ von 1.838,39 DM ermittelt. Die Standardabweichung in der Stichprobe $\hat{\sigma}$ beträgt 1.477,68 DM.
   In welchem Bereich liegt das durchschnittliche Monatseinkommen aller westdeutschen Befragten μ mit 95%iger Wahrscheinlichkeit, in welchem Bereich mit 99%iger Wahrscheinlichkeit?

4. Bei der letzten Umfrage der Forschungsgruppe Wahlen vor der Bundestagswahl 1994 gaben 42,5% der 1.250 Befragten eine CDU/CSU-Wahlabsicht an. Bitte berechnen Sie das 99%ige Konfidenzintervall für den Anteil der CDU/CSU unter allen Wählern, und interpretieren Sie das Ergebnis!
   In der gleichen Umfrage erhielt die PDS 3,5% bei den Befragten, die eine Wahlabsicht äußerten. Berechnen Sie auch für diese das 99%ige Konfidenzintervall.

5. Bitte berechnen Sie, wie groß die Stichprobe der Forschungsgruppe Wahlen vor der Bundestagswahl 1994 hätte sein müssen, um der FDP mit einer Genauigkeit von 1% ihren Wähleranteil unter allen Wählern mit 95%iger Sicherheit schätzen zu können! Verwenden Sie die Angaben aus Tabelle 9.1.

12 Hypothesenprüfung

Die im vorangegangenen Kapitel behandelten Konfidenzintervalle zählen zu den sogenannten *Schätzverfahren*, da mit Stichprobendaten Kennwerte der Grundgesamtheit geschätzt werden. Ebenso wichtig ist die Frage, wie man Hypothesen über eine unbekannte Grundgesamtheit anhand einer einzigen Stichprobe überprüfen kann. Diesen Bereich der schließenden Statistik bezeichnet man als *Testverfahren* (vgl. Mohr 1990; Henkel 1976).

Die Reihe der Testverfahren ist ebenso vielfältig wie die der Schätzverfahren. An dieser Stelle beschränken wir uns im wesentlichen auf Tests für Mittelwertdifferenzen und den χ^2-Unabhängigkeitstest. Letzterer basiert auf dem χ^2-Wert (vgl. Kapitel 7.1.1). Zunächst werden jedoch einige zentrale Grundbegriffe und das Vorgehen bei einem Testverfahren – am Beispiel eines Tests für einen Mittelwert – erläutert.

12.1 Testtheorie

Ausgangspunkt einer Untersuchung ist eine Hypothese, d. h. eine noch nicht bewährte Aussage über einen Ausschnitt der sozialen Realität. So könnten wir die Hypothesen aufstellen, daß Männer häufiger als Frauen rechtsextreme Parteien wählen, zwischen Bewohnern der alten und neuen Bundesländer ein erhebliches Einkommensgefälle besteht oder ein hoher Fernsehkonsum zu Politikverdrossenheit („Videomalaise") führt.

In der Testtheorie bezeichnet man die Hypothesen, die überprüft werden sollen, als **Alternativhypothesen**. Diese beinhalten die eigentlich interessierenden Aussagen. Möchten wir also den formulierten Zusammenhang zwischen dem Geschlecht und der Wahl rechter Parteien prüfen, dann stellt die Aussage „Männer wählen häufiger rechtsextreme Parteien als Frauen" die Alternativhypothese dar. Die Hypothese postuliert also, daß es diesen Zusammenhang gibt. Die allgemeine Bezeichnung für die Alternativhypothese ist H_A, manchmal auch H_1.

Als Gegenstück zur Alternativhypothese wird eine sogenannte **Nullhypothese** formuliert. Inhaltlich stellt sie eine Verneinung des in der Alternativhypothese behaupteten Sachverhaltes dar. Die Nullhypothese zur gerade formulierten Alternativhypothese würde lauten: „Männer wählen genauso häufig oder seltener rechtsextreme Parteien als Frauen". Diese Hypothese behauptet also, daß es den in der H_A ausgedrückten Zusammenhang nicht gibt. Für die Nullhypothese wird das Kürzel H_0 verwandt.

Der erste Schritt der Hypothesenprüfung besteht also in der Formulierung der Alternativhypothese und der dazu konkurrierenden Nullhypothese. Sowohl die H_A als auch die H_0 stellen **Behauptungen über die Grundgesamtheit** dar. Möchten wir das Wahlverhalten von Männern und Frauen bei einer Bundestagswahl untersuchen, so besteht die Grundgesamtheit aus allen bei dieser Wahl Wahlberechtigten.

Anhand einer Stichprobe soll nun überprüft werden, welche der beiden Aussagen über die Grundgesamtheit, H_A oder H_0, zutreffen. Aufgrund der durch Zufallsschwankungen bedingten Abweichung einer Stichprobe von der Grundgesamtheit kann es jedoch zu zwei *Fehlentscheidungen* kommen:

1. So könnte bei den in der Stichprobe ausgewählten Personen ein Zusammenhang zwischen dem Geschlecht und der Wahlabsicht festgestellt werden, obwohl in der Grundgesamtheit kein Unterschied im Wahlverhalten von Männern und Frauen besteht. Die Stichprobendaten weisen also auf das Vorliegen der Alternativhypothese hin, während tatsächlich in der Grundgesamtheit die Nullhypothese gilt. Da wir die Grundgesamtheit nicht kennen, würden wir in diesem Fall also fälschlicherweise annehmen, daß dort ebenfalls die Alternativhypothese gilt, Männer sich also häufiger für die Republikaner entscheiden als Frauen. Diesen Fehler bei Übertragung der Stichprobenergebnisse auf die Grundgesamtheit nennt man **Fehler 1. Art oder α-Fehler.** Er wird als Prozentwert oder als Wahrscheinlichkeitswert ausgedrückt und auch als *Irrtumswahrscheinlichkeit* bezeichnet.

2. Zum anderen kann es vorkommen, daß in der Stichprobe Männer und Frauen in gleichem Umfang die Republikaner präferieren, obwohl in der Grundgesamtheit Männer sich häufiger zur Wahl der Republikaner entschließen als Frauen. Folgern wir aus dem Stichprobenergebnis, daß in der Grundgesamtheit die Nullhypothese gilt, obwohl in der Grundgesamtheit die Alternativhypothese vorliegt, dann begehen wir den **Fehler 2. Art** bzw. den **β-Fehler.**

α- und β-Fehler sind zwar gegenläufig, d. h. wenn α größer wird, wird β kleiner, *β ist aber nicht $1 - \alpha$!*

Beide Fehler werden also durch eine Abweichung der Stichprobe von der Grundgesamtheit verursacht. *Die richtige Entscheidung treffen wir, wenn die aus den Stichprobendaten gefolgerte Hypothese mit der Grundgesamtheit übereinstimmt.* Da wir die Grundgesamtheit nicht kennen, können wir auch nicht wissen, ob ein Fehler vorliegt oder nicht.

In Tabelle 12.1 sind alle möglichen Entscheidungen aufgeführt.

Tabelle 12.1: Fehler bei der Hypothesenprüfung

		In der *Grundgesamtheit* gilt:	
		H_0	H_A
Entscheidung aufgrund	H_0	richtig	β-Fehler
der **Stichprobe**:	H_A	α-Fehler	richtig

Wie kann nun gewährleistet werden, daß die Wahrscheinlichkeit einer Fehlentscheidung bei Übertragung der Stichprobenergebnisse auf die Grundgesamtheit möglichst gering ist?

Die Beantwortung dieser Frage basiert wiederum auf der Kenntnis der Verteilung von Stichprobenkennwerten (vgl. Kapitel 10). Wir können nämlich angeben, wie die Verteilung der Stichprobenkennwerte aussehen würde, wenn in der Grundgesamtheit die Nullhypothese vorläge, bzw. wie sich die Stichprobenkennwerte verteilen, wenn in der Grundgesamtheit die Alternativhypothese zuträfe. Zu den beiden Hypothesen H_0 und H_A existieren also *unterschiedliche Verteilungen.* Anhand dieser Verteilungen kann dann bestimmt werden, mit welcher Wahrscheinlichkeit ein bestimmter Stichprobenkennwert aus einer Grundgesamtheit stammen kann, in der die Nullhypothese bzw. die Alternativhypothese gilt (vgl. dazu die Berechnung der Wahrscheinlichkeitsintervalle in Kapitel 11).

Um den α-Fehler zu prüfen, müssen wir demnach feststellen, wie wahrscheinlich ein Stichprobenergebnis ist, wenn in der Grundgesamtheit die Nullhypothese gilt. Ist diese Wahrscheinlichkeit gering (und damit der

Stichprobenkennwert weit vom Parameter bei Gültigkeit der H_0 entfernt), kann die Nullhypothese verworfen werden. Die Wahrscheinlichkeit, daß unser Stichprobenergebnis oder ein noch weiter von der H_0 abweichendes Ergebnis vorkommt, obwohl in der Grundgesamtheit die H_0 gilt, entspricht der Größe des α-Fehlers bzw. der Irrtumswahrscheinlichkeit. α gibt also die Wahrscheinlichkeit an, mit der wir uns bei Ablehnung der Nullhypothese irren. Ist die Irrtumswahrscheinlichkeit gering, dann verwerfen wir die Nullhypothese; ist die Irrtumswahrscheinlichkeit hoch, wird die Nullhypothese beibehalten.

Bei der *Ermittlung des β-Fehlers* lautet die Frage: Wie wahrscheinlich ist das Stichprobenergebnis, wenn in der Grundgesamtheit die Alternativhypothese gilt? Hier ermitteln wir die Verteilung der Stichprobenkennwerte ausgehend von der Alternativhypothese. Ist die Wahrscheinlichkeit des Stichprobenergebnisses bei Gültigkeit der H_A gering, so verwerfen wir die Alternativhypothese. Auch bei der Ablehnung der Alternativhypothese können wir uns irren, d. h. die Alternativhypothese zu Unrecht ablehnen. Die Wahrscheinlichkeit für unser Stichprobenergebnis oder eine noch größere Abweichung von der H_A, bei Gültigkeit der H_A in der Grundgesamtheit, gibt die Größe des β-Fehlers an.

Die Wahrscheinlichkeiten des α- bzw. β-Fehlers markieren eine „Grenze", hinter der Werte in der Stichprobe bei einer Annahme über die Grundgesamtheit nicht mehr wahrscheinlich sind. Wo diese Grenze liegt, wird durch den Wissenschaftler festgelegt.

In der Regel wird allerdings nur versucht, die Wahrscheinlichkeit des α-Fehlers gering zu halten. Denn um die Stichprobenkennwerteverteilung angeben zu können, muß man eine präzise Annahme über die Situation in der Grundgesamtheit machen. Dies ist bei der Nullhypothese sehr einfach: sie besagt nämlich normalerweise, daß der Zusammenhang bzw. der Unterschied null ist. In der Alternativhypothese kommt dagegen meist nur eine unpräzise Annahme zum Ausdruck. So wird ein Zusammenhang postuliert, nicht aber, wie groß dieser Zusammenhang ist, oder ein Unterschied wird angenommen, aber nicht, wie groß dieser Unterschied ist. Um den β-Fehler zu testen, müßten wir im obigen Beispiel aber exakt angeben können, um wieviel Prozent Männer häufiger die Republikaner wählen als Frauen. Im weiteren werden wir uns daher nur noch mit der Ermittlung des α-Fehlers beschäftigen (vgl. zum β-Fehler Bortz 1999, S. 120 ff.)

12.2 Vorgehensweise bei einem Signifikanztest

Bei einem Hypothesentest wird in folgenden Schritten vorgegangen:[1]

1. Null- und Alternativhypothese formulieren und Signifikanzniveau festlegen;
2. Prüfgröße (z. B. z-Wert, t-Wert oder χ^2-Wert) und Verteilung der Prüfgröße bestimmen;
3. Ablehnungsbereich der Nullhypothese kennzeichnen;
4. Prüfgröße berechnen und die Entscheidung über die Nullhypothese treffen.

Zunächst werden diese Schritte anhand eines fiktiven Beispiels am Vergleich eines Stichprobenmittelwertes mit einem Mittelwert der Grundgesamtheit (bei bekannter Varianz in der Grundgesamtheit σ) dargestellt.

1. Null- und Alternativhypothese formulieren, Signifikanzniveau festlegen

Wir möchten wissen, ob die Studienzeit in der Politikwissenschaft durch eine andere Form der Betreuung während des Studiums verändert wird, d. h. ob sie sich verlängert oder verkürzt. Wie diese andere Form der Betreuung aussieht, interessiert uns jetzt nicht näher. Um dies zu prüfen, wurden für ein Pilotprojekt 35 Studierende ausgewählt, die anders betreut wurden als die übrigen Studierenden. Unsere Alternativhypothese besagt, daß anders betreute Studierende kürzer oder auch länger studieren. Skeptiker behaupten dagegen, daß die Art der Betreuung nichts an der Studiendauer ändert. Die Studiendauer bei bisheriger und neuer Betreuung sei identisch. Dies entspricht dem Inhalt der Nullhypothese.

In diesem Beispiel liegt eine *ungerichtete Alternativhypothese* bzw. eine **zweiseitige Fragestellung** vor, da keine Aussage über die Richtung des Unterschieds getroffen wird. Von einer *gerichteten Alternativhypothese* bzw. einer **einseitigen Fragestellung** würde man dagegen sprechen, wenn etwas über die Richtung des Unterschieds ausgesagt würde. Dies wäre z. B. der Fall, wenn wir behaupten würden, daß im Pilotprojekt betreute Studierende schneller ihr Studium abschließen. Die Frage, ob es sich um eine gerichtete oder eine ungerichtete Hypothese bzw. eine ein-

---

1 Vgl. zur Vorgehensweise auch Bohrnstedt und Knoke (1994, S. 108) und Bleymüller et al. (2000, S. 102).

oder zweiseitige Fragestellung handelt, wird später für die Bestimmung des Ablehnungsbereiches wichtig.

Wie wir vom Studentensekretariat erfahren haben, beträgt die durchschnittliche Studiendauer im Fach Politikwissenschaft bisher im Schnitt 13,5 Semester (μ_0) und die Standardabweichung 3,2 Semester (σ). Die Angaben des Studentensekretariates sind die Parameter der Grundgesamtheit bei bisheriger Betreuung. Nicht bekannt ist der Mittelwert der Grundgesamtheit bei anderer Betreuung μ. Mit der H_0 und H_A werden nun unterschiedliche Behauptungen über den unbekannten Parameter μ aufgestellt.

Nach der Nullhypothese dauert das Studium anders betreuter Studierender (μ) durchschnittlich genau so lange wie bisher (μ_0):

$$H_0: \quad \mu \;=\; \mu_0 \;=\; 13{,}5 \quad \text{Semester}$$

Die Alternativhypothese, daß anders betreute Studierende nicht soviel oder mehr Zeit als bisher zum Erwerb des Examens benötigen, kann man ausdrücken als:

$$H_A: \quad \mu \;\neq\; \mu_0 \;\neq\; 13{,}5 \quad \text{Semester}$$

Getestet wird die H_0. Geprüft wird, ob – bei einer bestimmten Irrtumswahrscheinlichkeit – das ermittelte Stichprobenergebnis (hier: durchschnittliche Studiendauer $\bar{x}$ bei neuer Betreuung im Pilotprojekt) mit der Nullhypothese („wahre" durchschnittliche Studiendauer bei anderer Betreuung beträgt $\mu = 13,5$ Semester) vereinbart werden kann. Spricht das ermittelte Stichprobenergebnis gegen die Nullhypothese, dann verwerfen wir diese zugunsten der Alternativhypothese. Läßt sich das Stichprobenergebnis mit der Nullhypothese vereinbaren, dann lehnen wir die Nullhypothese nicht ab.

Ab welchem Stichprobenergebnis die H_0 verworfen wird, hängt davon ab, welche Irrtumswahrscheinlichkeit (α-Fehler) bei der Entscheidung in Kauf genommen wird. Denn auch bei Gültigkeit der H_0 kann – aufgrund der zufälligen Abweichung der Stichprobe von der Grundgesamtheit – ein Stichprobenergebnis vorkommen, das weit vom Parameter der Grundgesamtheit abweicht (auch wenn dies unwahrscheinlich ist).

In der empirischen Sozialforschung ist es üblich, den α-Fehler nicht größer als 0,05 bzw. 5% werden zu lassen. Man kann sich dann zu (mindestens) $1 - \alpha = 0,95$ bzw. 95% sicher sein, die Nullhypothese nicht fälschlicherweise zu verwerfen. $1 - \alpha$ gibt dabei die *Vertrauenswahrscheinlichkeit* an. Wenn man ganz sicher gehen will, legt man die Irrtumswahrscheinlichkeit mit maximal 1% fest und kann sich damit zu (mindestens) 99% sicher sein, keinen Fehler zu begehen. Diese Grenzwerte für die Irrtumswahrscheinlichkeit (α-Fehler) werden auch als *Signifikanzniveau* bezeichnet. Die Irrtumsbzw. Vertrauenswahrscheinlichkeiten von 5% und 1% bzw. 95% und 99% werden in der Wissenschaft als ausreichend betrachtet. Ist die Irrtumswahrscheinlichkeit kleiner als 5%, spricht man von einem *signifikanten Ergebnis*, ist sie sogar geringer als 1%, spricht man von einem *sehr signifikanten* Ergebnis. Üblicherweise kennzeichnet man bei der Darstellung der Ergebnisse die statistischen Kennwerte mit *, wenn sie signifikant sind, und mit **, wenn sie sehr signifikant sind.

Unsere Hypothese soll auf einem Signifikanzniveau von 5% getestet werden. Welches Signifikanzniveau gewählt wird, hängt von den Konsequenzen ab, die mit einer falschen Entscheidung verbunden sind.

2. Prüfgröße und Verteilung der Prüfgröße bestimmen

Nach dem *Zentralen Grenzwerttheorem* sind Stichprobenmittelwerte um den Mittelwert der Grundgesamtheit μ mit einer Standardabweichung von $\sigma_{\bar{x}}$ (Standardfehler des Mittelwertes) normal verteilt, wenn die Stichproben hinreichend groß sind (vgl. Kapitel 10.3). *Bei Gültigkeit der hier gewählten* H_0 ($\mu = \mu_0 = 13,5$ Semester) erhalten wir eine Stichprobenmittelwerteverteilung mit dem Mittelwert $\mu_0 = 13,5$ Semester und dem Standardfehler $\sigma_{\bar{x}} = \sigma/\sqrt{n} = 3,2/\sqrt{35} = 0,54$. Diese Verteilung ist in Abbildung 12.1 (durchgezogene Linie) dargestellt.

Wie man Abbildung 12.1 (durchgezogene Linie) entnehmen kann, ist eine durchschnittliche Studiendauer von z. B. $\bar{x} = 15$ Semestern in der Stichprobe der anders betreuten Studierenden sehr unwahrscheinlich, *wenn* die durchschnittliche Studiendauer in der Grundgesamtheit 13,5 Semester und der Standardfehler 0,54 Semester beträgt. Erzielen wir in der Stichprobe einen Mittelwert $\bar{x}$, der weit von μ_0 abweicht, so deutet dies darauf hin, daß der Stichprobenmittelwert nicht aus einer Grundgesamtheit stammt, in der die Nullhypothese gilt.

Abbildung 12.1: Stichprobenmittelwerteverteilungen mit $\mu_0 = 13,5$ und unterschiedlichen Standardfehlern $\sigma_{\bar{x}}$

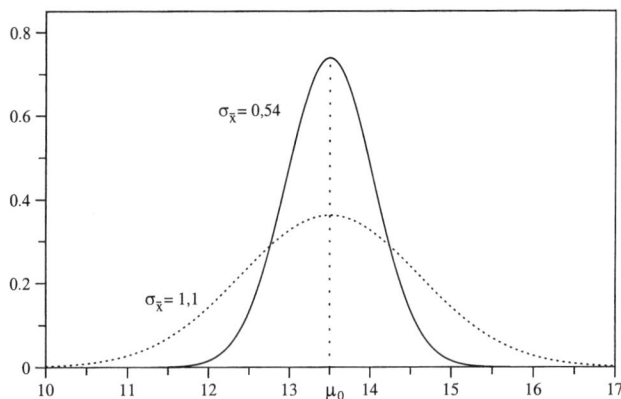

Ob eine bestimmte Abweichung $\bar{x} - \mu_0$ wahrscheinlich ist oder nicht, hängt vom Standardfehler des Mittelwertes $\sigma_{\bar{x}}$ ab. Wie wir wissen, wird $\sigma_{\bar{x}} = \sigma/\sqrt{n}$ mit zunehmendem Stichprobenumfang n und kleiner werdender Standardabweichung des Merkmals in der Grundgesamtheit σ kleiner, d. h. die Verteilung der Stichprobenmittelwerte wird dann schmaler. Die Stichprobenwerte liegen dann näher am Parameter der Grundgesamtheit. In Abbildung 12.1 ist neben der Verteilung, die im Beispiel vorliegt ($\mu_0 = 13,5$, $\sigma_{\bar{x}} = 0,54$), eine weitere Verteilung (gestrichelte Linie) dargestellt, die einen größeren Standardfehler ($\sigma_{\bar{x}} = 1,1$) aufweist. Eine durchschnittliche Studiendauer von $\bar{x} = 15$ Semestern (bei $\mu_0 = 13,5$ Semester) ist bei einem Standardfehler des Mittelwertes von $1,1$ viel wahrscheinlicher als bei einem Standardfehler von $0,54$.

Bei der Berechnung der *Prüfgröße* wird deshalb die Abweichung des Stichprobenmittelwerts vom Mittelwert der Grundgesamtheit $\bar{x} - \mu_0$ am Standardfehler der Mittelwerteverteilung $\sigma_{\bar{x}}$ relativiert. Die Prüfgröße ist bei diesem Test also einfach der z-transformierte Stichprobenmittelwert $\bar{x}$:

$$z = \frac{\bar{x} - \mu_0}{\sigma_{\bar{x}}} = \frac{\bar{x} - \mu_0}{\frac{\sigma}{\sqrt{n}}} \qquad (12.1)$$

Die Standardnormalverteilung gibt also hier die *Verteilung der Prüfgröße* (z-Werte) *bei Gültigkeit der Nullhypothese* wieder (vgl. S. 199). Die Verteilung der Prüfgröße wird auch als Testverteilung bezeichnet, da an ihr die H_0 geprüft wird.

3. Ablehnungsbereich der Nullhypothese kennzeichnen

Die Nullhypothese wird abgelehnt, wenn die Wahrscheinlichkeit des Stichprobenergebnisses (Prüfgröße) oder eines noch extremeren Ergebnisses bei Gültigkeit der Nullhypothese gering ist. Gering heißt: Die Wahrscheinlichkeit des Stichprobenergebnisses oder eines extremeren Ergebnisses darf nicht größer als das vorgegebene Signifikanzniveau α, also in der Regel 1% oder 5%, werden. Je unwahrscheinlicher der Wert einer Prüfgröße bei Gültigkeit der H_0, um so weiter liegt er in der Testverteilung am Rand.

Bei einer *zweiseitigen* Fragestellung entspricht die Irrtumswahrscheinlichkeit α der Fläche, die an den beiden Rändern der Verteilung der Prüfgröße (hier: der z-Verteilung) liegt (vgl. auch Abbildung 11.2, S. 209). Je nachdem, ob es sich um eine ein- oder zweiseitige Fragestellung handelt, wird die Fläche entweder nur am linken/rechten Rand oder an beiden Rändern der Testverteilung betrachtet.

Gesucht sind nun die zu dieser Fläche (zu einem bestimmten Signifikanzniveau) gehörenden Werte der Testverteilung, die als *kritische Werte* (zweiseitige Fragestellung) bzw. als *kritischer Wert* (einseitige Fragestellung) bezeichnet werden. Sie kennzeichnen den Ablehnungs- bzw. Nicht-Ablehnungbereich für die Nullhypothese. Da die Prüfgröße z standardnormalverteilt ist, entnehmen wir die *kritischen Werte der Standardnormalverteilung*. Bei der Standardnormalverteilung bzw. z-Verteilung schneidet z. B. der Wert $-1,65$ 5% der Fläche *am linken Rand* ab. Die kritischen Werte der Standardnormalverteilung sind in der Box auf der nächsten Seite dargestellt.

Bei anderen Prüfgrößen (χ^2, t-Wert) müssen die entsprechenden Testverteilungen herangezogen werden. In diesen Verteilungen liegen die kritischen Werte natürlich woanders. Sie können anhand der Tabellen im Anhang A ermittelt werden.

Im gewählten Beispiel liegt eine ungerichtete Alternativhypothese ($\mu \neq \mu_0$) und damit eine *zweiseitige Fragestellung* vor. Die Irrtumswahrscheinlichkeit hatten wir mit 5% angesetzt. Der Standardnormalverteilung entnehmen wir die Grenzwerte $z = -1,96$ und $z = 1,96$, d. h. nur in 5% der

---

Die **kritischen Werte der Standardnormalverteilung** lauten:

- einseitige Fragestellung

  ◇ 5% Irrtumswahrscheinlichkeit links $-1{,}65$
  Ablehnungsbereich also: $-\infty$ bis $-1{,}65$

  ◇ 1% Irrtumswahrscheinlichkeit links $-2{,}33$
  Ablehnungsbereich also: $-\infty$ bis $-2{,}33$

  ◇ 5% Irrtumswahrscheinlichkeit rechts $1{,}65$
  Ablehnungsbereich also: $1{,}65$ bis ∞

  ◇ 1% Irrtumswahrscheinlichkeit rechts $2{,}33$
  Ablehnungsbereich also: $2{,}33$ bis ∞

- zweiseitige Fragestellung

  ◇ 5% Irrtumswahrscheinlichkeit $-1{,}96$ und $1{,}96$
  Ablehnungsbereich also: $-\infty$ bis $-1{,}96$ und $1{,}96$ bis ∞

  ◇ 1% Irrtumswahrscheinlichkeit $-2{,}58$ und $2{,}58$
  Ablehnungsbereich also: $-\infty$ bis $-2{,}58$ und $2{,}58$ bis ∞

Stichproben erhalten wir einen z-Wert, der kleiner als $-1{,}96$ oder größer als $1{,}96$ ist. Ist die auf Basis der Stichprobe der betreuten Studierenden berechnete Prüfgröße kleiner als $-1{,}96$ oder größer als $1{,}96$, lehnen wir die Nullhypothese ab. Nimmt die Prüfgröße dagegen einen Wert zwischen $-1{,}96$ und $1{,}96$ an, dann entscheiden wir uns zugunsten der Nullhypothese. In Abbildung 12.2 ist der Ablehnungsbereich durch die grau schraffierte Fläche dargestellt.

4. Prüfgröße berechnen und Entscheidung über die Nullhypothese treffen

Die 35 im Rahmen der Pilotstudie anders betreuten Studierenden studierten im Durchschnitt 12 Semester, also 1,5 Semester weniger als bei bisheriger Betreuung. Wir berechnen nun die Prüfgröße, um angeben zu können, an welcher Stelle der Standardnormalverteilung der in der Stichprobe ermittelte $\bar{x}$-Wert liegt:

Abbildung 12.2: Zweiseitiger Ablehnungsbereich (grau schraffierte Fläche) bei einem Signifikanzniveau von 5% in der Standardnormalverteilung

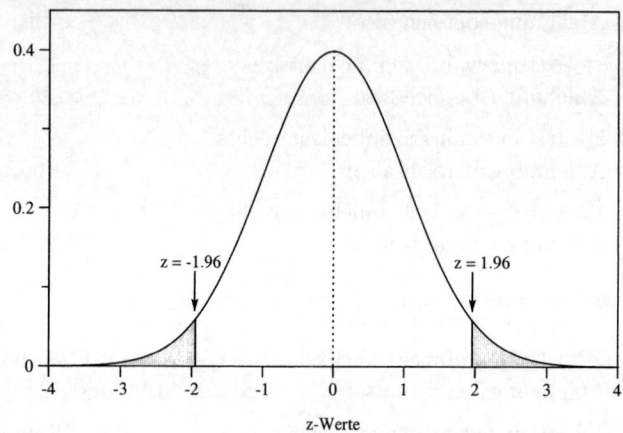

$$z = \frac{\bar{x} - \mu_0}{\sigma_{\bar{x}}} = \frac{\bar{x} - \mu_0}{\frac{\sigma}{\sqrt{n}}} = \frac{12 - 13,5}{\frac{3,2}{\sqrt{35}}} = -2,77$$

Fällt die Prüfgröße in den Ablehnungsbereich der Nullhypothese, kann diese abgelehnt bzw. „verworfen" werden. Bei Gültigkeit der Nullhypothese wäre es dann sehr unwahrscheinlich, eine Stichprobe mit der beobachteten Prüfgröße zu erhalten. Fällt die Prüfgröße dagegen in den „Annahmebereich", kann die Nullhypothese nicht verworfen werden.

Da $-2,77$ kleiner als $-1,96$ ist, wird die Nullhypothese verworfen. Mit anderen Worten: Es ist unwahrscheinlicher als 5%, daß wir in einer Stichprobe eine Studiendauer von 12 Semestern oder ein noch extremeres Ergebnis erhalten, wenn die durchschnittliche Studiendauer in der Grundgesamtheit 13,5 Semester beträgt. Der in der Stichprobe ermittelte Wert ist damit *signifikant*.

Hätten wir in der Stichprobe einen z-Wert zwischen $-1,96$ und $1,96$ ermittelt, dann würden wir die Nullhypothese *nicht ablehnen*. Das heißt jedoch *nicht*, daß wir dann die Nullhypothese *annehmen* könnten. Ein Stichprobenergebnis kann nämlich schlicht deshalb nicht signifikant sein, weil die Stichprobe zu klein ist. Außerdem kämen neben dem von der H_0 postulierten Mittelwert μ_0 noch andere Mittelwerte der Grundgesamtheit als Erzeuger des Stichprobenmittelwertes in Frage. Genau diese Information liefern uns Konfidenzintervalle.

Konfidenzintervall und Signifikanztest

Das Konfidenzintervall für einen Stichprobenmittelwert $\bar{x}$ berechnet sich bei bekannter Standardabweichung in der Grundgesamtheit σ nach Gleichung 11.3 (vgl. Kapitel 11, S. 212). In der Stichprobe der anders betreuten Studierenden wurde eine durchschnittliche Studiendauer von 12 Semestern ($\bar{x}$) festgestellt. Gefragt wird, wo die durchschnittliche Studiendauer μ bei anderer Betreuung in der Grundgesamtheit liegt. Bei einer Vertrauenswahrscheinlichkeit von 95% (bzw. einer Irrtumswahrscheinlichkeit von 5%) resultiert:

$$12 - 1{,}96 \cdot \frac{3,2}{\sqrt{35}} \quad \leq \mu \leq \quad 12 - 1{,}96 \cdot \frac{3,2}{\sqrt{35}}$$

$$10{,}94 \quad \leq \mu \leq \quad 13{,}06$$

Mit einer Wahrscheinlichkeit von 95% wird die „wahre" durchschnittliche Studiendauer μ bei anderer Form der Betreuung also zwischen $10,94$ und $13,06$ Semestern liegen. Das Konfidenzintervall umschließt also nicht den im Signifikanztest durch die H_0 postulierten Wert von $13,5$ Semestern.

Allgemein formuliert: Wird die H_0 in einem Signifikanztest bei einem bestimmten Signifikanzniveau α abgelehnt, dann umschließt das für eine Vertrauenswahrscheinlichkeit von $1 - \alpha$ berechnete Konfidenzintervall auch nicht den von der H_0 postulierten Wert der Grundgesamtheit. Wissen wir auf Basis des Signifikanztests nur, daß (bei gegebener Irrtumswahrscheinlichkeit) der Stichprobenmittelwert (bei neuer Betreuung) von 12 Semestern nicht mit der Nullhypothese vereinbar ist, so gibt uns das Konfidenzintervall zusätzlich die Information, in welchem Bereich die durchschnittliche Studiendauer bei anderer Betreuung in der Grundgesamtheit (bei einer gegebenen Vertrauenswahrscheinlichkeit) liegt.

Einseitige Fragestellung

Eine einseitige Fragestellung liegt vor, wenn die Alternativhypothese lautet, daß die neue Betreuungsform die Studienzeit verkürzt. Dem Inhalt der Nullhypothese entspricht dann die These, daß die Studiendauer bei alternativer Betreuung gleich bleibt oder zunimmt.

$$H_0: \quad \mu \geq \mu_0 \geq 13{,}5 \quad \text{und} \quad H_A: \quad \mu < \mu_0 < 13{,}5$$

Da die Alternativhypothese eine Verkürzung der Studiendauer postuliert, muß der gesamte Ablehnungsbereich links liegen. Bei einer Irrtumswahrscheinlichkeit von 5% ergibt sich ein kritischer Wert von $z = -1{,}65$ (vgl. S. 233). Der Ablehnungsbereich ist in Abbildung 12.3 grau schraffiert dargestellt. Ist der in der Stichprobe ermittelte z-Wert kleiner als $z = -1{,}65$, dann wird die H_0 abgelehnt, ist er größer als $z = -1{,}65$, dann wird die H_0 nicht abgelehnt (vgl. zur Kennzeichnung des Ablehnungsbereiches bei einseitiger Fragestellung auch die Ausführungen auf Seite 247).

Abbildung 12.3: Einseitiger Ablehnungsbereich (grau schraffierte Fläche) bei einem Signifikanzniveau von 5% in der Standardnormalverteilung

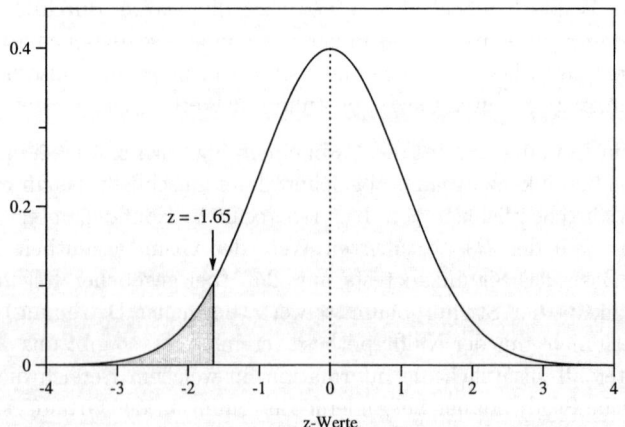

Die Prüfgröße beträgt $z = -2,77$, wie wir auf S. 233 bereits berechnet haben. Da die Prüfgröße $z = -2,77$ kleiner als der kritische Wert $z = -1,65$ ist, wird die Nullhypothese verworfen. Die Studiendauer mit neuer Betreuung unterscheidet sich also signifikant von der Studiendauer bei alter Betreuung.

Wie man an den Ablehnungsbereichen in Abbildung 12.2 und Abbildung 12.3 sieht, werden bei einer einseitigen Fragestellung (gerichtete Alternativhypothese) schon geringere Abweichungen in Richtung der Alternativhypothese signifikant als bei einer zweiseitigen Fragestellung (ungerichtete Alternativhypothese). Ob eine gerichtete oder ungerichtete Alternativhypothese formuliert wird, muß vor der Berechnung der Prüfgröße festgelegt werden. Es kann nämlich passieren, daß eine Prüfgröße bei einseitiger Fragestellung, nicht aber bei zweiseitiger Fragestellung signifikant ist. Im nachhinein eine gerichtete Alternativhypothese aufzustellen (damit eine Prüfgröße in den Ablehnungsbereich der Nullhypothese fällt und signifikant wird) ist nicht seriös.

p-Werte

Man kann die Irrtumswahrscheinlichkeit für den in der Stichprobe ermittelten Wert der Prüfgröße auch genau bestimmen. Für die *einseitige* Fragestellung im Beispiel entnimmt man der z-Tabelle die Fläche, die links vom Wert der Prüfgröße $-2,77$ liegt, nämlich $\approx 0{,}0028$. Die Wahrscheinlichkeit, in der Stichprobe einen z-Wert kleiner als $-2,77$ zu erhalten, wenn in der Grundgesamtheit die H_0 gilt, beträgt also $0,28\%$. Die Irrtumswahrscheinlichkeit für die *zweiseitige Fragestellung* beträgt im Beispiel $\approx 0{,}0056$, da hier der Ablehnungsbereich der Nullhypothese auf beiden Seiten der Verteilung liegt. Es muß also die Fläche, die links von $-2,77$ liegt, zur Fläche, die sich rechts von $+2,77$ befindet, addiert werden ($0{,}0028 + 0{,}0028 = 0{,}0056$). Die Wahrscheinlichkeit in der Stichprobe einen z-Wert zu erhalten, der kleiner als $-2,77$ oder größer als $+2,77$ ist, wenn in der Grundgesamtheit die H_0 gilt, beträgt $0,56\%$.

Diese für die Prüfgröße berechnete „empirische" Irrtumswahrscheinlichkeit wird auch als *p-Wert* bezeichnet. Der p-Wert gibt die *Wahrscheinlichkeit an, bei Gültigkeit der H_0, den Wert der Prüfgröße oder einen mit der H_0 noch weniger zu vereinbarenden Wert in der Stichprobe zu erhalten*. Die meisten Statistikprogramme geben p-Werte an. Ist der p-Wert kleiner als das gewählte Signifikanzniveau α, dann wird die Nullhypothese verworfen, ist der p-Wert größer, dann wird die Nullhypothese nicht verworfen.

Test eines Mittelwertes bei unbekanntem σ

Ist die Standardabweichung der Grundgesamtheit σ nicht bekannt, dann wird diese durch die Standardabweichung der Stichprobe $\hat{\sigma}$ geschätzt (vgl. Gleichung 11.4, S. 215), damit der Standardfehler des arithmetischen Mittels $\hat{\sigma}_{\bar{x}}$ bestimmt werden kann. Die Prüfgröße (vgl. auch Gleichung 12.1) ist in diesem Fall (mit $df = n - 1$ Freiheitsgraden) t- und nicht z-verteilt (vgl. Bleymüller et al. 2000, S. 87).

$$t = \frac{\bar{x} - \mu_0}{\hat{\sigma}_{\bar{x}}} = \frac{\bar{x} - \mu_0}{\frac{\hat{\sigma}}{\sqrt{n}}} \tag{12.2}$$

Da die t-Verteilung breiter als die z-Verteilung ist, sind die kritischen Werte hier größer. Bei großen Stichproben nähern sich die kritischen Werte beider Verteilungen an.

12.3 Tests für Mittelwertunterschiede

Mit diesen Testverfahren können Unterschiedshypothesen überprüft werden. Um also beispielsweise zu testen, ob in Ost- und Westdeutschland Einkommensunterschiede bestehen, kann ein Test für Mittelwertunterschiede herangezogen werden. Wir unterstellen dabei, daß die Ostdeutschen ihr Geld in Ostdeutschland verdienen und die Westdeutschen in Westdeutschland. Unter dieser Annahme sind die Formulierungen „Einkommen in Ostdeutschland" und „Einkommen der Ostdeutschen" bzw. „Einkommen in Westdeutschland" und „Einkommen der Westdeutschen" gleichbedeutend.

Die beiden Gruppen können jeweils als eigene Stichprobe betrachtet werden. Dabei ist es völlig unerheblich, ob eine Stichprobe in ganz Deutschland gezogen und dann getrennt für Ost- und Westdeutsche das Durchschnittseinkommen ermittelt wurde oder ob zwei verschiedene Stichproben in Ost- und Westdeutschland gezogen und dann in jeder Stichprobe der Mittelwert des Einkommens berechnet wurde. Das Ergebnis sind immer zwei Mittelwerte (Einkommen in Ostdeutschland und Einkommen in Westdeutschland), die als zwei Stichprobenmittelwerte betrachtet werden.

Die beiden Stichproben können voneinander *unabhängig* oder *abhängig* sein. Im ersten Fall beeinflussen sich die Werte der beiden Stichproben nicht gegenseitig, während die Stichprobenwerte im letzten Fall miteinander verbunden sind. Einkommen in Ost- und Westdeutschland sind ein Beispiel für unabhängige Stichproben. Ein Beispiel für abhängige Stichproben wären z. B. die Statistikkenntnisse von Studierenden *vor* und *nach dem Besuch* eines Statistikkurses, worauf in Abschnitt 12.3.2 eingegangen wird.

12.3.1 Test für unabhängige Stichproben

Wir möchten nun anhand des ALLBUS 1994 die eingangs erwähnte Hypothese prüfen, ob zwischen den Bewohnern der alten und neuen Bundesländer Einkommensdifferenzen bestehen. Im ALLBUS 1994 wurde bei den 745 ostdeutschen Befragten ein Durchschnittseinkommen von 1.431,24 DM ($= \bar{x}_1$) und eine Standardabweichung von 755,72 DM ($= \hat{\sigma}_1$) ermittelt; das Durchschnittseinkommen der 1.474 Westdeutschen belief sich auf 1.838,39 DM ($= \bar{x}_2$) bei einer Standardabweichung von 1.477,68 DM ($= \hat{\sigma}_2$).[2]

Nach diesen Angaben verdienen die ostdeutschen Befragten monatlich durchschnittlich rund 400,- DM weniger als die westdeutschen. Mit dem nachfolgenden Test für Mittelwertunterschiede wird geprüft, ob aus dem Unterschied der Durchschnittseinkommen von ost- und westdeutschen Befragten $\bar{x}_1 - \bar{x}_2$ auf einen Unterschied der Einkommen von Ost- und Westdeutschen $\mu_1 - \mu_2$ geschlossen werden kann. Bei großen Stichproben, d. h. jede Stichprobe sollte mindestens einen Umfang von 30 haben (vgl. Bohrnstedt und Knoke 1994, S. 134), kann der nachfolgende z-Test durchgeführt werden.

1. Null- und Alternativhypothese formulieren, Signifikanzniveau festlegen

Die Alternativhypothese H_A lautet in diesem Fall, daß ein Einkommensunterschied zwischen Ost- und Westdeutschen besteht. Mit der H_0 behaupten wir, daß sich die Durchschnittseinkommen in West- und Ostdeutschland nicht voneinander unterscheiden. Wir formulieren Fall also eine ungerichtete Alternativhypothese:

---

2 Die Werte wurden mit dem Statistikprogramm SPSS berechnet, das die Varianz automatisch nach der Formel $SAQ/(n-1)$ berechnet. In die Berechnung sind auch hier wieder alle Befragten unabhängig vom Status ihrer Erwerbstätigkeit eingeflossen, weshalb die Durchschnittseinkommen relativ niedrig ausfallen.

$$H_0 : \quad \mu_1 = \mu_2 \qquad \text{bzw.} \quad \mu_1 - \mu_2 = 0$$
$$H_A : \quad \mu_1 \neq \mu_2 \qquad \text{bzw.} \quad \mu_1 - \mu_2 \neq 0$$

μ_1 ist hier das Durchschnittseinkommen der Ostdeutschen, μ_2 das Durchschnittseinkommen der Westdeutschen. Eine „1" kennzeichnet immer die Werte für Ostdeutschland, eine „2" die Werte für Westdeutschland.

Die Irrtumswahrscheinlichkeit setzen wir mit 5% fest. Das Risiko, die H_0 (kein Einkommensunterschied) auf Basis der Stichprobendifferenz abzulehnen, obwohl diese in der Grundgesamtheit gilt, soll also maximal 5% betragen.

2. Prüfgröße und Verteilung der Prüfgröße bestimmen

Ebenso wie sich Stichprobenmittelwerte $\bar{x}$ nach dem Zentralen Grenzwerttheorem normal um den Mittelwert der Grundgesamtheit μ verteilen, so verteilen sich die Differenzen der arithmetischen Mittel zweier Stichproben $\bar{x}_1 - \bar{x}_2$ normal um die Differenz der arithmetischen Mittel der Grundgesamtheiten $\mu_1 - \mu_2$, wenn die Stichproben hinreichend groß sind.[3] Würden wir also ganz viele Paare unabhängiger Stichproben (gleichen Umfangs) aus zwei Grundgesamtheiten ziehen, die durch die Mittelwertedifferenz $\mu_1 - \mu_2$ gekennzeichnet sind, und für jedes Paar unabhängiger Stichproben die Mittelwerte $\bar{x}_1$ und $\bar{x}_2$ und die Mittelwertedifferenz $\bar{x}_1 - \bar{x}_2$ ermitteln, dann erhielten wir bei hinreichend großen Stichproben eine Normalverteilung. Die Breite der Stichprobenverteilung gibt der Standardfehler der Mittelwertedifferenzen $\sigma_{(\bar{x}_1 - \bar{x}_2)}$ an.

Auch hier gibt die *Prüfgröße z* die Abweichung der Stichprobenergebnisse $\bar{x}_1 - \bar{x}_2$ von den Parametern der Grundgesamtheiten bei Gültigkeit der Nullhypothese $\mu_1 - \mu_2$ in Standardfehlern $\sigma_{(\bar{x}_1 - \bar{x}_2)}$ – also gemessen an der Breite der Stichprobenverteilung – wieder.

$$z = \frac{(\bar{x}_1 - \bar{x}_2) - (\mu_1 - \mu_2)}{\sigma_{(\bar{x}_1 - \bar{x}_2)}} \tag{12.3}$$

---

3 Soll der Test bei bei *kleinen Stichproben* (wenn n_1 oder n_2 einen Umfang ≤ 30 haben) angewendet werden, dann müssen die Merkmale in der *Grundgesamtheit* normalverteilt sein (vgl. Bohrnstedt und Knoke 1994, S. 139 f.), damit die Stichprobenmittelwertedifferenzen normalverteilt sind.

Da bei Gültigkeit der gewählten Nullhypothese $\mu_1 - \mu_2 = 0$ ist, vereinfacht sich die Formel zu:

$$z = \frac{\bar{x}_1 - \bar{x}_2}{\sigma_{(\bar{x}_1 - \bar{x}_2)}} \tag{12.4}$$

Der *Standardfehler der Mittelwertedifferenz* $\sigma_{(\bar{x}_1 - \bar{x}_2)}$ berechnet sich aus den Varianzen des Merkmals in den beiden Grundgesamtheiten:

$$\sigma_{(\bar{x}_1 - \bar{x}_2)} = \sqrt{\frac{\sigma_1^2}{n_1} + \frac{\sigma_2^2}{n_2}} \tag{12.5}$$

Sind die Varianzen σ_1^2 und σ_2^2 der Grundgesamtheiten unbekannt, werden diese durch die Stichprobenvarianzen geschätzt ($\hat{\sigma}_1^2 = SAQ/(n_1 - 1)$ und $\hat{\sigma}_2^2 = SAQ/(n_2 - 1)$):

$$\hat{\sigma}_{(\bar{x}_1 - \bar{x}_2)} = \sqrt{\frac{\hat{\sigma}_1^2}{n_1} + \frac{\hat{\sigma}_2^2}{n_2}} \tag{12.6}$$

Setzt man Gleichung 12.6 in Gleichung 12.4 ein, erhält man als *Prüfgröße*:

$$z = \frac{\bar{x}_1 - \bar{x}_2}{\hat{\sigma}_{(\bar{x}_1 - \bar{x}_2)}} = \frac{(\bar{x}_1 - \bar{x}_2)}{\sqrt{\frac{\hat{\sigma}_1^2}{n_1} + \frac{\hat{\sigma}_2^2}{n_2}}} \tag{12.7}$$

Da die Prüfgröße bei großen Stichproben standardnormalverteilt ist, können die kritischen Werte der z-Tabelle entnommen werden (vgl. dazu auch den Abschnitt zu t-Tests auf S. 243).

3. Ablehnungsbereich der Nullhypothese kennzeichnen

Bei einem Signifikanzniveau von $\alpha = 0,05 = 5\%$, einer zweiseitigen Fragestellung und einer z-verteilten Prüfgröße müssen die beiden Werte ermittelt werden, die links und rechts von der z-Verteilung jeweils 0,025 der

Gesamtfläche abschneiden. Aus der z-Tabelle entnimmt man für die untere Grenze $z_{0,025}$ den Wert $-1,96$ und für die obere Grenze $z_{0,975}$ den Wert $1,96$. Gilt die H_0, dann ist die Wahrscheinlichkeit, einen z-Wert kleiner als $-1,96$ oder größer als $1,96$ zu erhalten, kleiner als 5%. Wir lehnen die Nullhypothese daher ab, wenn die Prüfgröße kleiner als $-1,96$ oder größer als $1,96$ ist. Die Nullhypothese wird nicht verworfen, wenn die Prüfgröße zwischen $-1,96$ und $1,96$ liegt.

4. Prüfgröße berechnen und Entscheidung über die Nullhypothese treffen

Setzt man die Stichprobenwerte in Gleichung 12.7 ein, dann erhält man:

$$z = \frac{1431,24 - 1838,39}{\sqrt{\frac{755,72^2}{745} + \frac{1477,68^2}{1474}}} = -8,59$$

Da $-8,59$ kleiner als $-1,96$ ist, kann die Nullhypothese verworfen werden. Der Unterschied im Einkommen von 407,15 DM ist also statistisch signifikant. Weil die Prüfgröße auch kleiner als der zu einer Irrtumswahrscheinlichkeit von 1% gehörende kritische Wert von $-2,58$ ist, kann man den Unterschied auch als „sehr signifikant" bezeichnen.

Konfidenzintervall für Mittelwertunterschiede

Auch hier soll zum Vergleich das Konfidenzintervall berechnet werden. Das Konfidenzintervall für Mittelwertedifferenzen (bei hinreichend großen Stichproben) läßt sich ganz einfach bestimmen, indem um die Stichprobenmittelwertedifferenz ein Intervall gelegt wird, dessen Breite vom Standardfehler und der Vertrauenswahrscheinlichkeit abhängt. Da die Stichprobe sehr groß ist, kann auch hier wieder die z-Verteilung herangezogen werden (vgl. Formel 11.6).

$$\underbrace{(\bar{x}_1 - \bar{x}_2) - z_{1-\frac{\alpha}{2}} \cdot \hat{\sigma}_{(\bar{x}_1 - \bar{x}_2)}}_{\text{untere Grenze}} \leq \mu_1 - \mu_2 \leq \underbrace{(\bar{x}_1 - \bar{x}_2) + z_{1-\frac{\alpha}{2}} \cdot \hat{\sigma}_{(\bar{x}_1 - \bar{x}_2)}}_{\text{obere Grenze}} \quad (12.8)$$

$\bar{x}_1 - \bar{x}_2$ beträgt $-407,15$ DM, der Standardfehler $\hat{\sigma}_{(\bar{x}_1 - \bar{x}_2)}$ wird durch Gleichung 12.6 bestimmt und hat einen Wert von $47,41$. Setzt man die Werte

ein, resultiert bei einem z-Wert von 1,96 für eine Vertrauenswahrscheinlichkeit von 95%:

$$-407,15 - 1,96 \cdot 47,41 \leq \mu_1 - \mu_2 \leq -407,15 + 1,96 \cdot 47,41$$
$$-500,07 \leq \mu_1 - \mu_2 \leq -314,23$$

Die „wahre" Einkommensdifferenz liegt also mit 95%iger Sicherheit zwischen -500 und -314 DM. Das Konfidenzintervall umschließt nicht den
von der Nullhypothese postulierten Wert (keine Einkommensdifferenz,
$\mu_1 - \mu_2 = 0$). Ostdeutsche verdienen (mit 95%iger Sicherheit) durchschnittlich also zwischen 500 und 300 DM weniger als Westdeutsche.

t-Tests

Zur Überprüfung von Mittelwertedifferenzen führen Statistikprogramme
in der Regel einen t- und nicht den oben angegebenen z-Test durch. Ein t-
Test hat den Vorteil, daß die zusätzliche Unsicherheit berücksichtigt wird,
die mit der Schätzung des Standardfehlers durch die Stichprobendaten
verbunden ist, was vor allem bei kleinen Stichproben von Bedeutung ist.

Die Berechnung der Freiheitsgrade (df), die zur Bestimmung der t-
Verteilung notwendig ist, hängt allerdings davon ab, ob die Varianzen
in den beiden Grundgesamtheiten gleich sind, d. h. Varianzhomogenität
besteht ($\sigma_1 = \sigma_2$), oder ob die Varianzen in den Grundgesamtheiten ver-
schieden sind ($\sigma_1 \neq \sigma_2$). Für den letzteren Fall ist die Berechnung der Freiheitsgrade relativ kompliziert (vgl. Sachs 1999, S. 340). Ob in der Grundgesamtheit gleiche oder ungleiche Varianzen vorliegen, wird durch einen
weiteren Test (in der Regel ein F-Test) geprüft.

t- und z-Test führen bei großen Stichproben zu sehr ähnlichen kritischen
Werten, da die t-Verteilung mit zunehmender Stichprobengröße n in eine
z-Verteilung übergeht. Für unser Beispiel ermittelt SPSS ungleiche Varianzen in der Grundgesamtheit (df=2216,707), einen t-Wert von $-8{,}587$ und
einen p-Wert von 0,000. Die untere Grenze des von SPSS ausgegebenen
95%igen Konfidenzintervalls liegt bei $-500{,}12$ DM, die obere Grenze bei
$-314{,}17$ DM. Die Werte sind also fast identisch mit den oben berechneten.

12.3.2 Test für abhängige Stichproben

Das typischste Beispiel für abhängige Stichproben sind Wiederholungs-
messungen an ein und denselben Personen, wie sie z. B. vorliegen würden, wenn Studierende zu Beginn und zum Ende eines Statistikkurses
eine Klausur schreiben würden. Für diese Studierenden hätte man dann
jeweils zwei Klausurnoten, die man wiederum als zwei Stichproben auffassen kann – allerdings als *abhängige* oder *gepaarte Stichproben*. Bei abhängigen Stichproben ist jede der beiden Stichproben gleich groß, da der Wert
in einer Stichprobe mit einem Wert aus der anderen Stichprobe verbunden
sein muß.

Uns interessiert, ob die Statistikkurse die Statistikkenntnisse verbessern.
Zur Überprüfung der Hypothese haben wir aus allen Statistikkursen – das
Beispiel ist erfunden – eine Zufallsstichprobe von 32 Studierenden gezogen. Zu Semesterbeginn als auch zum Abschluß des Semesters haben die
32 zufällig ausgewählten Studierenden eine Klausur geschrieben. Als Indikator für die Kenntnisse in Statistik wird die Punktezahl in jeder Klausur
herangezogen. Für jeden Studierenden liegt ein Paar von Meßwerten vor,
für das die Differenz d_i berechnet werden kann:

$$d_i = \text{Meßwert in Stichprobe } 2 - \text{Meßwert in Stichprobe } 1$$

i kennzeichnet dabei den Laufindex für die Paare, der im Beispiel von
$i = 1$ bis $i = n = 32$ läuft. d_i gibt hier die Differenz zwischen der Anzahl der Punkte in der zweiten und ersten Klausur für einen Studierenden
(ein Paar von Meßwerten) an. Diese Differenz wird für alle 32 Studierenden ermittelt. Die Differenzen d_i können als eine unabhängige Stichprobe
aufgefaßt werden.

Man kann nun für diese gemessenen Differenzen d_i das arithmetische Mittel $\bar{x}_d$ und die geschätzte Standardabweichung für die Grundgesamtheit
$\hat{\sigma}_d$ berechnen.

$$\bar{x}_d = \frac{\sum_{i=1}^{n} d_i}{n} \tag{12.9}$$

$$\hat{\sigma}_d = \frac{\sum\limits_{i=1}^{n}(d_i - \bar{x}_d)^2}{n-1} \tag{12.10}$$

Das arithmetische Mittel beträgt im Beispiel 13 Punkte, die Standardabweichung 6 Punkte, also $\bar{x}_d = 13$ und $\hat{\sigma}_d = 6$. Durchschnittlich wurden in der zweiten Klausur also 13 Punkte mehr erzielt als in der ersten Klausur. Geprüft werden soll nun, ob aus der ermittelten durchschnittlichen Differenz in der Stichprobe $\bar{x}_d$ auch auf eine durchschnittliche Differenz in der Grundgesamtheit μ_d geschlossen werden kann.

1. Null- und Alternativhypothese formulieren, Signifikanzniveau festlegen

Die Alternativhypothese lautet: „Die Statistikkenntnisse werden durch die Kursteilnahme verbessert." Als Nullhypothese formulieren wir: „Die Statistikkenntnisse werden durch die Kursteilnahme nicht verbessert." „Nicht verbessert" kann sowohl „gleich bleiben" als auch „verschlechtern" bedeuten. Die Nullhypothese gibt hier also einen Bereich an. Dies ist immer der Fall, wenn die Alternativhypothese gerichtet ist, also eine einseitige Fragestellung vorliegt.

$$H_0: \quad \mu_d \leq 0$$
$$H_A: \quad \mu_d > 0$$

Mit μ_d wird hier der *Mittelwert der Differenzen* in der Grundgesamtheit bezeichnet (im Unterschied zur *Differenz der Mittelwerte* $\mu_1 - \mu_2$ beim Test für unabhängige Stichproben).

Wir legen die Irrtumswahrscheinlichkeit (Signifikanzniveau) mit $\alpha = 0,01 = 1\%$ fest, da wir bei einer Ablehnung der Nullhypothese sehr sicher gehen wollen.

Mit der formulierten Nullhypothese $\mu_d \leq 0$ sind mehrere Verteilungen der Grundgesamtheit vereinbar. So könnte in Wahrheit die durchschnittliche Differenz $\mu_d = 0$ sein, sie könnte aber auch $\mu_d = -1$ sein, $\mu_d = -2$ oder $\mu_d = -3,85$ etc. betragen, also völlig beliebige Werte kleiner null annehmen. Um die kritischen Werte bestimmen zu können, benötigen wir aber eine konkrete Annahme über μ_d. Welche konkrete Annahme über die Grundgesamtheit bei Gültigkeit dieser H_0 soll nun gemacht werden?

Die Lösung des Problems ist einfach und soll ganz allgemein am Beispiel einer Normalverteilung veranschaulicht werden. Wir betrachten die Fläche am rechten Rand der Verteilung, da die Alternativhypothese im Beispiel ja Werte größer als null postuliert und der Ablehnungsbereich der Nullhypothese (in Größe der Irrtumswahrscheinlichkeit α) am rechten Rand der Verteilung liegen muß. Eine Grundgesamtheit, in der $\mu = 0$ gilt, bewirkt in 50% aller Stichproben einen Mittelwert größer 0. Eine Grundgesamtheit dagegen, in der z. B. $\mu = -1$ gilt, produziert dagegen in 50% aller Stichproben einen Wert größer als -1. Dies bedeutet, daß die Wahrscheinlichkeit für einen Wert größer 0 bei der Grundgesamtheit mit $\mu = 0$ 50% beträgt, bei der Grundgesamtheit mit $\mu = -1$ aber geringer als 50% sein muß.

Abbildung 12.4 auf der gegenüberliegenden Seite zeigt zwei Stichprobenverteilungen, eine basierend auf der Annahme $\mu = 0$ (durchgezogene Linie), die andere für die Annahme $\mu = -1$ (gestrichelte Linie). Die Wahrscheinlichkeit, bei $\mu = -1$ einen Stichprobenkennwert zu erhalten, der größer als 0 ist, entspricht genau der ganz dunkel schraffierten Fläche. Die ganz dunkle Fläche gibt also die Irrtumswahrscheinlichkeit (p-Wert) für Werte größer und gleich null an, wenn in der Grundgesamtheit $\mu = -1$ gilt. Bei $\mu = 0$ entspricht die Irrtumswahrscheinlichkeit für den Wert null aber der *gesamten* schraffierten Fläche. Das heißt, daß bei allen Kennwerteverteilungen, die aus Grundgesamtheiten kommen, in denen μ kleiner als 0 ist, die Irrtumswahrscheinlichkeit immer kleiner wird.

Aus diesem Grund wird auch dann, wenn die Nullhypothese einen Bereich angibt, die Nullhypothese $\mu = 0$ getestet.[4] Genau dies haben wir bei dem einseitigen Test eines Mittelwertes bereits getan. Dort wurde tatsächlich die Nullhypothese $\mu = 13,5$ getestet (vgl. S. 236).

2. Prüfgröße und Verteilung der Prüfgröße bestimmen

Bei hinreichend großen Stichproben, d. h. mehr als 30 Meßwertpaaren (vgl. Bortz 1999, S. 142), verteilen sich die arithmetischen Mittel der Differenzen aus Stichproben $\bar{x}_d$ annähernd normal um das arithmetische Mittel der Differenz der Grundgesamtheit μ_d mit einem Standardfehler von $\sigma_{\bar{x}_d}$.

---

4   Dies gilt natürlich auch für eine Nullhypothese, die einen Wert größer oder gleich null ($\mu \geq 0$) postuliert.

Abbildung 12.4: Irrtumswahrscheinlichkeiten für den Wert 0 bei verschiedenen Nullhypothesen $\mu \le 0$

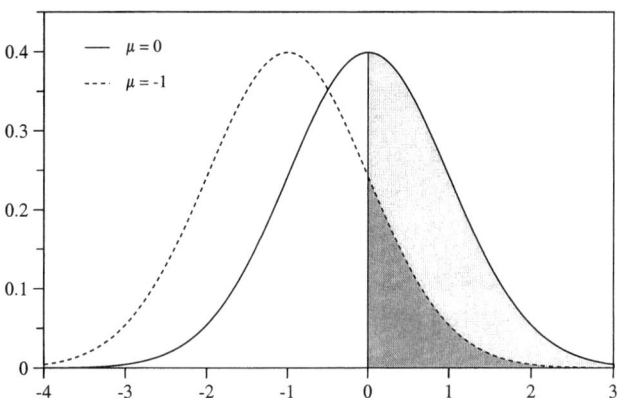

Bei der Berechnung der Prüfgröße wird berücksichtigt, wie groß der Mittelwert der Differenzen $\bar{x}_d$ in der Stichprobe im Vergleich zum Mittelwert der Differenzen in der Grundgesamtheit μ_d (bei Gültigkeit der Nullhypothese) ist. Der Unterschied zwischen dem Mittelwert der Differenzen in der Stichprobe und der Grundgesamtheit $\bar{x}_d - \mu_d$ muß auch hier an der Breite der Stichprobenverteilung, dem *Standardfehler* des Mittelwertes der Differenzen $\sigma_{\bar{x}_d}$, relativiert werden. Ist der Standardfehler $\sigma_{\bar{x}_d}$ groß (z.B. weil der Stichprobenumfang gering ist), dann sind große Abweichungen $\bar{x}_d - \mu_d$ wahrscheinlich und umgekehrt.

Da der Standardfehler $\hat{\sigma}_{\bar{x}_d}$ auf Basis der Stichprobe geschätzt wird, ist die Prüfgröße (mit $df = n - 1$ Freiheitsgraden) t-verteilt:

$$t = \frac{\bar{x}_d - \mu_d}{\hat{\sigma}_{\bar{x}_d}} \tag{12.11}$$

Bei der hier gewählten Nullhypothese $\mu_d = 0$, vereinfacht sich die Berechnung zu:

$$t = \frac{\bar{x}_d - 0}{\hat{\sigma}_{\bar{x}_d}} = \frac{\bar{x}_d}{\hat{\sigma}_{\bar{x}_d}} \tag{12.12}$$

Der Standardfehler des arithmetischen Mittels der Differenzen $\sigma_{\bar{x}_d}$ berechnet sich aus dem Stichprobenumfang n und der Standardabweichung der Differenzen in der Grundgesamtheit.

$$\sigma_{\bar{x}_d} = \frac{\sigma_d}{\sqrt{n}} \tag{12.13}$$

Wird die Standardabweichung der Grundgesamtheit σ_d wie hier durch die Stichprobe geschätzt $\hat{\sigma}_d$ (wobei zur Berechnung von $\hat{\sigma}_d$ die SAQ$_d$ durch $n-1$ Meßwertpaare dividiert wird), lautet die Gleichung:

$$\hat{\sigma}_{\bar{x}_d} = \frac{\hat{\sigma}_d}{\sqrt{n}} \tag{12.14}$$

Der geschätzte Standardfehler des arithmetischen Mittels der Differenzen $\hat{\sigma}_{\bar{x}_d}$ wird nun in Gleichung 12.12 eingesetzt, womit wir die Prüfgröße berechnen können:

$$t = \frac{\bar{x}_d}{\frac{\hat{\sigma}_d}{\sqrt{n}}} \tag{12.15}$$

3. Ablehnungsbereich der Nullhypothese kennzeichnen

Die Prüfgröße ist mit $n-1$ Freiheitsgraden t-verteilt und die Irrtumswahrscheinlichkeit wurde mit $\alpha = 0,01 = 1\%$ festgesetzt. Da die Alternativhypothese eine Verbesserung der Statistikkenntnisse behauptet, muß der gesamte Ablehnungsbereich der Nullhypothese am rechten Rand der t-Verteilung liegen. Wir suchen also den t-Wert, der bei einer Verteilung mit 31 Freiheitsgraden am rechten Rand $0,01$ der Fläche abschneidet. Da in der t-Tabelle im Anhang die Flächen links von den jeweiligen t-Werten abgetragen sind, suchen wir den t-Wert, der an der Stelle $1-\alpha = 1-0,01$ liegt.

Die kritische Grenze lesen wir daher bei einem 1%igen Signifikanzniveau an der Stelle $t_{(1-0,01;31)}$ ab. Aus der t-Tabelle entnehmen wir für $df = 30$ (da die Werte für eine Verteilung mit $df = 31$ in der Tabelle nicht vorliegen) den Wert 2,46. Die Wahrscheinlichkeit bei Gültigkeit der H_0 t-Werte zu erhalten, die größer als 2,46 sind, beträgt also weniger oder gleich 1%. Solche Abweichungen wären bei Gültigkeit der Nullhypothese also sehr unwahrscheinlich.

Wir lehnen die Nullhypothese daher ab, wenn die Prüfgröße größer als 2,46 ist. Die Nullhypothese wird angenommen, wenn die Prüfgröße kleiner als 2,46 ist.

4. Prüfgröße berechnen und Entscheidung über die Nullhypothese treffen

Beim Einsetzen der Werte resultiert:

$$t = \frac{\bar{x}_d}{\frac{\hat{\sigma}_d}{\sqrt{n}}} = \frac{13}{\frac{6}{\sqrt{32}}} = 12{,}26$$

Da 12,26 deutlich größer als 2,46 ist, kann die Nullhypothese verworfen werden. Die Verbesserung in der Statistikklausur durch den Besuch des Statistikkurses um durchschnittlich 13 Punkte ist also statistisch sehr signifikant.

12.4 χ^2-Test auf Unabhängigkeit

Ein Test für nominalskalierte Daten ist der χ^2-Unabhängigkeitstest.[5] Die Prüfgröße dieses Tests ist das Maß χ^2, das wir in Kapitel 7.1.1 eingeführt haben. Mit dem χ^2-Unabhängigkeitstest wird geprüft, ob zwei Merkmale in der Grundgesamtheit unabhängig sind. Der χ^2-Unabhängigkeitstest gibt uns keine Auskunft über die Stärke des Zusammenhangs.

Untersucht werden soll der Zusammenhang zwischen dem Geschlecht und der Einstellung zum Schwangerschaftsabbruch. Im ALLBUS 1996 wurden zum Schwangerschaftsabbruch eine Reihe von Fragen gestellt. Gefragt wurde unter anderem, ob es gesetzlich möglich oder nicht möglich sein sollte, daß eine Frau einen Schwangerschaftsabbruch vornehmen läßt, unabhängig davon, welche Gründe sie dafür hat. Da in der DDR andere gesetzliche Regelungen galten als in der BRD, die sich in unterschiedlichen Einstellungen zum Schwangerschaftsabbruch niederschlagen,[6] ist es

---

5   Der hier behandelte χ^2-Test ist ein Test für unabhängige Stichproben. Bei abhängigen Stichproben müssen andere Verfahren angewendet werden (vgl. Bortz 1999).

sinnvoll, Ost- und Westdeutschland getrennt zu analysieren. Das folgende Beispiel beschränkt sich auf Westdeutschland.

1. Null- und Alternativhypothese formulieren, Signifikanzniveau festlegen

Wie bei jedem Test werden zunächst Hypothesen über die Grundgesamtheit – im Beispiel also Westdeutschland – aufgestellt. Wir vermuten, daß Frauen eher als Männer der Meinung sind, ein Schwangerschaftsabbruch solle unabhängig von den Gründen der Frau legal sein. Dies ist die Alternativhypothese H_A, die einen Zusammenhang zwischen den beiden Merkmalen Geschlecht und Einstellung zum Schwangerschaftsabbruch postuliert. Die Behauptung, daß kein Zusammenhang zwischen dem Geschlecht und der Einstellung zum Schwangerschaftsabbruch existiert, entspricht dem Inhalt der Nullhypothese. Die H_0 lautet also, daß es keinen Zusammenhang zwischen beiden Merkmalen gibt.

H_0 :   Beide Merkmale sind voneinander unabhängig.
H_A :   Beide Merkmale sind voneinander abhängig.

Die Nullhypothese soll auf einem Signifikanzniveau von 5% getestet werden.

2. Prüfgröße und Verteilung der Prüfgröße bestimmen

Gilt die Nullhypothese, dann müssen beide Merkmale in der Grundgesamtheit **statistisch unabhängig** sein. Zwei Merkmale sind dann statistisch unabhängig, wenn die prozentuale Verteilung der abhängigen Variable für jede Ausprägung der unabhängigen Variable identisch ist (und umgekehrt). Die **erwarteten Häufigkeiten** $f_{e(ij)}$ geben die **absoluten Häufigkeiten bei statistischer Unabhängigkeit** beider Variablen wieder und werden wie folgt berechnet:

---

6   In Ostdeutschland gaben zwei Drittel der Befragten an, ein Schwangerschaftsabbruch solle unabhängig von den Gründen der Frau gesetzlich möglich sein; ein Drittel vertrat die Meinung, dies solle nicht möglich sein. In Westdeutschland ist das Antwortverhalten genau umgekehrt: Knapp zwei Drittel lehnten einen legalen Schwangerschaftsabbruch ohne Angabe von Gründen ab, etwas mehr als ein Drittel der Befragten befürworteten in diesem Fall einen legalen Schwangerschaftsabbruch.

$$f_{e(ij)} = \frac{Zeilensumme \times Spaltensumme}{Gesamtsumme \quad (n)} \tag{12.16}$$

Die Tabelle, die die erwarteten Häufigkeiten beinhaltet, wird als Indifferenztabelle bezeichnet. Bei einem χ^2-Test werden die erwarteten Häufigkeiten mit den in der Stichprobe **beobachteten Häufigkeiten** $f_{b(ij)}$ verglichen.

Als *Prüfgröße* wird das schon bekannte χ^2 verwendet:

$$\chi^2 = \sum_{i=1}^{l} \sum_{j=1}^{m} \frac{(f_{b(ij)} - f_{e(ij)})^2}{f_{e(ij)}} \tag{12.17}$$

Je größer die Differenz zwischen beobachteten und erwarteten Werten $f_{b(ij)} - f_{e(ij)}$, um so stärker weicht das Stichprobenergebnis vom Modell statistischer Unabhängigkeit ab. Da sich diese Differenzen über alle Zellen zu null addieren würden, werden diese quadriert. Größere Abweichungen werden hierdurch stärker gewichtet als kleine. Die quadrierte Abweichung in einer Zelle $(f_{b(ij)} - f_{e(ij)})^2$ wird außerdem durch deren erwartete Häufigkeit $f_{e(ij)}$ dividiert, da eine bestimmte Abweichung bei einer kleinen erwarteten Häufigkeit stärker ins Gewicht fällt als bei einer großen. Die quadrierten und relativierten Abweichungen aller Zellen müssen dann nur noch summiert werden (vgl. zur Berechnung des χ^2-Wertes die Darstellung in Kapitel 7.1.1). χ^2 nimmt den Wert null an, wenn beobachtete und erwartete Häufigkeiten in allen Zellen übereinstimmen. Es wird um so größer, je weiter beobachtete und erwartete Werte auseinanderfallen.

Auch wenn beide Merkmale in der Grundgesamtheit voneinander unabhängig sind, kann man – aufgrund zufälliger Abweichungen der Stichprobe von der Grundgesamtheit – nicht davon ausgehen, daß die in der Stichprobe beobachteten Häufigkeiten exakt den bei statistischer Unabhängigkeit erwarteten Häufigkeiten entsprechen. Die χ^2-Verteilung gibt an, wie sich χ^2-Werte in Stichproben verteilen, wenn in der Grundgesamtheit die Nullhypothese gilt.

Die χ^2-**Verteilung** ist im Gegensatz zur z- und t-Verteilung keine symmetrische Verteilung. Ihre Form und Lage ist abhängig von der **Anzahl der Freiheitsgrade** (df). Wie man in Abbildung 12.5 sieht, verschiebt sich die Verteilung mit zunehmenden Freiheitsgraden auf der x-Achse immer mehr nach rechts. Der Mittelwert der χ^2-Verteilung entspricht der Anzahl der Freiheitsgrade (df), während die Varianz sich aus $2 \cdot df$ ergibt. Strebt die Zahl der Freiheitsgrade gegen unendlich ($df \to \infty$), dann nähert sich die χ^2-Verteilung einer Normalverteilung an.

Abbildung 12.5: χ^2-Verteilung für verschiedene Freiheitsgrade

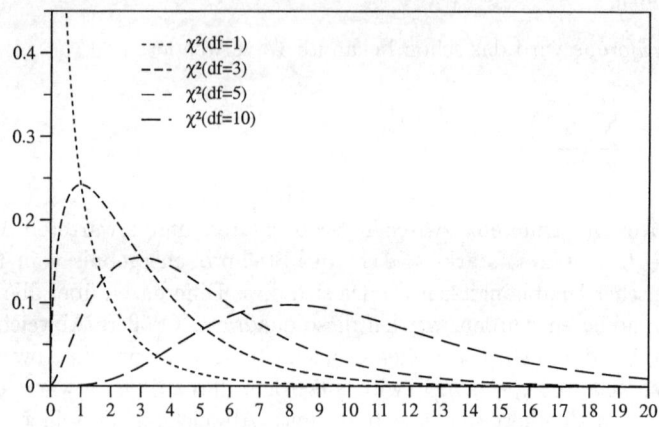

Die Freiheitsgrade werden bei einem χ^2-Unabhängigkeitstest aus der Anzahl der Spalten und Zeilen berechnet:

$$df = (\text{Anzahl der Zeilen} - 1) \cdot (\text{Anzahl der Spalten} - 1)$$

Der χ^2-Wert einer Tabelle mit 5 Zeilen und 4 Spalten hat also $(5-1) \cdot (4-1) = 12$ Freiheitsgrade. Die Anzahl der Freiheitsgrade gibt an, wie viele der Zellen einer Tabelle (bei gegebener Randverteilung) frei variieren können, bevor die anderen Zelleninhalte festgelegt sind. In einer 2×2-Tabelle kann $(2-1) \cdot (2-1) = 1$ Zelle frei variieren. Legt man einen Zelleninhalt fest, dann können bei einer 2×2-Tabelle alle anderen Zellhäufigkeiten als Differenz zu den Randhäufigkeiten ermittelt werden.

Die Prüfgröße ist allerdings nur dann χ^2-verteilt, wenn die erwarteten Häufigkeiten $f_{e(ij)}$ in den Zellen groß genug sind. Als Faustregel wird angegeben, daß die **erwartete Häufigkeit** $f_{e(ij)}$ **in jeder Zelle größer**

als fünf ist. Ist dies nicht der Fall, dann können – sofern dies sinnvoll erscheint – Kategorien zusammengefaßt werden, bevor der Test durchgeführt wird. Ansonsten sollte ein Test für kleine Zellbesetzungen verwendet werden (vgl. Agresti 1996, S. 39–45).

3. Ablehnungsbereich der Nullhypothese kennzeichnen

Da wir bei einem χ^2-Test immer wissen wollen, wie wahrscheinlich der beobachtete oder ein noch größerer χ^2-Wert bei Gültigkeit der Nullhypothese ist, befindet sich der Ablehnungsbereich immer am rechten Rand der Verteilung. Gesucht wird also der χ^2-Wert, der am rechten Rand eine Fläche der Größe α abschneidet.

Der χ^2-Tabelle entnehmen wir für ein Signifikanzniveau von $\alpha = 0,05$ bei einer Verteilung mit einem Freiheitsgrad in der Spalte „0,95" $(1 - \alpha)$ den kritischen χ^2-Wert von 3,84. Gilt in der Grundgesamtheit die Nullhypothese, dann sind χ^2-Werte größer als 3,84 unwahrscheinlicher als 5%. Die Nullhypothese lehnen wir bei einem Signifikanzniveau von 5% und einer Verteilung mit einem Freiheitsgrad also ab, wenn in der Stichprobe ein χ^2-Wert größer als 3,84 ermittelt wird. Wir lehnen die Nullhypothese nicht ab, wenn der χ^2-Wert der Stichprobe kleiner als 3,84 ist. Der Ablehnungsbereich ist in Abbildung 12.6 grau schraffiert.

Abbildung 12.6: Ablehnungsbereich in einer χ^2-Verteilung mit $df = 1$ bei einem Signifikanzniveau von 5%

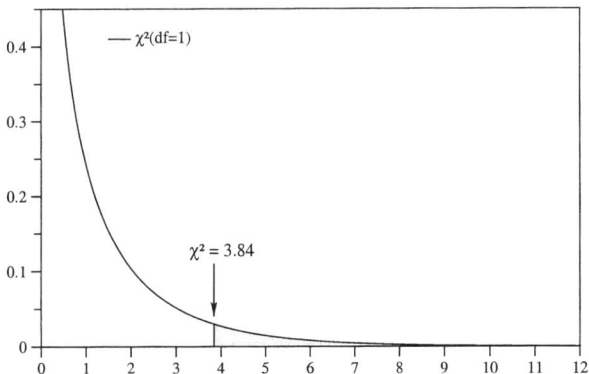

4. Prüfgröße berechnen und Entscheidung über die Nullhypothese treffen

Tabelle 12.2 gibt den Zusammenhang zwischen dem Geschlecht und der Einstellung zum Schwangerschaftsabbruch bei den westdeutschen Befragten wieder. 35,6% (377 von 1058) der Männer und 37,2% (397 von 1067) der Frauen geben an, daß der Schwangerschaftsabbruch unabhängig von den Motiven einer Frau legal sein sollte. In ihrer Einstellung zum Schwangerschaftsabbruch unterscheiden sich Männer und Frauen in der Stichprobe also nur geringfügig. Mit dem χ^2-Test wird nun geprüft, wie wahrscheinlich dieser Unterschied in der Einstellung von Männern und Frauen ist, wenn beide Merkmale in der Grundgesamtheit unabhängig sind.

Tabelle 12.2: Kontingenztabelle – Einstellung zum Schwangerschaftsabbruch und Geschlecht

	Männer	Frauen	Summe
sollte legal sein	377	397	774
sollte nicht legal sein	681	670	1351
Summe	1058	1067	2125

Quelle: ALLBUS 1996, westdeutsche Befragte

In Tabelle 12.3 sind die erwarteten Häufigkeiten wiedergegeben, die sich nach Gleichung 12.16 (S. 251) berechnen. Bei statistischer Unabhängigkeit beider Merkmale müßten 36,4% (385,4 von 1058) der Frauen und 36,4% (388,6 von 1067) der Männer die Meinung vertreten, ein Schwangerschaftsabbruch solle ohne Angaben von Gründen legal sein.

Tabelle 12.3: Indifferenztabelle – Einstellung zum Schwangerschaftsabbruch und Geschlecht

	Männer	Frauen	Summe
sollte legal sein	385,4	388,6	774
sollte nicht legal sein	672,6	678,4	1351
Summe	1058	1067	2125

Quelle: ALLBUS 1996, westdeutsche Befragte

In unserem Beispiel weichen die in der Stichprobe beobachteten Häufigkeiten nicht sehr weit von den erwarteten Häufigkeiten ab. χ^2 berechnet sich nach Gleichung 12.17:

$$\chi^2 = \frac{(377 - 385{,}4)^2}{385{,}4} + \frac{(397 - 388{,}6)^2}{388{,}6} + \frac{(681 - 672{,}6)^2}{672{,}6} + \frac{(670 - 678{,}4)^2}{678{,}4}$$

$$= 0{,}568$$

Da der empirisch ermittelte χ^2-Wert von 0,568 kleiner als der kritische χ^2-Wert von 3,84 ist, wird die Nullhypothese *nicht* verworfen. Die Wahrscheinlichkeit, in einer Stichprobe einen χ^2-Wert größer als 0,568 zu erhalten, wenn in der Grundgesamtheit die Nullhypothese gilt ($df = 1$), ist sehr groß (vgl. Abbildung 12.6). Der Zusammenhang zwischen der Einstellung zum Schwangerschaftsabbruch und dem Geschlecht ist also nicht signifikant.

Zu beachten ist, daß mit dem χ^2-Test zwar festgestellt werden kann, ob es einen Zusammenhang zwischen zwei Merkmalen gibt, nicht aber, wie stark der Zusammenhang ist. Wie wir wissen (vgl. Kapitel 7) ist die Größe des χ^2-Wertes – bei gleicher prozentualer Verteilung der Häufigkeiten in der Tabelle – direkt proportional zur Stichprobengröße.

Ein angemessenes Zusammenhangsmaß für zwei nominalskalierte Merkmale ist z. B. Cramers V (vgl. Gleichung 7.5, S. 123).

$$Cramers\ V = \sqrt{\frac{0,568}{2125 \cdot (2 - 1)}} = 0,016$$

Zwischen dem Geschlecht und der Einstellung zum Schwangerschaftsabbruch besteht also ein zu vernachlässigender Zusammenhang (Cramers V), der nicht signifikant ist (χ^2-Test).

Die *Bedeutung der Stichprobengröße* für die Signifikanz kann an diesem Beispiel gut veranschaulicht werden: Bei einer Verzehnfachung der *Zellhäufigkeiten* von Tabelle 12.2 resultiert ein zehnfach größerer χ^2-Wert, nämlich 5, 68, bei gleicher Anzahl der Freiheitsgrade. Dieser Wert wäre auf dem 5%-Niveau statistisch signifikant, da er größer als 3,84 ist. Da sich die Proportionen nicht geändert haben, beträgt Cramers V auch hier 0, 016. Der Unterschied zwischen Männern und Frauen in der Einstellung zum Schwangerschaftsabbruch wäre also immer noch sehr schwach und inhaltlich nicht bedeutsam.

Generell gilt, daß die Feststellung statistischer Signifikanz nicht bedeutet, daß dem Stichprobenresultat eine inhaltliche Bedeutung zukommt. Umgekehrt sagt ein inhaltlich bedeutender Befund sehr wenig aus, wenn das Ergebnis nicht verallgemeinert werden kann.

Aufgaben zu Hypothesenprüfung

1. Wozu benötigt man Testverfahren?

2. Ein Bekannter von Ihnen stellt die Behauptung auf, daß Arbeitslose in Ostdeutschland durchschnittlich nicht länger als ein Jahr (maximal 52 Wochen) arbeitslos seien. Aufgrund der Arbeitsmarktsituation in Ostdeutschland vermuten Sie jedoch, daß die durchschnittliche Dauer der Arbeitslosigkeit über einem Jahr liegt. Ihre Behauptung stellt die Alternativhypothese dar (mehr als 52 Wochen).

   Im ALLBUS 1998 wurde die Dauer der Arbeitslosigkeit in Wochen erfaßt. Durchschnittlich waren die 144 ostdeutschen Befragten, die Arbeitslosigkeit angaben, seit 67,7 Wochen ($= \bar{x}$) arbeitslos. Die Standardabweichung der Grundgesamtheit wird durch die Stichprobe geschätzt und beträgt $\hat{\sigma} = 61,5$ Wochen.

   (a) Prüfen Sie auf Basis der ALLBUS-Daten auf einem Signifikanzniveau von 5%, ob die durchschnittliche Dauer der Arbeitslosigkeit nicht mehr als ein Jahr, also 52 Wochen, beträgt.

   (b) Berechnen Sie ein 95%iges Konfidenzintervall und interpretieren Sie dieses.

3. Sie möchten für Westdeutschland untersuchen, ob sich Frauen und Männer ideologisch unterscheiden. Als Indikator für die politische Ideologie ziehen Sie die Links-Rechts-Skala heran, die im ALLBUS 1998 enthalten ist. Auf einer zehnstufigen Skala konnten die Befragten sich von 1 (ganz links) bis 10 (ganz rechts) einordnen. Wir unterstellen, daß die Links-Rechts-Skala intervallskaliert ist, zwischen den Skalenpunkten also gleiche Abstände bestehen.

   Für die 1.083 Frauen (n_1) wurde ein durchschnittlicher Skalenwert von $\bar{x}_1 = 5,06$ bei einer Standardabweichung $\hat{\sigma}_1 = 1,58$ Skalenpunkten ermittelt; für die 987 Männer (n_2) wurde ein durchschnittlicher Skalenwert von $\bar{x}_2 = 5,25$ und eine Standardabweichung von $\hat{\sigma}_2 = 1,74$ Skalenpunkten berechnet.

   (a) Formulieren Sie die Null- und Alternativhypothese. Prüfen Sie mit einem z-Test für Mittelwertunterschiede, ob der Unterschied in der ideologischen Selbsteinstufung von Männern und Frauen ($\bar{x}_1 - \bar{x}_2 = 0,19$) statistisch signifikant ist. Legen Sie ein Signifikanzniveau von 1% zugrunde.

   (b) Berechnen Sie außerdem das Konfidenzintervall für die Differenz der Mittelwerte für eine Vertrauenswahrscheinlichkeit von 99%. In welchem Bereich liegt der „wahre" Unterschied zwischen Männern und Frauen?

(c) Berechnen Sie η!

4. Bitte prüfen Sie mit Hilfe des χ^2-Tests, ob der auf Seite 142 dargestellte Zusammenhang zwischen der Konfessionszugehörigkeit und der Wahlabsicht auf einem Signifikanzniveau von $\alpha = 0{,}05$ signifikant ist.

Anhang A

Tabellen zur Berechnung der Fläche unter den Wahrscheinlichkeitsverteilungen

z-Verteilung

z-Wert	.0	.1	.2	.3	.4	.5	.6	.7	.8	.9
-2,9.	0,0019	0,0018	0,0018	0,0017	0,0016	0,0016	0,0015	0,0015	0,0014	0,0014
-2,8.	0,0026	0,0025	0,0024	0,0023	0,0023	0,0022	0,0021	0,0021	0,0020	0,0019
-2,7.	0,0035	0,0034	0,0033	0,0032	0,0031	0,0030	0,0029	0,0028	0,0027	0,0026
-2,6.	0,0047	0,0045	0,0044	0,0043	0,0041	0,0040	0,0039	0,0038	0,0037	0,0036
-2,5.	0,0062	0,0060	0,0059	0,0057	0,0055	0,0054	0,0052	0,0051	0,0049	0,0048
-2,4.	0,0082	0,0080	0,0078	0,0075	0,0073	0,0071	0,0069	0,0068	0,0066	0,0064
-2,3.	0,0107	0,0104	0,0102	0,0099	0,0096	0,0094	0,0091	0,0089	0,0087	0,0084
-2,2.	0,0139	0,0136	0,0132	0,0129	0,0125	0,0122	0,0119	0,0116	0,0113	0,0110
-2,1.	0,0179	0,0174	0,0170	0,0166	0,0162	0,0158	0,0154	0,0150	0,0146	0,0143
-2,0.	0,0228	0,0222	0,0217	0,0212	0,0207	0,0202	0,0197	0,0192	0,0188	0,0183
-1,9.	0,0287	0,0281	0,0274	0,0268	0,0262	0,0256	0,0250	0,0244	0,0239	0,0233
-1,8.	0,0359	0,0351	0,0344	0,0336	0,0329	0,0322	0,0314	0,0307	0,0301	0,0294
-1,7.	0,0446	0,0436	0,0427	0,0418	0,0409	0,0401	0,0392	0,0384	0,0375	0,0367
-1,6.	0,0548	0,0537	0,0526	0,0516	0,0505	0,0495	0,0485	0,0475	0,0465	0,0455
-1,5.	0,0668	0,0655	0,0643	0,0630	0,0618	0,0606	0,0594	0,0582	0,0571	0,0559
-1,4.	0,0808	0,0793	0,0778	0,0764	0,0749	0,0735	0,0721	0,0708	0,0694	0,0681
-1,3.	0,0968	0,0951	0,0934	0,0918	0,0901	0,0885	0,0869	0,0853	0,0838	0,0823
-1,2.	0,1151	0,1131	0,1112	0,1093	0,1075	0,1056	0,1038	0,1020	0,1003	0,0985
-1,1.	0,1357	0,1335	0,1314	0,1292	0,1271	0,1251	0,1230	0,1210	0,1190	0,1170
-1,0.	0,1587	0,1562	0,1539	0,1515	0,1492	0,1469	0,1446	0,1423	0,1401	0,1379
-0,9.	0,1841	0,1814	0,1788	0,1762	0,1736	0,1711	0,1685	0,1660	0,1635	0,1611
-0,8.	0,2119	0,2090	0,2061	0,2033	0,2005	0,1977	0,1949	0,1922	0,1894	0,1867
-0,7.	0,2420	0,2389	0,2358	0,2327	0,2296	0,2266	0,2236	0,2206	0,2177	0,2148
-0,6.	0,2743	0,2709	0,2676	0,2643	0,2611	0,2578	0,2546	0,2514	0,2483	0,2451
-0,5.	0,3085	0,3050	0,3015	0,2981	0,2946	0,2912	0,2877	0,2843	0,2810	0,2776
-0,4.	0,3446	0,3409	0,3372	0,3336	0,3300	0,3264	0,3228	0,3192	0,3156	0,3121
-0,3.	0,3821	0,3783	0,3745	0,3707	0,3669	0,3632	0,3594	0,3557	0,3520	0,3483
-0,2.	0,4207	0,4168	0,4129	0,4090	0,4052	0,4013	0,3974	0,3936	0,3897	0,3859
-0,1.	0,4602	0,4562	0,4522	0,4483	0,4443	0,4404	0,4364	0,4325	0,4286	0,4247
-0,0.	0,5000	0,4960	0,4920	0,4880	0,4840	0,4801	0,4761	0,4721	0,4681	0,4641

(Fortsetzung z-Verteilung)

z-Wert	.0	.1	.2	.3	.4	.5	.6	.7	.8	.9
0,0.	0,5000	0,5040	0,5080	0,5120	0,5160	0,5199	0,5239	0,5279	0,5319	0,5359
0,1.	0,5398	0,5438	0,5478	0,5517	0,5557	0,5596	0,5636	0,5675	0,5714	0,5753
0,2.	0,5793	0,5832	0,5871	0,5910	0,5948	0,5987	0,6026	0,6064	0,6103	0,6141
0,3.	0,6179	0,6217	0,6255	0,6293	0,6331	0,6368	0,6406	0,6443	0,6480	0,6517
0,4.	0,6554	0,6591	0,6628	0,6664	0,6700	0,6736	0,6772	0,6808	0,6844	0,6879
0,5.	0,6915	0,6950	0,6985	0,7019	0,7054	0,7088	0,7123	0,7157	0,7190	0,7224
0,6.	0,7257	0,7291	0,7324	0,7357	0,7389	0,7422	0,7454	0,7486	0,7517	0,7549
0,7.	0,7580	0,7611	0,7642	0,7673	0,7703	0,7734	0,7764	0,7794	0,7823	0,7852
0,8.	0,7881	0,7910	0,7939	0,7967	0,7995	0,8023	0,8051	0,8078	0,8106	0,8133
0,9.	0,8159	0,8186	0,8212	0,8238	0,8264	0,8289	0,8315	0,8340	0,8365	0,8389
1,0.	0,8413	0,8438	0,8461	0,8485	0,8508	0,8531	0,8554	0,8577	0,8599	0,8621
1,1.	0,8643	0,8665	0,8686	0,8708	0,8729	0,8749	0,8770	0,8790	0,8810	0,8830
1,2.	0,8849	0,8869	0,8888	0,8907	0,8925	0,8944	0,8962	0,8980	0,8997	0,9015
1,3.	0,9032	0,9049	0,9066	0,9082	0,9099	0,9115	0,9131	0,9147	0,9162	0,9177
1,4.	0,9192	0,9207	0,9222	0,9236	0,9251	0,9265	0,9279	0,9292	0,9306	0,9319
1,5.	0,9332	0,9345	0,9357	0,9370	0,9382	0,9394	0,9406	0,9418	0,9429	0,9441
1,6.	0,9452	0,9463	0,9474	0,9484	0,9495	0,9505	0,9515	0,9525	0,9535	0,9545
1,7.	0,9554	0,9564	0,9573	0,9582	0,9591	0,9599	0,9608	0,9616	0,9625	0,9633
1,8.	0,9641	0,9649	0,9656	0,9664	0,9671	0,9678	0,9686	0,9693	0,9699	0,9706
1,9.	0,9713	0,9719	0,9726	0,9732	0,9738	0,9744	0,9750	0,9756	0,9761	0,9767
2,0.	0,9772	0,9778	0,9783	0,9788	0,9793	0,9798	0,9803	0,9808	0,9812	0,9817
2,1.	0,9821	0,9826	0,9830	0,9834	0,9838	0,9842	0,9846	0,9850	0,9854	0,9857
2,2.	0,9861	0,9864	0,9868	0,9871	0,9875	0,9878	0,9881	0,9884	0,9887	0,9890
2,3.	0,9893	0,9896	0,9898	0,9901	0,9904	0,9906	0,9909	0,9911	0,9913	0,9916
2,4.	0,9918	0,9920	0,9922	0,9925	0,9927	0,9929	0,9931	0,9932	0,9934	0,9936
2,5.	0,9938	0,9940	0,9941	0,9943	0,9945	0,9946	0,9948	0,9949	0,9951	0,9952
2,6.	0,9953	0,9955	0,9956	0,9957	0,9959	0,9960	0,9961	0,9962	0,9963	0,9964
2,7.	0,9965	0,9966	0,9967	0,9968	0,9969	0,9970	0,9971	0,9972	0,9973	0,9974
2,8.	0,9974	0,9975	0,9976	0,9977	0,9977	0,9978	0,9979	0,9979	0,9980	0,9981
2,9.	0,9981	0,9982	0,9982	0,9983	0,9984	0,9984	0,9985	0,9985	0,9986	0,9986

Lesehilfe: Gesucht sei der Flächenanteil, der zwischen $-\infty$ und dem Wert $z = 1,96$ liegt. In der Spalte „z-Wert" am linken Rand der Tabelle sucht man zunächst die Zeile mit dem Wert „1,9." (Der Punkt steht für alle Ziffern von 0 bis 9). Dann sucht man in dieser Zeile die Spalte mit dem Wert „.6". Dort kann man der Tabelle den Flächenanteil „0,9750" entnehmen, also 97,5%.

Gesucht sei ferner der z-Wert, der linksseitig 2,5% der Fläche abschneidet. Der Wert, der nun innerhalb der Tabelle zu suchen ist, beträgt „0,0250". Man findet ihn in der Zeile „−1,9." und der Spalte „.6". Also teilt der z-Wert −1,96 linksseitig 2,5% der Fläche ab.

t-Verteilung

df	Fläche									
	0,65	0,7	0,75	0,8	0,85	0,9	0,95	0,975	0,99	0,995
1	0,510	0,727	1,000	1,376	1,963	3,078	6,314	12,706	31,821	63,656
2	0,445	0,617	0,816	1,061	1,386	1,886	2,920	4,303	6,965	9,925
3	0,424	0,584	0,765	0,978	1,250	1,638	2,353	3,182	4,541	5,841
4	0,414	0,569	0,741	0,941	1,190	1,533	2,132	2,776	3,747	4,604
5	0,408	0,559	0,727	0,920	1,156	1,476	2,015	2,571	3,365	4,032
6	0,404	0,553	0,718	0,906	1,134	1,440	1,943	2,447	3,143	3,707
7	0,402	0,549	0,711	0,896	1,119	1,415	1,895	2,365	2,998	3,499
8	0,399	0,546	0,706	0,889	1,108	1,397	1,860	2,306	2,896	3,355
9	0,398	0,543	0,703	0,883	1,100	1,383	1,833	2,262	2,821	3,250
10	0,397	0,542	0,700	0,879	1,093	1,372	1,812	2,228	2,764	3,169
11	0,396	0,540	0,697	0,876	1,088	1,363	1,796	2,201	2,718	3,106
12	0,395	0,539	0,695	0,873	1,083	1,356	1,782	2,179	2,681	3,055
13	0,394	0,538	0,694	0,870	1,079	1,350	1,771	2,160	2,650	3,012
14	0,393	0,537	0,692	0,868	1,076	1,345	1,761	2,145	2,624	2,977
15	0,393	0,536	0,691	0,866	1,074	1,341	1,753	2,131	2,602	2,947
16	0,392	0,535	0,690	0,865	1,071	1,337	1,746	2,120	2,583	2,921
17	0,392	0,534	0,689	0,863	1,069	1,333	1,740	2,110	2,567	2,898
18	0,392	0,534	0,688	0,862	1,067	1,330	1,734	2,101	2,552	2,878
19	0,391	0,533	0,688	0,861	1,066	1,328	1,729	2,093	2,539	2,861
20	0,391	0,533	0,687	0,860	1,064	1,325	1,725	2,086	2,528	2,845
21	0,391	0,532	0,686	0,859	1,063	1,323	1,721	2,080	2,518	2,831
22	0,390	0,532	0,686	0,858	1,061	1,321	1,717	2,074	2,508	2,819
23	0,390	0,532	0,685	0,858	1,060	1,319	1,714	2,069	2,500	2,807
24	0,390	0,531	0,685	0,857	1,059	1,318	1,711	2,064	2,492	2,797
25	0,390	0,531	0,684	0,856	1,058	1,316	1,708	2,060	2,485	2,787
30	0,389	0,530	0,683	0,854	1,055	1,310	1,697	2,042	2,457	2,750
40	0,388	0,529	0,681	0,851	1,050	1,303	1,684	2,021	2,423	2,704
50	0,388	0,528	0,679	0,849	1,047	1,299	1,676	2,009	2,403	2,678
60	0,387	0,527	0,679	0,848	1,045	1,296	1,671	2,000	2,390	2,660
70	0,387	0,527	0,678	0,847	1,044	1,294	1,667	1,994	2,381	2,648
80	0,387	0,526	0,678	0,846	1,043	1,292	1,664	1,990	2,374	2,639
90	0,387	0,526	0,677	0,846	1,042	1,291	1,662	1,987	2,368	2,632
100	0,386	0,526	0,677	0,845	1,042	1,290	1,660	1,984	2,364	2,626
150	0,386	0,526	0,676	0,844	1,040	1,287	1,655	1,976	2,351	2,609
200	0,386	0,525	0,676	0,843	1,039	1,286	1,653	1,972	2,345	2,601
500	0,386	0,525	0,675	0,842	1,038	1,283	1,648	1,965	2,334	2,586
1000	0,385	0,525	0,675	0,842	1,037	1,282	1,646	1,962	2,330	2,581
z-Wert	0,385	0,524	0,674	0,842	1,036	1,282	1,645	1,960	2,326	2,576

Lesehilfe: Welcher t-Wert schneidet linksseitig von der t-Verteilung mit 17 Freiheitsgraden 95% der Fläche ab? In der Spalte „df" am linken Rand der Tabelle sucht man die Zeile mit dem Wert „17" und dann in dieser Zeile die Spalte mit dem Wert „0,95". Hier findet man den t-Wert 1,740. Da die t-Verteilung mit zunehmender Anzahl an Freiheitsgraden in eine Normalverteilung übergeht, ist am Fuß der Tabelle der entsprechende z-Wert wiedergegeben (vgl. Abbildung 11.5 auf Seite 216).

χ^2-Verteilung

df	\multicolumn{9}{c}{Fläche (1-α)}								
	0,7	0,75	0,8	0,85	0,9	0,95	0,975	0,99	0,995
1	1,07	1,32	1,64	2,07	2,71	3,84	5,02	6,63	7,88
2	2,41	2,77	3,22	3,79	4,61	5,99	7,38	9,21	10,60
3	3,66	4,11	4,64	5,32	6,25	7,81	9,35	11,34	12,84
4	4,88	5,39	5,99	6,74	7,78	9,49	11,14	13,28	14,86
5	6,06	6,63	7,29	8,12	9,24	11,07	12,83	15,09	16,75
6	7,23	7,84	8,56	9,45	10,64	12,59	14,45	16,81	18,55
7	8,38	9,04	9,80	10,75	12,02	14,07	16,01	18,48	20,28
8	9,52	10,22	11,03	12,03	13,36	15,51	17,53	20,09	21,95
9	10,66	11,39	12,24	13,29	14,68	16,92	19,02	21,67	23,59
10	11,78	12,55	13,44	14,53	15,99	18,31	20,48	23,21	25,19
11	12,90	13,70	14,63	15,77	17,28	19,68	21,92	24,73	26,76
12	14,01	14,85	15,81	16,99	18,55	21,03	23,34	26,22	28,30
13	15,12	15,98	16,98	18,20	19,81	22,36	24,74	27,69	29,82
14	16,22	17,12	18,15	19,41	21,06	23,68	26,12	29,14	31,32
15	17,32	18,25	19,31	20,60	22,31	25,00	27,49	30,58	32,80
16	18,42	19,37	20,47	21,79	23,54	26,30	28,85	32,00	34,27
17	19,51	20,49	21,61	22,98	24,77	27,59	30,19	33,41	35,72
18	20,60	21,60	22,76	24,16	25,99	28,87	31,53	34,81	37,16
19	21,69	22,72	23,90	25,33	27,20	30,14	32,85	36,19	38,58
20	22,77	23,83	25,04	26,50	28,41	31,41	34,17	37,57	40,00
21	23,86	24,93	26,17	27,66	29,62	32,67	35,48	38,93	41,40
22	24,94	26,04	27,30	28,82	30,81	33,92	36,78	40,29	42,80
23	26,02	27,14	28,43	29,98	32,01	35,17	38,08	41,64	44,18
24	27,10	28,24	29,55	31,13	33,20	36,42	39,36	42,98	45,56
25	28,17	29,34	30,68	32,28	34,38	37,65	40,65	44,31	46,93
30	33,53	34,80	36,25	37,99	40,26	43,77	46,98	50,89	53,67
40	44,16	45,62	47,27	49,24	51,81	55,76	59,34	63,69	66,77
50	54,72	56,33	58,16	60,35	63,17	67,50	71,42	76,15	79,49
60	65,23	66,98	68,97	71,34	74,40	79,08	83,30	88,38	91,95
70	75,69	77,58	79,71	82,26	85,53	90,53	95,02	100,43	104,21
80	86,12	88,13	90,41	93,11	96,58	101,88	106,63	112,33	116,32
90	96,52	98,65	101,05	103,90	107,57	113,15	118,14	124,12	128,30
100	106,91	109,14	111,67	114,66	118,50	124,34	129,56	135,81	140,17
150	158,58	161,29	164,35	167,96	172,58	179,58	185,80	193,21	198,36
200	209,99	213,10	216,61	220,74	226,02	233,99	241,06	249,45	255,26
500	516,09	520,95	526,40	532,80	540,93	553,13	563,85	576,49	585,21
z-Wert	0,524	0,674	0,842	1,036	1,282	1,645	1,960	2,326	2,576

Lesehilfe: Die Vorgehensweise entspricht der der t-Verteilung. Der entsprechende Wert der z-Verteilung am Fuß der Tabelle ergibt sich erst nach Abzug der Freiheitsgrade und Division durch $\sqrt{2 \cdot df}$, da die χ^2-Verteilung mit zunehmender Anzahl an Freiheitsgraden in eine Normalverteilung mit den Parametern $\mu = df$ und $\sigma^2 = 2 \cdot df$ übergeht. Da die Annäherung sehr viel langsamer geschieht als bei der t-Verteilung, stimmen die Werte noch nicht sehr genau überein.

Anhang B

Lösungen der Übungsaufgaben

Forschungsdesigns

1. Individualdaten beziehen sich meist auf Personen, Aggregatdaten auf Kollektive, wobei Aggregatdaten auf der Zusammenfassung von Meßwerten der Mitglieder der Kollektive beruhen.

2. Schließt man aus einem bestehenden Zusammenhang zwischen Arbeitslosenquote und den Stimmanteilen der Republikaner auf Wahlkreisebene, daß Arbeitslose verstärkt Republikaner wählen, so begeht man einen *ökologischen Fehlschluß*. Aufgrund der Aggregatdaten kann man nicht wissen, ob tatsächlich Arbeitslose die Republikaner gewählt haben oder z. B. vor allem Nicht-Arbeitslose in Wahlkreisen mit einer hohen Arbeitslosenquote zur Wahl der Republikaner tendieren.

3. *Trendstudien* können leicht aus einer Abfolge von Querschnittstudien erstellt werden, aber mit ihnen kann keine Kausalität festgestellt werden. *Panelstudien* sind aufwendiger und bergen eigene Probleme (Panelmortalität etc.), aber mit ihnen kann prinzipiell Kausalität festgestellt werden.

4. Die Zustimmung zu der Aussage, daß die Frau für die Familie und der Mann für den Lebensunterhalt zuständig sein sollte, sank zwischen 1982 und 1992 um 14 Prozentpunkte. Offensichtlich hat also ein Einstellungswandel bezüglich der Arbeitsteilung von Mann und Frau in Familie und Beruf stattgefunden.

   Da hier zwei Zeitpunkte betrachtet werden, handelt es sich um Längsschnittdaten. Wir kennen zwar die Veränderungen im Aggregat, können aber keine individuellen Veränderungen feststellen, da bei ALLBUS-Umfragen verschiedene Personen befragt werden. Aus diesem Grund handelt es sich um eine Trendstudie. Beschränkt man sich bei der Auswertung auf einen ALLBUS, so handelt es sich selbstverständlich um eine Querschnittanalyse.

5. Streng genommen nur mit einem Experiment.

6. Bei den Volkszählungsdaten handelt es sich eigentlich um Individualdaten. Da die Volkszählungsergebnisse jedoch nur in aggregierter Form, z. B. auf Gemeinde- oder Kreisebene, von den Statistischen

Ämtern zugänglich gemacht werden, können wir sie lediglich als Aggregatdaten verwenden.

Messen

1. Messen ist die *strukturtreue* Zuordnung von Zahlen zu Objekten.

2. Nominalskala (Gleich/Ungleich) – Ordinalskala (zusätzlich: Ordnung) – Intervallskala (zusätzlich: gleiche Abstände) – Ratioskala (zusätzlich: gleiche Verhältnisse) – Absolutskala (zusätzlich: natürliche Maßeinheit).

3. nominal – ordinal – ratio – ratio – nominal – ordinal – ordinal – nominal – intervall.

4. Antwort (c) ist falsch. Bei Ordinalskalen kann man – im Gegensatz zu Intervallskalen – nicht davon ausgehen, daß die Abstände zwischen den einzelnen Skalenwerten gleich groß sind.

5. Die Gefahr eines Meßfehlers wird geringer und kann besser abgeschätzt werden.

6. Vgl. dazu ausführlich Kapitel 3.3.

7. Der *Reproduzierbarkeitskoeffizient* und das Ergebnis der *Item-Analyse* sagen etwas über die Güte der Guttman- bzw. der Likert-Skala aus.

8. Die Likert-Skala mißt auf Intervallskalenniveau, die Guttmann-Skala auf ordinalem Niveau.

9. Das Meßinstrument scheint sowohl reliabel als auch valide zu sein. Auf die Reliabilität deutet die Tatsache hin, daß verschiedene Messungen zu stabilen Ergebnissen führen. Wäre das Meßinstrument nicht valide, würde es nicht mit dem bereits bewährten Meßinstrument korrelieren.

Erhebungsmethoden

1. (a) Diese Frage wird die meisten Befragten überfordern. Zudem ist der Begriff „Kosten" nicht eindeutig (Kosten des Studierenden oder der Hochschule?).

   (b) Hier handelt es sich um eine mehrdimensionale Frage; man könnte beispielsweise durchaus für eine Straffung des Studiums und gegen die Einführung von Studiengebühren sein. Aus diesem Grunde sind hier zwei Fragen angebracht. Eventuell könnte man eine „weiß nicht"-Kategorie einführen.

(c) Die Antwortkategorien überlappen sich („mehr als einmal wöchentlich" beinhaltet „zwei- bis dreimal wöchentlich" und „täglich")

(d) Bei dieser Frage sind die Antwortkategorien alles andere als erschöpfend. Wichtige Antwortmöglichkeiten (z. B. Interesse am Fach) fehlen. Hier bietet sich eine Hybridfrage an.

(e) Aufgrund der doppelten Verneinung ist kaum klar, welche inhaltliche Bedeutung mit der Zustimmung bzw. Ablehnung der Frage verbunden ist. Die „weiß nicht"-Kategorie sollte nicht die Mittelposition bei den Antwortkategorien einnehmen. Kreuzt ein Befragter hier „weiß nicht" an, so kann man sich nicht sicher sein, ob er tatsächlich keine Meinung hat oder z. B. der Meinung ist, daß der ASTA teilweise die Meinung der Studierenden vertritt.

(f) Diese Frage ist eindeutig zu lang und vor allem unnötig kompliziert formuliert.

(g) Hier stimmt alles.

Bei der vorliegenden Anordnung der Fragen könnte es zudem passieren, daß die Frage nach der Höhe der Ausbildungskosten die Beantwortung der darauffolgenden Frage – Einführung von Studiengebühren – beeinflußt.

2. Geschlossene Fragen bieten sich an, wenn die Antwortmöglichkeiten bekannt und/oder begrenzt sind, z. B. beim Geschlecht (Mann – Frau). Offene Fragen bieten sich an, wenn man noch nicht weiß, welche Antworten kommen könnten, wenn die Antwortmöglichkeiten zu zahlreich wären oder wenn man prinzipiell dem Befragten die Gelegenheit geben möchte, ausführlicher oder in seinen eigenen Worten zu antworten.

Tabellen und Graphiken

1. In der Regel werden die Stimmanteile der Parteien auf die gültigen Stimmen prozentuiert, da dieser Anteil über die Sitzverteilung im Parlament entscheidet.

2. Der Anteil der Stimmen für die NSDAP stieg um 103,5% Prozent $\left(\frac{37,3-18,33}{18,33}\right)$ bzw. 18,97 Prozentpunkte.

3. Ein Kreis-, Stab- oder Balkendiagramm, da es sich um ein nominalskaliertes Merkmal handelt.

4. Ostdeutsche Befragte haben insgesamt positivere Erwartungen bezüglich der eigenen wirtschaftlichen Lage in einem Jahr als westdeutsche

	Wahlergebnis	(a)	(b)
Wahlberechtigte	42.957.675		=100%
Abgegebene Stimmen	35.225.758		
Wahlbeteiligung	82%		
Ungültige Stimmen	254.901		
% Ungült. Stimmen	0,72%		
Gültige Stimmen	34.970.857	=100%	
KPD	4.592.090	13,13%	10,69%
USPD	11.902	0,03%	0,03%
SPD	8.577.738	24,53%	19,97%
DDP	1.322.385	3,78%	3,08%
Zentrum	4.127.910	11,80%	9,61%
BVP	1.059.141	3,03%	2,47%
DVP	1.659.774	4,75%	3,86%
DNVP	2.458.246	7,03%	5,72%
NSDAP	6.409.610	18,33%	14,92%
Sonstige	4.752.061	13,59%	11,06%

Befragte (vgl. die Tabelle auf Seite 267).

Unter den Befragten, die ihre eigene wirtschaftliche Lage in einem Jahr als wesentlich besser einschätzen, sind Ostdeutsche deutlich überrepräsentiert (36,7%, im Vergleich zu 32% ostdeutschen Befragten insgesamt), während Westdeutsche unterrepräsentiert sind (63,3% zu 68% insgesamt). Gleiches gilt für die Kategorie „etwas besser". Allerdings sind Ostdeutsche in der Kategorie „wesentlich schlechter" ebenfalls deutlich überrepräsentiert, während die westdeutschen Befragten überproportional häufig die Kategorie „etwas schlechter" angaben.

Von allen Ostdeutschen haben 25,6% positivere Erwartungen an die Entwicklung ihrer wirtschaftlichen Lage, während es bei den Westdeutschen lediglich 16,9% sind – wenn die Kategorien „wesentlich besser" und „etwas besser" addiert werden.

Lage- und Streuungsparameter

1. Die Verteilung hat zwei Modalwerte: $x_{Mo} = 100$ und $x_{Mo} = 110$; $\tilde{x} = 105$; $\bar{x} = 105{,}1$; $V = 90$; $s^2 = 546{,}09$; $s = 23{,}37$

2. In Land B sind die Einkommens*unterschiede* erheblich geringer ausgeprägt, da die Standardabweichung, also die Streuung der Werte, geringer ist als in Land A.

3. $x_{Mo} = 21$, $x_{Mo} = 22$; $\tilde{x} = 22$; $\bar{x} = 22{,}75$; $V = 10$; $s^2 = 4{,}05$; $s = 2{,}01$

Zeilenprozente *Spaltenprozente* *Totalprozente*	*West*	*Ost*	Summe
wesentlich besser	63,3 1,7 1,1	36,7 2,0 0,7	100,0 1,8 1,8
etwas besser	57,8 15,2 10,3	42,2 23,6 7,5	100,0 17,9 17,9
gleichbleibend	70,6 69,3 47,2	29,4 61,4 19,6	100,0 66,8 66,8
etwas schlechter	71,1 12,8 0,7	28,9 11,0 0,6	100,0 12,2 1,3
wesentlich schlechter	52,3 1,0 0,7	47,7 1,9 0,6	100,0 1,3 1,3
Summe	68,0 100,0 68,0	32,0 100,0 32,0	100,0 100,0 100,0

Die Verteilung hat zwei Modalwerte, nämlich 21 und 22 Jahre. Die Hälfte der Kursteilnehmer hat das 22. Lebensjahr bereits erreicht und im Durchschnitt sind die Teilnehmer 22,75 Jahre alt.

Der älteste und der jüngste Kursteilnehmer liegen 10 Jahre auseinander. Die Streuung der Werte liegt bei 2,01 Jahren.

4. Da der Modalwert größer als das arithmetische Mittel ist, handelt es sich um eine *rechtssteile Verteilung*.

5. Angemessen sind in diesem Fall *Modalwert* und *Median*, da es sich bei Klausurnoten um eine *ordinalskalierte Variable* handelt. Dagegen ist die Berechnung des arithmetischen Mittels für Klausurnoten im strengen Sinne nicht zulässig, da die Abstände zwischen den einzelnen Noten nicht gleich sind und damit kein Intervallskalenniveau vorliegt.

6. Das arithmetische Mittel würde bei einer linkssteilen Verteilung von „Ausreißern" nach oben verzerrt werden. Gibt es also einige sehr hohe Mieten, ist das arithmetische Mittel größer als der Median.

Zusammenhangsmaße

1. • Berechnung der Prozentwerte:

Zeilenprozente Spaltenprozente	n. kath.	kath.	Summe
CDU/CSU	44,3 26,4	55,7 43,6	100,0 33,8
SPD	65,5 43,6	34,5 30,1	100,0 37,8
ANDERE	60,0 30,0	40,0 26,3	100,0 28,4
Summe	56,8 100,0	43,2 100,0	100,0

Von den Befragten, die eine Präferenz für CDU/CSU äußerten, sind 55,7% katholisch und 44,3% nicht-katholisch. Im Vergleich zu allen Befragten (43,2% Katholiken), sind Katholiken unter den CDU/CSU-Wählern also überrepräsentiert.

43,6% aller Katholiken geben an, CDU/CSU wählen zu wollen, während von allen Befragten lediglich 33,8% eine Präferenz für die Unionsparteien äußern.

- Berechnung von χ^2, C, Cramers V

$$\chi^2 = \frac{(236 - 302{,}54)^2}{302{,}54} + \frac{(297 - 230{,}46)^2}{230{,}46} + \frac{(390 - 337{,}73)^2}{337{,}73}$$
$$+ \frac{(205 - 257{,}27)^2}{257{,}27} + \frac{(268 - 253{,}73)^2}{253{,}73} + \frac{(179 - 193{,}27)^2}{193{,}27}$$
$$= 54{,}41$$

$$C = \sqrt{\frac{54{,}41}{54{,}41 + 1575}} = 0{,}183; \quad C_{max} = \sqrt{\frac{2 - 1}{2}} = 0{,}707$$

$$Cramers\ V = \sqrt{\frac{54{,}41}{1575 \cdot (2 - 1)}} = 0{,}186$$

Zwischen der Konfession und der Wahlabsicht besteht ein schwacher Zusammenhang.

- Berechnung von λ

Vorhersage der Wahlabsicht durch die Konfession:

$$\lambda = \frac{(533 + 447) - (236 + 268 + 205 + 179)}{(533 + 447)}$$

$$= \frac{980 - 888}{980} = 0{,}0939 = 9{,}39\%$$

Durch die Kenntnis der Konfession lassen sich die Fehler bei Vorhersage der Wahlabsicht um 9,39% verringern. Auch λ deutet also auf einen schwachen Zusammenhang hin.

2. γ, da es sich um zwei ordinalskalierte Merkmale handelt.

$$\gamma = \frac{1228543 - 932805}{1228543 + 932805}$$

$$= \frac{295738}{2161348}$$

$$= 0{,}1368 = 13{,}68\%$$

Durch die Kenntnis der Schulbildung der Interviewer lassen sich die Fehler bei Prognose der Schulbildung der Befragten um knapp 14% verringern. Es existiert also tatsächlich ein schwacher Zusammenhang zwischen der Schulbildung der Interviewer und der Parteipräferenz der Interviewten.

3. η^2 bzw. η, da die unabhängige Variable (Geschlecht) nominalskaliert und die abhängige (Alter der Befragten) intervallskaliert ist.

Der „Trick" zur Lösung der Aufgabe besteht darin, die Summe der Abweichungsquadrate aus der Varianz und der Fallzahl zu ermitteln (vgl. Formel 6.6 auf Seite 113):

$$SAQ_{ges} = s^2_{ges} \cdot n_{ges} = 286{,}1653 \cdot 3442 = 984980{,}9626$$

$$SAQ_{kat} = s^2_{Kat_1} \cdot n_{Kat_1} + s^2_{Kat_2} \cdot n_{Kat_2}$$
$$= (282{,}8915 \cdot 2320) + (293{,}0079 \cdot 1121) = 984770{,}1359$$

$$\eta^2 = \frac{984980{,}9626 - 984770{,}1359}{984980{,}9626} = 0{,}0002 = 0{,}02\%$$

$$\eta = \sqrt{0,0002} = 0,014$$

Offensichtlich öffnen ältere Menschen genauso gerne männlichen wie weiblichen Interviewern die Türe, da zwischen dem Geschlecht des Interviewers und dem Alter des Befragten kein Zusammenhang besteht.

4. Berechnung von Pearsons r:

i	x_i	y_i	$x_i - \bar{x}$	$y_i - \bar{y}$	$(x_i - \bar{x})(y_i - \bar{y})$	$(x_i - \bar{x})^2$	$(y_i - \bar{y})^2$
1	15	1	−6,2	−2,2	13,64	38,44	4,84
2	30	7	8,8	3,8	33,44	77,44	14,44
3	20	2	−1,2	−1,2	1,44	1,44	1,44
4	24	4	2,8	0,8	2,24	7,84	0,64
5	17	2	−4,2	−1,2	5,04	17,64	1,44
	$\bar{x} =$ 21,2	$\bar{y} =$ 3,2			$SAP =$ 55,8	SAQ_x 142,8	SAQ_y 22,8

$$r = \frac{55,8}{\sqrt{142,8 \cdot 22,8}} = 0,98$$

Zwischen der Anzahl der täglich verzehrten Eis und der Außentemperatur besteht ein fast perfekter Zusammenhang.

Lineare Regression

1. Die Regression ermöglicht die Bestimmung des Zusammenhangs zwischen zwei Variablen und eine Vorhersage der abhängigen Variablen.

2. (a) Bestimmung der Regressionsgleichung (vgl. zur Berechnung die Arbeitstabellen auf S. 272 und 273):

$$b = \frac{SAP}{SAQ_x} = \frac{-910,59}{6136,70} = -0,1484$$

$$a = \bar{y} - b \cdot \bar{x} = 39,21 - (-0,1484 \cdot 54,99) = 47,37$$

Die Regressionsgleichung lautet also:

$$\hat{y}_i = 47,37 - 0,1484 \cdot x_i$$

Je höher der Prozentanteil der Katholiken in einem Wahlkreis, umso *schlechter* schneidet die SPD ab (negatives Vorzeichen des

Regressionskoeffizienten). Es handelt sich also um eine negative Beziehung. Nimmt der Anteil der Katholiken in einem Wahlkreis um einen Prozentpunkt zu, dann *verlieren* die Sozialdemokraten rund 0,1484 Prozentpunkte. In einem (hypothetischen) Wahlkreis ohne Katholiken würde die SPD 47,37 Prozent der gültigen Stimmen erhalten.

(b) Berechnung des Determinationskoeffizienten R^2:

$$R^2 = \frac{\text{Erklärte-SAQ}_y}{\text{Gesamt-SAQ}_y} = \frac{135{,}53}{269{,}20} = 0{,}50$$

Die unterschiedlichen Wahlerfolge der SPD in den rheinland-pfälzischen Wahlkreisen bei der Bundestagswahl 1994 lassen sich zu 50% durch den Katholikenanteil erklären. (Obwohl dies immer noch ein relativ hohes R^2 ist, liegt der Wert deutlich niedriger als bei Schätzung des CDU-Anteils. Zur Erklärung der Wahlergebnisse der SPD ist der Katholikenanteil also ein schlechterer Prädiktor als zur Erklärung der CDU-Ergebnisse.)

3 • Berechnung aus den Einzelmeßwerten:

$$r = \frac{\text{SAP}}{\sqrt{\text{SAQ}_x \cdot \text{SAQ}_y}} = \frac{-910{,}59}{\sqrt{6136{,}70 \cdot 269{,}20}} = -0{,}71$$

• Berechnung aus R^2:

$$|r| = \sqrt{0{,}50} = 0{,}71$$

Die Richtung des Zusammenhangs (das Vorzeichen von r!) muß bei der Berechnung aus R^2 dem Regressionskoeffizienten entnommen werden.

Korrelations- und Regressionsrechnung

Wahlkreis	x_i	y_i	$(x_i - \bar{x})$	$(y_i - \bar{y})$	$(x_i - \bar{x})(y_i - \bar{y})$	$(x_i - \bar{x})^2$	$(y_i - \bar{y})^2$
Neuwied	55,55	40,96	0,56	1,75	0,98	0,31	3,06
Ahrweiler	81,99	34,17	27,00	−5,04	−135,93	729,00	25,40
Koblenz	73,14	37,93	18,15	−1,28	−23,14	329,42	1,64
Cochem	70,78	32,84	15,79	−6,37	−100,48	249,32	40,58
Kreuznach	32,60	44,01	−22,39	4,80	−107,47	501,31	23,04
Bitburg	91,40	32,72	36,41	−6,49	−236,09	1325,69	42,12
Trier	87,97	39,60	32,98	,39	12,86	1087,68	0,15
Montabaur	50,76	42,21	−4,23	3,01	−12,69	17,89	9,06
Mainz	51,36	36,55	−3,63	−2,66	9,65	13,17	7,08
Worms	32,81	42,42	−22,18	3,21	−71,20	491,95	10,30
Frankenthal	31,98	43,16	−23,01	3,95	−90,09	529,46	15,60
Ludwigshafen	38,01	40,83	−16,98	1,62	−27,51	288,32	2,62
Neustadt-Speyer	45,61	34,59	−9,38	−4,62	43,31	87,98	21,34
Kaiserslautern	34,89	46,70	−20,10	7,49	−150,55	404,01	56,01
Pirmasens	45,98	41,66	−9,01	2,45	−22,07	81,18	6,00
Südpfalz	55,07	36,93	0,08	−2,28	−0,17	0,01	5,20
	$\bar{x} =$ 54,99	$\bar{y} =$ 39,21			SAP = −910,59	SAQ$_x$ = 6136,70	SAQ$_y$ = 269,20

Wahlkreis	$\hat{y}_i$	$(y_i - \hat{y}_i)$	$(y_i - \hat{y}_i)^2$	$(\hat{y}_i - \bar{y})$	$(\hat{y}_i - \bar{y})^2$
		Determinationskoeffizientberechnung			
Neuwied	39,12	1,84	3,38	−0,09	0,01
Ahrweiler	35,19	−1,02	1,04	−4,02	16,16
Koblenz	36,51	1,42	2,02	−2,70	7,29
Cochem	36,86	−4,02	16,16	−2,35	5,52
Kreuznach	42,53	1,48	2,19	3,32	11,02
Bitburg	33,79	−1,07	1,14	−5,42	29,38
Trier	34,30	5,30	28,09	−4,91	24,11
Montabaur	39,83	2,38	5,66	0,62	0,38
Mainz	39,74	−3,19	10,18	0,53	0,28
Worms	42,50	−0,08	0,01	3,29	10,82
Frankenthal	42,62	0,54	0,29	3,41	11,63
Ludwigshafen	41,73	−0,90	0,81	2,52	6,35
Neustadt-Speyer	40,60	−6,01	36,12	1,39	1,93
Kaiserslautern	42,19	4,51	20,34	2,98	8,88
Pirmasens	40,54	1,12	1,25	1,33	1,77
Südpfalz	39,19	−2,26	5,11	−0,02	0,00
			U. SAQ$_y$ = 133,79		**E. SAQ$_y$ =** 135,53

Stichprobenverfahren

1. Stichproben sind erheblich schneller und kostengünstiger durchführbar als Vollerhebungen, schwanken allerdings in ihrer Zusammensetzung zufällig und erlauben daher nur Schlüsse mit einer bestimmten Wahrscheinlichkeit auf die Grundgesamtheit.

2. Mehrstufiges Auswahlverfahren

3. • Begriffe:
   Grundgesamtheit = alle Mainzer Studierende
   Auswahlgesamtheit = alle auf der Liste des Studentensekretariates verzeichneten Studierenden
   undercoverage = Studierende, die sich nach Abfassung der Liste immatrikuliert haben
   overcoverage = zwischenzeitlich exmatrikulierte Studierende
   • Vorgehensweise:
   Einfache, systematische Zufallsstichprobe, d. h. zufällige Auswahl des ersten Studierenden, alle weiteren werden in einem bestimmten Intervall ermittelt. Das Stichprobenintervall beträgt $\frac{28734}{1000}$ = 28,734. Die zu bestimmende Zufallszahl muß also zwischen 1 und 28 liegen (dann erhält man etwas mehr als 1.000 Studierende).

Würde die zufällig gezogene erste Zahl 5 lauten, dann würde der 5., der 33., der 61. Studierende usw. in die Stichprobe gelangen.

4. Zufallsgesteuerte Verfahren bieten die Gewähr, daß jedes Element der Grundgesamtheit (genauer: der Auswahlgesamtheit) die gleiche bzw. eine angebbare Wahrscheinlichkeit hat, in die Stichprobe zu gelangen. Erst dadurch werden Schlüsse auf die Grundgesamtheit möglich.

5. Eine repräsentative Auswahl ist eine Auswahl, bei der die Merkmalsverteilungen die Relationen in der Grundgesamtheit wiederspiegeln. Bei Zufallsauswahlen wird dies durch die gleiche bzw. angebbare Wahrscheinlichkeit, mit der jedes Element der Grundgesamtheit in die Stichprobe gelangen kann, gewährleistet. Quotenauswahlen streben dies durch die Vorgabe bestimmter Merkmalsverteilungen in der Stichprobe an. Repräsentativität ist ein wichtiges Kriterium, wenn von der Stichprobe auf die Grundgesamtheit geschlossen werden soll.

Wahrscheinlichkeitsverteilungen

1. Die z-Tabelle findet sich in Anhang A.

z-Wert	-2,78	-0,10	0,90	1,96
Fläche links	0,0027	0,4602	0,8159	0,9750
Fläche rechts	0,9973	0,5398	0,1841	0,0250

2. Gesucht: Anteil der z-Werte zwischen -2 und 2:

$$P\left(-2 \leq z \leq 2\right) = \Phi_2 - \Phi_{-2}$$
$$= 0{,}9772 - 0{,}0228$$
$$= 0{,}9544 = 95{,}44\%$$

3. Durch Mittelwert und Varianz.

4. Zunächst müssen hier die beiden x-Werte 20 und 23 z-transformiert werden. Aus der z-Tabelle kann dann die Fläche zwischen den beiden z-transformierten Werten entnommen werden.

Gesucht: Größe der Fläche, die zwischen 20 und 23 liegt:

$$P\left(20 \leq X \leq 23\right) = P\left(\frac{20-20}{4} \leq Z \leq \frac{23-20}{4}\right)$$
$$= P\left(0 \leq Z \leq 0{,}75\right)$$
$$= \Phi_{0,75} - \Phi_0$$
$$= 0{,}7734 - 0{,}5$$
$$= 0{,}2734 = 27{,}34\%$$

5. Mit wachsendem Stichprobenumfang n nähert sich die Verteilung von Stichprobenmittelwerten einer Normalverteilung an.

6. Lösungsweg analog zu Aufgabe 4. Da es sich um eine Stichprobenmittelwerteverteilung handelt, muß hier Gleichung 10.10 zur z-Transformation herangezogen werden.

Gesucht: Prozentsatz der Stichprobenmittelwerte $\bar{x}$, der zwischen 36,9 und 38,9 Jahren liegt:

$$P\left(36{,}9 \leq \bar{X} \leq 38{,}9\right) = P\left(\frac{36{,}9-37{,}9}{0{,}7} \leq Z \leq \frac{38{,}9-37{,}9}{0{,}7}\right)$$
$$= P\left(-1{,}43 \leq Z \leq 1{,}43\right)$$
$$= \Phi_{1,43} - \Phi_{-1,43}$$
$$= 0{,}9236 - 0{,}0764$$
$$= 0{,}8472 = 84{,}72\%$$

Konfidenzintervalle

1. Konfidenzintervalle sind Bereiche, in denen sich ein Parameter der Grundgesamtheit mit einer angebbaren Wahrscheinlichkeit (Vertrauenswahrscheinlichkeit) befindet.

2. • Das Konfidenzintervall wird größer.
   • Das Konfidenzintervall wird größer.
   • Das Konfidenzintervall wird kleiner.

3. Die Varianz der Grundgesamtheit ist unbekannt und wird durch die Stichprobendaten geschätzt. Da die Stichprobe sehr groß ist, werden die Grenzen anhand einer z-Tabelle und nicht anhand einer t-Tabelle abgelesen.

Die allgemeine Formel lautet daher:

$$\bar{x} - z_{(1-\frac{\alpha}{2})} \cdot \frac{\hat{\sigma}}{\sqrt{n}} \leq \mu \leq \bar{x} + z_{(1-\frac{\alpha}{2})} \cdot \frac{\hat{\sigma}}{\sqrt{n}}$$

Berechnung des zweiseitigen Konfidenzintervalls bei $\alpha = 0{,}05$:

$$1838{,}39 - z_{(1-\frac{0{,}05}{2})} \cdot \frac{1477{,}68}{\sqrt{1474}} \leq \mu \leq 1838{,}39 + z_{(1-\frac{0{,}05}{2})} \cdot \frac{1477{,}68}{\sqrt{1474}}$$
$$1838{,}39 - 1{,}96 \cdot 38{,}49 \leq \mu \leq 1838{,}39 + 1{,}96 \cdot 38{,}49$$
$$1762{,}95 \leq \mu \leq 1913{,}83$$

4. • 99%iges Konfidenzintervall für den Anteil der CDU/CSU-Wähler:

$$0{,}425 - z_{(1-\frac{0{,}01}{2})} \cdot \sqrt{\frac{0{,}425 \cdot 0{,}575}{1250}} \leq \theta \leq 0{,}425 + z_{(1-\frac{0{,}01}{2})} \cdot \sqrt{\frac{0{,}425 \cdot 0{,}575}{1250}}$$
$$0{,}425 - 2{,}58 \cdot 0{,}014 \leq \theta \leq 0{,}425 + 2{,}58 \cdot 0{,}014$$
$$0{,}389 \leq \theta \leq 0{,}461$$

• 99%iges Konfidenzintervall für die PDS:

$$0{,}035 - 2{,}58 \cdot \sqrt{\frac{0{,}035 \cdot 0{,}965}{1250}} \leq \theta \leq 0{,}035 + 2{,}58 \cdot \sqrt{\frac{0{,}035 \cdot 0{,}965}{1250}}$$
$$0{,}035 - 2{,}58 \cdot 0{,}00519 \leq \theta \leq 0{,}035 + 2{,}58 \cdot 0{,}00519$$
$$0{,}02158 \leq \theta \leq 0{,}0484$$

5. Die Konfidenzintervallbreite soll 1% groß sein (KIB=0,01); der Prozentsatz der F.D.P. betrug in der Stichprobe der Forschungsgruppe Wahlen p=0,07; α soll 5% betragen.

$$n = \frac{4 \cdot 1{,}96^2 \cdot 0{,}07 \quad (1 - 0{,}07)}{0{,}01^2} = 10003{,}5$$

Hypothesenprüfung

1. Mit Testverfahren wird anhand zufällig gezogener Stichproben überprüft, inwieweit Hypothesen über eine Grundgesamtheit zutreffend sind.

2. (a) Test eines Mittelwertes bei unbekanntem σ.

- Null- und Alternativhypothese festlegen:
  $H_0: \quad \mu = \mu_0 = 52 \quad$ und $\quad H_A: \quad \mu > \mu_0 > 52$ Wochen,
  $\alpha = 0,05$.
- Prüfgröße und Verteilung der Prüfgröße bestimmen:
  Die Stichprobe ist hinreichend groß ($n = 144$). Da σ durch
  die Stichprobe geschätzt werden muß ($\hat{\sigma}$), ist die Prüfgröße mit
  $df = n - 1 = 143$ Freiheitsgraden t-verteilt.
- Ablehnungsbereich der Nullhypothese festlegen:
  Weil die Alternativhypothese gerichtet ist und größere Werte postuliert, liegt der gesamte Ablehnungsbereich am rech-
  ten Rand der t-Verteilung. Der kritische t-Wert befindet sich
  daher an der Stelle $t_{(df,1-\alpha)}$. Den kritischen t-Wert entnehmen wir der t-Verteilung mit 150 Freiheitsgraden (da keine
  Verteilung mit 143 Freiheitsgraden im Anhang tabelliert ist):
  $t_{(150,1-0,05)} = 1,655$. Ist der Wert der Prüfgröße größer als $1,655$,
  dann wird die Nullhypothese verworfen; ist der Wert kleiner als
  $1,655$, dann wird die Nullhypothese nicht verworfen.
- Prüfgröße berechnen und über die Nullhypothese entscheiden:

$$t = \frac{67,6 - 52}{\frac{61,5}{\sqrt{144}}} = 3,044$$

Da $3,044$ größer als $1,655$ ist, wird die Nullhypothese abgelehnt. Der Unterschied ist statistisch signifikant.

(b) Konfidenzintervall (für μ bei unbekanntem σ) berechnen:

$$67,7 - 1,655 \cdot \frac{61,5}{\sqrt{144}} \leq \mu \leq 67,7 + 1,655 \cdot \frac{61,5}{\sqrt{144}}$$

$$59,2 \leq \mu \leq 76,2$$

3. (a) Test einer Mittelwertedifferenz bei unabhängigen Stichproben:
   - Null- und Alternativhypothese festlegen:
     $H_0: \quad \mu_1 = \mu_2 \quad$ und $\quad H_A: \quad \mu_1 \neq \mu_2, \quad \alpha = 0,01$.
   - Prüfgröße und Verteilung der Prüfgröße bestimmen:
     Die Stichproben sind hinreichend groß. Die Prüfgröße ist hier
     z-verteilt (vgl. die Anmerkungen in Kapitel 12 zu t-Tests).
   - Ablehnungsbereich der Nullhypothese bestimmen:
     Für den zweiseitigen Ablehnungsbereich entnimmt man für
     $\alpha = 0,01$ der z-Tabelle an den Stellen $z_{0,01/2}$ und $z_{1-0,01/2}$ die

kritischen Werte $-2,58$ und $2,58$. Die Nullhypothese wird also abgelehnt, wenn in der Stichprobe ein z-Wert kleiner als $-2,58$ oder größer als $2,58$ ermittelt wird.

- Prüfgröße berechnen und über die Nullhypothese entscheiden:

$$\frac{5,06 - 5,25}{\sqrt{\frac{1,58^2}{1083} + \frac{1,74^2}{987}}} = -2,59$$

Da der in der Stichprobe ermittelte z-Wert $-2,59$ kleiner als der kritische z-Wert $-2,58$ ist (wenn auch sehr knapp), wird die Nullhypothese abgelehnt. Der Unterschied in der ideologischen Einstellung von Männern und Frauen ist also statistisch sehr signifikant.

(b) Konfidenzintervall für eine Mittelwertedifferenz:
Die Differenz beträgt in den Stichproben $\bar{x}_1 - \bar{x}_2 = 5,06 - 5,25 = -0,19$; das Konfidenzintervall berechnet sich nach:

$$-0,19 \pm 2,58 \cdot \sqrt{\frac{1,58^2}{1083} + \frac{1,74^2}{987}}$$

Daraus resultiert:

$$-0,3791 \leq \mu_1 - \mu_2 \leq -0,0009$$

Die obere Grenze des 99%igen Konfidenzintervalls ist ganz nah am Wert der Wert der Nullhypothese!

(c) Zur Berechnung von η wird die Summe der Abweichungsquadrate für Männer *und* Frauen ($= SAQ_{ges}$) und die Summe der Abweichungsquadrate für Männer und Frauen getrennt benötigt.
Da $\hat{\sigma} = \sqrt{SAQ/n-1}$ ist, ist $SAQ = \hat{\sigma}^2 \cdot (n-1)$:
$SAQ_{ges} = 1,66^2 \cdot 2069 = 5701,3364$
$SAQ_{\text{Frauen}} = 1,58^2 \cdot 1082 = 2701,1048$
$SAQ_{\text{Männer}} = 1,74^2 \cdot 986 = 2985,2136$
$SAQ_{kat} = SAQ_{\text{Frauen}} + SAQ_{\text{Männer}} = 5686,3184$

$$\eta^2 = \frac{SAQ_{ges} - SAQ_{kat}}{SAQ_{ges}} = \frac{5701,3364 - 5686,3184}{5701,3364} = 0,0026$$

$$\eta = \sqrt{\eta} = \sqrt{0,0026} = 0,05$$

Der Zusammenhang zwischen beiden Merkmalen ist zu vernachlässigen!

4. • Null- und Alternativhypothese festlegen:
H_0: Es gibt keinen Unterschied im Wahlverhalten zwischen Katholiken und Nicht-Katholiken.
H_A: Die Konfession hat einen Einfluß auf das Wahlverhalten.
$\alpha = 0{,}05$

• Prüfgröße und Verteilung der Prüfgröße festlegen:
Die Prüfgröße χ^2 berechnet sich nach Gleichung 7.2 und ist mit $df = (3-1)(2-1) = 2$ Freiheitsgraden χ^2-verteilt.

• Ablehnungsbereich der Nullhypothese kennzeichnen:
Der kritische Wert für ein Signifikanzniveau von 0,05 liegt in einer Verteilung mit zwei Freiheitsgraden bei $\chi^2_{krit} = 5{,}99$ (Anhang A entnehmen!).

$$\chi^2 \leq \chi^2_{krit} \quad \Longrightarrow \quad H_0 \text{ beibehalten}$$
$$\chi^2 \geq \chi^2_{krit} \quad \Longrightarrow \quad H_0 \text{ verwerfen}$$

• Berechnung der Prüfgröße χ^2:
Alle erwarteten Werte sind größer als 5, d. h. der Test darf angewendet werden. Vgl. die Berechnung auf S. 268.
$\chi^2 = 54{,}41$

• Entscheidung über die Nullhypothese:
Da der gemessene χ^2-Wert 54,41 größer als der kritische χ^2-Wert 5,99 ist, wird die Nullhypothese verworfen.

Datennachweis

Die in diesem Buch verwendeten Daten entstammen weitgehend der *Allgemeinen Bevölkerungsumfrage der Sozialwissenschaften* (ALLBUS) der Jahre 1982, 1990, 1992, 1994, 1996 und 1998. Das seit 1980 laufende ALLBUS-Programm wird seit 1988 von Bund und Ländern über die Gesellschaft sozialwissenschaftlicher Infrastruktureinrichtungen (GESIS) finanziert. Die Umfrage 1982 wurde von der Deutschen Forschungsgemeinschaft gefördert. Das Programm wird vom Zentrum für Umfragen, Methoden und Analysen e.V. (ZUMA) in Mannheim und dem Zentralarchiv für Empirische Sozialforschung an der Universität zu Köln (ZA) in Zusammenarbeit mit dem ALLBUS-Ausschuß realisiert. Die Daten sind beim Zentralarchiv für Empirische Sozialforschung erhältlich. Die genannten Institutionen und Personen tragen keine Verantwortung für die Verwendung der Daten in diesem Buch. Die Adressen von ZA und ZUMA finden sich auf S. 30.

Literaturverzeichnis

Adorno, Theodor W. et al. (1950): *The Authoritarian Personality*. New York/London: Harper und Row.

Agresti, Alan (1996): *An Introduction to Categorical Data Analysis*. New York u. a.: Wiley.

Agresti, Alan und Barbara Finlay (1997): *Statistical Methods for the Social Sciences*. Upper Saddle River, New Jersey: Prentice Hall, 3. Auflage.

Alba, Richard, Peter Schmidt und Martina Wasmer, Hrsg. (2000): *Blickpunkt Gesellschaft 5. Deutsche und Ausländer: Freunde, Fremde oder Feinde?* Opladen/Wiesbaden: Westdeutscher Verlag.

Alemann, Ulrich von, Hrsg. (1995): *Politikwissenschaftliche Methoden. Grundriß für Studium und Forschung*. Opladen: Westdeutscher Verlag.

Allerbeck, Klaus R. (1978): *Meßniveau und Analyseverfahren – Das Problem „strittiger Intervallskalen"*, in: *Zeitschrift für Soziologie* 7(3), S. 199–214.

Allison, Paul D. (2002): *Missing Data*, Quantitative Applications in the Social Sciences, 07-136. Thousand Oaks: Sage.

Andreß, Hans-Jürgen, Jaques A. Hagenaars und Steffen Kühnel (1997): *Analyse von Tabellen und kategorialen Daten. Log-lineare Modelle, latente Klassenanalyse, logistische Regression und GSK-Ansatz*. Berlin/Heidelberg: Springer.

Arbeitskreis Deutscher Markt- und Sozialforschungsinstitute, Hrsg. (1999): *Stichproben-Verfahren in der Umfrageforschung. Eine Darstellung für die Praxis*. Opladen: Leske + Budrich.

Atteslander, Peter (2000): *Methoden der empirischen Sozialforschung*. Berlin u. a.: de Gruyter, 9. Auflage.

Babbie, Earl (1997): *The Practice of Social Research*. Belmont, Ca.: Wadsworth, 8. Auflage.

Backhaus, Klaus et al. (2000): *Multivariate Analysemethoden. Eine anwendungsorientierte Einführung*. Berlin/Heidelberg: Springer, 9. Auflage.

Bandilla, Wolfgang und Peter Hauptmanns (1998): *Internetbasierte Umfragen als Datenerhebungsmethode für die empirische Sozialforschung?*, in: *Zuma-Nachrichten* 22(43), S. 36–53.

Barnes, Samuel et al. (1979): *Political Action. Mass Participation in Five Western Democracies.* Beverly Hills: Sage.

Batinic, Bernard et al., Hrsg. (1999): *Online Research. Methoden, Anwendungen und Ergebnisse.* Göttingen: Hogrefe.

Batz, Wolf-Dieter (1995): *Das SAS-Survival-Handbuch.* Berlin/Heidelberg: Springer.

Benninghaus, Hans (1998): *Einführung in die sozialwissenschaftliche Datenanalyse.* München/Wien: Oldenbourg, 5. Auflage.

Berg-Schlosser, Dirk (1997): *Makro-qualitative vergleichende Methoden*, in: Dirk Berg-Schlosser und Ferdinand Müller-Rommel, Hrsg.: *Vergleichende Politikwissenschaft.* Opladen: Leske + Budrich, 3. Auflage, S. 67–87.

Biemer, Paul P. et al., Hrsg. (1991): *Measurement Errors in Surveys.* New York u. a.: Wiley.

Bierau, Dieter (2001): *Neue Methode der Volkszählung. Der Test eines registergestützten Zensus*, in: *Wirtschaft und Statistik* (5), S. 333–341.

Bijleveld, Catrien C. J. H. und Leo J. Th. van der Kamp (1998): *Longitudinal Data Analysis. Design, Models and Methods.* London: Sage.

Blalock, Hubert M. (1972): *Social Statistics.* Tokyo u. a.: McGraw Hill, 2. Auflage.

Bleymüller, Josef und Günther Gehlert (1999): *Statistische Formeln, Tabellen und Programme.* München: Vahlen, 9. Auflage.

Bleymüller, Josef, Günther Gehlert und Herbert Gülicher (2000): *Statistik für Wirtschaftswissenschaftler.* München: Vahlen, 11. Auflage.

Bohrnstedt, George W. und David Knoke (1994): *Statistics for Social Data Analysis.* Itasca, Illinois: F.E. Peacock, 3. Auflage.

Böker, Fred (1993): *Statistik lernen am PC. Programmbeschreibungen, Übungen und Lernziele zum Statistikprogrammpaket GSTAT.* Göttingen: Vandenhoeck & Ruprecht, 2. Auflage.

Böker, Fred (1998): *Mehr Statistik lernen am PC. Programmbeschreibungen, Übungen und Lernziele zum Statistikprogrammpaket GSTAT2.* Göttingen: Vandenhoeck & Ruprecht, 2. Auflage.

Böltken, Ferdinand (1976): *Auswahlverfahren.* Stuttgart: Teubner.

Bortz, Jürgen (1999): *Statistik für Sozialwissenschaftler.* Berlin/Heidelberg: Springer, 5. Auflage.

Bortz, Jürgen und Nicola Döring (1995): *Forschungsmethoden und Evaluation.* Berlin/Heidelberg: Springer, 2. Auflage.

Braun, Michael und Peter Ph. Mohler, Hrsg. (1994): *Blickpunkt Gesellschaft 3. Einstellungen und Verhalten der Bundesbürger.* Opladen: Westdeutscher Verlag.

Braun, Michael und Peter Ph. Mohler, Hrsg. (1998): *Blickpunkt Gesellschaft 4. Soziale Ungleichheit in Deutschland.* Opladen: Westdeutscher Verlag.

Brosius, Felix (2002): *SPSS 11.* Bonn: MITP.

Bürklin, Wilhelm und Markus Klein (1998): *Wahlen und Wählerverhalten. Eine Einführung.* Opladen: Leske + Budrich, 2. Auflage.

Campbell, Angus et al. (1980): *The American Voter. Unabridged Edition.* Chicago: Chicago University Press (Midway Reprint).

Campbell, Donald T. und Donald W. Fiske (1959): *Convergent and Discriminant Validation by the Multitrait-Multimethod Matrix,* in: *Psychological Bulletin* 86, S. 81–105.

Carmines, Edward G. und Richard A. Zeller (1979): *Reliability and Validity Assessment.* Beverly Hills: Sage, 2. Auflage.

Chalmers, Alan F. (2001): *Wege der Wissenschaft. Einführung in die Wissenschaftstheorie.* Berlin/Heidelberg: Springer, 5. Auflage.

Chan, Steve (1997): *In Search of Democratic Peace: Problems and Promise,* in: *Mershon International Studies Review* 41, S. 59–91.

Clauß, Günter und Heinz Ebner (1989): *Statistik für Soziologen, Pädagogen, Psychologen und Mediziner.* Thun, Frankfurt: Harri Deutsch, 6. Auflage.

Converse, Jean M. und Stanley Presser (1986): *Survey Questions. Handcrafting the Standardized Questionnaire.* Beverly Hills: Sage.

DeVellis, Robert F. (1991): *Scale Development. Theory and Applications.* Newbury Park: Sage.

Diekmann, Andreas (1995): *Empirische Sozialforschung. Grundlagen, Methoden, Anwendungen.* Reinbek bei Hamburg: Rowohlt.

Dillman, Don A. (1978): *Mail and Telephone Surveys. The Total Design Method.* New York u. a.: Wiley.

Ditton, Hartmut (1998): *Mehrebenenanalyse. Grundlagen und Anwendungen des Hierarchisch Linearen Modells.* Weinheim und München: Juventa.

Dorroch, Heinz (1994): *Meinungsmacher-Report. Wie Umfrageergebnisse entstehen.* Göttingen: Steidl.

Druwe, Ulrich (1994): *Studienführer Politikwissenschaft.* München: ars una, 2. Auflage.

Eagly, Alice H. und Shelly Chaiken (1993): *The Psychology of Attitudes.* Fort Worth u. a.: Harcourt Brace.

Elliot, Dave (1991): *Weighting for Non-Response. A Survey Researcher's Guide.* London: OPCS.

Engel, Uwe und Jost Reinecke (1994): *Panelanalyse. Grundlagen. Techniken. Beispiele.* Berlin: De Gruyter.

Esser, Hartmut (1986): *Können Befragte lügen? Zum Konzept des „wahren Wertes" im Rahmen der handlungstheoretischen Erklärung von Situationseinflüssen bei der Befragung,* in: *Kölner Zeitschrift für Soziologie und Sozialpsychologie* 38(2), S. 314–336.

Fahrmeir, Ludwig et al. (2002): *Statistik. Der Weg zur Datenanalyse.* Berlin/Heidelberg: Springer, 4. Auflage.

Falter, Jürgen W. (1977): *Einmal mehr: Läßt sich das Konzept der Parteiidentifikation auf deutsche Verhältnisse übertragen? Theoretische, methodologische und empirische Probleme einer Validierung des Konstrukts Parteiidentifikation für die Bundesrepublik Deutschland,* in: *Politische Vierteljahresschrift* (2/3), S. 476–500.

Falter, Jürgen W. (1991): *Hitlers Wähler.* München: C. H. Beck.

Falter, Jürgen W. et al. (1983): *Arbeitslosigkeit und Nationalsozialismus. Eine empirische Analyse des Beitrags der Massenerwerbslosigkeit zu den Wahlerfolgen der NSDAP 1932 und 1933*, in: *Kölner Zeitschrift für Soziologie und Sozialpsychologie* 35(3), S. 525–551.

Follmer, Richard und Menno Smid (1998): *Nichteingetragene Telefonnummern: Ergebnisse eines Methodentests*, in: Siegfried Gabler, Sabine Häder und Jürgen H.P. Hoffmeyer-Zlotnik, Hrsg.: *Telefonstichproben in Deutschland.* Opladen/Wiesbaden: Westdeutscher Verlag, S. 43–57.

Frey, Bruno S. und Hannelore Weck (1981): *Hat Arbeitslosigkeit den Aufstieg des Nationalsozialismus bewirkt?*, in: *Jahrbuch für Nationalökonomie und Statistik* 196, S. 1–31.

Frey, James H., Gerhard Kunz und Günther Lüschen (1990): *Telefonumfragen in der Sozialforschung. Methoden, Techniken, Befragungspraxis.* Opladen: Westdeutscher Verlag.

Friedrichs, Jürgen (1990): *Methoden empirischer Sozialforschung.* Opladen: Westdeutscher Verlag, 14. Auflage.

Friedrichs, Jürgen und Hartmut Lüdtke (1977): *Teilnehmende Beobachtung. Einführung in die sozialwissenschaftliche Feldforschung.* Weinheim: Beltz, 3. Auflage.

Früh, Werner (1998): *Inhaltsanalyse.* München/Wien: Oldenbourg, 4. Auflage.

Fuchs, Marek (1994): *Umfrageforschung mit Telefon und Computer.* Weinheim: Beltz.

Gabler, Siegfried und Sabine Häder (1998): *Probleme bei der Anwendung von RLD-Verfahren*, in: Siegfried Gabler, Sabine Häder und Jürgen H.P. Hoffmeyer-Zlotnik, Hrsg.: *Telefonstichproben in Deutschland.* Opladen/Wiesbaden: Westdeutscher Verlag, S. 58–68.

Gabler, Siegfried, Sabine Häder und Jürgen H.P. Hoffmeyer-Zlotnik, Hrsg. (1998): *Telefonstichproben in Deutschland.* Opladen: Westdeutscher Verlag.

Gabler, Siegfried, Jürgen H. P. Hoffmeyer-Zlotnik und Dagmar Krebs, Hrsg. (1994): *Gewichtung in der Umfragepraxis.* Opladen: Westdeutscher Verlag.

Gehring, Uwe W. und Jürgen R. Winkler (1997): *Parteiidentifikation, Kandidaten- und Issueorientierungen als Determinanten des Wahlverhaltens in*

Ost- und Westdeutschland, in: Oscar W. Gabriel, Hrsg.: *Politische Orientierungen und Verhaltensweisen im vereinigten Deutschland*. Opladen: Leske + Budrich, S. 473–506.

Grümer, Karl-Wilhelm (1974): *Beobachtung*. Stuttgart: Teubner.

Hair, Joseph F. et al. (1998): *Multivariate Data Analysis*. Englewood Cliffs: Prentice Hall, 5. Auflage.

Haisken-De New, John P. und Joachim Frick, Hrsg. (2001): *DTC. Desktop Companion to the German Socio-Economic Panel Study (GSOEP)*. Version 5. Berlin: Deutsches Institut für Wirtschaftsforschung.

Hanefeld, Ute (1987): *Das Sozio-ökonomische Panel. Grundlagen und Konzeption*. Frankfurt/New York: Campus.

Hempel, Carl G. und Paul Oppenheim (1948): *Studies in the Logic of Explanation*, in: *Philosophy of Science* 15, S. 135–175.

Henkel, Ramon E. (1976): *Tests of Significance*. Beverly Hills: Sage.

Hippler, Hans-Jürgen, Norbert Schwarz und Eleanor Singer (1990): *Der Einfluß von Datenschutzzusagen auf die Teilnahmebereitschaft an Umfragen*, in: *ZUMA-Nachrichten* 14(27), S. 54–67.

Inglehart, Ronald (1977): *The Silent Revolution*. Princeton: Princeton University Press.

Inglehart, Ronald (1997): *Vergleichende Wertewandelforschung*, in: Dirk Berg-Schlosser und Ferdinand Müller-Rommel, Hrsg.: *Vergleichende Politikwissenschaft*. Opladen: Leske + Budrich, 3. Auflage, S. 141–158.

Jacob, Rüdiger und Willy H. Eirmbter (2000): *Allgemeine Bevölkerungsumfragen*. München/Wien: Oldenbourg.

Janetzko, Dietmar (1999): *Statistische Anwendungen im Internet. In Netzumgebungen Daten erheben, auswerten und praesentieren*. München: Addison-Wesley.

Kaase, Max (1997): *Vergleichende Politische Partizipationsforschung*, in: Dirk Berg-Schlosser und Ferdinand Müller-Rommel, Hrsg.: *Vergleichende Politikwissenschaft*. Opladen: Leske + Budrich, 3. Auflage, S. 159–174.

King, Gary S. (1997): *A Solution to the Ecological Inference Problem. Reconstructing Individual Behavior from Aggregate Data*. Princeton, New Jersey: Princeton University Press.

Kleinbaum, David G. (1994): *Logistic Regression. A Self-Learning Text.* Berlin/Heidelberg: Springer.

Koch, Achim (1991): *Zum Zusammenhang von Interviewermerkmalen und Ausschöpfungsquoten*, in: *ZUMA-Nachrichten* 15(28), S. 41–53.

Koch, Achim (1993): *Sozialer Wandel als Artefakt unterschiedlicher Ausschöpfung. Zum Einfluß von Veränderungen der Ausschöpfungsquote auf die Zeitreihen des ALLBUS*, in: *ZUMA-Nachrichten* 17, S. 83–113.

Koch, Achim (1995): *Gefälschte Interviews: Ergebnisse der Interviewerkontrolle beim ALLBUS 1994*, in: *ZUMA-Nachrichten* 19(36), S. 89–105.

Koch, Achim, Siegfried Gabler und Michael Braun (1994): *Konzeption und Durchführung der „Allgemeinen Bevölkerungsumfrage der Sozialwissenschaften" (ALLBUS) 1994*, ZUMA-Arbeitsbericht 94/11, ZUMA, Mannheim.

Koch, Achim et al. (1999): *Konzeption und Durchführung der „Allgemeinen Bevölkerungsumfrage der Sozialwissenschaften" (ALLBUS) 1998*, ZUMA-Arbeitsbericht 99/02, ZUMA, Mannheim.

Kohler, Ulrich und Frauke Kreuter (2001): *Datenanalyse mit Stata. Allgemeine Konzepte der Datenanalyse und ihre praktische Anwendung.* München/Wien: Oldenbourg.

König, René, Hrsg. (1973): *Handbuch der empirischen Sozialforschung. 14 Bände.* Stuttgart: Enke.

Krämer, Walter (1991): *So lügt man mit Statistik.* Frankfurt/New York: Campus.

Krämer, Walter (1994): *So überzeugt man mit Statistik.* Frankfurt/New York: Campus.

Kromrey, Helmut (1998): *Empirische Sozialforschung.* Opladen: Leske + Budrich, 8. Auflage, UTB 1040.

Kühnel, Steffen und Dagmar Krebs (2001): *Statistik für die Sozialwissenschaften. Grundlagen, Methoden, Anwendungen.* Reinbek bei Hamburg: Rowohlt.

Lazarsfeld, Paul F., Bernard Berelson und Hazel Gaudet (1968): *The People's Choice. How the Voter Makes Up His Mind in a Presidential Campaign.* New York und London: Columbia University Press, 3. Auflage.

Lazarsfeld, Paul F. und Herbert Menzel (1972): *Group Characteristics and Their Interrelations*, in: Paul F. Lazarsfeld, Ann K. Pasanella und Morris Rosenberg, Hrsg.: *Continuities in the Language of Social Research*. New York: The Free Press, S. 225–237.

Levy, Paul und Stanley Lemeshow (1991): *Sampling of Populations: Methods and Applications*. New York u. a.: Wiley, 2. Auflage.

Lewis-Beck, Michael S., Hrsg. (1993): *Basic Statistics*. London: Sage.

Lewis-Beck, Michael S. (1995): *Data Analysis. An Introduction*. Thousand Oaks: Sage.

Liebetrau, Albert M. (1990): *Measures of Association*. Newbury Park: Sage, 5. Auflage.

Little, Roderick J. A. und Donald B. Rubin (2002): *Statistical Analysis With Missing Data*. New York: Wiley, 2. Auflage.

Mayntz, Renate, Kurt Holm und Peter Hübner (1978): *Einführung in die Methoden der empirischen Soziologie*. Opladen: Westdeutscher Verlag, 5. Auflage.

Mayring, Philipp (1997): *Qualitative Inhaltsanalyse. Grundlagen und Techniken*. Weinheim: Deutscher Studienverlag, 6. Auflage.

McIver, John P. und Edward G. Carmines (1982): *Unidimensional Scaling*. London: Sage, 2. Auflage.

Merten, Klaus (1995): *Inhaltsanalyse. Einführung in Theorie, Methode und Praxis*. Opladen: Westdeutscher Verlag, 2. Auflage.

Mohler, Peter Ph. und Wolfgang Bandilla, Hrsg. (1992): *Blickpunkt Gesellschaft 2. Einstellungen und Verhalten der Bundesbürger in Ost und West*. Opladen: Westdeutscher Verlag.

Mohr, Lawrence B. (1990): *Understanding Significance Testing*. Beverly Hills: Sage.

Müller, Walter et al., Hrsg. (1990): *Blickpunkt Gesellschaft. Einstellungen und Verhalten der Bundesbürger*. Opladen: Westdeutscher Verlag.

Niedermayer, Oskar (1997): *Vergleichende Umfrageforschung: Probleme und Perspektiven*, in: Dirk Berg-Schlosser und Ferdinand Müller-Rommel, Hrsg.: *Vergleichende Politikwissenschaft*. Opladen: Leske + Budrich, 3. Auflage, S. 89–102.

Noelle-Neumann, Elisabeth und Thomas Petersen (1996): *Alle, nicht jeder. Einführung in die Methoden der Demoskopie.* München: dtv.

Opp, Karl-Dieter (1999): *Methodologie der Sozialwissenschaften.* Opladen/Wiesbaden: Westdeutscher Verlag, 4. Auflage.

Orth, Bernhard (1974): *Einführung in die Theorie des Messens.* Stuttgart.

Pappi, Franz U. (1977): *Aggregatdatenanalyse*, in: Jürgen van Koolwijk und Maria Wieken-Mayser, Hrsg.: *Techniken der empirischen Sozialforschung. Band 7: Datenanalyse.* München/Wien: Oldenbourg, S. 78–110.

Patzelt, Werner J. (1997): *Einführung in die Politikwissenschaft.* Passau: Wissenschaftsverlag Rothe, 3. Auflage.

Popper, Karl R. (1994): *Die Logik der Forschung.* Tübingen: Mohr, 10. Auflage.

Porst, Rolf (1985): *Praxis der Umfrageforschung. Erhebung und Auswertung sozialwissenschaftlicher Umfragedaten.* Stuttgart: Teubner.

Prim, Rolf und Heribert Tilmann (1997): *Grundlagen einer kritisch-rationalen Sozialwissenschaft.* Wiesbaden: Quelle und Meyer, 7. Auflage.

Raschke, Joachim (1991): *Die Parteitage der Grünen*, in: *Aus Politik und Zeitgeschichte* 41(B11-12), S. 46–54.

Reinecke, Jost (1991): *Interviewer- und Befragtenverhalten. Theoretische Ansätze und methodische Konzepte.* Opladen: Westdeutscher Verlag.

Robinson, William S. (1950): *Ecological Correlations and Behavior of Individuals*, in: *American Sociological Review* 15, S. 351–357.

Rohwer, Götz und Ulrich Pötter (2002): *Wahrscheinlichkeit. Begriff und Rhetorik in der Sozialforschung.* Weinheim und München: Juventa.

Rossi, Peter H., James D. Wright und Andy B. Anderson, Hrsg. (1983): *Handbook of Survey Research.* Orlando u. a.: Academic Press.

Rucht, Dieter, Peter Hocke und Dieter Oremus (1995): *Quantitative Inhaltsanalyse: Warum, wo, wann und wie wurde in der Bundesrepublik protestiert?*, in: Ulrich von Alemann, Hrsg.: *Politikwissenschaftliche Methoden.* Opladen: Westdeutscher Verlag, S. 261–291.

Sachs, Lothar (1999): *Angewandte Statistik. Anwendung statistischer Methoden.* Berlin/Heidelberg: Springer, 9. Auflage.

Sahner, Heinz (1997): *Schließende Statistik.* Stuttgart: Teubner, 4. Auflage.

Sarris, Viktor (1999): *Einführung in die experimentelle Psychologie.* Lengerich u. a.: Pabst.

Scheaffer, Richard L., William Mendenhall und Lyman Ott (1996): *Elementary Survey Sampling.* Belmont, Ca.: Wadsworth, 5. Auflage.

Schnell, Rainer (1991): *Der Einfluß gefälschter Interviews auf Survey-Ergebnisse,* in: *Zeitschrift für Soziologie* 20(1), S. 25–35.

Schnell, Rainer (1997): *Nonresponse in Bevölkerungsumfragen.* Opladen: Leske + Budrich.

Schnell, Rainer, Paul B. Hill und Elke Esser (1999): *Methoden der empirischen Sozialforschung.* München/Wien: Oldenbourg, 6. Auflage.

Schoen, Harald (2000): *Den Wechselwählern auf der Spur: Recall- und Panel-daten im Vergleich,* in: Jan van Deth, Hans Rattinger und Edeltraud Roller, Hrsg.: *Die Republik auf dem Weg zur Normalität? Wahlverhalten und politische Einstellungen nach acht Jahren Einheit.* Opladen: Leske + Budrich, S. 199–226.

Schuman, Howard und Stanley Presser (1996): *Questions and Answers in Attitude Surveys. Experiments on Question Form, Wording, and Context (Nachdruck).* Thousand Oaks: Sage.

Snijders, Tom A. B. und Roel J. Bosker (1999): *Multilevel Analysis.* London u. a.: Sage.

Stevens, Stanley S. (1946): *On the Theory of Scales of Measurements,* in: *Science* 103, S. 677–680.

Sudman, Seymour (1982): *Asking Questions. A Practical Guide to Questionnaire Design.* San Francisco: Jossey-Bass.

Teusch, Ulrich und Martin Kahl (2001): *Ein Theorem mit Verfallsdatum? Der 'Demokratische Frieden' im Kontext der Globalisierung,* in: *Zeitschrift für Internationale Beziehungen* 8(2), S. 287–320.

Wallace, Walter L. (1971): *The Logic of Science in Sociology.* Chicago/New York: Aldine-Atherton.

Wasmer, Martina et al. (1996): *Konzeption und Durchführung der „Allgemeinen Bevölkerungsumfrage der Sozialwissenschaften" (ALLBUS) 1996,* ZUMA-Arbeitsbericht 96/08, ZUMA, Mannheim.

Weber, Robert P. (1990): *Basic Content Analysis*. Newbury Park: Sage, 2. Auflage.

Widmaier, Ulrich (1997): *Vergleichende Aggregatdatenanalyse*, in: Dirk Berg-Schlosser und Ferdinand Müller-Rommel, Hrsg.: *Vergleichende Politikwissenschaft*. Opladen: Leske + Budrich, 3. Auflage, S. 103–118.

Winkler, Jürgen (1995): *Sozialstruktur, politische Traditionen und Liberalismus. Eine empirische Längsschnittstudie zur Wahlentwicklung in Deutschland 1871–1933*. Opladen: Westdeutscher Verlag.

Zentralarchiv für empirische Sozialforschung (1999): *Allgemeine Bevölkerungsumfrage der Sozialwissenschaften. ALLBUS 1998. Codebuch ZA-Nr. 3000*. Zentralarchiv für Empirische Sozialforschung an der Universität zu Köln: Köln.

Register

Oskar Niedermayer
Bürger und Politik
Politische Orientierungen und Verhaltensweisen der Deutschen.
Eine Einführung
2001. 232 S. Br. EUR 19,90
ISBN 3-531-13581-3

Der Band gibt eine umfassenden Überblick über die politischen Orientierungen und Verhaltensweisen der Bürgerinnen und Bürger.

Bernhard Schreyer, Manfred Schwarzmeier
Grundkurs Politikwissenschaft:
Studium der Politischen Systeme
Eine studienorientierte Einführung
2000. 243 S. Br. EUR 17,00
ISBN 3-531-13481-7

Konzipiert als studienorientierte Einführung, richtet sich diese Einführung in erster Linie an die Zielgruppe der Studienanfänger. Auf der Grundlage eines politikwissenschaftlichen Systemmodells werden alle wichtigen Bereiche eines politischen Systems dargestellt. Im Anhang werden die wichtigsten Begriffe in einem Glossar zusammengestellt. Ein Sach- und Personenregister sowie ein ausführliches allgemeines Literaturverzeichnis runden das Werk ab.

Klaus von Beyme
Die politischen Theorien der Gegenwart
Eine Einführung
8., akt. und überarb. Aufl. 2000. 359 S. Br. EUR 21,90
ISBN 3-531-32361-X

Diese bewährte Einführung gibt einen systematischen Überblick über die politischen Theorien des 20. Jahrhunderts. Vom Standpunkt des Methodenpluralismus aus führt sie in die Vielfalt und Dynamik politischer Theoriebildung ein. Es werden methodische Ansätze in Beziehung zu den großen metatheoretischen Schulen gesetzt. Die Grundbegriffe der Politik wie Staat, Macht, politisches System, politische Kultur, Demokratie, Pluralismus werden in ihrer Genesis analysiert und auf ihre Anwendbarkeit hin getestet.

EINFÜHRUNGEN · LEHRWERKE

Politikwissenschaft

www.westdeutscher-verlag.de

Erhältlich im Buchhandel oder beim Verlag.
Änderungen vorbehalten. Stand: Juli 2003.

Abraham-Lincoln-Str. 46
65189 Wiesbaden
Tel. 06 11. 78 78 - 285
Fax. 06 11. 78 78 - 400

West-
deutscher
Verlag

Wilfried von Bredow (Hrsg.)
Die Außenpolitik Kanadas

2003. 324 S. Br. EUR 34,90 ISBN 3-531-14076-0

Manfred Brocker; Hartmut Behr, Mathias Hildebrandt (Hrsg.)
Religion – Staat – Politik

Zur Rolle der Religion in der nationalen und internationalen Politik
2003. 359 S. Br. EUR 39,90 ISBN 3-531-13859-6

Andreas Busch
Staat und Globalisierung (Arbeitstitel)

2003. ca. 300 S. Br. ca. EUR 32,90 ISBN 3-531-14104-X

Michael Haus
Kommunitarismus

Einführung und Analyse
2003. 290 S. Br. EUR 26,90 ISBN 3-531-13662-3

Hessische Staatskanzlei (Hrsg.)
Die Familienpolitik muss neue Wege gehen!

Der „Wiesbadener Entwurf" zur Familienpolitik. Referate und Diskussionsbeiträge
2003. 528 S. Br. EUR 32,90 ISBN 3-531-13881-2

Stefan Lange
Niklas Luhmanns Theorie der Politik (Arbeitstitel)

Eine Abklärung der Staatsgesellschaft
2003. ca. 422 S. mit 6 Tab. Br. ca. EUR 34,90 ISBN 3-531-14125-2

Michael Minkenberg, Ulrich Willems (Hrsg.)
Politik und Religion

2003. 616 S. Br. EUR 48,00 ISBN 3-531-13718-2

Werner J. Patzelt (Hrsg.)
Parlamente und ihre Funktionen

Institutionelle Mechanismen und institutionelles Lernen im Vergleich
2003. 476 S. Br. EUR 39,90 ISBN 3-531-13837-5

Ulrich Teusch
Die Staatengesellschaft im Globalisierungsprozess

Wege zu einer antizipatorischen Politik
2003. 321 S. Br. EUR 29,90 ISBN 3-531-13856-1

AUS DEM PROGRAMM

Politikwissenschaft

www.westdeutscher-verlag.de

Erhältlich im Buchhandel oder beim Verlag.
Änderungen vorbehalten. Stand: Juli 2003.

Abraham-Lincoln-Str. 46
65189 Wiesbaden
Tel. 06 11. 78 78 - 285
Fax. 06 11. 78 78 - 400

West-
deutscher
Verlag